U0606064

为 中 国 改 革 开 放 三 十 周 年 而 著

制度适宜与经济发展

ZHIDU SHIYI YU JINGJI FAZHAN

基于中国实践的发展经济学

李若谷　著

人民出版社

序　　言

过去十多年来，我一直有一个挥之不去的情结，就是希望把中国改革开放的成功经验加以总结并抽象上升为一种理论，使它能为人类的发展做出应有的贡献。

中华民族有绵延不断五千多年的文明史，据说是人类社会唯一一个没有被打断过的文明。当我参观河南安阳的殷墟、洛阳的天子驾六、西安的兵马俑、成都平原的三星堆和金沙时；当我读到河北满城的金缕玉衣、西安法门寺地宫的佛舍利、湖南里耶的秦朝竹简以及湖北荆州历经千年不腐的古尸等重大考古发现时，我就有一种冲动，一种让我热泪盈眶的冲动，五千年的中华文明是何等的灿烂、辉煌！中华文明对人类古代社会的影响也许至今也没有被完全发掘出来，也许高山与大海的阻隔使本应具备的震撼力没有传播出去，也许是数百年、上千年的战争和自然灾害把那些记录湮灭。但这一次我们不应让中华文明的传播再次受阻。在现代科学技术的支撑下，中国改革开放和发展的宝贵经验应该为全人类所共享。如果我们不能将这一经验认真地总结出来，那就是我们对不起五千年的中华文明，对不起中华民族的祖先，也会是我终生的遗憾！

在这种冲动的支配下，我不断思考着从哪里入手总结，怎样归纳为一个简单易懂的理论。当真正坐下来着手这项工作时，我才感到自己的知识、水平太欠缺了，浩瀚的文海，无数的案例，有时真让人感到自己太渺小，无力去完成这项工作。然而改革开放 30 年的纪念日越来越近，它的脚步声常常使我从梦中惊醒。也就是这样的惊醒使我产生了许多“神来之想”，也使我终下决心从制度入手来认识、分析和总结中国经济发展的经验。在同志们的帮助和支持下总算完成了《制度适宜与经济发展——基于中国实践的发展经济学》这本书。尽管我自己不断地思考，反复与同志们探讨，而且四易其稿，但当这本书的初稿完成时，我心里的感觉仍然是遗憾！遗憾这本书写得太仓促，遗憾书中的理论、论述、分析不全面、不严谨、不完善，遗憾还有许多问题想说而没有说到，遗憾没能更早地完成，遗憾……太多的遗憾。有一位朋友说，别那么追求完美，也别想把所有想说的都说到，给我们其他人留些事情做。也许是这样一句安慰的劝解之言，使我茅塞顿开。是呀，我一个人的力量、头脑是绝对不够用的。无论我怎么努力，摆在面前的这本书都不会完美无缺。

我的理论造诣不算深厚，实践的经验也不算丰富。无论是在理论上，还是在分析上，甚或在文字上本书都可能存在不足。因此，我没有丝毫要炫耀此书的想法，只是希望广大的理论工作者、学者，以及改革开放的实践者们能更多地思考我们30年的经验，把它总结出来，发扬光大。如果本书能起到抛砖引玉的作用，吾愿足矣。唯此，那就让批评、评论本书不足的暴风雨来得更猛烈些吧。待到山花烂漫时，她在丛中笑！

本书共八章，从中国改革开放的实践出发，对中国独特的发展道路进行考察。虽然国内外学术界已经对中国经济的成功进行了大量研究，并从不同角度做出了解释，但经过比较可以发现，这些理论和解释都只能从某个方面对中国经济持续高增长之谜给出部分答案，缺少一个能够贯穿始末、全面揭示中国奇迹的核心。正是对这一核心的探索，引出了制度适宜的理论。为了验证该理论的解释力，我又分别考察了其他发展中国家所走过的道路。事实证明，凡是成功的发展之路都是适宜的制度使然。这更加坚定了我将制度适宜作为本书核心的决心。本书通过对发展中国家实践的比较，说明制度适宜理论具有与时俱进的特性，并且指出，在发展的道路上没有永恒的制度，只有不变的发展主题。也就是说，只要能促进经济社会不断发展的制度，就是适宜的制度。

本书的一些术语在使用上有一些特殊的考虑。我在使用“经济发展”这一词语时，更多地是指“经济增长”，因为经济增长是发展的“核心”，没有了经济增长，发展是句空话。但经济增长并非一切。特别是如果经济增长最终没有带动社会的进步，那这种增长也是毫无意义的。为了说明这双重的含义，我选择了“经济发展”这一更全面、更完善的表述方法。

需要说明的是，本书将制度定义为保证生产、生活正常运转的行为规则，没有严格界定制度与政策、措施的区别。这主要是考虑到，本书并非论述制度经济学或讲制度本身的理论专著，着重关注的是制度对经济发展的影响。而有些政策、措施，在实施的过程中实际上起到了类似制度的作用。例如，对一些地方的优惠政策，以及家庭联产承包责任制起初都是一些具体的政策，但对经济发展发挥了与制度相类似的功效。因此，我们没有刻意对制度、政策与措施进行学术意义上的严格区分，而着重着眼于它们与经济增长的关系。

同样，在使用“制度适宜”和“适宜制度”这两个表述时，我更倾向于把制度适宜作为一种理论抽象出来使用，即它代表的是一种经济发展的理论。而“适宜制度”是指具体的适应发展需要的一个个制度。

本书初稿完成后邀请郑新立、戴伦彰、张蕴岭、张燕生、余永定、李扬、夏斌、何帆、汤敏、左小蕾、韩宝江、唐旭、杨瑞龙、刘光溪、李晓西、钟传水等许多专家学者进行了讨论，他们提出了不少具有真知灼见的意见和评论，其中许多已被采纳，在此向上述专家表示感谢。

在本书的写作过程中，杨纪东、冯春平、成泽宇、刘强、王晔、李晓炜、李晚晴、陈叶青、林罡等同志给予了多方面的帮助，没有他们的努力，这本书是不可能如期完成的，我对他们的感谢无法用语言表达。人民出版社的编辑们为了使本书尽快出版做了巨大的努力，亦深表感谢。

2008 年 6 月 20 日

目　录

前　言

30年的时间，无论在人类历史上还是在中华民族的历史上都是短暂的一瞬。但过去的30年——中国实行改革开放的30年——却在短暂中孕育着长久。这30年的历程对人类发展的理论与实践，对中华民族未来的发展，乃至对世界发展与进步的影响，必将是长久的、深远的。

在一个人口占世界1/5、国土面积广阔、多民族，人均财富、资源、收入水平都十分低的国家实现工业化和现代化，使之融入已经高度发达的世界经济中去，这是前无古人、后无来者的伟业，需要怎样的勇气与决心？需要怎样的信心？我们用何种语言来形容毛泽东、周恩来、邓小平那一代领导人和中国人民的勇气、决心和信心都是不为过的。只有在中国这片国土上才能产生拥有如此胆略与智慧的领导人和人民。是中国共产党人和中国人民在20世纪的最后20年发起了这场伟大的改革开放运动，一场把中国带入现代化的运动，一场让中华民族再次辉煌的运动。

要考察中国30年的发展，我们必须将记忆翻回历史的起点。1978年中国刚刚经历完“文化大革命”，“文化大革命”是建立在阶级斗争仍然是社会主义时期主要矛盾的理论基础上的。十年浩劫中，人们的思想极其混乱，生活十分贫困，国家经济到了崩溃的边缘。有不少人直到今天也不认为20世纪70年代末中国经济濒临崩溃。我想争论是没有意义的。举一组数字说明这个问题。“文革”期间，中国经济严重倒退，各项经济指标都大大低于“文革”前，国内生产总值指数、工业总产值指数、国民收入指数分别从1953～1966年的7.1%、15.3%和6.2%降至1967～1976年的5.5%、9.8%

和4.9%[①],国民收入损失估计达5000亿元之巨[②]。1978年时,我国几乎所有的生活必需品都凭票证限量供应,有多达3亿左右的人口生活在贫困之中,温饱问题并没有解决好,社会经济发展水平属于世界最低水平。按世界银行以1995年不变汇率折算的数据,我国1978年人均GDP只有151美元,在有数据记载的128个国家中排名最后。[③] 我想凡是承认现实,没有偏见的人都会做出相同的判断:我们不能再这样发展下去!

中外发展结果的对比在国内引发了一场大讨论,即"实践是检验真理的唯一标准"的讨论,这是一场解放思想的大讨论。"解放思想是发展中国特色社会主义的一大法宝"[④]。这场大讨论的结论很简单,就是我们自己的实践会告诉我们哪一条发展道路是中国应该选择的。因为中国的现代化之路太崎岖、太艰辛、太困难了。太多的失败,太多的屈辱让我们明白了中国必须走一条新的发展道路。从1840年鸦片战争开始,中国与西方进行了多次战争,基本都以失败告终。就是没有失败的中法战争,也以割地赔款了事。在50年的时间里,中国共赔付西方国家13亿两白银,相当于今天的1500多亿美元[⑤]。更不要说被西方掠夺走的不计其数、价值连城的金银财宝、文物古董。这些财富成为西方工业化的重要资金来源。而中国自己的发展却举步维艰。我们尝试过君主立宪制,结果是不过百日的变革导致改良派志士仁人血染京城,以失败告终。孙中山领导的辛亥革命终于推翻了清王朝的统治,却没能建立一个统一和稳定的共和国。使得这位中华民族的一代伟人在抱憾离去时发出"革命尚未成功,同志仍需努力"的呼吁。代表各种帝国主义势力的军阀混战,所谓的代议制政府像走马灯一样更换,北伐虽然

① 根据国家统计局:《新中国五十年》,第536、543、549页数据计算;国民收入指数数据来自李成瑞:《十年动乱期间我国经济情况分析》,《经济研究》1984年第1期。

② 董辅礽:《中华人民共和国经济史(上卷)》,经济科学出版社1999年版,第575页。

③ World Bank, "World Development Indicators", 2002.

④ 胡锦涛:《高举中国特色社会主义伟大旗帜 为夺取全面建设小康社会新胜利而奋斗》,人民出版社2007年10月第1版,第1页。

⑤ 按19世纪末1两黄金约37.3克、合10两白银并以当前900美元/盎司的价格估算。

打败了北洋政府，但蒋介石政府代表的是中国大资产阶级、买办资产阶级的利益，同样得不到人民的拥护。中国人民渴望发展，期待富强的梦想始终无法实现。这样，摆脱帝国主义列强的压迫和剥削，走自主发展道路的重任就历史地落到了毛泽东及其代表的共产党人的身上。这是历史的选择，人民的选择，时代的选择。

新中国的建立是中国真正走上自主发展道路的开始，也是探索中国现代化发展道路的开始。第二次世界大战结束后，发动战争的德意日经济几乎被战争摧毁，而盟方的参战国也沦为一片战争的废墟，除了美国和苏联，没有一个国家具备足够的经济实力对其他国家的恢复与发展提供支持和援助。由于颇为复杂的历史和现实原因，美国选择了与新中国为敌。中国只能采取所谓"一边倒"的政策，与苏联结盟以实现国际进步势力的团结，自然而然地，中国的发展道路也就开始模仿苏联式的社会主义道路。当时世界上只有苏联被称为社会主义国家，没有其他的社会主义模式可供学习借鉴。而苏联的社会主义模式是建立在许多特殊环境和条件基础上的。例如苏联一成立就遭遇西方反动势力的围剿、封锁，始终处于十分困难的环境中，而且内外反动派不断破坏苏联的发展；苏联又是多民族、多种宗教信仰、地域十分广阔的国家，权力不集中容易导致分裂；再加上后来极为惨烈的第二次世界大战，这样的内外环境使得苏联不得不采取高度集中的计划经济模式。同时，对社会主义制度的机械化理解，也把计划与市场作用完全对立起来。在苏联特殊历史环境下形成的经济发展模式被当作社会主义的普遍原则加以传播推广，它的失败是不言自明的。中国在学习苏联经验时虽然按照自己的国情做了一些调整，但高度集中的计划经济体制还是基本保留了。这种高度集中的计划体制在经济比较落后、物质极为匮乏的条件下是有其必然性和适宜性的。因此它也造就了新中国初期的巨大成就。我们不仅在朝鲜战场上把武装到牙齿的美帝国主义及其盟国打到了谈判桌上，而且在一边战争、一边生产的情况下使国民经济得以迅速恢复。在苏联的支援下，仅用了10年左右的时间就打下了初步工业化的基础，改变了一穷二白的面貌。从1949年新中国成立到1957

年，我国工业总产值增长了 460%，钢年产量从 15.8 万吨增加到 535 万吨，原煤年产量从 3243 万吨增加到 1.3 亿吨，发电量从 43.2 亿度增加到 193.4 亿度，农业总产值增长 85%，粮食年产量从 1.13 亿吨增加到 1.95 亿吨。[①] 工业制造业也几乎从零开始发展到具备制造汽车、飞机、火车等产品的能力。这些成就的取得极大地鼓舞了党和人民建设社会主义的热情和决心，也使我们被胜利冲昏了头脑，认为原本应该持续很长时间的从新民主主义革命到社会主义革命的过渡期会大大缩短，使我们认为这种一定条件下获得成功的高度集中计划经济体制就是社会主义发展的基本模式。同时当时国际环境的变化，匈牙利事件的发生，冷战的加剧，使得我们把阶级斗争看得更加重要，把阶级斗争的内容加到了社会主义经济发展的模式中。这不仅使得经济发展带有了更强的政治倾向，而且使国家、党和人民的注意力从经济发展转移到政治斗争上，使我们无法认真思考经济发展的模式问题，因为任何偏离这一方向的经济发展都被扣上复辟资本主义的帽子，这样就埋下了后来经济发展不顺利的种子。问题的关键不是我们在新中国成立初期选择了高度集中计划的发展模式，而是没有在适当的时候进行必要的改革和调整。

进入现代社会以后，世界经济的发展是前所未有的。从英国开始的工业革命使人类社会发生了根本性的变化。所有的国家都在追求发展和繁荣，都在探索自己的发展道路。从历史上看，先进生产力的发展都要受到既有社会制度的制约，甚至是打击和扼杀，例如英国的工业革命就受到封建制度的抵制，都是经过反复的较量才杀出一条血路，而且早期资本主义的发展靠的是对内严酷剥削和对外侵略与掠夺完成资本原始积累的。所以早期的资本主义工业化出现在欧洲的海上强国中就不奇怪了。先是荷兰，再是西班牙、葡萄牙，最后是英国，欧洲大陆的法德意等国反而因为内部战争等原因没有更早地实现资本主义工业化，只是到了 18 世纪以后才逐渐赶上来。支撑早期工业化国家发展的另

① 国家统计局：《新中国五十年》，中国统计出版社 1999 年版，第 535、545、548、553 页。

一个重要力量就是科学技术。纺织机、蒸汽机、电、火车、汽车的发明大大促进了西方国家的经济发展。因此早期工业化国家经济发展的环境比较特殊，他们靠对殖民地的统治，获得了资金和劳动力，更容易从农业社会转入工业社会。而这些发展的条件与环境在第二次世界大战之后新兴国家发展时已不复存在。战后新独立和新成立的国家面临的发展问题只能用不同的办法解决，于是新兴国家进行了各种尝试。

对于大多数发展中国家，主要是亚、非国家来说，在20世纪60年代，摆脱殖民主义、帝国主义的统治，争取国家独立、民族解放是第一要务。国家独立之后，他们也急于要摈弃以往的殖民地经济，希望获得经济上的独立。第二次世界大战以后世界形成了以苏联为首的社会主义阵营，代表着人类实行社会主义探索发展道路的努力；并形成了以美国为首的资本主义阵营，代表着用资本主义市场经济探索发展道路的努力。当时苏联的经济社会发展获得了巨大的成功，许多新独立的发展中国家自然而然地选择了苏联的社会主义发展道路。而这一道路又被简单地归纳为高度集中、国家控制一切的模式。而实际上，几乎所有新兴国家的经济都十分落后，人才匮乏，制度缺失，还有相当数量的国家殖民地经济特征明显，经济单一化。这种情况下没有大量的外援，发展中国家无法完成原始积累，当然也就无法发展经济。遗憾的是，当时能够提供外部援助的国家与机构十分有限，大多数新兴国家的发展遇到了资金的瓶颈制约，发展很不顺利。发展中国家政治上获得独立，但并没有获得经济上的独立，其中一些发展中国家所选择的社会主义道路没有成功。苏联解体、东欧剧变标志着苏联式社会主义道路的终结。20世纪80年代后期，亚洲和非洲的许多发展中国家在外力的干预下纷纷放弃社会主义，模仿西方的制度，走上了所谓的“民主”道路，并按照“华盛顿共识”开始了经济与社会的改革。但近20年的实践，不仅没有使亚非国家走上良性发展的道路，反而使他们陷入内乱不断、经济停滞、人民生活大倒退的泥潭。“例如正式的民主制度并非一定会对腐败行为给予恰当的制止，也不是所有集权国家都缺乏抑制腐败的机制。负责任的机制和制度可以是各种形式的，并非简简单单的是正式政治制度的功能”。[①] 以“华盛顿共识”为标志的西方发展道路在亚洲、非洲发展中国家的失败，宣告了这是一条走不通的发展道路。失败使发展中国家觉醒，纷纷寻找更适合自己的发展道路。中国改革开放取得的巨大经济成就鼓舞了广大发展中国家走自己道路的信心，也表达了希望学习中国发展经验的愿望。

拉丁美洲国家大都是西班牙的殖民地，比较早地推翻了西班牙殖民统治，获得了独立。但经过一二百年的发展，特别是第二次世界大战后半个世纪的发展，拉美国家的工业化水平仍然不高，与发达国家相比差距不小。拉美国家自由资本主义倾向比较浓厚，比较推崇市场的作用，自我积累水平低（储蓄率低），经济对外资依赖度高，债务负担比较重，发展水平长期徘徊，以“华盛顿共识”为标志的西方改革模式使该地区频频出现经济危机。

许多非洲国家至今仍未走上发展之路，还在选择适合其情况的发展模式。亚洲的情况比较复杂，西亚、中亚、南亚的经济发展相对落后，而东亚的经济发展比较好。

东亚经济的发展道路以出口导向为代表，利用发达国家的资金、技术、管理经验以及东亚各经济体本身的储蓄率高、教育普及、人民勤劳刻苦、具有牺牲精神和政府主导等优势快速实现了工业化和现代化。世界银行称之为“东亚奇迹”。东亚经济的成功形成了经济发展中的“东亚模式”。这一模式有一些共同的特点：政府主导，高储蓄率，高投资率，出口导向的外向型经济，大力发展基础设施，重视教育等。其中，经济中的自由市场成分相对较低，这一点也被许多经济学家认为是东亚经济进一步发展的障碍。因此始于20世纪90年代，在欧美国家主导的国际机构的引导下，一些东亚经济体纷纷进行了以市场主导为标志的经济体制改革和以西方“民主”制度为标志的政治体制改革，以期获得持续发展的动力。实际情况是经过这一系列的改革之后，东亚经

① World Bank, “Economic Growth in the 1990s, Learning from a Decade of Reform”, 2005, p. 14.

济的增长率普遍下降，经济的脆弱性突显，终于在1997年爆发金融危机，经济出现负增长，遭受破坏最严重的泰国经济可能倒退了10年。这其中的经验教训还需要进一步探讨与总结。而在东亚金融危机中没有被拖垮且对遏制危机蔓延、促进东亚经济恢复发挥重要作用的正是没有经济自由化、政治西方化的中国。

中国的发展道路是靠摸着石头过河走出来的。我们无时无刻不在关注着其他国家的发展，认真地学习、借鉴他国的发展经验，但并没有照抄照搬他人的模式。

中国的改革开放得益于思想的解放，在理论上形成了"实践是检验真理的唯一标准"这一共识。这是一个重大的、具有里程碑意义的突破，因为它是思想解放的号角。由于这一共识的形成，我们挣脱了束缚我们思想和发展的禁锢，冲破了对社会主义、马列主义、毛泽东思想的教条主义的理解和解释，是新中国成立以来最重要的一次思想解放，这为我们后来的改革开放奠定了理论基础。也就是说，不能解放社会主义生产力、促进生产力发展，不能提高社会主义的综合国力，不能改善人民生活水平的一切制度、做法都应该摒弃。

中国的改革开放也是被"逼"出来的。经过十年的"文化大革命"，经济发展不进反退，主要的工农业产品全部凭票供应，产品的质量远不能与国外同类产品相比。再这样发展下去，根本无法满足人民群众的物质需求。在这样的背景下，安徽的几个农民进行包产到户的农业改革，当时安徽省的领导和中央的领导有魄力，支持并推广了这一做法。这一改革使农村的生产力得到极大的解放，农业生产大发展，粮食产量连创新高。1979～1984年，中国农业生产取得了新中国成立以来最快的发展。农业总产值年均增长7.3%，粮食产量年均增长4.95%，1984年粮食产量达到40731万吨。[①] 经过多年的实践，包产到户发展成为家庭联产承包责任制这一适合中国农村经济发展水平的制度，促进了农村生产力和农业的发展。

---

① 国家统计局:《新中国五十年》，中国统计出版社1999年版，第535、545页。

中国的改革开放还得益于始终坚持"发展是硬道理"的认识。邓小平曾把判断我们的政策和措施是否正确的标准形象地归纳为"三个有利于",即"主要看是否有利于发展社会主义社会的生产力,是否有利于增强社会主义国家的综合国力,是否有利于提高人民的生活水平"。① 换句话说,只要不利于上述三个方面的政策、措施和制度都要进行改变。我们正是按这一理论去实践,才获得了巨大的发展。这也是我们提出"制度适宜"这一理论的基础。在一定的时期内,发展主要指经济增长,也就是说经济增长是发展的核心。这个时期要维持多长时间,各个国家的具体情况差异比较大,不好定下一个统一的时间表。从中国的情况看,从强调以经济增长为核心的发展到重视社会、经济全面发展的分水岭出现在人均 GDP 800~1000 美元之时,也就是在 2000 年左右,大约是改革开放后的 22 年。

其实并不是只有我们认识到了增长的重要性。世界银行在总结 20 世纪 90 年代的经济改革经验时也认识到了这个问题。该总结报告认为"改革不仅要产生效率,更要促进增长"。② 如果经济不能获得增长,人民的生活水平不能提高,国家的实力不能提升,那么再好的政策、措施、制度又有什么用呢?它们的"好"又体现在什么地方呢?我们采取的政策措施、实行的制度不是为了促进生产力的发展、人民生活的改善和国家实力的提高吗?

中国改革的一个重要特点,就是改革是从农村、农业开始的。这不仅因为中国曾是个以农业为主的国家,农村人口占总人口的 70%~80%,最根本的原因是中国有 13 亿人口,解决人民吃饭、穿衣等基本需求始终是中国执政者的首要问题。在许多国家解决本国人民的吃饭、穿衣问题不是什么难题,但在中国要让 13 亿人都吃饱、穿暖就绝不是一个简单的问题。中国几千年的历史,只有新中国的政府彻底解决了这一困扰中国发展的问题。我们常说"手中有粮,心中不慌",这是对中

---

① 《邓小平文选》第 3 卷,人民出版社 1993 年版,第 372 页。

② World Bank, "Economic Growth in the 1990s, Learning from a Decade of Reform", 2005, p. 10.

国国情的真实写照。如果看一下过去的历史，在世界上许多国家里，石油价格往往是通货膨胀的晴雨表。石油价格上升，往往引起通货膨胀。而在中国，过去30年中，几乎每一次通货膨胀都是与粮价的上升相联系的。粮食价格对于中国就像石油价格对于其他一些国家。所以农业的稳定，粮食产量的稳定是中国社会稳定的大前提。这是中国改革从农村、农业开始的根本原因。解决了吃饭、穿衣问题，就解决了社会的基本稳定问题，也就为其他各项改革提供了良好的环境。对于众多发展中国家来说，这恐怕是个可以借鉴的重要经验。

在改革由农村转入城市，从农业过渡到工业时，我们主要采取了双轨制，即在允许国有企业逐步进行改革的同时，放开非国有部门的发展。先放开商业企业、服务型的企业，如理发店、餐馆、自行车修理等，然后再放开中小工业企业。价格也采取了计划内与计划外的双轨制；金融领域也实行了外汇券制度，引进了外资银行，实际上也是货币和银行的双轨制。这种双轨制的好处是可以不破坏经济的既有格局，使得经济体制改革这一涉及全社会各个阶层的大变革不至于引起社会的动荡。因为双轨制保护了既得利益，同时允许新的参与者出现，逐步扩大非国有部门、非计划价格的产品在经济中的份额，一步一步地将市场机制引入经济的运行。当然，双轨制的实施也引发了许多问题，但与发展经济、增强国力和改善人民生活水平的大局相比，应该是次要问题，也是可以在改革中不断予以解决的。中国经济体制改革的思路也是不断变化的。开始提计划为主、市场为辅，后来又提有计划的商品经济，1992年邓小平南方讲话之后，党的十四大确立了社会主义市场经济的定位。应该说这些变化反映了中国不断认识这场改革开放的思维路径，是从实践中得出的结论。

如前所述，包括中国在内的发展中国家在发展中遇到的最大问题之一就是缺乏发展的资金，经济的原始积累无法完成。中国的做法十分特殊。我们利用政府对金融的绝对控制，用银行体系的货币创造功能实现了资本的原始积累。1978年时，全国的银行储蓄不过200亿元人民币，当时的年财政收入只有1132亿元，外资也很少。要想完成大规模的投资，改善基础设施是不可能的。因此，1979 年我们恢复了农业银行，1984 年将中国银行、工商银行从人民银行中分设出去，又把财政部的基本建设司分出来成立建设银行，1987 年恢复了交通银行，在此期间还成立了大量的非银行金融机构。利用银行体系的货币创造功能，我们从 1978 年到 2007 年的 30 年间完成了固定资产投资 776480 亿元，初步建成了与中国发展相适应的基础设施和工业体系、服务体系。当然，这种方式也产生了一些问题，最主要的是约 4.5 万亿的不良资产以及几次较高的通货膨胀(但没有一次高于 25%)。不过与经济发展的成就相比，仍然是次要问题而且是可以解决的问题。对于发展中国家来说，如何利用好本国的金融体系发展经济是个关键课题，应该予以认真地研究。如果能利用好本国的金融体系，可以使发展中国家的经济发展变得更加容易。如果利用不好，则会产生巨大的破坏作用，其中关键是政府要保证绝大部分投资是有效的。

如果说中国改革开放 30 年最大的体会就是不能按一个固定的模式去发展，一点也不为过。从中国共产党的十六大以来我们就一直提倡与时俱进，提倡创新，要建设创新型国家。笔者理解这个创新除了包含在科学技术以及生产领域要不断创新之外，还包含着在经济发展、社会发展的理念、理论上也要创新。墨守成规是不可能成功的。因此无论是西方的理论还是中国自己通过实践总结出来的理论都要随着时间、空间的变化而变化。比如中国在改革开放初期曾大力提倡办乡镇企业，乡镇企业的发展为我国的农村、农业改革做出了巨大的贡献，有些还发展成了知名的大企业，造就了不少大企业家。但许多乡镇企业也造成了很大的浪费和污染，因此 20 世纪 90 年代国家又强制性地关闭“五小”企业①，以治理环境污染问题。当初发展乡镇企业是对的，后来关闭污染的“五小”企业也是对的。正如中国人常说的，此一时，彼一时。不能因为治理污染而否定当初发展乡镇企业，也不能因为它们为中国改革开放做出过贡献就不治理引起的污染问题。

---

① “五小”企业是指小炼铁、小炼焦、小化肥、小造纸、小煤窑。

中国发展的成功在于不拘泥于固定的、单一的发展模式。中国的道路是有中国特色的发展道路。这就引起了人们的一种争议，即中国是否特殊？有人认为中国与其他国家相比没什么不一样，应该按照西方市场经济的理论与实践发展；有人认为中国是特殊的，因此西方的理论不足以解释中国的问题，西方的实践也无法在中国实施。笔者认为，中国既特殊又不特殊，西方经济理论既可以在中国实践，又必须按国情加以修正。比如，中国有13亿人口，56个民族，960万平方公里的国土，人均可耕地仅1.4亩，各种人均资源都处于较低水平，这样的国情在世界大国中是唯一的，在发展中国家中也是唯一的，因此中国是特殊的。我们在制定经济发展政策时必须考虑这些因素。同样的问题在中国和在其他国家是完全不一样的。举例来说，如果法国可以容忍3%的失业率①，大概是150万失业人口，而3%的人失业在中国就是4000万人口，相当于80%的法国人口。这么多的人失业，需要大量资金、住房去保障他们的基本生活要求，如果再加上他们的家庭，那将是一个十分庞大的数字。任何一个比较小的问题被13亿这个数字放大之后都是十分可观、难以想象的。因此解决中国的问题要复杂、困难得多，用西方既有的理论与实践无法应对，这是我们要不断创新的基本原因。强调中国有自己的国情，并不是要全盘否定西方的一些基本理论与实践。我们承认市场在经济运行中的基础作用，但并不等于政府不可以发挥作用，也不等于市场无论何时、何种情况都要起主导作用。改革实践告诉我们，政府与市场的作用是在不断调整的过程中，即一般的情况下应该少干预市场的运作，应让市场的自动调节发挥主导作用。但在特殊的情况下，例如出现重大的灾害或危机，市场的运作失灵时，政府不但要积极介入，而且还要发挥主导作用。中国有这样的经历，其他国家也有。2008年春天中国的南方遭遇特大冰雪灾害，如果让市场力量去发挥作用，那么南方物价可能会飞涨，因此必须动用政府的力量抑制物价上涨，保障人民的正常生活。2007年夏天以来，美国的次贷危机

---

① 为了简单起见，这里用总人口而不是劳动力人口作基数。

导致美国多家银行濒临倒闭，如果任由市场自由运作，其后果是不堪设想的。美国政府因此及时介入，使危机和损害得到控制。类似的例子还有许多。因此，我们发展社会主义市场经济，主张市场在经济中的基础性作用并不是"市场原教旨主义"，我们认为政府与市场在经济发展中的作用是相互补充的，是不可相互替代的。不同的情况下，应该分别由市场和政府发挥各自的作用。当然大多数情况下应该允许市场自身进行调节。我们的研究发现，在中国改革开放30年时间里，政府与市场的主导作用是交替出现的，经济比较落后，市场还没有培育成熟或遇有重大危机时政府的作用更大些，反之市场的作用更大些。政府与市场作用的边界是在不断调整的，是在动态中寻找平衡。

作为一个大国，中国的持续快速发展出现在20世纪最后20年，是所有大国中发展最晚的。因此中国的发展面临的国际政治经济环境与其他大国完全不同。世界上现存的大国当初的发展环境都优于中国，他们当时可以依靠对内对外掠夺完成原始积累，实现经济发展，而欠发达国家和地区几乎没有反抗之力。这样的掠夺还被称为"文明战争"，是给"不文明"的国家和地区带去了"文明"。因此这些大国的崛起并不困难，唯一会让他们头疼的是，大国之间要决出高下只能靠战争。

而中国今天的发展在政治上面临着来自西方国家的很大压力。中国具有与西方不同的文化，实行与西方不同的制度，走的是与西方不一样的发展道路，这样的"文明冲突"使得中国的发展必然会引起西方一些国家的疑虑，遭到他们的"遏制"。中国的军事装备与实力无法与西方大国相比，但却时常被西方国家认为是对世界的"威胁"，而美国拥有世界上最强大的军事力量，十多艘航母，数千枚核弹头，远程攻击力量不知比中国强多少倍，却不是威胁。中国人抗议西方媒体对中国西藏问题的歪曲报道，要求抵制外国的产品，被西方认为是"丑陋的民族主义"，而当欧美国家抗议中国"偷走他们的工作"，要求抵制中国产品，甚至用夸大事实的手段抹黑"中国制造"时，这些都是"爱国主义"的，不是丑陋的民族主义。这样一些矛盾现象背后潜藏的是西方文明至上的思想意识。许多批评中国的西方国家记者、议员、学者从来没有来过中国，只是臆想出来一个中国形象，然后对它加以批判，几乎没有什么事实根据。这也是西方至上主义在作怪。我做上述陈述就是要说明中国发展的政治环境很差。中国如果发展起来，可以与西方国家平起平坐，甚至可能超过西方国家。这样的结果是很难为西方优越的心理所接受的，因而遭到了多方面的遏制。

中国发展的经济环境也很差。前文提到一些大国崛起过程中对内、对外掠夺。而中国的发展既不能对内掠夺，因为有各种法律保障劳动者的权利和公平竞争的市场秩序，更不可能对外掠夺。英国当年靠炮舰贩卖鸦片就可以换回白银；美国当年靠一美元买一两个黑奴来增加劳动力，靠驱逐印第安人来获得土地资源、自然资源。而中国只能靠自己的劳动力，用数以千万计的鞋换回一架飞机，还被称为“偷窃了美国工人的工作”，更遑论我们对外掠夺了。中国发展需要资源，用公平的买卖从其他国家获得资源，被一些人称为“新殖民主义”。而西方在非洲掠夺了400年，从没有给予任何补偿，却鲜有西方媒体进行批评。西方的偏见由此可见一斑。中国有几十种矿产资源无法满足发展的需要，因此一方面要加大科研力度，发展替代产品，开发节约能源、资源的技术，另一方面要加强与资源丰富国家的合作，以期获得双赢。这一做法是合情合理的，也会获得大多数国家和人民的理解与支持。

面对恶劣的发展环境和来自欧美国家的巨大压力，中国没有别的选择，只能勇敢、从容地迎接挑战。中国的发展是世界之福，为世界创造了无限的商机和发展的机会。欧美国家在批评中国“偷走”他们的工作机会时应该想到，中国物美价廉的商品为他们增进了多少福利。欧美国家在发展初期从中国和其他发展中国家掠夺了大量资源，留下了大量欠账。今天，他们给发展中国家的所谓援助，只是对历史欠账的一点儿偿还。他们在贸易上做点让步，自愿地让发展中国家，让以前被他们掠夺的国家和人民从对发达国家的公平贸易中获得一些好处，也是应该的。无论从人类良知，还是从经济学的道理上讲，都是如此。换句话说，欧美国家理应承受发展中国家更多占有其市场份额的负面影响，应该自己想办法（一定有办法）消化因为丧失比较优势而在劳动密集产业和其他一些产业失去的工作机会。只有这样才是公平的。发达国家所要求的那种“公平”实际上对发展中国家是不公平的,因为发达国家与发展中国家不是站在同一起跑线上。

当然,中国的发展也必须有创新的思维,创新的路径。虽然有西方媒体和政客对中国的攻击,但中国仍需要冷静思考自己的发展模式。我们决心建设和谐世界,所以也要考虑怎样对此做出自己的贡献。我们必须在西方的政治、舆论压力下,在资源的压力下,在环境的压力下思考如何既使自己发展,也为其他国家带来机会;既可以高速发展,又可以实现绿色发展。

为此我们要考虑创新工业化的道路。过去工业化的标志之一是城市人口占全部人口的比例,一般认为75%的人口住在城市为城市化的标准。“走中国特色城镇化道路,按照统筹城乡、布局合理、节约土地、功能完善、以大带小的原则,促进大中小城市和小城镇协调发展”①。那么我们是否可以考虑不要将如此多的人口都迁移到城市里来,而是用发展农村的办法,即把农村变成城市,使农村的生活质量、水平都不亚于城市,使城市与农村之间的差别缩小乃至消失。这样做至少有如下好处:首先,减少了城市的就业、医疗、社保等的压力;其次,加快了城市化的进程,使农村人口在农业及其相关产业就业,从而使我国工业的发展更适合本国与国际经济发展的需要,减缓产业向中国聚集的速度,从而可以给其他发展中国家让出更多的就业机会,也给发达国家逐步放弃这些产业留下时间过渡。中国有13亿人口,不可能像欧美国家那样把95%以上的人口都集中到城市,而让5%的农村人口养活95%的人。笔者理解这是中央提出社会主义新农村的建设和城乡统筹发展的重要原因之一。中国式的现代化和城市化,也许有30%甚至40%的人口留在农村更符合中国的发展需要。

中国不得不提前承担一些发达国家应该承担的责任,不是我们要

① 胡锦涛:《高举中国特色社会主义伟大旗帜　为夺取全面建设小康社会新胜利而奋斗》,人民出版社2007年10月第1版,第25页。

逞强，也不是我们多管闲事。如前所述，我们的发展环境很差，如果不多承担些责任和义务，那我们的环境就会更差。欧美国家为我们的发展制造了许多困难，我们只能自己克服这些困难，不能寄希望于他人。为此我们要做出一些牺牲，放弃一些本应属于我们的利益。我们必须帮助发展中国家发展，只有他们发展了，我们才能与他们共同发展。

前文提到的世界银行报告是个值得一读的文件。这是由国际发展援助机构自己撰写的检验它们自己工作的报告。这份报告有许多地方承认以前提倡的所谓“最佳实践”其实是很不完整且与事实不符的意见。用一个模式去套用所有国家改革的方式是行不通的。该报告指出，随着时空的变化，许多经济、社会条件都会变化，因此与之相适应的政策和制度也要变化。① 应该承认该报告在总结实践的过程中得出了正确的结论。以往西方及其主导的国际机构之所以在发展中国家的经济改革中一败再败，原因有二：第一个原因就是西方认为自己的实践或自己制定的规则是“最佳”的，因此不遗余力地推行。西方太想让世界按自己的思维去发展了，太想当别人的“老师”和“保姆”了。姑且不论西方的“理论”与“实践”是否最佳，这种“好为人师”的思想与行为显示了西方缺乏哲学思维。这一点西方的政治家和经济学家可以学一学中国的老子。老子说：“是以圣人居无为之事，行不言之教”，“弗为而已，则无不治矣”。我不敢妄言老子的“无为而治”是完全正确的，但它告诉我们如果欧美国家真的认为自己的理念、发展模式是好的，那他们就应该有充分的信心，而无需刻意推广。因为能给人民带来福祉的制度一定会得到人民的拥护。第二个原因就是欧美国家和由其主导的国际机构总是用一种模式去套所有国家。这一点世行的报告已经讲得很清楚，我不想再赘述。用报告的一句话说明：“总之，成功的增长经验具有多样性并不足为怪。每一个成功的国家都

① World Bank, “Economic Growth in the 1990s, Learning from a Decade of Reform”, 2005, p. 11.

有它们自己成功的道路”①。

30年的时间弹指一挥间。回顾过去30年所取得的成就我们感到骄傲和欣慰，展望未来我们充满希望与期待。但我们前面的道路绝不是平坦的。改革开放的成就源于解放思想，克服今后的困难仍然要靠解放思想。有了这一条我们就不怕任何艰难险阻。我们现在的政治、经济、法律等制度中还有很多不适应发展需要的东西，我们必须坚持解放思想和实践是检验真理的唯一标准，不断创新，不断进行改革，坚持对外开放，学习和借鉴人类的先进文明，为中国的发展进行不懈的努力。

中国30年的改革开放取得了史无前例的成功，也走出了一条中国式的发展道路。但中国无意推销所谓的“北京共识”，我们也不认为中国的经验和模式可以不加修改地照抄照搬。中国宋代大诗人陆游曾作《咏梅》词一首，其中有一句是“零落成泥碾作尘，只有香如故”，毛泽东主席在和词中有“待到山花烂漫时，她在丛中笑”的描述。我想如果中国的发展经验能对其他发展中国家和发达国家的发展实践有所借鉴，我们会感到欣慰。我们更愿意和着世界大多数国家发展的泥土而散发香气，也希望在世界各国发展的满园春色中微笑。

我们选择“制度适宜”作为中国发展经济学②或中国经济发展经验的落脚点，是因为它是可以解释中国发展秘密的钥匙。中国改革开放30年获得了巨大的成功，这一点已经为世人所承认。但说起原因，却是众说纷纭，莫衷一是。笔者认为中国的成功最根本的原因是我们所实行的制度适应了中国生产力发展的需要，从而可以促进生产力的发

① World Bank, “Economic Growth in the 1990s, Learning from a Decade of Reform”, 2005, p. 14.

② 发展经济学是研究发展中国家如何摆脱贫穷落后状态、实现现代化的经济学，其产生的初衷是试图提炼出一套解决发展问题的普遍理论或模式，供各国在实践中效仿应用。本书认为，不同国家不同阶段的情况千差万别，不存在一个普遍适用的“发展经济学”，而只有一些普遍适用的原则。具体怎样去做，各国只能根据自己的情况加以运用，“发展经济学”应该是个性与共性的统一。所以，我们将从中国的发展实践中总结出来的发展经验冠以“中国的发展经济学”，表明它是一般发展原则与中国特殊国情相结合的“发展经济学”，既强调一些具有普遍意义的经验，也强调其中国特色。

展。我们从自己的发展经历中得到这样的启示，世界上获得成功的国家有许多，所走的道路也不尽相同，作为一个有13亿人口的发展中大国，我们的特殊国情不允许我们去照搬别人的制度、模式，所以要找到适合自己情况的制度。我们还认识到所谓制度是不能一成不变的，它必须适应不断变化的生产力发展的需要，必须体现与时俱进的科学发展观。我们在农村实行家庭联产承包责任制是因为这种制度适合中国农业生产力发展水平，如果将来生产力发展水平提高了，这种制度不适合了，也可能随时修改这一制度使它能适应更高的生产力水平的需要。外向型经济战略、引进外资、特区政策、双轨制等都是中国经济改革开放获得成功的经验和原因，但是单独挑出它们中的任何一个都无法全面解释中国的成功，只有"制度适宜"这一经验可以把所有的经验串起来解释中国的成功，所谓"纲举目张"。这就是我们为什么把"制度适宜"作为中国经验和中国的发展经济学理论基础的原因。

当然，制度适宜并不是说只要制度合适了，一切问题就都解决了。有了适宜的制度，还要有适宜的人去实施、发展这些制度。适宜的制度本身是由人创造出来的，也必须由人来实施。没有合适的人，就无法制定出适宜的制度，即使制定出来，也无法得到很好的执行。中国共产党是中国适宜制度的创造者和执行者，这是中国的发展获得成功的根本原因之一。

历史为中国打开的大门是前所未有的，我们去争取胜利的决心和信心也应是前所未有的。唯此，我们才能实现150年来中华民族的强国之梦。

2008年5月9日

第一章　中国经济的高增长实践及对现有经济学理论的挑战

中国经济自1978年改革开放到现在，在长达30年的时间里保持着近10%的高速增长，这在世界经济发展史上实属罕见，不能不说是一个“经济奇迹”。中国经济的发展成就引起了全世界的广泛关注，被视为中国之谜，吸引了国内外众多学者投入到试图揭开其谜底的研究中，但迄今为止这仍是一个悬而未决的问题。本章对现有的解释中国经济奇迹的文献进行回顾，并提出自己的研究视角。第一节总结改革开放以来中国经济发展取得的巨大成就，第二节分析现有理论对中国经济奇迹的解释力和局限性，第三节提出本书的研究视角。

第一节　中国经济高增长的奇迹

一、30年中国经济发展[①]取得巨大成就

改革开放以来，中国的国内生产总值（GDP）以年均9.7%的高

---

① 经济增长和经济发展是两个既相互联系又相互区别的概念。经济增长是指一国商品和劳务的增加。经济发展是指伴随着产出增加出现或导致产出增加的经济结构、收入分配、生活质量、政治体制以及文化、法律，甚至观念、习俗等的变革。可见，经济发展比经济增长有更多的内涵，不仅包括产出的增长，而且包括社会的进步，有了经济增长并不能保证一国就能取得经济上的发展。但是，没有经济增长就不可能取得经济发展，经济增长是经济发展的必要前提和最重要的内容。一般来说，西方发达国家的经济增长是在较为成熟、相对固定的社会制度框架下进行的，并不涉及政治经济体制的问题，因而多采用“经济增长”的概念，以其为研究对象的学科也被称为“经济增长理论”；而发展中国家正处在经济发展的初期阶段，它们的发展不但要求经济的增长，还要求相应的社会变革，因而多适用于“经济发展”，研究发展中国家摆脱贫穷落后状态、实现现代化过程的学科则被称为“发展经济学”。本书基本沿用了对经济发展与经济增长这两个概念的界定。由于研究对象主要为发展中国家，本书较多地采用了“经济发展”这一概念，并强调经济增长是经济发展的一个重要内容和标志。

速度增长，[①] 经济建设硕果累累，工业化、城市化速度加快，经济结构持续优化，人民生活显著改善，贫困人口大幅下降，对外贸易额日益扩大，吸引外资不断增加，国际经济合作成就斐然，对外援助日渐拓展，国际地位显著提高，走出了一条有中国特色的发展道路。从世界经济发展史看，拥有如此人口规模的经济体，在30年的时间内长期保持高速发展，是没有先例的，堪称经济发展史上的唯一奇迹。

国民经济高速增长。新中国脱胎于半殖民地半封建社会，经济基础可说是一穷二白。1952年，中国的GDP仅为679亿元。经过20多年的建设，1978年GDP达到3645亿元，排世界第10位，扣除价格因素，1952～1978年的年均增长率为6.1%。改革开放以来，中国经济开始了长达30年且至今仍在继续的高速增长过程，经济总量不断扩大，与发达国家的差距迅速缩小。2007年，中国的GDP达到246619亿元，跃居世界第4位，1978～2007年的年均增长率从改革前的6.1%大幅提高到9.7%，成为世界上经济增长速度最快的国家之一。[②]

工业化快速推进。新中国成立之初，工业部门在国民经济中的比重仅为17.6%，全部工业增加值只有120亿元，部门残缺不全，生产技术落后，工业结构畸形，基础非常薄弱。经过50多年的建设特别是改革开放30年的发展，中国的工业化程度不断提高（见表1—1和表1—2），建立了门类比较齐全、布局比较合理、独立的工业体系，生产能力大大增强，已由传统的农业国转变为初步实现工业化的国家。工业增加值由1978年的1607亿元增加到2007年的107367亿元，按可比价计算增长23倍，工业在国民经济中的比重也上升到43.5%。在工业规模迅速壮大的同时，工业实力也不断增强，钢、煤、棉布、化纤、水泥、化肥、空调、电视机等众多工业产品的产量已跃居世界首位，“中国制造”

① 改革开放后各指标实际年均增长率按照1978年价格计算得到，改革开放前实际增长率按照1990年价格计算得到，已标明的除外。

② 1978年前的数据来源于国家统计局:《新中国五十年(1949～1999年)》，中国统计出版社1999年版;1978～2006年的数据来源于国家统计局历年统计年鉴;2007年数据来源于国家统计局《2007年国民经济和社会发展统计公报》，已标明的除外。数据未加说明的为现价值。

与世界经济的融合进一步加快，中国正在成为世界工业生产和出口加工的最大基地。

表 1—1　改革开放前后中国的工业化程度

年　份	第二产业增加值与第一产业增加值之比	第二产业从业人员与第一产业从业人员之比	工业化程度
1952	0.4135	0.0884	0.2510
1978	1.6985	0.2453	0.6227
1990	1.5246	0.3561	0.6781
1999	2.7782	0.4591	0.7296
2006	4.1704	0.5904	0.7952

注：工业化程度＝增加值贡献率＋劳动力贡献率。当第二产业增加值与第一产业增加值（第二产业从业人员与第一产业从业人员）比值大于等于 1 时，则赋予增加值贡献率值（劳动力贡献率值）为 0.5，否则赋予其贡献率值为比值/2。

资料来源：计算方法来源于国家统计局：《新中国五十年（1949—1999 年）》，中国统计出版社 1999 年版，第 26 页；数据来源于该书和国家统计局：《中国统计年鉴 2007》，中国统计出版社 2007 年版。

表 1—2　改革开放前后中国的产业结构

部门＼年份	1952	1978	1990	1999	2007
第一产业	50.5	28.2	27.1	16.5	11.7
第二产业	20.9	47.9	41.3	45.8	49.2
第三产业	28.6	23.9	31.6	37.7	39.1

资料来源：国家统计局：《新中国五十年（1949—1999 年）》，中国统计出版社 1999 年版；国家统计局：《2007 年国民经济和社会发展统计公报》。

城市化进程稳中趋快。新中国成立之初，中国 90％以上的人口在农村，随着改革开放的逐步深入和经济发展水平的不断提高，城镇化速度开始加快。1980 年中国城镇化的水平是 19.4％，1993 年上升到 28％，2005 年达到 43％。“十一五”规划提出，五年预期转移农业劳动力 4500 万人，期末城镇化率达到 47％。按照这个速度，中国再需要 40 年就能达到工业化高级阶段的城镇化率（75％）。从国际来看，英国城市化水平从 26％提高到 70％用了 90 年时间，法国从 25.5％提高到 71.7％、美国从 25.7％提高到 75.2％都用了 120 年，[①]而中国可能只需

① 罗志刚：《对城市化速度及相关研究的讨论》，载《城市规划学刊》2007 年第 6 期。

60年。

人民生活显著改善。新中国成立时，城镇居民人均年现金收入还不足100元，农村居民人均年生活消费支出仅40元左右，很多人处于极度贫困的境地。改革前30年以及改革初期，仍有3亿多贫困人口。改革开放以来，从脱离贫困，解决温饱，到迈向小康，人民生活水平显著提高。城镇居民人均可支配收入从1978年的343元增加到2007年的13786元，扣除物价因素后实际增长6.5倍，年均递增7.2%。农村居民人均纯收入由1978年的134元提高到2007年的4140元，扣除物价因素后实际增长6.3倍，年均增长7.1%。中国的减贫工作取得巨大成就，为全世界减贫事业做出了重要贡献。世界银行(2003)估计，按照“每天1美元”的国际贫困线，中国贫困人口在1980～1990年间从5.42亿人减少至3.75亿人，减少了1.67亿人，对世界的减贫贡献率是166.9%(这一时期全世界贫困人口减少了9830万人)；1990～1999年间中国贫困人口减少了1.15亿，对世界的减贫贡献率是122.8%；预计到2015年中国的贫困人口将减少到7400万人，比1999年净减少1.5亿人，这将是世界减贫总数的41.7%；中国贫困人口占世界贫困人口的比重已经由1990年的29%降至1999年的19.2%，下降了近10个百分点，预计到2015年将下降到9.1%，比1999年再减少10个百分点(见表1—3)(胡鞍钢，2006)。而根据陈绍华和拉瓦雷(Chen and Ravallion, 2007)的最新估算，2004年底中国的贫困人口已降至1.28亿人，仅占世界贫困人口的9.9%。与此同时，中国农村贫困人口大幅度减少。按照中国国家贫困线标准，农村贫困人口由1978年的2.5亿减少到2007年的约1500万，[①]减少了94%，平均每年减少贫困人口810万人。

① 贾庆林：《继往开来　共创友谊与合作的美好明天——在罗马尼亚参议院全体会议上的演讲》，人民网2008年5月5日。

表 1—3　世界银行估计世界各地区的贫困人口数量及所占比重

单位：百万人

地区＼年份	1990	1999	2015
东亚和太平洋地区	486(37.6%)	279(23.9%)	80(9.9%)
（不包括中国）	110(8.5%)	57(4.9%)	7(0.9%)
欧洲和中亚	6(0.5%)	24(2.1%)	7(0.9%)
中东和北非	48(3.7%)	57(4.9%)	47(5.8%)
拉美和加勒比地区	5(0.4%)	6(0.5%)	8(1.0%)
南亚	506(39.2%)	488(41.7%)	264(32.6%)
撒哈拉以南非洲	241(18.7%)	315(26.9%)	404(49.9%)
总计	1292(100.0%)	1169(100.0%)	809(100.0%)
（不包括中国）	917(71.0%)	945(80.8%)	635(90.9%)
中国	375(29.0%)	224(19.2%)	74(9.1%)

资料来源：World Bank，"Global Economic Prospects and the Development Countries"，Table 1.9，2003。转引自胡鞍钢，《中国经济增长与减少贫困》，《清华大学学报（哲学社会科学版）》2006 年第 5 期。

中国经济全面融入经济全球化进程。改革开放之前，由于受国内外各种条件的限制，中国对外经济关系的发展受到很大制约。党的十一届三中全会以后，中国经济发生了翻天覆地的变化，中国的对外经济交往无论数量还是质量都实现了巨大的飞跃，中国经济日益融入全球化的国际经济体系。

从对外贸易来看：1950 年，中国的进出口总额仅为 11.3 亿美元，其中出口 5.5 亿美元；1978 年，进出口总额为 206.4 亿美元，排世界第 27 位，其中出口 97.5 亿美元，仅占世界份额的 0.75%，居全球第 28 位，进口 108.9 亿美元，仅占世界份额的 0.81%，居全球第 27 位。改革开放以来，中国树立大经贸思想，不断深化外经贸体制改革，推动对外贸易不断发展。2007 年，中国进出口总额达到 21738 亿美元，其中出口 12180 亿美元，比 1978 年扩大 124 倍，进口额 9558 亿美元，三项指标均跃升至世界第 3 位，已成为世界上举足轻重的贸易大国，贸易依存度达到 67%。① 外汇储备也由 1952 年的 1.39 亿美元、1978 年的

① 进出口总额美元值按 2007 年年均汇率（12 个月月度汇率平均值）1 美元兑 7.6071 元人民币换算成人民币。

1.67亿美元增至2007年的1.53万亿美元，使中国成为世界第一大外汇储备持有国。同时，进出口产品结构不断改善。1952年，农副产品等初级产品出口所占比重曾高达83.4%，1980年为50.3%，2006年则下降到了5.5%；进口也从“吃饭型”变为“建设型”，资本品的进口比重不断提高，由改革初期的25.6%上升到2006年的45%左右。

从吸引外资来看：新中国成立之初，由于受到欧美国家的经济封锁，中国利用外资渠道单一，规模小，主要依靠苏联提供低息贷款，即使在改革开放的前4年累计利用外资也仅124.6亿美元。随着改革开放的不断深入，引进外资的工作得到迅速发展，利用外资规模不断扩大。1979～2006年，中国共批准外商投资项目59.6万个，实际利用外资总额累计达8827亿美元，其中外商直接投资为6919亿美元；2007年，实际使用外商直接投资金额748亿美元，比上年增长13.6%。1992年开始，中国吸引外资总额连续保持发展中国家首位，中国已成为世界上最受外资欢迎的国家之一。

从海外投资来看：中国的改革开放是“引进来”与“走出去”相结合的。随着中国经济的不断发展和开放程度的日益提高，中国企业也主动“走出去”，积极开拓海外市场，对外投资取得一定进展。截至2006年底，中国5000多家境内投资主体设立对外直接投资企业近万家，共分布在全球172个国家和地区，对外直接投资累计净额达906.3亿美元，占全球对外直接投资的0.85%，其中2006年对外直接投资净额211.6亿美元，居世界第13位，占全球对外直接投资的2.72%。①

从金融业的国际化来看：金融业对外开放稳步推进。截至2006年底，22个国家和地区的74家外资银行在中国25个城市设立了200家分行和14家法人机构；41个国家和地区的186家外资银行在中国24个城市设立了242家代表处。115家外资银行获准经营人民币业务，业务品种超过100种。在华外资银行本外币资产总额达到9279亿元，

① 商务部、国家统计局、国家外汇管理局：《2006年度中国对外直接投资统计公报》，2007年。

占中国银行业金融机构总资产的2.1%。外资金融机构越来越多地参股中国商业银行，到2006年底中资商业银行共引进29家境外机构投资者，投资总额达190亿美元。与此同时，国内的金融机构也积极走出去参与国际竞争。截至2006年底，国有商业银行在境外29个国家和地区设立了47家分行、31家附属机构和12家代表处，海外机构的总资产为2267.9亿美元。①

从对外援助看：中国政府一直把提供对外援助作为履行国际义务的重要内容。截至2006年9月，中国已向49个最不发达国家提供了1701笔援助或贷款，建成成套项目799个，免除36个最不发达国家172笔对华债务。② 20世纪90年代以后，中国开始向国际货币基金组织提供资金，承担出资义务。亚洲金融危机期间，中国为危机国家和其他经济困难国家提供了10多亿美元的双边贷款和备用贷款。中国为非洲开发银行的"非洲开发基金"累计出资超过3亿美元。③ 中国还给予与中国建交的最不发达国家部分商品免关税待遇，积极减免发展中国家的债务。此外，中国最近还成为国际开发协会的捐资国。中国一直在尽自己的最大努力，主动承担国际责任，积极履行国际义务，在经济和道义上为促进世界共同发展提供支持。

无论从绝对还是相对角度看，中国的经济改革、对外开放和发展目标均得到了实现，到目前为止改革已获得成功，转型也获得成功，即使未来若干年中国经济出现这样或那样的问题，也不能否认中国经济发展取得的巨大成就。

二、30年来中国的经济发展堪称奇迹

（一）中国经济增长的速度是历史上最快的

速度快是中国经济增长最为显著的特点，改革开放以来的30年，

① 银监会：《中国银行业监督管理委员会2006年年报》，2007年。

② 李肇星：《在〈2001～2010十年期支援最不发达国家行动纲领〉中期审评高级别会议上的发言》，新华网2006年9月19日。

③ 李若谷：《走向世界的中国金融》，中国金融出版社2006年，第98页。

是中国经济转轨的30年，也是中国经济不断跨上新台阶的30年。与世界其他国家（地区）相比，中国经济的增长速度独占鳌头。与同时期世界经济增长相比，中国1978～2007年的GDP增速快于世界平均水平6个百分点，比发达国家平均增速快7个百分点，比发展中国家快5个百分点（见表1—4）。与其他国家（地区）经济起飞阶段相比，中国过去30年的GDP年增长率分别比日本和德国相应阶段高0.5个百分点和5个百分点；一些东亚国家（地区）的经济起飞曾被世界银行称为"东亚奇迹"，起飞阶段的GDP年均增长率只有7.6%，比中国低2个百分点；拉美国家经济发展的黄金时期（1950～1980年）经济增长率6.5%①，比中国低3个百分点（见表1—5）。再看经济转轨国家，从20世纪90年代至今，除越南等个别国家与中国相比还算接近，其他转轨国家的经济年均增长率都远低于中国（见表1—6）。对中国经济增长的奇迹，世界银行在2000年给予了"20年来史无前例的经济增长"的高度评价。

表1—4　1978～2007年中国GDP增长率的国际比较

国家和地区	时间	年均增长率(%)
世界	1979～2007	3.56
先进经济体	1979～2007	2.72
欧盟	1979～2007	2.18
七国集团	1979～2007	2.52
亚洲"四小龙"	1979～2007	6.33
其他先进经济体	1979～2007	4.32
新兴市场和发展中国家	1979～2007	4.66
非洲	1979～2007	3.06
撒哈拉以南非洲	1979～2007	3.01
中欧和东欧	1979～2007	2.49
独联体国家	1979～2007	1.37
发展中亚洲	1979～2007	7.43
中国	1978～2007	9.75

① 这里只选取了经济增长比较快的巴西、墨西哥和哥伦比亚作为拉美国家的代表，如果考虑到其他增速较慢的国家拉低平均水平，则拉美国家这一阶段的经济增长率应该低于6.5%。

续表

国家和地区	时间	年均增长率(%)
中东	1979～2007	3.48
西半球	1979～2007	2.79

注:由于数据的可获得性,除中国以外的其他国家和地区的数据起点为1979年;国家和地区的分类参考:IMF,World Economic Outlook(WEO)。

资料来源:中国的数据来源于国家统计局,GDP增长率按1978年可比价格计算得到(表1—5、1—6同);其他国家和地区数据来源于IMF: World Economic Outlook (WEO)Databases,由作者加工得到。

表1—5　中国与世界其他国家(地区)经济起飞阶段GDP增长率的比较

国家和地区		时间	年均增长率(%)
发达国家	中国	1978～2007	9.75
	日本	1955～1973	9.22
	德国	1952～1973	4.4
亚洲“四小龙”	韩国	1962～1990	8.37
	新加坡	1965～1990	9.02
	中国台湾	1960～1990	8.82
	中国香港	1960～1990	8.47
亚洲“四小虎”	马来西亚	1970～1996	7.51
	印度尼西亚	1968～1996	7.32
	泰国	1970～1996	7.54
	菲律宾	1970～1996	3.55
拉美国家	墨西哥	1950～1980	6.71
	巴西	1950～1980	7.29
	哥伦比亚	1950～1980	5.38

注:本表选取的时间范围是在参考各国(地区)经济简史的基础上大致确定的。由于数据的可获得性问题,在实际计算GDP年均增长率时除日本数据起点为1955年、中国台湾数据起点为1970年以外,其他国家(地区)数据起点均为1960年。

资料来源:日本数据来源于日本统计局(http://www.stat.go.jp/),德国数据来源于:IMF, International Financial Statistics(IFS),中国台湾数据来源于:IMF, World Economic Outlook (WEO) Databases,其他国家(地区)数据来源于:World Bank, World Development Indicators (WDI) Database, GDP增长率按2000年美元可比价格计算得到。

表1—6　中国与其他转轨国家GDP增长率的比较

国家和地区	时间	年均增长率(%)
中国	1978～2007	9.75
俄罗斯	1990～2006	−0.21
越南	1990～2006	7.59

续表

国家和地区		时间	年均增长率(%)
东欧及前南地区	阿尔巴尼亚	1990～2006	2.84
	保加利亚	1990～2006	0.92
	捷克	1990～2006	1.66
	斯洛伐克	1990～2006	2.12
	塞尔维亚—黑山	1993～2006	3.10
	克罗地亚	1990～2006	0.75
	斯洛文尼亚	1990～2006	2.54
	匈牙利	1990～2006	2.07
	波兰	1990～2006	3.67
	罗马尼亚	1990～2006	1.13
苏联(欧洲)	摩尔多瓦	1990～2006	−3.99
	爱沙尼亚	1990～2006	2.67
	拉脱维亚	1990～2006	1.39
	立陶宛	1990～2006	0.66
	乌克兰	1990～2006	−2.44
苏联(西亚)	亚美尼亚	1990～2006	1.99
	阿塞拜疆	1990～2006	2.53
	格鲁吉亚	1990～2006	−3.32
苏联(中亚)	土库曼斯坦	1990～2000	−2.67
	塔吉克斯坦	1990～2006	−2.78
	吉尔吉斯斯坦	1990～2006	−1.21
	乌兹别克斯坦	1990～2006	1.98
	哈萨克斯坦	1990～2006	1.44

资料来源：中国的数据来源于国家统计局，GDP增长率按1978年可比价格计算得到；其他国家(地区)的数据来源于：World Bank，World Development Indicators (WDI) Database，GDP增长率按2000年美元可比价格计算得到。

(二)中国经济发展惠及的人口最多

中国是世界上人口最多的国家，人口多、底子薄是中国的基本国情。在已经实现工业化的大国中，英、法、德、意等国，人口至今仍没有上亿，日本有1亿多，美国是3亿多。① 而中国的人口在1978年改革开放初期就已接近10亿，现在超过了13亿。拥有这么多人口的大国实现经济起飞在历史上是没有先例的。改革开放的30年，随着国民经济

① World Bank, "World Development Indicators Database", Sep., 2007.

的迅速发展和综合国力的显著增强，中国依靠自己的力量，解决了几亿贫困人口的温饱问题，使他们的生存权和发展权得到保障；中国让世界1/5人口的收入提高了6倍，使他们实现了从贫困到小康的历史跨越。中国经济起飞惠及的人口数量20多倍于19世纪美国经济起飞阶段，十几倍于20世纪日本经济起飞阶段，比上述所有国家的人口加起来还多。正如克鲁格曼(Krugman，1999)对中国经济发展的赞扬，“在人类历史上，还从来没有过如此多的人，在物质生活方面经历如此快速的改善”。

(三)中国经济发展的条件最为复杂

中国的经济发展还面临着复杂特殊的初始条件。例如中国经济的二元结构特征非常明显，地区之间发展不平衡的问题也相当严重，造成城乡之间、地区之间以及贫富之间的矛盾，阻碍国家统一市场经济体制的形成及社会经济的协调发展。中国还是一个多民族的国家，占全国总人口8.41％的55个少数民族分布在占国土面积64％的民族地区；2.2万公里陆地边界线中的1.9万公里、135个边境县中的107个，都在民族地区；边境地区2100多万人口中，近一半是少数民族，有31个民族与国外同一民族跨界而居，存在着复杂的民族以及宗教问题。[①]针对中国经济发展的初始条件，斯蒂格利茨(Stiglitz，1999)也指出，中国的经济变革比俄罗斯和东欧国家复杂和艰难，因为中国经济具有特殊的双重性，既是发展中国家，又是转轨国家，必须同时应对体制转型和经济发展两个课题，而不像后者那样仅需要应对体制转型。此外，中国的地理环境也存在许多恶劣因素，如境内沙丘、戈壁、高山等难以利用的土地面积比例高，耕地资源紧缺；自然资源的分布不平衡；资源质量差异悬殊，低劣资源所占比重较大等。在中国的经济发展过程中，各种问题交织在一起，使得中国的改革过程异常艰难，同时也有力地证明了在如此复杂的条件下实现的中国经济发展，尤为难能可贵。

① 李德洙：《切实加强对新时期民族问题和民族工作的研究》，载《中央民族大学学报》2005年第1期。

(四)中国的发展道路不同于任何既有模式

中国1978年以前实行的是高度集中的计划经济体制,1978年以来实行改革开放,总体方向是趋于市场化。但无论是前者还是后者,都不是照搬某种经济学理论或共识,而是具有鲜明的中国特色。特别是改革开放以来,在建立社会主义市场经济的过程中,我们坚持实践是检验真理的唯一标准,不拘泥于某一教条,不照搬他国经验,不迷信西方专家开出的药方,在实践中保持了实事求是的灵活性;我们不断吸收东西方的先进文化和传统,在创造性借鉴前人有关理论与经验的基础上,不断摸索并在实践中形成了自身的发展理念和做法。

中国的发展道路不同于以往任何一条道路,是从自身实际出发摸索出来的具有中国特色的道路。这样一种发展道路"难以用西方主流经济学的原理加以说明,好像也不符合正统经济学的逻辑"(张军,1997),因而曾经广受质疑。[①] 但令人迷惑不解的是,中国经济的高速发展恰恰就是建立在被描述成"形迹可疑、半生不熟又前后不一(胡永泰,1994)"的发展道路之上。中国特色发展理念和发展道路的形成,丰富了世界经济发展的理论与实践,是中国对世界的贡献。

作为一个初始条件并不好的大国,中国的改革不彻底,制度不完善,受到主流经济学家的诟病,却连续30年保持国民经济快速增长,中国经济所发生的一切让世界感到不可思议。20世纪90年代后期以来,国际上许多经济学家和研究中国问题的学者都把中国的非凡经济表现视为一个谜(张维迎,1998),剑桥大学的诺兰(Nolan,1993)更是专门提出了"中国之谜"(The China Puzzle),诺贝尔经济学奖获得者布

① 例如有些学者认为中国总体改革的方式存在缺陷,Murphy,Shleifer和Vishny(1992)在改革早期认为增量改革带来的经济扭曲将会导致产出下降;捷克斯洛伐克的前财政部长同样质疑增量改革,认为"在扭曲经济中进行局部改革的结果,比没有改革还要差"(Wiles,1990,p. 56);Dewatripont和Roland(1995)从理论上推断增量改革带来的反对力量将使改革过程停滞,甚至是逆转;Sachs,Woo和Young(2000)认为中国的国有企业仍占据重要地位,政府干预严重,所以快速增长只是暂时性的;Young(2001)还认为中国增量改革将引致地方政府的保护主义,损害中国的长期经济增长;Gordon(2001)认为中国国有银行必然因呆坏账问题深陷无力偿还贷款的困境,将引发挤兑风潮、股市危机、外国资本撤离、社会出现激烈震荡等等一系列严重问题。

坎南(Buchanan)也说过:“中国是个谜。看上去不合理,可是却管用。(汪丁丁,1998)”中国用事实向世界证明了奇迹的存在。

第二节　对中国经济成就的理论解释尚不充分

对经济增长源泉和动力的探索是一个古老而富有魅力的课题,也一直是经济学研究的核心问题之一。从斯密(Smith)开始人们就特别关注对经济增长的分析。在当时农业生产占主导地位的经济中,古典经济学家的分析主要侧重于土地和劳动,以土地为代表的自然资源被视为经济增长的重要因素。其后,哈罗德(Harrod)和多马(Domar)建立了西方经济增长理论史上第一个完整意义上的经济增长模型,将经济增长理论引入了现代时期。哈罗德-多马模型(Harrod-Domar Model)在一系列严格的假设条件下,强调资本积累在经济增长中具有决定作用。接着,以索洛-斯旺模型(Solow-Swan Model)为开端的新古典增长理论,对哈罗德-多马模型没有考虑技术进步对经济增长影响的假定进行了修正,加入了外生的技术进步因素,用于解释不能为资本和劳动投入解释的“索洛余值”。随后以罗默(Romer)和卢卡斯(Lucas)的研究为代表的新增长理论,围绕如何将索洛“余值”内生化展开工作,将知识和人力资本因素引入经济增长,揭示出内生的技术进步才是经济长期增长的驱动力。在经济全球化的背景下,受新贸易理论的激发,以塞格斯特罗姆(Segerstom)、格罗斯曼(Grossman)和赫尔普曼(Helpman)为代表的新增长理论学家把内生创新的模式扩展到国际范围内,在开放经济的框架下研究国际贸易和资本、知识的国际流动对一国经济增长的影响。基于哈罗德-多马模型、索洛-斯旺模型以及各类内生增长模型都忽略了制度因素,或隐含地假定经济制度是给定的这一缺陷,以诺思(North)为代表的新制度经济学派将制度(包括文化)引入分析框架中,利用制度变迁和制度创新诠释经济的长期增长。

中国经济奇迹般的增长引起了国内外学术界的极大兴趣，并对此做了大量研究，从不同角度进行解释，试图揭开谜底。下面我们考察比较有代表性的几种理论，分析它们对中国经济奇迹的解释力和局限性。

一、从资本积累角度对中国经济奇迹的解释

资本积累是经济增长的重要推动因素之一，这一思想至少可追溯到古典经济学时期（斯密，Smith，1776；萨伊，Say，1814；李嘉图，Ricardo，1821）。马克思（Marx）创立了独特的资本主义经济增长理论，他是第一位把工业资本积累正式视为经济增长中心现象的经济学家。[①]

20世纪三四十年代，哈罗德（Harrod，1939）和多马（Domar，1946）在将凯恩斯（Keynes）的短期比较静态分析长期化和动态化的基础上，分别独立地提出了两个基本思想一致的经济增长模型，被合称为哈罗德-多马模型。在一系列严格的假设条件下，哈罗德-多马模型推导出储蓄率即资本的积累率是决定经济增长的唯一因素，该模型也因此成为资本决定论的代表模型。哈罗德-多马模型开创了现代经济增长理论研究的先河，其采用的长期的、动态的分析方法较之凯恩斯理论也更有说服力和应用价值，但它对技术进步的作用重视不够，认为均衡增长只存在于“刀锋”[②]上的结论也与经济现实不太相符。

虽然哈罗德（Harrod）、多马（Domar）并不是要提出一种发展理论，但早期的发展经济学家深受其影响，大都非常强调资本积累在经济发展中的重要作用。较有代表性的包括纳克斯（Nurkse，1953）的“贫困恶性循环”理论、纳尔逊（Nelson，1956）的“低水平均衡陷阱”理论、缪尔达尔（Myrdal，1957）的“循环累积因果关系”理论、罗丹（Rodan，1943）的“大推进”理论、莱宾斯坦（Leibeinstein，1957）的“临界最小努力”理论、罗斯托（Rostow，1960）的“起飞”理论以及钱纳里和斯特劳特（Chenery and Strout，1966）的“两缺口”理论等。尽管分析的角度和政

---

① 叶静怡：《发展经济学》，北京大学出版社2003年版，第11页。

② 索洛（Solow，1956）在其经典论文“A Contribution to the Theory of Economic Growth”中指出：“哈罗德-多马思路特有的权威性结论和性质……甚至在长期，经济体系充其量也只能平衡于均衡增长的刀锋上。”

策主张不尽相同，但他们都认为，资本是发展中国家或地区的高度稀缺资源，资本的形成、规模、结构是影响和制约广大发展中国家经济发展的重要因素和基本约束条件。因此，资本形成是经济发展的核心，发展中国家必须大量积累资本，大幅提高投资水平以摆脱经济贫困落后和停滞的困境。

许多实证研究正面支持了资本决定论。根据乔根森（Jogenson，1995）对1947～1985年间美国经济的研究，资本投入的贡献是产出增长的最显著原因。麦迪逊（Maddison，1970）考察了1950～1965年间22个发展中国家和地区的经济增长情况，认为在欠发达经济体中，资本对经济增长的作用比其他要素更重要。纳迪里（Nadiri，1972）的研究成果也支持麦迪逊的结论，他们都认为，资本形成是发展中国家经济发展的主要源泉。世界银行1986年《世界发展报告》给出的1960～1984年间24个发展中国家的经济增长、净投资率及新增资本—产出比率的资料显示，10个低增长率国家人均GNP的年增长率平均为0.4%，平均净投资率为10.8%；而14个高增长率国家人均GNP的年增长率平均为4.5%，平均净投资率为18.4%。

许多学者从资本积累的角度解释中国的经济奇迹。改革开放以后中国保持了高水平的资本积累，1980年中国每百万人口的固定资产形成数量只有8600万美元，同期英国是中国的4倍左右，美国、德国和法国是中国的20多倍，而日本是中国的40多倍（见表1—7）。到2005年，中国百万人口的固定资产形成数量增加到7.3亿美元，增长了8倍左右。许多研究结果都表明在中国过去30年显著的经济增长中，投资起到了重要的作用。李京文（1996）估计1979～1995年间中国经济增长的资本贡献度为47%。胡祖六和李山（1997）对1979～1994年估计的结果与前者基本相同，也为47%。翟凡（1998）估计的资本贡献度更高，达到了58%。世界银行（1997）估计的结果较低，但也达到了36%。武剑（2000）分析，1979～1988和1989～1998两个时间段中国经济增长的资本贡献度分别达到50%和56%。

表 1—7 1980 年固定资产形成规模的国际比较

单位：百万美元/百万人口

中国	英国	日本	美国	德国	法国
86	320	3249	2537	2165	2733

资料来源：IMF 数据库(http://ifs.apdi.net/imf/)。

毫无疑问，资本积累是推动经济增长的重要因素，在中国经济的高增长中，投资在创造总需求和改进基础设施方面的重要性也得到了广泛的认可(邹至庄，1993；Sun，1998)。但是，完全从资本角度来解释中国的经济增长也有一定的局限性。它强调了资本形成对促进经济增长的重要性，却忽视了其他因素对经济增长的作用。根据胡祖六和李山(1997)的估计，中国 1953～1978 年以及 1979～1994 年两个时间段的年均资本存量增加速度分别是 6.2%和 7.7%，两个时期资本存量增加速度相差 1.5 个百分点。而中国这两个时期的经济增长速度分别为 5.8%和 10.1%，相差了 4 个多百分点。就是说，即使资本的产出弹性达到 1，资本投入也只能解释中国经济增速加快的不到 40%。更何况，无论是对资本存量还是对资本贡献率的测算，目前都还存在较大分歧。比如按照张军(2003)的估计，改革后的资本存量增长速度甚至低于改革前。所以，仅用资本投入难以完全解释改革开放前后经济增长速度的差异。而且，投资对于经济增长的重要性众所周知，但问题是资本的形成不是一个自发的过程，为什么这么高的投资率能在中国维持如此长的时间，许多其他国家却苦于无力实现足够的资本积累，对这一现象的解释还需要探究更深层次的原因。

二、从技术创新角度对中国经济奇迹的解释

虽然斯密早在 1776 年就意识到了劳动生产率对经济增长的影响和技术进步的可能性，但总体而言古典经济学对技术的描述不够详尽，而且缺乏对技术进步因素在经济增长中具体作用机理的研究。从熊彼特(Schumpeter，1934)开始，技术创新对经济增长的作用才逐渐为人所认识。虽然熊彼特的研究初步给出了技术创新影响经济增长的理论基

础，但他的论述缺乏数理分析的支持。

20世纪50年代，索洛和斯旺(Solow and Swan，1956)等人在修正哈罗德-多马模型“刀锋”式均衡增长条件的基础上，针对该模型惟资本积累主义的缺陷，将技术进步引入分析经济增长的因素中，建立了新古典经济增长模型。索洛将资本和劳动力不能解释的经济增长归因为技术进步，即所谓“索洛余值”，并发现技术进步是比资本、劳动更为重要的经济增长的决定因素。但是，索洛、斯旺等人把技术进步看做是外生的，对决定技术进步的因素未加以深入研究，从而经济的长期增长仍是无法解释的现象，该模型也因此被评价为“解释了一切，但独不能解释长期增长”(巴罗和萨拉伊马丁，Barro and Sala-I-Martin，1995)。

基于这种状况，以罗默(Romer)和卢卡斯(Lucas)等人的研究为代表的新增长理论围绕如何将“索洛余值”内生化，对新古典增长模型做了根本性的修正。新增长理论直接把知识和人力资本纳入经济增长分析框架中，研究了经济系统中导致技术进步的源泉，从理论上说明知识、人力资本的积累和技术进步是经济增长的决定因素。罗默(Romer，1986)在阿罗(Arrow，1962)“边干边学”思想的基础上，将知识因素作为内生变量引入增长模型，用知识的积累和溢出来解释经济增长；卢卡斯(Lucas，1988)则沿用宇泽弘文(Uzawa，1965)人力资本的分析框架，认为源于人力资本外部性的递增收益使人力资本成为“增长的发动机”；随后，研究与开发(R&D)模型的提出(罗默，Romer，1990；阿洪和豪威特，Aghion and Howitt，1992)，将技术进步作为技术创新者为了追求自身利益最大化而进行技术投资的结果，大大增强了新增长理论的解释能力。新增长理论在打开“索洛余值”这个黑箱问题上取得了巨大的进步，将知识和人力资本因素纳入经济增长的内生性中，突破了主流经济学理论的分析框架，给增长理论重新注入了活力。它强调一个国家的经济增长主要取决于知识的积累、技术的进步和人力资本的水平，在更大范围内解释了经济现象，其中的政策内涵也更为丰富。

在推进理论研究的同时，经济学家们还做了大量的实证分析以检验技术进步对经济增长的贡献。在新古典框架下，产出增长被分解为可归因于要素增加的增长和未归因于要素增加的剩余增长，后者称为全要素生产率(TFP)增长，被看成是技术创新对于经济增长的长期贡献。索洛(Solow,1957)计算了美国非农业私营部门20世纪上半叶的全要素生产率增长，发现全要素生产率增长可以解释美国产出增长率的87.5%。库兹涅茨(Kuznets,1966)依据对主要工业化国家大量经验数据分析的结果，把产业革命以来西方国家现代经济增长的特点描绘成主要依赖技术的持续改进而不是资本积累，因为“科学被广泛地用来解决经济生产问题”。乔根森(Jorgenson,1967)针对索洛(Solow,1957)没有考虑投入要素质量改进的影响的缺陷进行了调整，调整后的全要素生产率虽然对产出的贡献有所下降，但仍是经济增长的主要因素。萨缪尔森(Samuelson,1992)指出1900～1984年美国年均2.2%的增长率中，1.7%来源于效率的提高，“在收益递减和技术进步之间展开的竞赛中，技术以数步之遥取得胜利”。速水佑次郎(Yujiro Hayami,1999)在对日本经济进行增长核算后也得到了类似的结论。乔根森(Jorgenson,2001)认为日本接近50%的产出增长以及德国和意大利超过40%的产出增长可以归因于全要素生产率的增长。

学者们主要从两条路径入手研究技术创新对中国经济增长的影响。一是从增长核算出发，分析中国全要素生产率的增长率及其对产出的贡献。布伦斯泰因和奥斯特里(Borensztein and Ostry,1996)发现中国全要素生产率的增长率改革前为负，改革后提高到3.8%，对中国经济增长的贡献超过30%。邹和李(Chow and Li,2002)，李(Li,2003)和OECD(2005)也得到了相似的结论，他们估计改革开放后中国全要素生产率的年均增长率为3%～3.7%。王小鲁(2000)用生产函数法估计中国1979～1999年间全要素生产率增长率为1.46%，对经济增长的贡献率为14.19%。郭庆旺(2005)估计1979～2004年间中国全要素生产率年均增长率为0.891%，对经济增长平均贡献率为9.46%。二是从研究与开发(R&D)模型出发，考察研发经费支出与技术进步乃至经济增长间的相关性。张耿庆(2007)实证说明了技术利益与经济增长之间确实存在明显的正向联系，技术创新是促使经济增长的格兰杰

(Granger)原因,而且研发费用、国家财政教育经费支出和中国经济增长指标有显著的正相关关系。

无论从理论还是实践来看,技术进步对于中国经济增长的贡献都是显著的。但是,仅从技术创新角度似乎也难以完全解释中国的经济增长之谜,因为从全要素生产率角度得到的技术进步对中国经济增长贡献度,即使按照较高的估计,不过30%左右,与发达国家全要素生产率对经济增长的贡献程度相比明显偏低,而中国的经济增长率却远远超过了其他发达国家。

三、开放对中国经济奇迹的解释

传统理论多是在封闭的格局下考察一国的经济增长,忽略了对外开放对一国经济的影响。在经济日益全球化的背景下,继续孤立地看待各国经济已经不符合现实,于是经济学家开始致力于对开放如何推动经济增长的研究。钱纳里和斯特劳特(Chenery and Strout,1966)的"两缺口"理论就从资本积累的角度,说明了在开放经济条件下,积极利用外部资源是发展中国家克服储蓄和外汇约束,促进经济增长的重要而有效的途径。新增长理论则是从技术进步的角度分析开放推动经济增长的机理,认为对外开放和参与国际贸易可以利用知识和技术的溢出效应,降低创新成本,加速先进技术、知识和人力资本在全球范围内的扩散和积累,从而提高开放国家的总产出水平。同时发展中国家的技术模仿像发达国家的技术创新一样,对本国和世界的经济增长也具有重要影响(Segerstom,1991;Grossman and Helpman,1991;Romer,1990,1991a,1991b)。

虽然在理论上,一国经济的开放有很多机制可以促进经济增长,但实证研究对于开放作用的评价褒贬兼有。例如巴拉萨(Balassa,1978)认为发展中国家通过对外出口,提高了本国的经济增长率。但罗德里克(Rodrik,2000)却认为是增长推动出口,而不是出口推动增长。通过比较经济增速最快的国家和地区出口占国内生产总值的比率,以及出口与GDP比率增幅最大的国家和地区其人均GDP增长幅度两个表格,他得出结论:尽管经济增长较快的国家往往表现出较快的出口增长率,但是出口增长快并不一定带来较快的经济增长。哈夫曼(Haveman,2001)分析认为引进 FDI 可以推动经济增长。但伦辛克和莫里森(Lensink and Morrisey,2002)以及卡科维奇和列文(Carkovic and Levine,2002)认为在发展中国家吸引 FDI 对经济增长的推动作用不明显。

对中国的实证分析也没有得出令人信服的结论。如罗德里克(Rodric,2006)认为中国经济增长属于出口导向型经济,出口贸易,特别是出口商品结构的提升,是推动中国经济快速增长的决定性因素。弗昂(Fung,2006)认为外商投资对中国经济增长的影响重大,除了弥补国内资金短缺,增加资本积累,促进国外先进技术的引进和利用之外,外商投资还能通过加强当地企业竞争、提高劳动力素质和管理水平等溢出效应提高东道国的经济效率。但孙焱林(2000)分析了资本投资增加、劳动力增加以及出口增长与 GDP 之间的关系,得到的结论是出口增长同 GDP 的相互关系并不显著。包群(2003)认为,贸易依存度对经济增长的促进作用是波动的、不稳定的,既有负面效果,也有正面效果。其他国家对中国的 FDI 对国内同行业技术溢出效应并不明显(姚洋,2001;包群,2002)。桑秀国(2002)认为 FDI 同 GDP 增长率存在正相关关系,但其中因果关系主要是从经济增长到 FDI,而非相反。

尽管实证分析似乎有一些分歧,但至少在现代世界经济史上,没有一个国家的快速现代化是在封闭的环境下取得的。这说明,参与国际经济贸易是一国经济快速发展的必要条件。就中国而言,毋庸置疑,对外开放是经济增长的一个重要推动力。不过,与其他一些较小的经济体例如东南亚国家不同,大国在开放中面临的形势和挑战更为严峻和复杂。中国作为一个大国,却能维持比一般大国高得多的开放度并从中受益,其背后的原因和机理还有待探讨。而且在整个 20 世纪 80 年代,外贸出口和利用外资规模在中国经济总量中所占的份额并不高,但经济增长速度却有了较大跃升,这一点也不太容易解释。

四、地理环境因素对中国经济奇迹的解释

地理环境理论是萨克斯（Sachs，2001）讨论热带地区发展问题时，逐步正规化和发展起来的。之前有一些经济思想史学家，略微谈到了热带地区和温带地区的经济增长差异。萨克斯（Sachs）提出了解释热带发展滞后的五个重要假设前提，①并用两个实证分析说明了地理特征决定了温带的发展迅速：一是利用麦迪逊（Maddison，1995）的历史数据，萨克斯（Sachs）发现 1820～1992 年温带地区人均收入的年增长率是 1.4%，而非温带地区人均收入的年增长率是 0.9%。二是在巴罗（Barro，1991）的研究基础上，用 1965～1990 年人均收入年增长率对初始人均收入、教育水平和一国生活在温带人口比例回归，结论是出生在温带人口的比例与该国经济增长速度之间存在着正相关的关系。萨克斯（Sachs）认为对美国经济增长因素的讨论中，长期忽略了地理因素，特别是海洋因素。美国的临海区域只占到美国土地面积的 13%，但却集中了 51%的人口，拥有 57%的居民收入。20 世纪以来，这种集中趋势不断加强。费伊（Faye）等人（2004）提出了为什么内陆国家持续面临发展的挑战。

许多经济学家对经济地理理论提出了质疑。例如阿西墨格鲁（Acemoglu，2002）提出了很多和经济地理理论不相符的证据来证明经济地理理论的局限性。② 他还提出了一个世界经济的典型事实，即财富逆转：在 1500 年左右相对富裕的国家或地区，到 1995 年变得相对贫困；相反，1500年左右相对贫困的地区到1995年变得相对富

---

① 关键地区的技术是和特殊生态相联系的，不可能轻易传播到其他生态地区；在现代经济增长的初期，温带地区的农业技术、能源利用技术以及军事技术等都比热带地区优越，但是这些技术很难扩散到热带地区；温带地区拥有足够大的市场来支持技术创新；温带城市化以及人口结构的变迁均比热带更有利于经济增长；地缘政治因素也限制了热带地区的发展。

② 比如 Acemoglu 提到，有些在 1500 年前对经济增长不利的、甚至是有害的地理环境，却在之后变得有利于经济增长。比如热带地区在 1500 年前非常适合于经济增长，而温带地区却差了很多。1500 年后，农业技术进步了，发明了重犁和农作物轮种技术，注重了畜力的使用，温带地区反而更适合经济增长。

裕。[①] 地理特征为基础的假说不能解释这种现象。罗德里克(Rodrik, 2002)则用了一些事实论据说明经济地理理论的不适用性。例如东南亚国家在20世纪60～70年代实现了经济起飞,但在这段时间中其地理因素并没有发生大的改变,也不可能有大变动。

经济地理理论对长期经济增长的解释力并不强。诚如克鲁格曼(Krugman,2007)分析,在很多情况下,自然地理因素起到很重要的作用,但这并不是因为地理位置的自然特征非常关键,只是因为地理环境能够提供种子,而自我强化的集聚过程则会将其催生。准确地说,地理环境并不是在任何时候都起到很重要的作用,只是在某一个阶段起了作用。用它来解释跨度很长历史时期的事件,还是存在局限性。

经济地理理论对中国的经济增长现象有一定的解释力。例如,该理论认为沿海地区和沿海国家经济增长的绩效要高于内陆地区和国家,改革开放之后,中国沿海省份的经济增长绩效显著高于内陆省份,前者比后者多增长3倍。但是,同样的地理环境,1952～1978年内陆省份的经济增长却和沿海省份差不多甚至还稍高,经济地理理论似乎又无法做出说明(见表1—8)。而且,同处于东亚地区,1952～1978年中国人均GDP增长率为4%,相较于同时期的日本、"四小龙"等亚洲

表1—8　中国沿海和内陆省份增长比较

省份	国内生产总值指数	
	1978(1952=100)	1998(1978=100)
沿海省份平均	463	961
内陆省份平均	466	615

资料来源:根据国家统计局[②](1999)相关数据整理。

① 他用两个指标来衡量富裕程度:一是生活在5000人以上的城镇中居民的比例来描述的城市化程度,二是单位米纳吉人口居住数量表示的人口密度。

② 国家统计局:《新中国五十年统计资料汇编》,中国统计出版社1999年版。在计算沿海省份平均值时,排除了北京、天津以及上海几个直辖市的数据,因为它们的性质和其他省份大不一样。沿海省份包括河北、辽宁、山东、江苏、福建、浙江、广东、广西和海南;内陆省份包括吉林、黑龙江、山西、河南、内蒙古、陕西、甘肃、青海、宁夏、新疆、江西、安徽、湖北、湖南、四川、云南、贵州和西藏。

经济体还是比较慢，只是在 1978 年改革开放之后，中国经济才像其他东亚地区一样出现奇迹般的增长。因此，即使地理因素有作用，为什么在这段时间才发挥出来，还是值得探讨。

五、文化对中国经济奇迹的解释

尽管主流的经济学理论文献对文化因素的关注不多，不过用文化解释经济增长也有很深的历史渊源，大致经历了四个阶段。第一阶段，早期的古典经济学家认为，特定的文化观念是决定人们行为乃至市场扩展、经济进步必不可少的条件之一。如斯密在《国富论》里认为特定文化观念是市场扩展和经济进步必不可少的条件；穆勒（Mill）认为一国人民的信仰和法律对他们的经济状况起到很大作用，而经济状况通过对智力发展和社会关系的影响又作用于人民的信仰和法律（高波，2004）。

第二阶段，韦伯（Weber，1987，1995）等深入探讨了整个资本主义的文化精神基础，认为资本主义精神出自新教，产生于基督教禁欲主义。他还通过比较世界主要宗教的经济伦理，得出儒教伦理阻碍了中国资本主义发展的结论。

第三阶段，发展经济学家研究哪些文化因素推动经济发展，哪些文化因素阻碍了经济发展。他们更倾向于承认文化对经济发展具有影响作用，但并没有把经济发展同某一种特定的文化联系在一起。刘易斯（Lewis，1983）清楚地意识到，经济增长依赖于人们对工作、财富、节俭、生育子女、创造性、陌生人和冒险等等的态度，所有这些态度都是从人的头脑深处产生的。缪尔达尔（Myrdal，2001）描述了南亚国家普遍存在的传统价值观与战后现代化理想之间的冲突，认为这些传统价值观使人民丧失了许多经济机会。

第四阶段，制度经济学对文化与经济增长的理解。在制度经济学里，文化一般被视为非正式制度。哈耶克（Hayek，2000）认为，以交易为基础的社会之所以有可能，通过可变的市场价格对广泛的劳动分工间的合作进行指导之所以有可能，都是基于经由逐渐演化而形成的某些道德信念在众人之间的不断传播和接受;制度无非是文化进化的结果。在诺思(North,1999,2000)的研究里,意识形态(或文化)作为构建人类相互作用的非正式框架,与正式制度规则共同决定了经济绩效。在他看来,意识形态是影响经济绩效的个人选择的关键,个人如何看待游戏规则的公平与公正,明显会影响绩效。准确地说,意识形态的重要作用在于它有助于降低衡量与实施合约的交易费用。

大量的应用和实证研究也强调了从文化角度来解释经济发展的差异。如哈里森(Harrison,1985)用大量的案例研究表明,文化成为拉美国家发展的一大障碍。英格尔哈特(Inglehart,2002)运用"世界价值观调查"的结果描绘了一幅"全球文化地图",从中发现文化观念、宗教传统、社会信任与经济发展水平之间存在着密切的相关性。经济史学家兰德斯(Landes,2001)在对五六百年来"富国"和"穷国"的历史进行分析之后,得出了一个最重要的结论,就是文化会影响经济格局。他认为文化和经济发展是相连的,一方面的变化就会反过来影响另一方面。

文化因素对个人行为和经济发展具有重大影响毋庸置疑,但文化是一个相对宽泛和复杂的概念,从不同侧面和角度去理解文化,得到的结论可能不尽相同。为此,文化与经济发展之间的相互关系比较模糊,很难确定文化对经济发展的作用的方向。

在用文化解释中国的经济发展时,也碰到了这样的问题。例如韦伯(Weber)在对儒教和新教的比较过程中强调:儒家伦理构建了以血缘关系为纽带的社会关系,而新教伦理则构建出非个人化的、理性的共同经济建设体;儒家强调培养中正平和的人格,而且作为君子的"理想",是不屑于经济事务的,而新教伦理强调培养职业人类,并且作为上帝选民,应该兢兢业业工作,韦伯从而认为儒教伦理阻碍了中国资本主义的发展。但是近几十年中国和其他具有儒教传统的东南亚国家的经济发展却令人瞩目,因此,很多学者开始重新认识儒家文化,强调儒家文化所提倡的节俭、勤劳等品质有利于储蓄积累以及劳动力投入到经济中,经济因此增长。如韦森(2002,2004)从国别比较的角度说明中国的经济增长可能源于其商业精神;他还观察到中国、日本和亚洲"四小龙"都深受儒教思想的影响，认为勤恳耐劳和奉行节俭的儒教文化是这些经济体实现成功赶超的重要原因。① 可见，儒教文化对经济的影响是非常复杂的，既有阻碍经济社会发展的消极因素，也有促进进步的积极力量。

即使假设儒教文化对经济的正面作用是主要的，问题还在于这些国家和地区长期以来就在儒家文化的濡染之下，但为什么没有在16、17世纪率先实现现代化和经济发展？此外，同样受到儒家文化影响的其他一些国家并没有实现同样的经济成功，而许许多多与儒家文化无缘的国家却更早地实现了经济现代化。因此，用文化解释中国经济增长奇迹还存在不少疑问有待回答。

六、新制度经济学②对中国经济奇迹的解释

无论是哈罗德—多马模型、新古典增长模型还是新增长模型，到目前为止，经济学在分析经济增长问题时都忽略了制度因素或隐含地假定经济运行的外部制度条件是给定不变的，从而将制度视为无用的"自然状态"而排除在分析框架之外。诺思(North，1989)通过经济史研究，发现了制度这一以前研究中被普遍忽视的变量，认为工业革命的发生主要不是由于技术革新，而是现代所有权体系和社会制度的漫长变

① 韦森认为，当代的印度在正式的制度安排上甚至比中国还先进，比如当代印度社会中已具备明晰的产权结构、完善的法律体系以及代议制的民主宪政，但为什么印度却不能像中国一样，在巨大的人口和人力资源以及巨大的市场空间中蕴生出高速的经济增长？这只能从中国和印度的非正式制度安排，也就是文化的差异上去理解。韦森认为中国经济之所以高速增长，是因为中国的商业精神要比印度优越。这种商业精神不仅仅催生了市场交易制度和规则，而且拓宽了市场交易容量和范围。在良好的商业精神氛围下，经济增长实现了良性自我循环。

② 新制度经济学的产生始于1937年科斯发表《企业的性质》一文，但当时并未引起充分重视，直到1960年科斯发表了另一篇文章《社会成本问题》后，新制度经济学才得以迅速发展。科斯认为，在交易费用大于零的情况下，产权和制度安排会对资源配置、经济增长产生影响。以诺思为代表，新制度经济学家在进一步的研究中发现，有效的制度变迁对经济增长不仅有影响，而且这种影响还是决定性的。旧制度经济学，又称为制度学派，与新制度经济学既有联系，又有显著的区别。诺思认为"新制度经济学与旧制度经济学的最大不同，就是我们发展出了一个关于制度和制度变迁的经济理论"。本书中提到的制度经济学内容，如无特别说明，均为新制度经济学的观点。

迁所引致的。至此，制度因素开始进入经济学家研究的视野。

新制度经济学提出，有效率的经济组织是经济增长的关键，它需要在制度上做出安排以便造成一种刺激，将个人的经济努力变成私人收益接近社会收益的活动(North，1989)。而在制度因素中产权制度的作用最为重要，有效率的产权结构通过提供激励机制、降低交易费用和交易中的不确定性促进经济增长；此外，产权的界定与变化是导致制度变化的诱因和动力。基于这样的思想，制度经济学家们对利用制度促进经济增长给出的政策建议是建立私有制或市场经济，认为这种经过西方国家历史验证的“良好制度”是经济增长必要且充分的条件。

应该说，制度经济学突破了传统理论把经济增长简单归结为几个要素的作用这一机械的分析框架，着力于分析生产过程中内生的互动联系，其对制度在经济增长中关键性作用的强调是值得肯定的，也为解释中国经济现实提供了新思路。目前，在用制度因素解释中国经济奇迹中主要有两个角度。

一是认为私有制或市场经济具有更高的效率。如萨克斯(Sachs，2004)认为改革开放以后中国通过市场经济改革在一些领域(如农村的家庭联产承包责任制、沿海经济特区等)部分实行了私有化政策，刺激了经济的发展，中国改革的成功主要是特殊的内部条件下非国有经济迅速发展的产物，强调私有制的优越性是中国经济高速增长的关键。

二是从经济转轨的角度去解释中国经济增长，认为渐进性改革优于休克疗法。俄罗斯和东欧在激进式改革后经济表现大不如前，一个重要的原因就是它们的改革是基于一系列理想的假设条件，是在很短时间内快速复制西方国家的经济制度(Sachs and Lipton，1990)，其制度变迁存在致命缺陷。这导致了俄罗斯和东欧变革后的制度，并不是苏联和东欧国家在当时初始条件以及改革的约束条件下能够得到的最优制度安排。中国采取了渐进式改革，逐渐改变公有制的管理体系以及公有制的产权制度(并不一定必然导致私有制)，然后再增加私有制成分，这可以使改革一直处于可控的范围内，还可以增加经济体系的效率。林毅夫、蔡昉和李周(1993)将中国渐进式制度变迁的优点总结为三个方面:一是能够充分利用已有的组织资源,保持制度创新过程中制度的相对稳定和有效衔接;二是可避免大规模的社会动荡和资源浪费;三是避免了资产存量再分配过程中出现的不公平以及由此产生的冲突,使改革得以顺利进行。诺顿(Naughton,1994)认为改革方式的正确选择是中国取得改革成功的决定性因素。一方面,中国在转轨过程选择计划机制与市场机制并存的策略,使改革风险大大降低;另一方面,采用计划机制与市场机制相结合来解决宏观经济波动,使得改革得以持续推进。麦金农(McKinnon,1994)认为,中国经济实现平稳过渡的重要原因在于中国的双轨过渡模式。因为在双轨的定价制度安排下,中国的国有部门按照计划内价格完成了生产任务后,便可在计划外增量上通过市场机制将剩余产品配置给非国有企业。这样,双轨制的增量改革不仅使价格改革和企业改革的贯彻执行成为可能,而且使得中国的改革规避了"通胀税"的转型风险。张宇(1996)认为中国的渐进式改革之所以能获得成功,在于它从中国的实际出发,将自发改革与自觉改革相结合,局部推进与整体转变相结合,体制内改革与体制外改革相结合,保持了政治秩序的相对稳定和政治体制的相对集中,实现了改革与发展的良性循环。

改革无疑是中国经济高增长的重要动因,与传统经济增长理论以及新增长理论相比,虽然制度经济学在分析框架、解释力上更进了一步,不过现有的基于制度因素的理论在解释中国经济增长现实时仍面临一些困难。按照标准的制度经济学理论,产权明晰的私有制有更强的激励作用,应该更有效率,但这很难解释为什么产权明晰、市场经济制度更完善的拉美、印度等国家的经济表现反而不如产权不明晰的中国。比如印度具备了按照西方经济理论近乎完善的制度结构,包括以私有产权为特征的产权结构和健全的银行体系,以英国普通法为传统的市场法律框架,以及代议制的宪政体制,其制度甚至被称为"噪音版的美国制度",经济发展还是不如中国。合理的解释可能是,不存在某个绝对的标准来衡量制度是否优越,至少不是以是否私有产权作标准。而渐进性与激进性改革孰优孰劣之辩,只是针对转轨过程中应采取何种转轨方式而论。即使说渐进式转轨要优于激进式转轨，那么转轨结束后，转轨方式的问题不复存在，俄罗斯、东欧等国家的经济理应比仍处于转轨之中的中国表现更好才对。但事实上，即使在转轨完成以后，其经济表现也不一定强于中国。一个可能的解释是，问题不在转轨的快与慢，而在于转轨每个阶段的制度是否是当时的合理选择。因此，制度为我们解读中国经济实践开辟了新的分析视角，可能抓住了问题的核心。但按传统标准，制度结构远不完善的中国却能取得如此良好的发展实绩，要合理解释这一矛盾现象还需要对制度与经济的关系做进一步的探讨。

七、其他理论对中国经济奇迹的解释

（一）低成本竞争优势论

刘世锦(2005)认为中国经济持续快速发展的主要原因是中国劳动力等要素成本低，他将改革开放以来中国工业化进程的构成要素，概括为“国内消费和对外贸易导向”、“主导产业驱动”、“劳动力和其他资源跨部门流动”、“成熟技术的引入和扩散”、“市场的外延扩张”等，并认为这些要素又集中表现于“低成本竞争”。中国社会科学院经济研究所经济增长前沿课题组(2003)认为低成本(包括劳动力成本、土地价格以及实际税收)是工业化的核心竞争力。成本低是中国吸引外资和参与国际分工的一个突出优势，但为什么一些亚洲、非洲国家劳动力等要素成本同样很低经济发展却不太理想呢？

（二）比较优势理论

林毅夫等(1994,2002)认为，中国过去实行的是优先发展重工业的赶超战略，并形成了以扭曲的宏观政策环境、高度集中的资源计划配置制度和没有自主产权的微观经营机制为特点的三位一体的传统经济体制。然而，中国的资源禀赋结构是劳动力充足，资本稀缺，重工业作为资本密集型的产业，不符合中国的比较优势，从而导致在市场条件下，经济中的大多数企业没有自生能力。改革开放后开始实施比较优势战略，改革传统经济体制，使得经济发展在每个阶段上都能发挥当时资源禀赋的比较优势，从而维持经济的持续增长并提升资源禀赋的结构。用比较优势发展战略可以对中国经济发展做出比较系统的解释，但问题是中国经济从1952年到1959年间平均10.8%的增长并不低，说明在当时的历史条件下赶超战略也有一定的合理性，而发挥比较优势同样为许多发展中国家所奉行，但多数效果不佳，这似乎说明，用比较优势战略也只能部分地解释中国的经济增长实际。

（三）后发优势论

持这一观点的学者认为中国经济持续快速发展的原因是中国经济技术较世界先进水平差距大，作为后来者可以通过学习和吸收，以比先行者更低的代价或更高的质量完成大体相同的增长过程。而且由于中国经济规模大，差异性显著，在利用后发优势上具有更强的多样性和包容性，所以发展潜力巨大，开放以后增长是必然的。后发优势如果利用得好，的确会起到重要的推动作用，但为什么许多发展中国家都没有显现出后发优势呢？杨小凯(2001)甚至认为落后国家模仿发达国家的技术容易而模仿发达国家的制度难，因此会倾向于模仿技术，而这虽然可能在短期内取得非常好的发展，但却会给长期的发展留下许多隐患，甚至长期发展可能失败，即所谓“后发劣势”。此外，关于后发优势能在多长时间、多大程度上促进经济增长，也难以给出明确的答案。

（四）地方政府推动论

张军(2005)提出地方政府之间的竞争是促进中国经济增长的主要动力，向地方政府的经济分权并从体制上维持一个集中的政治威权，把巨大的经济体分解为众多独立决策的小型的地方经济，地方上党政部门拥有实际的权威并分享当地的收入，从而驱动地方官员在地方经济发展中担任领导角色，创造出了地方为经济增长而激烈竞争的“控制权市场”，从根本上替代了“后华盛顿共识”所要求的前提条件。钱颖一和罗兰(Qian and Roland，1998)认为中国是“市场维护型财政联邦主义”制度，地方政府有积极性通过建设基础设施来优化投资环境，通过扶植非国有企业的发展来提升地方经济以扩大财源，从而推动了中国经济增长。而地方分权和财政分权能取得成功的关键是中国改革开放之前的行政层级结构与苏联、中东欧国家有很大不同。苏联和东欧国家内部的组织结构是以条条管理为主的纵向行政结构，即U型经济结构，而中国的层级结构是一种以区域原则为基础、多层次多地区的块块结构，即M型经济结构。在M型经济结构中，地方政府自主权较大，从而削弱了行政控制，强化了市场活动（钱颖一，许成钢，1997）。这一类解释抓住了政府在中国经济中的独特作用，但不能说全面反映了市场化改革对中国经济的深刻影响。地方政府间存在竞争古已有之，所谓"为官一任，造福一方"，这种局面并非改革后才出现，而且其他一些国家也有类似的结构。因此地方政府间的竞争并非在任何时间、任何条件下都能促进经济的增长。

第三节　用制度适宜解释中国经济奇迹

总体来看，上述理论从不同角度对中国经济奇迹的解读都有一定的合理性和启发性，但又都不能做出全面系统的解释。不过，将各种解释和理论的合理要素结合起来，就能取长补短，对许多现象做出合理的说明。例如，将经济地理理论和改革开放的制度因素结合起来，就能在一定程度上解释为什么在1952～1978年中国沿海地区不能够发挥地理优势，而改革开放后沿海省份却能够发挥地理优势。将文化和正式制度规则相结合，就能解释为什么有些发展中国家无保留地采取发达国家的制度结构，但实际的结果并不理想，甚至经济长期不稳定。总体看，目前为止对中国之谜的解释，多数都是按照一个既定的理论框架来进行的，试图把中国发展模式纳入到一个既有的理论框架下来证明某种理论的正确性，而这可能也是难以对中国经济做出全面充分解释的一个原因，因为中国的成功恰恰在于一切从实际出发，没有拘泥于任何条条框框。中国是把各种理论的合理要素巧妙地结合起来使用，使每一种因素的优势都得到发挥，从而最终促成中国经济奇迹的实现。这当中统领各因素的核心就是适宜的制度。

在对经济增长根源进行探寻的过程中，制度经济学提出制度是决定经济增长最重要的因素，与之相同，本书也将中国经济奇迹的重要原因归结为制度因素。但与制度经济学框架下产权和转轨角度不同的是，我们并没有将某种制度（如自由市场经济制度）作为终极的目标或唯一的真理，而是认为制度属于上层建筑的范畴，必须适应生产力发展的需要才能促进经济增长，必须切合特定国家的特殊国情。就是说，适宜制度因国家的不同、初始条件的不同而不同，没有一种制度是放之四海而皆准的。即使相同的制度比如市场经济制度，虽然都尊重市场的供求原则，但在不同的国家和不同的发展阶段，也应有不同的具体安排。制度经济学指出了制度的普遍性，但对制度的特殊性却没有给予足够的重视。此外，要促进经济增长，制度还必须不断调整以适应不断变化的生产力，否则就会束缚生产力的发展，阻碍经济增长。中国经济增长的根本原因是中国采取了与其经济社会发展条件和环境相适宜的制度。

一、制度创新是中国经济奇迹背后最为显著的变量

中国经济是 1978 年后明显加速的，在此前后，主要的资源、技术和经济环境并没有根本性的改变，最为突出的就是实行了改革开放。例如，中国 1952～1978 年以及 1979～1994 年的年均资本存量增速分别是 6.2％和 7.7％，差异不算显著；两个阶段劳动力投入的平均年增长率分别是 2.04％和 1.21％，前期甚至还超过了后期①。

1978 年前后最显著的改变应该是制度。1978 年以前中国实行高度集中的计划经济，1978 年以后的改革总体上是市场化取向的制度变迁。开放是面向国际的市场化，开放战略、各种政策优惠都是制度设计的产物。

制度变迁是所有经济变量中最初始和最引人注目的一个因素，是导致中国经济以 1978 年为分界点从一般性的增长走向高速增长的主要原因。改革确实建立了有效率的制度，通过增加激励、调动经济主体

① 根据国家统计局编《新中国五十年》中数据计算。

的积极性和创造性、提高参与者的竞争与合作等增加了产出。

二、特殊的制度安排是中国经济区别于其他经济体的最关键因素

中国的制度有很强的特殊性。新中国成立初期主要是学习苏联制度,一度是照搬,后来根据中国国情进行修正。改革开放以后也是如此,在不同时间、不同地区、不同领域,对不同对象采取了异常复杂的制度安排,既学习了西方的制度、做法,但又创新了土地承包、工厂承包、价格双轨、汇率双轨、外汇券等符合中国某一时期特点的方法。30 年的改革开放就是传统市场经济体制与中国国情、历史文化和经济社会发展水平逐步融合,相互适应并不断创新的过程,既不同于任何既成的理论体系,也不同于其他国家的发展模式。所以特殊的制度安排是中国经济区别于其他一些经济体的最关键因素。

三、制度之所以能够促进经济增长是因为具有适宜生产力发展的安排

制度之所以能够促进经济增长是因为符合经济社会发展的现实条件和需要,是上层建筑适应经济基础状况的体现,即制度适宜。

制度属于生产关系和上层建筑,能否促进经济增长,不在于它是否以私有制或市场经济为特征,关键在于是否符合现实的生产力水平和经济条件,即是否适宜。中国通过不断地改变上层建筑,使之适应不断发展的和最具活力的生产力的变化。正是这种与时俱进的哲学理念促进了上层建筑去不断适应生产力的发展变化。新中国成立后,中国经济也有发展很好的时期,那正是上层建筑适应经济基础、生产关系适应生产力发展水平的结果。但此后我们把计划经济固定僵化为一种模式,在这种模式已被实践证明不适应生产力发展时仍不改变,顽固、教条地予以坚持,所以阻碍了经济的发展。1978 年以来中国经济实现快速增长,正是通过改革开放使得制度顺应了中国生产力发展水平,适合国情和文化传统,因而促进了生产力的提高和经济的发展。

四、适宜的制度通过激发各要素活力推动了经济发展

对中国经济增长原因的解释多种多样，这本身就反映出中国经济增长是多种因素综合作用的结果。有国际的影响，如世界政治格局的改变，全球化、信息化的推进，国际产业分工的调整等；更有国内改革开放以及政治、文化、科技、历史和伦理等方面的影响。我们提出制度适宜理论，并不是要否认其他因素对中国经济增长的贡献，我们只是强调制度在其中的关键性作用，认为正是适宜的制度激发了各要素活力，从而推动了经济增长。比如，通过坚持实行土地国有制，保证了基础设施建设能够以很低的成本快速推进，促进经济增长；通过引入市场竞争机制，提高效率，推动经济增长；通过引入外资制度和确定出口导向，充分利用后发优势，促进了技术进步和经济发展；通过特殊的银行体系，大力支持重点行业和领域的发展，提高民族工业竞争力；通过坚持强有力的中央政权，控制改革的方向和进程，照顾各方利益，为经济发展创造了稳定的政治环境等等。如果将整个国民经济比喻为一辆马车，资本、人力、技术、资源等经济增长的各种要素代表拉车的马和车轮，那么制度就代表驾车的人，马车若想跑得又快又稳，离了车轮和马固然不行，但更重要的是还需要驾车人的正确统驭，使车轮和马各司其职，国民经济这辆马车才能顺利前进。因此，适宜的制度是所有要素发挥作用的大平台，各要素在此基础上被不断整合、优化配置、激发活力，形成"聚变"效应，最终推动中国经济持续增长。

围绕制度适宜这条主线，本书将首先提出制度适宜的一般理论和发展中国家的制度适宜。在此基础上，用制度适宜理论分析和解释中国制度变迁与经济增长的事实。为了验证该理论的适用性和解释力，我们还从制度适宜的角度对东南亚国家、拉美国家以及转轨国家的制度变迁与经济增长的事实进行了说明。最后，我们从制度适宜的角度对中国发展模式进行了总结，并对其普适性和特殊性进行了分析。其中，中国发展模式中一些具有普遍意义的特征不仅对中国今后发展具有指导作用，对于其他仍在致力于探索发展道路的发展中国家也有一定借鉴意义。

第二章　一般意义的制度适宜

为什么有的国家先发展，发展得比较好，有的国家落后，发展得不好？一个国家怎样才能更好地实现经济发展，由贫穷走向富裕，这是几百年来人们一直竭力探索的一个问题。

上一章我们提出要用“制度适宜”破解中国“经济增长之谜”。其中心思想是要阐明制度本身并没有绝对的好坏和优劣之分，关键是要适合一个国家的经济社会环境和条件，才能有效促进经济发展。本章我们将利用新制度经济学和发展经济学已有的研究成果，结合中国的实践经验，提出一个一般意义上的制度适宜理论，并将据此来分析中国和其他国家经济发展的过程。下一章再特别针对发展中国家的制度适宜和政府与市场在经济调节中的边界进行具体分析。

第一节　制度适宜的定义

一国经济的发展往往是多种因素共同作用的结果。美国经济学家西蒙(Simon)认为，影响和发动一个国家现代化过程的重要因素有五个：人口、资源、社会制度、生产技术和企业的创新能力①。此外，一个国家的历史、文化、意识形态以及进入现代化的时间和国际环境等，都可能对其现代化进程产生重大影响。所以，单纯的经济因素难以对经济发展做出全面解释。为此，我们试图从制度的视角来观察中国及其他国家的经济发展过程。

我们将经济发展看成以制度为核心的经济、政治和社会文化等因

① 转引自聂锦芳、刘秀萍：《超越“后发展”困境》，北京大学出版社2002年版，第34～35页。

素系统作用的结果,而制度促进经济发展的关键是它必须切合本国经济社会发展的条件,即是适宜的。下文将给出制度适宜的定义。

一、制度的定义与基本功能

(一)制度的定义

在新制度经济学领域,还没有形成一个一致认同的关于"制度"的定义,主要的观点可以归纳为两类:第一类将制度定义为博弈规则;第二类将制度定义为博弈均衡。第一类定义的代表是肖特(Schotter)和青木昌彦(Masahiko Aoki)。肖特将制度定义为:"被社会所有成员同意的,在特定的反复出现的情况下规范行为的准则"①。青木昌彦则认为制度是"关于重复博弈进行的主要方式的共有信念的自我维持系统"②。第二类定义的代表是康芒斯(Commons)和诺思(North)③,康芒斯对制度作了如下界定:"如果我们要找出一种普遍的原则,适用于一切所谓属于制度的行为,我们可以把制度解释为'集体行动控制个体行动'。……大家所共有的原则或多或少是个体行动受集体行动的控制"④。诺思说:"制度是一个社会的游戏规则,更规范地说,它们是为决定人们的相互关系而人为设定的一些制约。制度构造了人们在政治、社会或经济方面发生交换的激励结构"⑤。

不同学者对制度的定义不同主要是因为他们研究的侧重点不同。一般来说,研究制度的功能及其与经济发展的关系时,多把制度定义为博弈规则;而研究制度的起源和变迁时,则多把制度定义为博弈均衡。在经济分析中最常用的定义来自于制度理论研究的集大成者诺思,他将制度定义为一组正式和非正式的规则,以及规则的执行安排。制度

---

① 肖特:《社会制度的经济理论》,上海财经大学出版社 2003 年版,第 15 页。

② 青木昌彦:《比较制度分析》,上海远东出版社 2001 年版,第 11 页。

③ 国内在 1994 年翻译出版的两本诺思的著作中,《经济史中的结构与变迁》将作者 North 翻译为"诺思",《制度、制度变迁与经济绩效》将作者 North 翻译为"诺斯",在中文文献中这两种翻译经常混用。在本书中,我们也混用这两种翻译。

④ 康芒斯:《制度经济学》,商务印书馆 1962 年版,第 87 页。

⑤ 诺思:《制度、制度变迁与经济绩效》,上海三联书店 1994 年版,第 3 页。

的构成要素主要包括：正式制度（例如法律、企业治理结构等）、非正式制度（例如文化、意识形态等）以及它们的实施，这三者共同界定了社会的尤其是经济的激励结构（诺思，1994）。我们研究的问题是一个国家如何建设适宜制度以及适宜制度如何促进经济增长。为此，我们大体上沿用了诺思的定义，认为制度是保证生产、生活正常运转的行为规则。

我们考察制度的目的是要考察制度与经济发展的关系。经济问题简而言之就是生产什么、怎样生产、生产多少和为谁生产的问题。而解决这些经济问题的方法粗略看有政府计划模式和市场的价格机制模式两种制度结构。现实中的混合经济则是政府治理和市场治理的某种程度的融合。在政府治理这一制度结构中又有具体的各种组织（各种国家机构）、集体共享的行为方式（政府人员的惯例、道德准则等）和各种规范、约束（正式的法律、管制规则等），这些都是具体的制度安排。在市场治理这一制度结构中也有各种组织（证券交易所、商场等）、集体共享的行为方式（市场准则、交易规则等）和各种规范、约束（正式的法律等）等具体的制度安排①。另外，社会文化和意识形态也是具有间接性生产功能的重要制度结构。政府制度和市场制度都是内嵌在社会文化中来实现其对经济的治理能力的，社会文化对政府和市场治理经济的能力起着重要作用。所以，以制度为核心，政府、市场和社会文化形成了一个影响经济发展的体系。

---

① 在此，有必要区分关于制度的两个概念——制度安排和制度结构。一般来讲，制度安排是指管束特定行为模型和关系的一套行为规则；制度结构是指一个社会中各种制度安排的总和（林毅夫，1994）。在本章，制度安排仍然是指规范、支配经济主体之间合作与竞争的行为方式的一种规则安排，但制度结构是指一系列制度安排的某种总和，而不单指社会中所有制度安排的总和。所以，国家机构、指令性计划和宏观调控规则等制度安排就组成了政府这一制度结构，各种交易场所、价格机制和市场交易规则等制度安排就组成了市场这一制度结构。另外，由于研究的具体角度和视野不同，一套规则可能有时是制度安排，有时却是制度结构。例如，从宏观的角度研究政府和市场的资源配置效率问题时，企业被看成一个具体的经济组织，即是一项机器化大生产的制度安排；而从微观的角度研究不同类型企业的优劣时，企业则被看成是包括股权结构、工资制度和生产方式等制度安排的制度结构。

（二）制度的基本功能

经济发展的根本源泉是生产劳动。生产劳动分为独立作业的简单劳动和集体作业的复杂劳动。在早期采果狩猎、刀耕火种的时代，简单劳动尚可基本满足生产的要求。但发展到机器化大生产的工业社会，集体合作的复杂劳动才能满足生产的要求，所以专业化和分工成为驱动经济发展的重要动力。在工业社会中，只有通过分工、专业化和交易，才能提高生产效率，而制度的基本功能就是协调合作者的行为，为合作者的生产性努力提供激励。只要存在两个人之间的合作与互动，策略的不确定性就会存在，一方总会担心另一方偷懒或毁约。如果合作双方中的一方不能对另一方的行动形成预期，他们就会倾向于短期投资和现货交易，劳动的专业化水平和分工水平就难以提高，结果就会导致低水平的生产能力和低水平的生活。如果策略的不确定性能通过对个人行为的限制而减少，这种局面就会发生改变。所以，作为行为规则的制度可以减少不确定性、延长投资期、引导人们更多地参与专业化和分工，使每个人的处境得到改善。

制度对经济利益主体间行为的规制主要包括以下几个方面：(1)它能协调个人与个人之间的互动关系，这涉及到支付方式、市场规则等制度；(2)它能协调个人与企业、企业与企业之间的关系，这涉及到雇佣制度、企业所有制等制度；(3)它能协调个人与政府、企业与政府之间的关系，这涉及到政府对私人财产的保护和私人契约的保护等制度；(4)它能协调国家与国家之间的关系，这涉及到国际分工模式、国际贸易模式等制度；(5)它能协调所有社会人的社会行为和心智模式，这涉及到价值观念、意识形态、信仰习俗等文化制度。在上述五种制度中，(1)和(2)侧重于个人和企业等微观层面，主要由市场这一制度结构来治理；(3)和(4)主要涉及到国家这一宏观层面，主要由政府这一制度结构来治理；(5)主要指内化于社会人的社会文化。

二、制度适宜的定义

制度适宜是指一种制度应适合本国的资源禀赋和制度禀赋，与本国的生产力水平、社会文化、外部环境和社会承受力等条件相匹配，并且能够较好地促进经济和社会发展①。而具有这样一种特性的制度可称为适宜制度。因为从宏观的角度来看，制度包括政治制度（如财政分权制度、民主制度、威权政治体制等）、经济制度（如自由市场制度、计划经济制度、政府主导型混合经济制度）等。所以，宏观角度的适宜制度也包括适宜的政治制度、适宜的经济制度等。制度适宜的一个核心问题是政府和市场作用的边界，适宜的制度体系需要动态调整政府与市场作用的边界。此外，从微观的角度来看，制度适宜要求各种具体的制度安排能够有效促进经济发展。例如，中国的家庭联产承包责任制、乡镇企业、价格双轨制和市场保护型的财政联邦主义，日本的终身雇佣制、年功序列制和企业工会制，这些都可以看做具体的某一阶段的适宜制度。

要理解制度适宜的概念首先应基于这样的认识前提：制度是特定的政治、经济、社会条件的产物，它又必须在一定的经济环境中发挥作用。制度对社会和经济的发展能起到多大推动作用取决于制度和经济环境的相互影响。在我们的理论中，将政府与市场作用边界的动态调整作为制度适宜在宏观以及微观层面发挥作用的首要环境。近半个世纪以来，经济的全球化发展迅速，特别是20世纪80年代以来，全球化已经成为经济发展的主要形态。各国都处在认识这一形态、融入这一形态并从中受益。哪一个国家的政府能够抓住时机，哪个国家的经济就发展得好一些。凡是发展得比较好的国家或地区，均经历了相似的变化过程：在宏观上，政府主导经济发展——放松管制——开放经

① 诺思提出了“适应性效率”的概念，来考察长期的经济绩效的制度结构如何适应经济的变动而调整的问题。适应性指的是制度对经济变化进行经济调整的适应性，既包括制度内部不同方面之间的适应，又包括制度选择与制度环境之间的适应，还包括制度调整对经济变迁的适应，关于诺思的“适应性效率”理论的讨论详见王玉海（2005）。诺思的“适应性效率”概念强调的是制度的动态效率问题。我们提出的“适宜制度”概念更为强调制度的相对性，即不同国家或地区因为发展阶段和社会文化等不同，有效率的制度安排是不同的。在动态性方面，“适应性效率”指的是最优效率的制度的动态调整和适应，而我们的“制度适宜”还包括次优效率的过渡性制度安排的阶段性适宜。

济——市场化改革——融入经济全球化并从中受益。政府主导发展是为了利用有限的资源获得最大的发展成果，放松管制是因为需要一定的经济规模实现最优的发展，开放经济是因为全球化的发展使得不开放的机会成本很高，要求各国必须开放并从全球化的发展中受益。在这一动态变迁过程中，各种经济主体（个人、家庭、企业、团体）可以抓住市场化和全球化的潜在利润机会，进而在微观上创新各种具体的适宜制度。例如，中国在市场化和融入全球化的过程中，结合自己的经济体制和市场能力创造出了价格双轨制和经济特区等适宜制度。

特定国家社会经济的客观条件与其他国家必定存在差异，这种差异从根本上决定了适宜制度的多样性。因此，考虑制度适宜时，应当充分估计下列因素的影响：本国经济发展和制度建设方面的特定目标（发展战略及其制度支持），生产力发展水平（经济发展水平是决定制度的基本因子），本国的政府能力和市场能力（政府的权威程度和市场的完善程度），本国的政治制度（适宜制度必须具有政治上的可行性），本国的文化和意识形态的特点，以及该制度带来的社会摩擦和冲突是否会超过社会承受力等等。

需要注意的是，制度适宜强调一项制度安排对本国各方面具体条件的适宜性，这就使适宜制度有别于泛泛而谈的外国先进制度或最优制度。一项制度安排是否可行取决于当时的客观条件，因此不同的社会经济条件会诱致不同的制度选择。比如，虽然发展中国家可以学习和模仿发达国家的制度，但是，由于发展中国家与发达国家社会经济条件之间存在差异，无条件地照搬发达国家的制度是不会成功的。发达国家的制度并不一定适合于发展中国家。何况，发达国家的制度也各不相同。因此，从制度适宜的角度看，我们认为制度本身并没有优劣之分，关键是要适合一个国家的特定国情。

虽然没有普适于所有国家的适宜制度，但有些基本原则是普遍的，一国在建设本国制度时应该参考他国制度。对于一个国家来讲，制度变迁的途径主要有两个，一是制度创新，二是制度移植。所谓制度移植就是制度从一个国家或地区向另一个国家或地区的推广或引入。学习他国的成功经验和制度模式对很多国家来说是一条捷径。但由于不同国家在经济、政治和社会文化等方面存在差异，简单的移植政治构架、经济体制、法律制度等宏大的制度大多是不适宜的。所以必须根据本国的具体情况，在自主实践基础上对外来的经验进行取舍和适当的修正。制度先进与否并不取决于制度本身，归根到底必须以它实际上能否促进经济增长和社会进步来衡量，而适宜性正是这种作用的保证。

第二节　制度适宜的标准

关于什么样的制度才能够在经济发展中充分发挥促进作用，诺思的观点比较有代表性。他在1973年的《西方世界的兴起》[①]和1981年的《经济史中的结构与变迁》[②]中特别强调，有效的产权制度安排能够使私人收益率接近社会收益率，并成为发挥激励作用、促进经济增长的关键因素，“应当设计某种机制使社会收益率和私人收益率近乎相等”[③]，而“为有效率的资源配置提供激励的所有权结构（即一套使创新和人力资本投资等方面的私人收益率接近其社会收益率的产权）将是重要的”[④]。按照这一思想，其合理的逻辑结果是要求界定和保障私有产权。这与古典经济学理论实际上是殊途同归。

值得注意的是，这里的个人和社会都是没有国界的。极端的情况下，清晰完全的私人产权可以使得私人收益率最大限度地接近社会收益率，但全球范围的社会利益最大化并不必然带来特定国家和特定人群的利益最大化。对于一个国家特别是政府来说，最重要的首先是追求本国国民的利益最大化，而不是泛泛的、无国界的个人利益最大化和社会利益最大化。因此，我们认为，制度适宜的目标应该是最大化特定国家和国民的利益。当然在现在经济全球化的情况下，一国所追求的

---

① 中译本1999年由华夏出版社出版。

② 中译本1994年由上海人民出版社出版。

③ 诺思、托马斯:《西方世界的兴起》，华夏出版社1999年版，第6、7页。

④ 诺思:《经济史中的结构与变迁》，上海人民出版社1994年版，第29页。

"适宜制度"也要照顾到其他各方的利益和可接受程度。为实现这一目标，适宜制度应当满足如下一些条件或标准。

一、适宜制度应与生产力水平相适应

在探讨制度与技术对生产力的作用时，历来存在两种截然相反的观点，一是制度决定论，二是技术决定论。以诺思的理论为代表的新制度经济学总体上属于制度决定论。尽管诺思(1994)并不否定技术创新对制度创新的重要作用，但他认为制度是决定经济增长的根本原因，技术创新和经济发展不过是制度创新的结果或派生物。比较而言，马克思的生产力与生产关系原理从更加辩证的角度来看待二者之间的关系，认为生产力决定生产关系，而生产关系又会反作用于生产力。

我们认为，制度变迁与生产力进步是一个交互影响的动态过程。一种制度要对经济发展产生推动作用，首先应该与生产力水平相一致。这主要是因为，一方面，在经济发展的不同阶段，发展的目标是不同的。对于一个处于饥饿和贫困边缘的国家来说，解决吃饭问题是最迫切也是最重要的任务。而对于一个小康社会，享受更多的蓝天可能上升为社会的共同需求。对应不同的目标，显然应该施以不同的制度安排。另一方面，在经济发展的不同阶段，其发展条件和要素稀缺程度也是不同的。专利制度之所以能够产生并对技术进步和经济发展产生巨大影响，关键还是在于技术积累和经济发展已经达到了一定阶段。试想在技术积累不足的封建社会早期，实行专利制度可能对经济增长是个阻碍而不是促进因素。对于当今一些技术水平异常落后的国家来说，通过专利制度鼓励创新带来的收益和成本也可能无法与鼓励引进和学习国外先进技术的制度安排相比。

在不同发展阶段，只有适应相应生产力的制度才能有效地促进经济增长。从历史上看，第二次世界大战后的民族国家，工业基础薄弱，生产力水平低下，工业产品的国际竞争力较弱，国家的发展目标是建立国家工业体系和提高产品的国际竞争力。作为调配资源的两种手段，政府因为组织过战时生产而具有很强的权威性和资源动员能力，相比

之下市场体系则显得很不完善，因此在动员资源方面政府能力高于市场能力，这时由政府引导经济发展可能是一种适宜的制度。韩国和日本在第二次世界大战后的经济奇迹很大程度上就归功于这种政府主导型的发展战略，特别是其产业政策。但当生产力发展到一定阶段、市场体系日趋完善时，如果仍过分强调政府对经济的主导作用，就会阻碍市场力量对经济运行的调节，从而不利于经济发展。20 世纪 90 年代日本经济陷入低迷的重要原因之一，就是在生产力水平发生变化时，没有及时调整政府和市场的边界，以至于强大的政府干预窒息了经济活力，市场的创造功能无法发挥。而韩国则根据信息化时代的特点，确立了技术立国的战略，在保持政府能力的同时，积极引导企业走向全球市场，加强企业的市场能力，最终实现了持续增长。

从资本主义生产方式的几次变化，我们可以清晰地看到，只有契合相应的生产力水平创新出适宜的制度，才能极大地推动生产力的进一步发展。在机器大工业的 20 世纪 20～50 年代，生产的主要特征是机械化和标准化。这一生产力水平为进行快速大规模生产提供了可能。1913 年，福特建立了汽车装备流水线，它标志着作坊式的单件生产模式演变成以高效的自动化专用设备和流水线生产为特征的大规模生产方式，这就是所谓的“福特主义”生产方式。“福特主义”生产方式的产生，集中体现了现代大工业规模化生产与专业化生产的结合，它大大缩短了生产周期、提高了生产效率、降低了成本。“福特主义”生产方式这一制度安排适应了现代大工业规模化生产这一技术水平的要求，极大促进了经济发展。20 世纪 50 年代之后，随着福特主义生产模式在世界范围内的扩散，30 年代世界经济危机中一度崩溃的世界市场得以重新恢复，大规模生产与大规模消费相互促进，使资本主义世界开始了长达近 20 年经济增长的黄金时期。20 世纪 70 年代后半期，以信息技术、微电子技术为先导的第三次科学技术革命，使生产的技术水平以及企业内部的交流方式发生了改变。微电子技术的革命产生的弹性多功能技术，使我们通过编写新程序就可以生产新产品，产品周期短的生产线也可像标准化产品长周期的生产线一样，以低成本生产多样化的产品。信息技术便利了员工之间的交流，为打破层层管理的垂直管理模式、实行全员参与提供了条件。与这一技术水平相适应的生产方式应运而生，即日本的“丰田主义”生产模式。丰田模式将福特主义的大规模生产和弹性生产方式相结合。丰田模式实行全员参与，让职员集体决定如何管理生产；以全面质量管理、零次品等管理方法控制产品质量；要求企业、供货商和顾客之间信息畅通、关系融洽，彼此之间可以做到“零库存”，从而把生产与不断变化的市场需求结合起来，形成最有效的产出规模，把成本降到最低。凭借“丰田主义”生产模式这一适宜制度，整个20世纪七八十年代，日本的家电和电子产品以其优良品质和低成本优势迅速击败欧美，成为世界家电产品的主导者。而到了20世纪80年代以后，随着个人电脑的诞生以及互联网的发展，我们进入了信息化时代。信息化时代是一个开放的时代，企业以网络化的方式协同作战，应对灵活多变的市场。在这一技术特点下，适宜的生产方式是产业从垂直型结构转向水平结构，每个水平分工的参与者，都专业经营原来产业链中某一个价值节点，使分工专业化的收益最大化。在这种水平分工中，每一个节点都会出现激烈竞争，导致整个产业快速升级并有许多全新的企业在竞争中脱颖而出。这种水平结构的生产方式就是所谓的“温特尔主义”生产方式。美国公司在20世纪90年代中后期依靠“温特尔主义”生产方式打破了日本企业在80年代建立的竞争优势，美国的产业竞争力开始提升，并创造出20世纪90年代以来美国经济长时间的繁荣。

另外，适宜制度不仅需要与本国的生产技术水平相适应，还需要与国际生产技术水平相适应。随着国际前沿生产力水平的发展变化，发达国家所采取的生产组织方式不断改变，为发展中国家带来了不同的机遇，同时也需要发展中国家以不同的政府治理和市场治理与之相适应。20世纪70年代以后，国际前沿技术的自动化和信息化趋势带来了极为重要的技术转换，即从现代科技革命向信息革命的转换，也就是从资源浪费型的巨大技术向节省资源型的微型电子计算机技术的转换。这一技术转换便捷了区域间的通信，使得技术转移、合伙承包和战略联盟等合作形式日益普遍，有力地突破了以往的国际分工框架，带来国际分工的水平化。虽然发达国家仍保持着信息革命的技术控制与高薪劳动的组合，但却通过向周边国家的技术转移实现了控制技术与低薪劳动的结合。韩国、中国台湾等国家或地区正是抓住了这一技术变迁机遇，在权威政府主导下通过实施农村土地改革和低粮价政策，促使大批廉价劳动力与技术转移相结合，形成了具有较强竞争力的出口加工业，从而逐步实现了工业化和现代化。

二、适宜制度应与文化和意识形态相适应

文化是人类发展进程的信息载体。在历史上经过选择而形成的传统思想及其价值观念是文化的核心。人作为经济活动的行为主体，是知识技术和劳动的载体，对经济发展起着关键性作用。而文化观念作为经济主体行为背后的制约因素，通过对人们的价值理念和行为习惯潜移默化地施加影响，塑造出具有不同文化特质的群体，调节着人们在经济活动中发生的各种关系，包括生产活动方式、经营管理方式等制度安排，进而引导经济发展方向。

一项制度安排必须适应具体的文化背景和意识形态，才会获得信任或认同，才会有效率。有利于一定经济增长和社会发展的制度安排，都是考虑到了这个社会的文化类型并与之相融的制度安排。一项制度安排与社会文化是否相融，决定人们对待这项制度的态度。当一项制度安排不能为一定文化所认同时，人们会拒绝这些安排，使得制度安排的规制功能和激励功能落空。

一种制度总是在一定的文化背景和意识形态中产生的，是与这种文化的价值取向和固有模式相一致的。不同民族在制度上总有它自己的风格和特殊架构，即使是根本性质相同的两个社会，也会因为文化上的差异而在制度安排上面目各异。这就是说，制度必须与其实施环境中的文化背景相适应，才能有效地为该文化中的个体所认同，才能发挥其功能。无论是历史地看还是现实地分析，任何一项制度安排都凝聚着一定的文化内涵。因此，不同文化背景所产生的制度安排可能是不

同的，适宜制度应该与文化和意识形态相适应，才能有效地发挥其激励和规制功能。

不同的文化和意识形态下，适宜的制度可能是不同的。比如，尽管利己主义一般是成立的，但利他主义倾向在一些文化背景下，在一些地区又确实是存在的。在利他主义倾向明显的文化里，平均化的收入分配制度将比与绩效紧密挂钩的收入分配制度更为适宜。再如，有的文化崇尚个人主义，那么强调个人经济自由的市场经济体制则具有先天的文化基础；有的文化强调群体精神，那么政府主导型的发展模式可能存在一定的适宜性，因为政府可以有效地动员人民的资源并进行集体激励。在崇尚个人自由和私人产权的资本主义意识形态中，经济主体倾向于相信市场的调节能力，压制政府的作用范围；在强调集体主义和公有制产权的社会主义意识形态中，政府具有很大的权限和宽广的干预范围，政府的权威性、公信力和动员资源的能力很强，政府主导型发展战略则可能在一定时期内较为适宜。

不同的文化和意识形态对经济发展的影响是不同的，同一种文化也同时包含着经济发展的有利因素和不利因素。传统文化对经济发展所起的作用始终具有两重性：一是正面的、积极的促进作用；一是负面的、消极的促退作用。因此，弘扬其中的积极因素，抑制并逐步改变其中的消极因素，也是发展经济所必需的。这也是适宜制度应与文化相适应的又一层含义，即适宜制度在匹配文化的同时，还需要能够促进传统文化向先进文化的转变。从总体上看，虽然文化和意识形态是在较长的历史过程中积淀下来的，相对比较稳定，但在外界文化和社会变革的冲击下，它们也是在不断改变的、不断先进化的。适宜的制度需要与文化适应性地互动，在提升制度的文化适宜性的同时，还需不断吸收各种先进文化，实现文化的现代化。

一项制度安排如果与文化相互匹配、相互促进，就会对人们形成有效的激励或约束，反之就很难得到遵从。因此，适宜制度的关键是要适应不同的文化传统和意识形态，同时促进传统文化的扬弃，积极从不同文化中汲取养分，实现文化的现代化，只有这样才能真正发挥出调动人们积极性和创造性、激发要素活力的作用。东亚各经济体的现代化过程全面、生动地展示了这一点。

由儒家文化衍生出来的，以群体本位的价值取向、自强不息的进取精神、义利兼顾的行为准则和克勤克俭的生活信条为其核心内容的东亚价值观，是东亚文化的核心内容。但在多元文化异彩纷呈的近代，以及在全球化浪潮风起云涌的当代，东亚各国也在积极地吸收外来文化，对传统文化进行扬弃，实现文化的创新。东亚各国或地区在向现代化发展的过程，是一个将西方近现代文化和本地区本民族历史文化相结合的过程，这使得东亚各国或地区形成了以儒家文化为主的多元文化。如何建设适宜的制度，既保留传统文化价值观的核心，又推动文化的现代化，成了东亚各国发展过程中的一大课题。

日本的现代化过程就是适宜制度与文化和意识形态相适应的一个很好例证。日本明治维新的现代化采取的是“和魂洋才”的方式，即在学习西方经济组织模式和技术的同时，对传统儒教伦理（武士道）和皇权思想（神道）予以保留，极力抵挡西方新文明的冲击，进而通过国家主导型的现代化模式，有效地、自上而下地推进工业化。这种外来经济组织模式和本国传统文化相互融合的制度变迁模式，在19世纪后期的日本是适宜的，它使得日本成功脱亚入欧，完成了早期的工业化，其成功可以说是西洋技术、经济组织方式与大和民族精神相结合的成功。但经济上的工业化只是现代化的一部分。一个国家能否长期享有经济繁荣，很大程度上要取决于政治体制和社会文化。日本在“富国强兵”路线下推行的“殖产兴业”的现代化，只具有西方现代化的外形，其武士道精神内核为日本走上军国主义和对外侵略的道路埋下了诱因，最终为东亚人民和日本国民带来了深重的灾难。

第二次世界大战后，战败的日本认识到本国与美国的差距，认识到明治维新的不彻底性，开始向美国学习。美国按照自己的模式对日本旧有的政治、经济、教育体制实施强制性改造。日本接受了美国主导的民主化改革成果，传统的国家主义架构已经解体，转变为上下结合的“民主”国家。而在伦理道德方面，为了抵御个人主义和自由主义的渗透，避免文化的全盘“美国化”，日本又重提东方文化的传统道德和日本国民精神。仍然秉持集体主义的社会价值观，使日本现代化后的文化显著不同于以个人主义为本位的西方文化。集体主义导向的文化和由此产生的服从权威的社会秩序观，成为日本发动工业崛起的有利条件。对于自上而下发动的工业化来说，仅有民间部门的经济活动自由还远远不够，离开了国家的干预和引导，工业化就难以启动。集体主义导向产生的集权型的社会秩序，民间部门对政府权威的认同，使工业化的资源动员体制更容易建立。日本的大企业与政府之间特殊的关系使得它们建立了“主银行制度”，可以在短期内集中资金，配合产业政策，推动国民经济的快速发展。东亚文化比较强调团队精神和人际关系，这促使企业强化人际合作，具有较强的凝聚力。企业实际上的终身雇佣制也有利于对雇员对技术培训及雇员对企业的忠诚。日本在大量吸收西方现代文明的同时，坚守儒家文化中群体本位的价值取向，实现了战后的经济奇迹，并成为东亚经济发展的领头雁。通过改造传统文化，日本最终形成了较为适宜的制度体系，带来了战后经济的腾飞。

韩国在吸收和运用儒家文化并建立与之相适应的适宜制度方面的实践也是很典型的。儒家的民本思想传入韩国后，逐渐成为国家的主导意识和维护社会经济秩序的基本理念。韩国从传统社会向现代社会的过渡中，经济的发展和对西方现代化的追求，形成了以民本思想为核心、西方资本主义体制为模式、区域创新体系为基本动力的“儒家资本主义”，东亚的创新要素在与西方的科学技术和管理制度结合创新的过程中，创造出了韩国经济的繁荣。

中国香港和新加坡均长期处于英国的统治之下，受英国文化的影响颇深，这两个经济体的文化吸取了东西方文化的优点，将西方的自由市场经济的体制有效地与东方儒家文化相结合，产生了适合它们经济发展的社会、政治、经济制度，实现了经济的长期稳定发展。

三、适宜制度应与外部环境相适应

制度适宜的目标是最大化特定国家和国民利益。而一个国家所处的国际环境会对一种制度能否最终增进本国福利产生深刻影响。首先，国际经济贸易关系的广度和深度会影响到一国内部制度。当经济的国际化、全球化总体上处于较低水平时，一个国家的外部经济联系可以比较松散或不那么紧密，其经济制度可以相对封闭。但当国际的经济贸易联系更加密切时，单个国家实行封闭的制度就要付出巨大的机会成本。第二，国际关系的紧张会影响到一个国家的近期目标和制度安排。一般来说，外部环境紧张时，国家安全面对的威胁明显上升，从而对一国的经济利益产生重大的影响。这种情况下，需要通过特定制度安排，以利于国家集中经济资源，应对国际关系的紧张。第三，在国际竞争格局中一个国家所处的地位会影响到它的制度选择。强势国家可以在国际合作的利益分配中占据有利地位，维持一个自由的经济制度对其可能是适宜的，而对处于弱势地位的国家来说则不然。第四，国际上的现行制度会影响到一国的制度安排。在国际经济交往中，一个国家的制度需要与通行的一般规则接轨，如果差异太大，则会直接影响到该国的经济发展，损害其国家利益。

经济全球化是经济发展的必然趋势，经济全球化是生产力发展的需要。科学技术的发展使投资、生产、流通和市场的全球化成为可能。在全球化大背景下，经济活动的成本下降，收益上升，而且各国之间的互相依存性日益增强，各国的经济制度必须适应全球化发展的需求，否则其经济发展就会受到不利的影响。因为不能参与全球化，就不能在全球范围内配置资源，参与竞争，就不能实现经济利益的最大化。在全球化的形势和条件下，我们必须重新思考和分析国家利益之所在：以前认为有损国家利益的东西，在全球化的环境下也可能变得有利，反之亦然。因此只有高瞻远瞩才能把握时机，利用全球化带来的巨大机遇，使本国经济加快发展。因此为了适应全球化，各国必须深入了解现行游戏规则，并积极参与制订新的规则，否则就会处于落后和被动的局面。

总之，在经济全球化背景下，一国的经济发展就不能仅仅局限于国内经济的发展，还必须注重与国际经济的协调。只有完全参与国际范围的竞争与分配才能从国际化的资源配置和市场竞争中获得发展。此外，参与全球化的同时，还要高度警惕全球化带来的各种风险。因此，如何使国内的制度能够与全球化的发展相适应，从而使本国的经济发展在全球范围发挥比较优势，从中获取最大的发展动力是发展中国家必须处理的问题。

四、适宜制度应能够正确处理改革、发展与稳定的关系

从中国的经验看，改革、发展和稳定三者关系对经济发展至关重要。只有正确处理改革、发展与稳定的关系，以适宜的制度保证三者之间的关系处在最佳状态，才最有利于经济增长。改革、发展、稳定这三者之间是相互协调、相互促进的，存在着不可分割的内在联系。发展是解决经济社会一切问题的关键，改革是经济社会发展的主要动力，稳定是改革发展的前提和保证，三者是内在统一的有机整体。

从根本上说，制度改革是为了实现经济与社会发展。发展是目的，改革是手段；改革要服务于、服从于发展的需要。制度改革服务于发展，是指制度改革要为发展创造条件、提供激励，重新调整人们的利益关系，充分调动各阶层人们的生产经营积极性。制度改革的目的就是为发展提供一个最适宜经济发展的环境。改革不但要服务于发展，而且应该服从于经济发展，这意味着，制度改革的总体任务和各阶段的任务，都是由经济发展的总体和阶段性目标决定的，制度改革的每一步都应做到有利于经济增长和社会进步；改革的步骤、速度要与经济发展相适应。检验和判断制度改革成效的基本依据是看它是否解决了经济发展中提出的问题和能否满足经济发展的需要，是否提高了人民的生活水平，要看是否促进了经济增长与社会进步。总之，制度改革的目的是发展经济，绝不是为改革而改革。把改革和促进发展相联系，才能防止改革的急于求成和不顾经济绩效地按照某种“标准”来进行制度改革。有的国家在从计划经济向市场经济转型的过程中，不以经济发展的结果来衡量制度是否适宜，却以西方的经济体制作为模板来进行制度改革，结果经济发展不仅没有实现，反而导致经济增长乏力。

稳定是改革和发展的基本前提，没有稳定这个大前提，什么事也办

不成。邓小平曾说“稳定是压倒一切的”。而要保持稳定，在制定改革与发展的政策措施时，必须充分考虑社会的承受能力。改革是利益结构的重新调整，必然存在各种利害关系的矛盾和摩擦，特别是当社会上出现机会不均、收入分配不公平等现象的时候，人们的不满情绪就会表现出来，以致形成激烈的社会震荡。制度改革，尤其是转轨国家的制度改革，是一场深刻的大革命，它猛烈冲击着传统观念和各种旧的习惯势力，人们在思想上需要有一个逐步调整和适应的过程。中国改革开放取得成功的重要原因之一是走渐进式改革道路。基本的做法是，在推出一项改革措施时，总是先在较小范围内进行试点，根据试点的情况进行修正、完善，然后逐步推广到更多的地区。这样做的好处是，改革措施更贴近各地的实际情况，通过试点检验后也容易为广大群众所理解和接受，从而有利于国家政治、经济和社会的稳定，因而较容易取得成功。要保持稳定，在制定改革与发展的政策措施时，必须充分考虑社会的承受能力。这是中国付出代价后才取得的经验。例如，1988 年，中国在条件尚不具备的情况下，进行所谓的“价格闯关”，试图一步完成价格改革，导致出现较高的通货膨胀，超过了人民群众的可承受程度，结果引发比较严重的社会问题。中国不得不在随后的 3 年时间里进行治理整顿。回头来看，这次改革由于没有考虑群众的承受能力等因素，不仅没有达到改革的目的，反而对社会稳定以及经济发展都产生了较大损害。

对制度改革来说，选择哪条路很重要，但更重要的是必须保证改革的每一项措施、每一个步骤都能推动经济的进一步发展和社会的进步，为广大人民带来切实的利益，为下一步改革创造条件。也就是说，改革需要不断积聚动力，以便为进一步发展创造条件。中国的渐进改革的好处是震荡小、可持续、有后劲，从而使广大群众、政府官员以至社会各方大力支持政府继续推行经济改革，为深化改革创造了良好的社会政治条件。改革也为社会带来了巨大的经济利益，并推动经济及改革进一步发展。

在特定时期和特定情况下，改革、稳定与发展之间又会出现相互矛盾的现象，有时候是长远利益与眼前利益的矛盾。例如，要推进国有企业改革，调整产业结构，就不可避免地会造成部分职工下岗，这一问题如果处理不好，就会影响社会稳定；如果一味维持现状，不加大国有企业改革的力度，就会影响国民经济长期的发展。所以，如何把改革的力度、发展的速度和社会承受力统一起来是至关重要的。

因此，适宜的制度不仅需要能够在一定的时间内促进经济发展，还需要能够应对外部经济的冲击、解决国内各阶层的矛盾冲突，维护社会稳定，使经济能够保持长期持续增长。在社会比较稳定时，多做改革、发展，以求更加稳定；当稳定出现问题时，少出些改革措施，而以发展改善民生为主；待稳定之后再出新的改革措施，先试点，先凝聚共识再实施、推广，这也是一种适宜的制度安排。

第三节　制度适宜的特性

由于不同的国家和地区，在不同的发展阶段追求的目标会有差异，文化传统和意识形态不同，生产力发展水平不同，因而适宜的制度也是不同的。所以，制度适宜有两个基本特性，一是相对性，二是动态性。其相对性和动态性的一个重要表现就是在制度转型国家常出现过渡性的适宜制度。

一、制度适宜的相对性

从一个时点上看，制度适宜具有相对性。在现实经济生活中很容易观察到，一种制度，在不同的国家、不同的地区会产生不同的效果，在一个国家能够有效运行、促进发展的制度，到另一个国家却不能发挥类似的作用，绝对最优、放之四海而皆准的制度应该是不存在的，就是说制度适宜具有相对性。正因为如此，不同国家，或同一国家的不同地区之间，所采用的制度各不相同，这些不同的制度，却可能因为切合了不同国家的特殊情况而都收到良好的效果，都是适宜的。就是说，制度适宜又具有多样性。之所以会产生这种多样性，一个重要的原因就在于不同国家在经济、政治、社会文化和历史传统等方面存在着巨大差异。而且，随着市场经济和全球化的发展演变，这些差异也处于持续的变动当中。为适应这种变化，各国政府又不断根据本地情况进行制度创新。由于制度变迁主体的预期收益、知识基础、创新成本、所用手段不同以及所处社会的政治制度与意识形态存在差别，必然造成制度创新的客观需求与主观供给条件差异，并最终导致世界各地制度变迁方式、过程及结果的非一致性。

新制度经济学在古典经济学的基本框架下，着眼于西方发达国家的发展，立足于古典的或略作修改的古典假设，认为产权私有化和自由主义是一种更优的制度。但从各国实践看，任何一种制度都离不开生产力发展水平因素，适宜制度只能是相对的。一方面，同样的制度在不同的国家产生的效果可能极为不同。例如一些非洲和拉美国家，在本国经济基础和市场能力尚不具备的条件下，推行自由化，过分强调市场的作用，把“自由化”当做目的，而实际上自由化只是实现经济增长的手段之一。结果不仅没有实现所期望的经济增长，反而使经济危机不断，增长乏力。另一方面，不同国家采取不同的制度也可能产生相似的效果。欧美国家按自由市场的制度安排实现了高速增长、工业化和城市化。而苏联、东欧国家选择了计划经济体制，也同样快速实现了工业化。同时众多发展中国家也利用这一制度安排实现了经济的恢复和发展，表明计划体制在特定的条件下也有其适宜性。

制度适宜的相对性，意味着任何制度都没有绝对优势。由于适宜制度需要与文化、意识形态、发展水平等相适应，而各个国家和地区的人文形态、发展水平存在巨大的差别，这也使得适宜的制度是各式各样的。市场并不是制度的全部内容，社会文化和意识形态在经济社会生活中同样有着重要的作用。它们之间总是在相互影响，有时是市场的制度结构改变了相应的社会文化，有时是社会文化和意识形态潜移默化地决定着市场的制度结构，有时则处于一种相对稳定的平衡状态。因此，即使在某些条件重合或趋同的情况下，如果社会文化和意识形态存在差异，适宜的制度仍有可能不同。

制度适宜要求制度适应外部环境，反之，外部环境也会塑造不同的适宜制度。例如，18～19世纪欧洲对亚非拉国家的不同的殖民方式为这些国家带了不同的制度构架。在非洲和拉美，多为大种植园主操控的寡头政治和寡头经济，很容易导致政府和特殊利益集团对经济的强势干预；而在北美，推崇个人自由的市民社会和市场经济得到确立，形成了限制政府、维护市场的传统力量。同样，第二次世界大战以后，冷战的政治格局也为不同的发展中国家带来了不同的机遇和挑战。发达资本主义国家对社会主义国家实行了严密的封锁，而对韩国、日本这些处于意识形态对抗前沿的国家进行了大量援助，使后者的社会形态和制度模式也逐步西化；社会主义阵营内部的国家之间则开展了广泛深入的互助合作，经济制度总体趋同。所以，适宜制度在适应外部环境的过程中也被外部环境所改变。在复杂多变的国际形势下，没有一种制度是在发展的各个阶段、在不同的文化历史环境下都具有绝对优势的。

另外，即使同样是市场经济体制，也由于各个国家的政治、经济、文化等背景的差异，而各具特色。美国实行的是自由市场经济模式。私人资本主义、私人企业和政府对经济的干预力度很小一直被视做美国市场经济的一个象征。德国实行的是社会市场经济模式。社会市场经济从20世纪50年代以来被德国经济学家和政治家当做社会保障网与自由竞争相辅相成的经济制度。这是一条在自由市场经济与高度集中的计划经济之间的"中间道路"，试图在无限制的自由与无情的政府管制之间寻找平衡。而日本的市场经济模式是政府主导型的。与欧美发达国家相比，日本的市场经济模式政府干预的力度和广度都很大，与法国的经济模式有许多相似之处，即都是靠计划和市场机制共同协调经济发展。此外，挪威、瑞典等实行一种被称为"从摇篮到墓地"的福利市场经济模式。主要特征是以改良的社会民主主义理论为指导，以充分就业和社会平等为目标的一种市场经济发展模式。由此可见，同样是实行市场经济的国家，由于各国政治、历史文化、政府形态的不同，而有较大差异。

二、制度适宜的动态性

从时间的变化上看，制度适宜具有动态性。随着生产条件和社会环境的变化，评价一项制度是否适宜的条件也就发生了改变，原先能够促进经济发展的制度安排可能反而成为一种羁绊，要想继续保持制度的适宜性，就必须对其进行动态调整，即适宜制度应当具有动态性，是阶段性的适宜制度。

在人类发展的历史长河中，社会制度和经济发展水平的交互演进就是制度适宜动态性的最好印证。在刚刚脱离猿而成为人的萌芽时期，与严酷的外部环境和强大的自然力相比，人类显得过于渺小，不得不依靠原始的共产主义和平均分配来保证人类本身的延续。经过漫长而近乎爬行的学习和积累，剩余产品的出现使得奴役他人变得有利可图，财产共有和平均主义已经不能满足氏族贵族的欲望和要求，奴隶占有制就是在这种情况下出现的。当时，战争是获取资源的唯一途径，战胜方将战败方的人员、财产全部归为己有，开始时是共有，后来成为私有。毫无疑问，奴隶制是一种人剥削人的残酷制度，但它还是经济发展阶段的产物，是与特定的生产力水平相一致的，使大量劳动力得以投入生产活动，变单个劳动为大规模的协作分工，提高了劳动生产率，促进了经济的发展。然而，到了奴隶制后期，正是奴隶制度创造的生产力将其自身推向了没落的边缘。奴隶们越来越认识到，奴隶主对他们的依赖远比他们对奴隶主的依赖大得多。因此，大规模的逃亡和起义层出不穷，最终迫使奴隶主释放奴隶，并将土地分给他们耕种，逐渐形成以地主、地租和佃农为核心的，双方都能接受的较为稳定的封建制度。与奴隶社会相比，由于农户享有部分劳动剩余索取权和支配权，从而形成了最初的积累，并与生产工具和技术的进步相互促进，带来了农民阶层的分化和一定范围内的商品交换。以科技革命为契机，人类脱离农业社会的转折随着资本主义萌芽的壮大而注定要到来。此时，土地已不是最主要的生产要素，相反，封建地主阶级已经成为货币资本聚集和大机器生产的阻碍。在生产力和生产关系的矛盾运动中，封建制度同样完成了自身的使命而退出历史舞台，资本主义生产方式取而代之，带领人类步入了工业化时代。直到今天，人类社会制度的不断调整也从未停止。不论现在看来多么落后的制度，在其确立初期都具有显著的优越性和适宜性；不论一种制度多么优秀，其生命力都是有条件的，如不随时调整就只能被取代。

对于一个国家来说也是如此。早期开始发展资本主义的先行国家，由于不存在外部竞争压力，其主要任务和利润源泉在于不断扩张，自由市场的激励作用发挥到极致。然而，自由市场制度也并非没有弊端。社会生产过于自由可能演变为无序，曾不止一次地将资本主义经济拖入严重危机的境地，于是各种形式的国家资本主义和政府干预不断出现，"看得见的手"从未彻底消失。而作为后工业化时期急于脱贫的国家，既要面对国内贫瘠的条件，又要抵御外部挑战，很自然地倾向于选择一种较为集中的方式，通过政府主导经济的发展。但随着经济全球化浪潮的袭来和市场力量无孔不入的渗透，没有哪个国家还能够墨守成规而获得发展。

第四节　制度适宜促进经济增长的作用机理

制度促进经济发展的关键，不在于制度本身是否"最优"，而是要适应经济社会发展的条件和需要，能够激发更多的要素投入，推动技术的进步和劳动生产率的提高，从而促进经济发展。对于发展中国家来说，政府与市场相耦合的制度结构，以及政府和市场边界动态变迁中所产生的，具体、适宜的制度安排是促进经济发展的关键。本节将阐述适宜的政府与市场边界的调整和具体适宜制度是如何促进经济增长的。

一、制度适宜促进经济增长的机理

（一）政府与市场调节作用的边界对经济增长的影响

从经济学发展史来看，贯穿经济学理论的核心内容，就是政府与市场的作用及其边界调整。从各国的实践来看，政府与市场作用边界的确定以及政府能力和市场能力的互动演进，是决定一个国家经济发展成败的首要制度因素。

政府调节作用对经济的有利影响主要是发动和减压两个方面：发动主要体现在政府可以利用强制权力扫除腐朽体制、确定经济计划和战略、快速而有效地积累生产要素、确定和扶持重点产业；减压主要体现在政府可以降低市场化带来的竞争失序和收入分配不公等问题，并能抑制现代化过程中产生的社会冲突。政府调节作用对经济的不利影响也体现在两个方面：一是政府配置资源的效率较低；二是政府干预可能阻碍生产力的发展，而且可能产生腐败现象。而市场作用对经济的影响主要在于：一是市场是更为有效的资源配置方式；二是市场会带来盲目性、无序性，单纯的逐利性以及垄断、外部性、贫富差距等问题。所以，政府和市场的作用各有利弊。适宜的制度应该坚持政府与市场作用相耦合，恰当地调整政府和市场的作用边界。

1. 经济增长的两难困境

(1)市场机会主义的束缚

自亚当·斯密的《国富论》以来，人们就认识到，在机器化大生产的现代社会里，分工和专业化是经济增长的源泉。由于专业化可以形成局部的知识垄断从而获得超额收益，因此经济当事人具有推动专业化发展的内在动力。但是，专业化也导致经济当事人在占有越来越多专业信息的同时，对其他领域的知识日益陌生，导致知识的分立(哈耶克，2000)。由于每个经济当事人都只占有有限的信息，所以都只能是有限理性的。在市场交易过程中，交易双方都存在严重的信息不对称，很可能以此实施市场机会主义(Market Opportunism)。市场机会主义的存在降低了合约形成的概率与质量，增加了交易的不确定性。要弱化这种负面效应，就需要经济当事人花费大量的时间和金钱来搜集对方的交易信息，这将导致市场交易费用的极大攀升。由于经济当事人主要通过市场交易来兑现其专业化收益，因此，专业化速度越快，交易频率就越高，为克服信息不对称所要付出的交易成本也越高，达成交易变得越来越困难，经济当事人的专业化动力受到削弱，经济增长的动力也就消失了。

由此可见，专业化程度加深和交易费用提高是经济增长面临的两难困境。其逻辑脉络如图 2—1 所示。

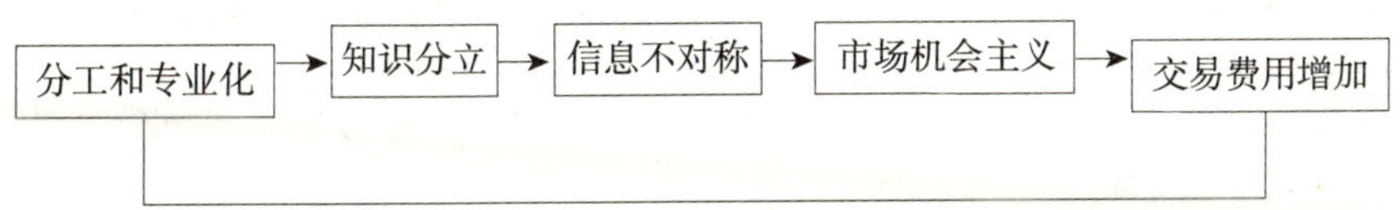

图 2—1　经济增长的两难困境（市场机会主义的束缚）

实现工业化是一国实现经济发展的必由之路。而在经济全球化背景下，工业化必定要以国际分工和专业化为基础，这势必导致交易费用的进一步增加。诺思（2003）将交易划分为人格化交易（Personal Exchange）和非人格化交易（Impersonal Exchange）。前者是指在小规模政治、经济和社会活动中所发生的，重复、有限次、简单的，一般依靠习俗或熟人关系等就能维持的交易，其对应的交易费用较低；后者是与相互依赖的专业化世界相联系的复杂交易形式，即跨越时间和空间的交易，不会重复进行，交易费用较高。显而易见，工业化进程同时也是交易从人格化向非人格化转变的过程。诺思认为，这一转变本身已经成为经济系统发展的绊脚石。在人格化交易向非人格化交易转变的过程中，随着交易范围和交易规模的扩大，交易费用不断上升，需要复杂的制度结构支撑，才能降低交易费用。因此，制度的创立可以降低交易费用，实现人类合作，帮助人们获取更多专业化收益和规模经济效益。但对于历史条件各异、外部环境各不相同的众多国家来说，同种制度在降低交易费用方面的效果可能千差万别，在一国最具成效的制度用在他国也可能截然相反。因此，只有依赖适宜的制度，才能极大地减少交易非人格化过程中的困扰，促使一国成功实现工业化。

（2）国家机会主义的束缚

市场是迄今为止最有效的资源配置体系。但由于专业化分工带来的知识分立和机会主义会降低效率，仍需要国家强制力来帮助维护市场秩序，即通过制定法律、监督管理、公平裁判、规范竞争等活动对契约提供保护。国家的强大是进行契约保护的必要前提，但若国家的权力过于强大，且不能对其形成有效约束，那么这种强制力很容易被滥用，国家可以方便地任意侵犯公民财产和权利，导致弱产权保护。契约保护和产权保护的两难困境被 de Figueiredo 和 Weingast(2005)称为“经济体制的根本性两难”。其逻辑脉络如图 2—2 所示。

图 2—2 经济增长的两难困境(国家机会主义的束缚)

自由市场经济会带来无序(Disorder)，即市场机会主义；国家对市场的干预会带来专制(Dictatorship)，即国家机会主义。所以，迪约科夫(Djankov)等(2003)认为：“制度设计的关键问题是要解决对无序和专制进行控制这两个目标之间的冲突问题”。经济增长的两难困境可用图 2—3 简示。

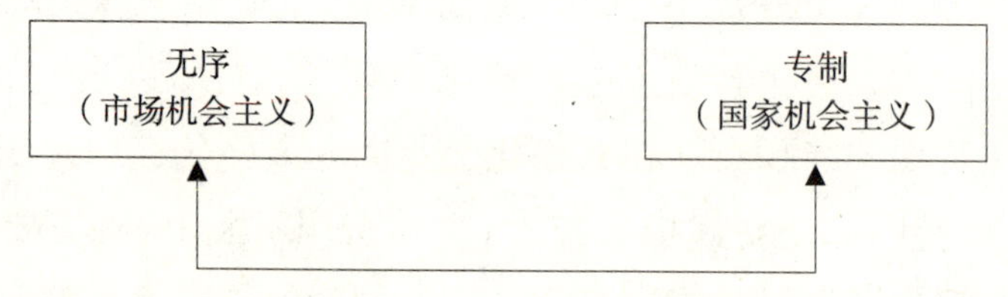

图 2—3 经济增长的两难困境

2. 两难困境中政府和市场的作用

对于处在工业化阶段的国家来说，应当如何培育和发展市场，才能在发挥其价格发现和资源配置功能的同时，将市场无序保持在可控范围之内？究竟何种程度的政府干预才最适宜？这些问题都蕴含了对无序和专制这个两难困境的权衡。迪约科夫(Djankov)等(2003)引入制度可能性边界(Institutional Possibility Frontier，IPF)来分析如何在无序和专制之间做出取舍。在制度可能性边界图中，横轴表示由于高度专制带来的社会损失，纵轴表示由于高度无序带来的社会损失。制度可能性边界曲线反映了市场无序随政府权力的增加而减少的程度。图

2—4 中向下倾斜的 45°线表示某种无序和专制组合下的社会总成本。它与制度可能性边界的切点就是一个社会有效率的制度选择。迪约科夫(Djankov)等按照国家权力介入经济的程度由轻到重的顺序,分析了私人秩序(Private Orderings)、私人诉讼(Private Litigation)、监管(Regulation)和国家所有制(State Ownership)四种制度形式。见图 2—4。

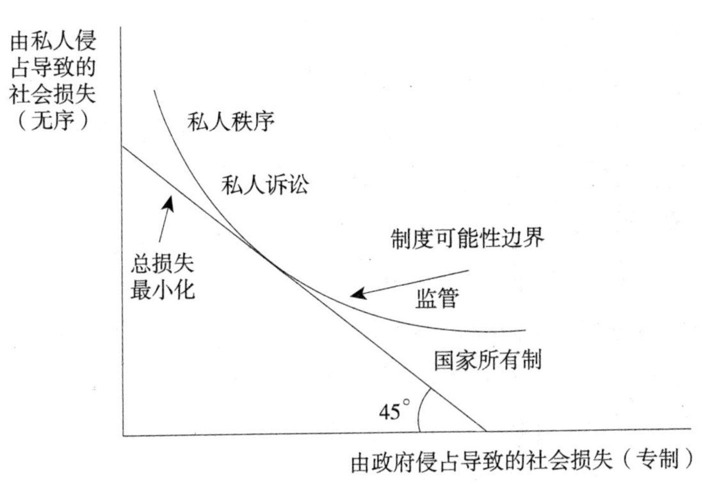

图 2—4　制度可能性边界曲线

以上四种制度形式是治理商业活动的四种典型制度选择。私人秩序依靠市场约束经济主体的行为,在这种模式中,市场的力量较强,政府的力量较弱;私人通过法院诉讼来规制经济主体的行为,在这种模式中,政府通过立法以及法院来间接规制市场;监管是指通过政府的公共管理实施对市场的管制,政府通过立法和管制机构来规制市场;国家所有制是政府通过拥有企业的产权直接配置资源,是政府力量最强、市场力量最弱的模式。这四种制度安排并不相互排斥,在实际经济活动中,不同的商业活动由不同的制度安排来规制。对于一个国家来说,总的来看,私人秩序和私人诉讼构成了以市场为主的治理模式,监管和国家所有构成了以政府为主的治理模式。而政府与市场的适宜边界就是制度可能性边界的形状和位置问题。

制度可能性边界的形状和位置是由多种因素共同决定的，取决于各国的历史、文化、意识形态和政治经济结构。所以，不同国家适宜制度建设的侧重点（即制度可能性边界与社会总成本线的切点位置）是不同的。例如，在东亚经济起飞阶段，因为官僚具有较强的技术才能和自律性，依靠“强政府”的制度安排引导产业发展可能是适宜的，但随着经济环境的复杂化和利益集团的逐渐形成，原先的官僚阶层也可能对新兴产业发展起到阻碍作用。这时，将生产决定交由市场来完成就应成为适宜的制度安排。因此，政府控制无序的作用和市场打破专制的作用是随着经济环境的变化、市场体制的发育程度、政府的组织管理能力及自律能力的变化而动态变化的。一个国家的经济发展模式没有标准化的样板，各发展中国家经济社会的变迁要与其制度可能性相适应，而不能照搬发达国家或成功发展中国家的某些“理想”模式。

另外，制度适宜性不仅表现为不同的国家具有不同的政府与市场边界，也表现为一个国家在不同发展阶段有不同的适宜制度，需要不同程度的政府干预。以美国的制度变迁为例，美国在内战之前，重大的商业纠纷大多是基于合同和侵权行为的私人诉讼来解决。对于工业事故中企业的责任，药品和食品的安全性，甚至所得税的合法性，都由法庭来审理。因为，当时的美国社会是相对稳定的市民社会，潜在诉讼人之间不存在明显的不平等，这就保证了私人诉讼是对商业活动进行控制的有效策略。但是内战后的美国兴起了大规模的工业化和商业化，这增加了经济活动的无序性。无序状态的增长使得制度可能性边界曲线外移，致使依靠法庭的私人纠纷解决机制变得无效率。大型企业通过雇佣高级律师和贿赂法官来搅乱司法秩序，使得私人诉讼不能保证公平。当法庭被破坏后，边际监管则显得非常有效率，尤其是这一时期的美国政府变得越来越开放和透明。于是，适宜的制度安排是进行更强的监管，以提供更强大的力量来制约大企业。总的来看，因为在不同的发展阶段，经济主体的力量对比发生了变化，为了保证公平地协调各方利益主体，美国经历了由依靠私人诉讼向倚重政府监管的适宜制度的变迁。这适应了美国当时的经济社会条件，带来了美国经济的持续繁荣。

(二)具体适宜制度对经济增长的作用机理

实践证明,制度具有激励功能,有效的制度能够提供高质量的激励机制。在个人或组织从事经济活动的过程中,可能大量存在私人收益率与社会收益率不相等的情况。但可以通过设置某些制度,例如专利权保护等,使私人收益率不断接近社会收益率,为从事经济活动的个人或组织提供长期激励。市场经济制度之所以在一些国家近代以来的发展中表现出较高的效率,就是因为它赋予了经济行为人生产、经营和创新的自由决策权,能够通过价格机制实现资源的优化配置,将一项经济活动的社会收益尽可能转化为私人收益;同时又对每一个经济决策者进行约束,迫使每个人必须对自己的行为承担责任,从而最大限度地避免负外部性,将个人成本内部化。制度的激励效果突出表现为,即使生产要素投入不变且没有技术进步发生,制度创新也会导致社会总产出增加。承认市场经济制度的有效性不等于承认其单一性,或固化的模式。即使市场经济制度是有效的,但其发挥有效性却依赖于一个国家的经济发展水平、文化传统等具体条件,会因国家的具体情况不同而不同。换句话说,市场经济制度在各个国家的存在形式是有差异的。中国自20世纪70年代末进行经济体制改革以来,国民经济由计划经济体制向市场经济体制转化,建立和发展了有自身特点的社会主义市场经济体制,并实现了经济长期、持续、稳定的增长,根本原因就在于制度变迁提供了一套与中国国情相一致的激励机制。

建立任何一种制度的根本目的,都是为了对社会集团和个人行为提供有效的激励,由此鼓励创新、勤奋、诚信、责任与合作等。制度安排决定了社会集团和个人选择的领域与范围。制度不同,人们选择的空间不同,其行为方式也就有所差别。因此,在不同的制度安排下,激励的方式、机制和结果会大相径庭。市场经济的激励机制是通过产权制度和分散决策机制来实现的,一个组织的激励机制则是通过明确责、权、利的关系来实现的。一块没有明确产权归属的公用草地,对任何一个牧羊人都是开放的,并且都能使之从畜牧活动中获益。而过度放牧会使公共草场退化，直至荒芜。这就是由于没有明确的产权归属而导致“公地悲剧”的例子。

明确利益关系是有效激励的重要手段。中国经济体制改革初期，采取的基本政策措施是放权让利，通过给国有企业“松绑”来达到搞活的目的。其实质是利用制度化权力和利益来激发经济组织、经营者、劳动者的积极性。放权是通过权力结构和层次的调整来激发经济组织和经营者的活力，让利是通过分配制度来确定国家、集体、个人三者之间的关系。这种制度化的激励机制被布罗姆利（Bromley，1996）视为一种制度交易。制度交易有四种形式：（1）提高经济的生产率的制度交易；（2）有目的地改变收入分配的制度交易；（3）重新配置经济机会的制度交易；（4）重新分配经济优势的制度交易。也就是说，制度激励能够提高经济活动中生产性活动的效率；明确利益关系意味着建立一种改变收入分配的制度，形成利益驱动的机制，从而刺激经济组织和经济行为人的创新行为和勤恳敬业的工作方式；通过职能分工确定责任和权力，调整和改变生产的制度结构，重组资源配置方式，提高寻求经济机会的能力；其中最重要的是通过制度激励机制的形成来重塑经济竞争中的经济优势。

综上所述，激励是经济组织和经济行为人开拓创新、诚实守信和勤奋工作的基本手段，制度适宜是有效的激励机制得以形成和发挥作用的保证。理性的、持久的活力和创新活动来自有效的、不断创新的制度激励以及社会经济组织自身变迁和创新的能力。

通过各项机制的综合作用，各种制度安排都会影响资源、收入和成本的配置，同时也影响对市场参与者的激励和市场交易的效率。通过向最有效的经济当事人配置权力，适宜的制度可以提高生产率，促进增长；适宜的制度可会影响投资激励，进而影响投资水平和新技术的采用；适宜的制度可以界定市场权力，保护消费者免受高价格的利益侵蚀；适宜的制度可以阐明市场中弱势群体的权利，直接改善穷人的生活，从而增进全社会的福利。

二、制度适宜促进经济增长的图示分析①

经济增长需要资本、劳动、技术等要素投入，而制度适宜可以通过激励、协调等机制增加生产要素的积累、提高生产要素的配置效率和生产效率。例如，有利于吸引外商投资的制度可以增加一国的资本积累量，良好的市场竞争秩序可以提高资本的配置效率，通过制度规定的激励性的分配方式可以提高单位劳动的产能。因此，制度可以被看做一种生产性资产。通过生产可能性曲线分析我们将会看到，适宜的制度具有积累效应、配置效应和创造效应，能够增加生产要素投入量、优化资源配置的效率，从而提高社会商品总产量和社会福利。

（一）制度适宜的积累效应

我们借助生产可能性曲线来说明制度适宜的积累效应。生产可能性曲线主要用来考察在既定资源和生产技术条件下，应当怎样分配相对稀缺的生产资源，从而获得最大可能的资本品与消费品产出的各种可能性组合。如图 2—5 所示，横轴代表消费品，纵轴代表资本品，曲线 P_1P_1 表示两种产品的一条生产可能性曲线。在资源数量和技术条件不变的情况下，一个社会所能生产的产品产量组合是既定的，生产可能性边界以外的产量组合无法达到。但当生产要素积累量或技术条件发生改变时，生产可能性曲线则会相应移动。适宜的制度能够增加生产要素积累量，促进技术进步，推动生产可能性曲线外移。这就是制度适宜的积累效应。

有些制度可以促进技术进步，如图 2—5(a)所示，如中国的经济特区制度加快了国外先进技术的引进；有些制度可以增加居民储蓄、畅通融资渠道、吸引外商投资来增加资本的积累，如图 2—5(b)所示，如日本的主银行体制和中国针对外商的投资优惠制度；有些制度可以使劳动力从农业生产中解放出来从而增加工业劳动力，如图 2—5(c)所示，例如中国的家庭联产承包责任制提高了农业生产效率并解放了大量农

① 这部分图示内容参考了吴群刚(2006)。

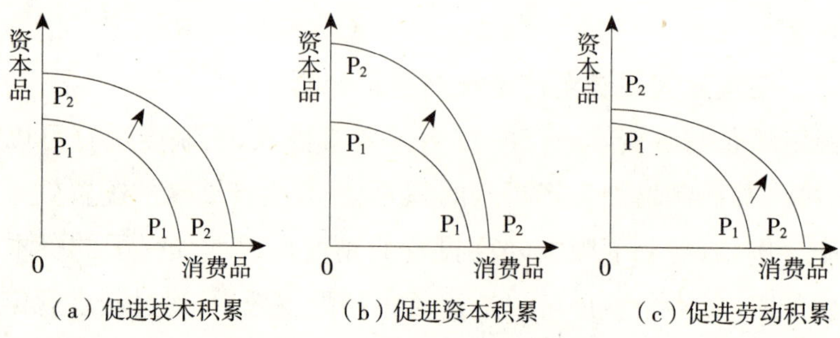

图 2—5 制度适宜的积累效应

村劳动力。因此,制度适宜可以促进生产要素的积累,改善生产可能性曲线面临的资源约束,实现一国经济增长。

(二)制度适宜的配置效应

制度适宜的各种机制可以使生产要素在资本品和消费品的生产之间重新配置,促使经济中这两类商品的边际生产成本与消费的边际效用趋于一致,从而实现生产资源的有效配置。这个作用过程可以用生产可能性曲线和社会效用无差异曲线来描述。如图 2—6 所示,曲线 U_1U_1 是两类商品的社会效用无差异曲线,代表社会通过消费两类商品可以获得的最高效用,对该曲线上的任何一点来说,两类商品的不同组合对社会效用的影响是无差异的。效用无差异曲线越向右上方移动,表示消费的满足程度越高,即消费水平越高(如 U_1U_1 代表的社会效用高于 U_2U_2)。假定社会生产要素总量不变,制度适宜可以通过激励、协调、信息沟通等机制,有效降低经济活动的不确定性和复杂性,通过优化资源配置,使社会消费一类商品的边际效用趋近于其价格,使生产一类商品的边际成本也趋近于其价格,从而促使整个社会在既定资源拥有量下达到最大产出水平,同时达到最高社会效用水平。P_1P_1 和 U_1U_1 的切点 E 就是制度适宜促进配置的最优点。而 A 点和 B 点虽然也在生产可能性曲线上,实现了在一定资源和技术约束下的最大产量,但没有达到社会效用最大。而 C 点位于生产可能性曲线以内,说明生产潜力还没有完全发挥,一国的全部资源没有得到充分利用,存在闲置和失业。制度适宜可以促使经济体系向 E 点移动,实现一国资源的最优化配置。

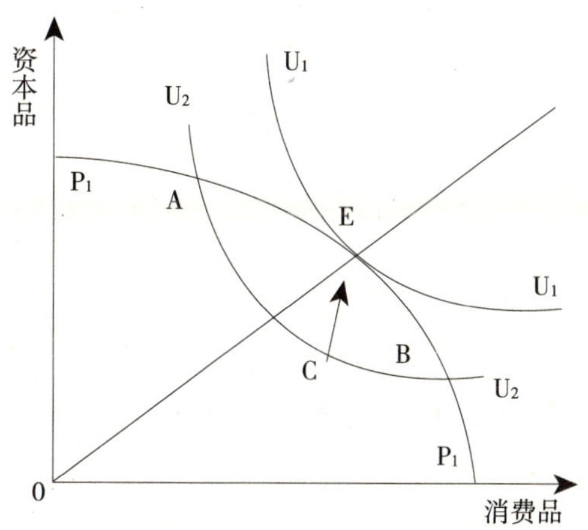

图 2—6　制度适宜的配置效应

制度适宜的配置效应可以使一国的资源得到充分利用，使国民产出接近潜在产量。更为重要的是，配置效应可以优化各种产品比例，避免商品供需结构性失衡，出现有的商品短缺、有的商品过剩的不良状况。以中国市场化改革前后的情况为例，1978 年之前，中国实行的是赶超战略下的计划经济体制，为了实现赶超，政府优先发展工业，尤其是重工业，所以把大量的资源都投放到了资本品的生产上，而对于和居民生活密切相关的食物、衣物、小家电等消费品投入过少，由此带来了消费品的短缺，出现了粮票、布票、自行车票等短缺时代的排队配给现象。而 1978 年改革开放之后，中国逐步过渡到市场经济，由市场主体来决定生产什么、生产多少，由价格机制来协调和调整各种产品的价格和供需，适应市场的需求，消费品的生产增加迅速，最终避免了消费品的短缺，实现了社会资源的优化配置，提升了人民的福利水平。所以，在资源配置方面，市场经济制度好于计划经济制度，是一种更为适宜的制度。

（三）制度适宜的创造效应

除了尽可能积累生产要素，并推动经济达到生产可能性边界上的资源配置最优点以外，制度适宜还可通过分工和专业化等途径，实现生产可能性曲线外移的创造性效应。制度适宜可以促进要素生产率提高，从而推动生产可能性曲线向外移动，使经济达到一个更高的生产水平和效用水平。如图 2—7 所示，由于制度结构升级，导致生产组织模式改变，专业化分工收益扩大，资本和劳动的生产率提高，也可以在生产条件(要素投入和技术水平)不变的情况下实现产量扩大，即生产可能性曲线从 P_1P_1 上升到 P_2P_2，并与代表更高社会效用水平的无差异曲线 U_2U_2 相切，从原来的最优配置点 E_1 上移到新的最优配置点 E_2。制度适宜的创造效应是从分工和专业化中汲取经济增长动力的重要体现。

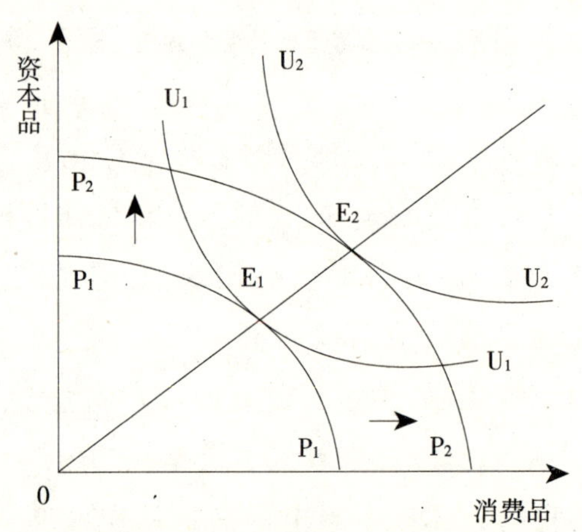

图 2—7　制度适宜的创造效应

分工专业化是表现制度创造效应的最典型的制度。早在 18 世纪，亚当·斯密就发现了制针工厂里的劳动分工对提高制针生产效率的巨大促进作用。所谓劳动分工，就是将工作分解成一些单一的和重复性的作业。如果每个工人独立完成所有制针工作，10 个工人最快也不过每天制作 200 根针。他们每个人都得拔丝、矫直、切断、敲针头、磨针尖、将针头和铁杆焊在一起，一个人每天完成 10 根针，手艺就算不错了。但是，在实行分工的工厂里，把制针作业分成若干个职业部门，分别由不同的人来做。一个人抽铁线，一个人拉直，一个人切截，一个人削尖线的一端，一个人磨另一端，以便装上圆头。斯密注意到，10 个工人每人从事一项专门的工作，每天能生产 48000 根针。斯密得出结论，劳动分工之所以能够提高生产率，是因为它提高了每个工人的技巧和熟练程度，节约了由于变换工作浪费的时间，并有利于机器的发明和应用。由此可见，即使劳动工人数量和工厂设备等资本不变，只是改为实行分工协作的适宜制度，也可以实现生产效率的突飞猛进。

第五节　适宜制度的产生

一、适宜制度产生的基础是合理的制度需求能够被发现和满足

制度的变迁是制度供给适应需求变化的过程。生产力的发展、新技术的发明、意识形态的变化、国际环境的改变等因素，都可能对制度变迁提出新的需求。这种需求得到制度提供者的认可和满足，即会导致制度的变迁。但由于两方面的原因，制度需求未必能得到满足：一是制度需求是内在的，并不一定能够准确及时地被发现，路径依赖则会进一步加大制度的合理需求被发现的难度；二是制度提供者不一定有足够的动力去提供适宜的制度。

如果制度需求能够被满足，供求平衡可能达成均衡制度。但这种均衡制度仍然可能不是适宜的。因为它并不一定带来社会利益的最大化。适宜制度产生的基础应该是合理的制度需求能够被准确及时地发现和满足。从需求层面看，重要的是微观主体自身利益最大化的制度需求与社会利益最大化的需求应该是一致的，同时，微观主体应该有实践并发现更有效制度的空间和动力。虽然在古典经济假设下，个人利益最大化最终会导致全局最优，但在市场失灵的情况下，比如存在垄断、外部性等情况时，个人利益往往会与社会利益相冲突，就需要在两种利益之间进行取舍和权衡。从供给层面看，最为关键的是制度提供者应该具有与微观主体自身利益最大化和社会利益最大化相一致的目标。

就是说，适宜制度的产生有赖于微观主体自身利益、社会利益和制度提供者利益的一致性。如果制度提供者的利益与微观主体的利益一致但与全社会的利益不一致，则形成的制度即使似乎是反映了微观需求，但未必能够真正增进国家的长远利益。制度提供者的利益与全社会的利益一致时，也可能损害微观主体的利益（即使是短期利益），使得制度的提供超出社会的承受能力，得不到微观主体的充分支持，并导致制度效率下降。因此，如果以一个国家的长期利益最大化为目标，则适宜制度产生的重要条件就是制度提供者能够代表国家（社会）利益，而又不明显伤害市场主体的利益。

二、适宜制度是人为设计和自发演化共同作用的结果

在制度的产生问题上存在两种片面的观点：一种是否定自发力量的积极意义，这种观点在苏联模式的计划经济理论中达到极致；另一种是否定制度设计在制度形成和变迁中的作用，这种观点在哈耶克的理论中最为突出。我们认为，适宜制度是人为设计和自发演化共同作用的结果。

人为设计制度，即使运用了科学的方法，也不一定符合客观规律；它既可以包含着符合客观规律的方面，也必然包含着错误的和需要修正的地方。我们需要经过理性思考，自觉设计有效率和符合目标价值的制度，并为实施这种设计而努力，但又必须为制度修正留出足够的空间，为没有预见到的自生自发的新事物提供发展机会。制度创新能否成功，当然与制度设计中包含多少科学和正确的因素有关，但能否为未知事物提供较多机会也同样重要。当然，自发现象的作用是很复杂的。自发发展不等于盲目和错误，但也并非总是有益的。自发势力和自发组织，既可以是反社会的，如黑社会组织；也可以是保守的，如俄国农村公社；还可以是推动社会向前发展的，如某些公民社会组织。因此，在制度的修正过程中还要对自发现象进行比较和筛选，去粗存精，去伪存真。

制度的产生是一个多次博弈的过程，一些经由自发生成路径而生

成的制度可能也是多边谈判的结果，因此也可以说是制定或设计的产物。因此，我们难以笼统地说制度是自发演化的结果还是人为设计的结果。自发演化和人为设计都是制度生成时起作用的因素，只是在历史上不同时期起主要作用的因素不同而已。

三、适宜制度的产生

在我们的理论中，将政府与市场边界的动态调整作为适宜制度产生的直接条件以及发挥作用的最为重要的环境。近半个世纪以来，在宏观上，政府主导经济——放松管制——市场化改革——充分融入全球化，这一动态变迁过程，为市场经济主体创造了市场化和全球化的潜在利润机会，进而使得在微观上各种适宜制度的创新成为可能。

所以，我们的分析框架分为两个层次：宏观上，是政府与市场边界的动态变迁；微观上，是经济主体捕捉潜在利润机会而创造出适宜制度。这两个层级是互动的，政府与市场边界的动态变迁为市场经济主体创造了潜在利润机会，市场经济主体的经济活动也推动了政府与市场边界的动态调整。与只强调宏观发展战略的理论不同，我们同时强调了微观市场主体的制度创新精神和适宜制度的激励作用；与只强调微观经济主体捕捉潜在利润机会进行制度创新的理论不同，我们同时强调了国家根据国内外形势所做出的政府与市场边界调整带来的潜在利润机会。所以，政府与市场边界动态变迁的制度适宜理论，是融合了宏观层面和微观层面的制度变迁体系。

（一）在宏观上，政府与市场边界的动态变迁

从历史经验来看，政府与市场边界的动态变迁主要有三个动力机制：一是宏观上的国家推动，这是主要动力；二是微观上经济主体的推动，这是最有效率的动力；三是国际层面上的外来势力推动，这是危害和机遇并存的一种方式。

1. 国家推动政府与市场作用边界变迁的动力机制

国家对政府和市场边界的调整主要随着政府干预思想的变化而变化。第二次世界大战后发展中国家具有强烈的迅速发展经济的愿望。

各国应采取什么样的发展模式？无论在理论上还是在实践上，这一时期政府的地位和作用都被赋予了重要意义。第二次世界大战后初期导致政府主导型发展模式的因素有：20 世纪 30 年代大萧条后美国政府依靠"新政"干预经济的成功；第二次世界大战时期很多国家奉行战时管制经济，政府具有很强的经济管理能力；苏联社会主义计划经济取得初步成功；凯恩斯主义经济学理论的影响等等。此外，因为 20 世纪 50～60 年代的发展经济学十分关注发展中国家面临的特殊环境和条件，因而更加强调政府的作用。因此，这一时期的发展中国家大多利用政府来发动和促进工业化进程，制定了进口替代战略，并通过设置关税壁垒保护幼稚民族工业。20 世纪 60 年代末 70 年代初，随着发达国家贸易自由化和资本流动自由化进程的推进，以及 70 年代石油危机以后经济滞胀局面的出现，人们开始反思政府干预的思想。这一时期，"政府失灵"被认为是与"市场失灵"同样严重甚至更加严重的问题。所以，东亚等发展中国家开始实行出口导向战略，降低关税壁垒，发挥廉价劳动力的比较优势，积极参与国际分工。20 世纪 80 年代后期以来，通过对拉美国家债务危机和经济动荡，以及其他国家改革正反两方面经验和教训的总结，人们对政府干预的认识又有了进一步的发展。人们认为，每一个市场经济体实际上都是市场机制与国家调控的混合体，政府在很多领域发挥的作用非常重要。这一时期，政府开始强力介入基础设施建设、改善贫富差距和治理环境污染等方面。

由以上分析可以看出，经济健康发展是推动政府与市场边界调整的主要力量。在不同的经济发展阶段和不同的国际环境下，经济的发展需要有不同的发展模式，从而对政府与市场作用边界的调整产生了根本性影响。

2. 经济主体推动政府与市场作用边界变迁的动力机制

经济主体（个人、家庭、企业和团体）会出于经济上的自利推动政府和市场边界的变迁。有的利益集团倡导政府的资源配置方式，希望政府对幼稚工业给予保护；有的利益集团则要求放松经济管制，发挥市场作用，并赋予微观经济主体分散决策的自由。政府和市场边界就是这两方利益集团的博弈均衡。例如，拉美国家早期长时间实行的进口替代战略，就是在种植园主寡头政治和经济结构下产生的，为的是保护本国种植园主免受其他国家农产品的竞争。在中国，安徽凤阳农民以自己的方式表达了他们对于农村人民公社这种农业经济模式的看法，冒着极大的政治经济风险，实行了“包产到户”，目的是增加产量和收入，结果拓展了分散决策的市场范围，最终导致家庭联产承包责任制这一更为市场化的经济组织方式在全国铺开，并拉开了中国经济体制改革的序幕。

3. 外来势力推动政府与市场作用边界变迁的动力机制

外来势力也会推动政府与市场作用边界变迁。例如，国际货币基金组织对发展中国家的贷款常带有附加条件，即要求借款国实行私有化和自由化等社会改革，这将大大拓展市场的边界；跨国公司通常具有强大的谈判能力，迫使某些发展中国家开放一些市场；WTO 等国际组织降低关税壁垒的要求也拓展了市场的广度和深度。但这些外部势力的介入，产生的效果不一定都是正向的。

(二)在微观上，市场经济主体创造适宜制度

政府与市场边界的调整为具体制度的变迁提供了可能的环境。在这个新环境下，原有制度继续运行的收益和成本可能发生改变而显得不经济，这将驱使经济当事人寻找制度变迁的潜在收益(例如比较利益、规模收益及合作可能等)。若潜在的制度收益大于阻碍制度变迁的成本(如外部性、不确定性和交易成本等)，经济当事人就可能通过促使制度变迁来获取其收益。

从制度供给者角度给制度变迁进行分类，可分为“诱致性制度变迁”和“强制性制度变迁”(林毅夫，1994)。

诱致性制度变迁是指由个人或群体在响应获利机会时自发倡导、组织和实施的制度变迁，它必定由某种在原有制度安排下无法得到的获利机会所引起。当一国在不同时期采取不同的发展战略，并对政府与市场作用的边界做出动态调整时，可以创造大量的制度变迁机遇，即潜在的收益，经过各经济主体的认知和利益博弈而汇聚成集体行为，又

经过长时间调整达到行为均衡，同时也就决定了行为主体的报酬均衡。如此，新的制度最终稳定下来，并逐渐趋近于适宜制度，直到经济结构的变迁打破制度结构和经济主体的行为均衡，出现新的政府与市场作用的边界调整，进而形成新一轮适宜制度的变迁。诱致性制度变迁满足一致同意原则和经济原则，如果它能克服外部效应和“搭便车”之类的问题，那么它将是较为适宜的制度变迁方式，如中国的家庭联产承包责任制和乡镇企业。

强制性制度变迁则由政府命令和法律引入和实现。作为垄断者，国家提供制度的费用要比竞争性组织低得多，在制度实施及其组织成本方面也具有一定优势。例如，以分权为特征的财政体制改革就是中国比较成功的强制性制度变迁。但政府领导人的偏好、有限理性、意识形态刚性和集团利益冲突等因素将会影响强制性制度变迁的效果。

实际上，适宜制度产生的一个重要途径是诱致性制度变迁和强制性制度变迁的结合。在政府和市场边界调整出现新的利润机会时，富有企业家精神的微观经济主体会创造出有利可图的新制度，这是一个诱致性制度变迁过程；当一项制度创新在某个地区经过实验、检验，被认定为是有效率的制度以后，则可以通过政府强制力在全国推行，这是一个强制性制度变迁过程。例如，中国的家庭联产承包责任制就是由农户自发创新的适宜制度，然后再经过中央政府认可并逐步推广至全国。另外，采用“先实验，后推广”的办法也可以降低强制性制度变迁不适宜的风险。

由此可见，一国的适宜制度建设是个复杂的过程，既要分析国内国际形势的挑战和机遇，充分认识到本国的市场能力和政府能力，动态调整政府与市场的边界，又需要各经济主体在认知协调和利益博弈下形成制度创新。这些特点决定了国家的制度建设将是一个长期、渐进、试错的过程。

第三章　发展中国家的制度适宜

从前面的章节我们已经得出了一个基本结论，就是制度对于一国经济增长具有至关重要的作用，而制度促进经济发展的关键是要切合特定国家的实际情况，即是适宜的。

我们对制度适宜给出了几个基本的判断标准，这些标准都是非常原则性的。对于每个国家来说，由于各方面可能存在很大差异，因而很难据此对制度安排是否适宜做出一般性的判断，只能在大量个案分析的基础上进行粗略的评估。尽管如此，对某些具有类似特征的国家进行一些更具普遍意义的分析仍然是可能的。本章对发展中国家的制度适宜作进一步的分析，集中考察政府与市场作用的边界。这主要是考虑到如何界定政府与市场的关系，或者说通过制度安排，在多大程度上发挥市场配置资源的作用，不仅是长期以来经济理论的争议焦点，也是各国经济发展中最为重要的实践内容。本章第一节说明为什么发展中国家的适宜制度具有与发达国家不同的特性；第二节提出在仅考虑生产力水平和国际环境的情况下，政府对市场的干预遵循先强后弱的路径是发展中国家的一个适宜选择；第三节进行实证分析，说明市场化程度不是越高越好，而是应当与经济发展水平相一致。

第一节　发展中国家的适宜制度

一、发展中国家的基本特征

（一）发展中国家的界定

发展中国家是发达国家的对称。根据联合国 2007 年《贸易和发展报告》[①]，联合国统计办公室(United Nations Statistical Office，UNSO)将世界上的国家和地区划分为三类，其中发达国家，也称工业化国家，是指除墨西哥、韩国和土耳其以外的经济合作与发展组织(OECD)成员国，以及新的欧盟成员国和以色列，目前大约有30多个。第二类是东南欧和独联体国家，也称转型国家，数量约为20个。第三类是发展中国家，除上述两类以外的所有国家都属于这个类别。

目前，发展中国家和地区有150多个，广泛分布在亚洲、非洲、拉丁美洲、大洋洲、部分东欧以及地中海地区，其人口约占世界总数的3/4，土地面积约占世界的2/3。

(二)发展中国家的基本特征

在发展中国家这样一个庞大阵营中，各国的发展水平、资源禀赋、历史、文化、意识形态和制度等诸方面差异很大，但它们却拥有某些共同特征。包括：

对农业依赖严重。发展中国家大多数人口生活、工作在乡村，工业化水平低，这是许多国家在发展初期的一个典型特征。从城市化水平看，2006年，低收入和中等收入国家城市人口占总人口的28%，高收入国家和地区的相应指标是77%。从就业结构看，发展中国家农业劳动力的比重多在50%～70%左右，而OECD成员国多数都不到5%。从生产结构看，2006年，低收入国家农业在GDP中的份额为37%，而高收入国家和地区的这一指标在1970年就已下降到4%。

教育落后。发展中国家教育水平普遍较低，这与经济落后也是相互联系的。发达国家的成人识字率接近100%，而发展中国家仅为76.6%，一些国家甚至不足1/4。[②] 2005年，低收入国家的小学教育完成比例为76%，撒哈拉以南非洲国家仅为61%，也远低于高收入国家的97%。[③] 高收入国家的大学生毛入学率达65.8%，而中等收入国家

---

① United Nations, "Trade and Development Report", New York and Geneva, 2007, p. VIII.

② 识字率为2007年数据，来自于"United Nations Development Programme Report 2007/2008"。

③ World Bank, "World Development Report 2008", 2007, p. 339.

为22.4%，低收入国家仅为9.8%。①

科学技术不发达。发达国家凭借雄厚的经济实力和长期的积累，在科学技术上遥遥领先于发展中国家。2002年，中等收入国家研究与发展经费支出占GDP的比重为0.7%，低收入国家更低，而高收入国家这一比例达到2.5%。2001年，中等收入国家每百万人从事研究与开发的研究人员数为806人，不到高收入国家的1/4。2002年中等收入国家和低收入国家专利权申请文件数量分别为81554件和1469件，只相当于高收入国家的十分之一和千分之二。②

市场发育不完善。由于长期遭受殖民掠夺和封建生产关系的束缚，发展中国家的市场体系和价格机制先天残缺不足，后天发育不良。国内经济各部门之间联系微弱、支离破碎，严重依赖外部资源与市场。市场运行不灵且受到严重扭曲，无法发挥作为资源配置基本手段的功能。

生产力水平落后。受劳动力、资本、技术等多方面条件制约，发展中国家的生产力水平远远落后于发达国家。2006年，发展中国家人口占世界总人口的比率高达85.5%，而GDP所占份额仅为22.6%。相比之下，发达国家人口占世界总人口的比率为14.5%，GDP份额却高达77.4%。发展中国家的劳动生产率仅为发达国家的1/24，这一差异甚至比收入差距还要大。③

收入水平低。生产力水平落后直接导致发展中国家生活水平低下。按照世界银行的统计，2006年，高收入OECD国家的人均国民收入为38120美元（所有高收入国家平均为36487美元），中等收入和低收入国家为2000美元，前者是后者的19倍。即使按照购买力平价（PPP）方法，差距也同样很大：高收入国家的人均国民收入为34701美元，中等收入国家和低收入国家为5664美元，前者是后者的6.1倍。④

① 国家统计局编：《国际统计年鉴2005》，中国统计出版社2005年版。
② 国家统计局编：《国际统计年鉴2005》，中国统计出版社2005年版。
③ 根据世界银行官方网站数据计算得到。
④ World Bank, "World Development Report 2008", 2007, p. 335, table 1.

2006年人均收入最高的国家是卢森堡，为76040美元，最低的布隆迪只有100美元，相差760倍。2004年，有近10亿人（占发展中国家总人口的19.2%）生活在绝对贫困线以下，每天的生活费用不足1美元，其中撒哈拉以南非洲的比例为41.1%。2003年，估计8.2亿发展中国家人口在忍受饥饿。2005年，发展中国家婴儿死亡率高达8.3%，3860万人携带HIV，其中64%生活在撒哈拉以南非洲。2005年，中低收入国家男性预期寿命为64岁，比高收入国家的76岁少12岁，撒哈拉以南非洲人口的预期寿命仅为47岁，女性的预期寿命差距甚至更大。所有这些表现，几乎都可以说是经济发展水平落后的结果，因此，收入差距是区别发达国家和发展中国家最为核心的指标。

以上这些特征互相联结、相互加强，是发展中国家的基本要素。其中，收入水平低是最显著也是最基本的特征。其他一些特征或者是收入水平低下的结果，或者与之相关。也正因为如此，世界银行在其世界发展报告中简单地按照人均国民收入进行分类，将高收入国家作为发达国家（Advanced Countries or Developed Countries），将中等收入国家和低收入国家均划为发展中国家，其中包括了相应的转轨国家。在2008年世界发展报告中，按2005年人均GNP划分，所有人均国民收入低于11115美元的国家和地区都被归入发展中国家。低收入国家为905美元及以下，中等收入国家为906～11115美元，其中，3595美元以下为下中等收入国家，以上则为上中等收入国家。人均GNP超过11115美元的为高收入国家，都属于发达国家。

虽然仅按人均收入划分发达国家和发展中国家的方法显得过于简单和粗糙，也因此受到了一些批评，但这样处理在统计上更为便利。更重要的是，这样的分类的确抓住了发展中国家与发达国家最显著和最本质的区别。本章在此后的实证分析中也沿用了这一划分方法。

（三）发展中国家的产生

发展中国家的产生与发达国家有着紧密联系。发展中国家群体的产生，是以两个基本事实为背景的。一是长期以来，特别是近200年来世界经济的不平衡发展；二是二战后众多国家取得民族独立。二战前，绝大多数发展中国家都是西方发达国家的殖民地或附属国，政治上没有独立性，经济上严重依附于宗主国，在这种情况下谈不上发展经济。只是在获得独立之后，这些国家才有机会发展自己的独立经济。就是说，发展中国家的出现，实际上是民族解放运动和殖民地国家摆脱殖民统治的结果。

发展中国家经济的依赖性和落后面貌，是西方发达国家几百年殖民统治的恶果，也是西方发达国家近代以来快速发展的牺牲品。贫富差距自古就有，但国家与国家之间如此鲜明地呈现两极分化却是人类历史中出现殖民主义之后才出现的。

在人类发展的绝大多数时间里，世界经济的发展速度异常缓慢，贫富差距也非常有限。据麦迪逊(Maddison，2001)的估算，在人类最近2000年的历史岁月中，前1800年的全球人均GDP增长极其缓慢。在公元元年～1000年，世界的人均收入没有任何提高；在1000～1820年间，人均收入的增长也比较缓慢，约提高了50%。世界经济的快速发展主要发生在近200年以来。与1820年相比，目前的世界人口增加了5倍以上，而人均收入则提高了8倍以上。

由于世界经济在漫长的历史过程中发展缓慢，国家与国家之间虽然有强弱之分，但贫富分化并不严重。直到15世纪末，当时的各个主要世界文明中心仍处于大致相同的发展阶段，有的在某些方面较为先进，而在其他方面又稍显落后，国家之间的发展水平差距并不大。根据麦迪逊(Maddison，2001)的研究，按几个大的地区间的收入差距计算，最富裕地区与最贫穷地区人均收入之比在1500年也只有2∶1，这种差距如果用今天的视角来看只能说是微乎其微。

表3—1　世界各区域的人均GDP

(单位：1990年国际元)

国家和地区＼年份	1500	1820	1870	1913	1950	1973	1998
西欧	774	1232	1974	3473	4594	11534	17921
美、加、澳和新西兰	400	1201	2431	5257	9288	16172	26146
日本	500	669	737	1387	1926	11439	20413

续表

年份 / 国家和地区	1500	1820	1870	1913	1950	1973	1998
亚洲(除日本外)	572	575	543	640	635	1231	2936
拉美	416	665	698	1511	2554	4531	5795
东欧	483	667	917	1501	2601	5729	4354
非洲	400	418	444	585	852	1365	1368
世界	565	667	867	1510	2114	4104	5709
最富与最穷区域之比	2:1	3:1	5:1	9:1	15:1	13:1	19:1

注:1990 年国际元是多边购买力平价比较中将不同国家货币转换为统一货币的方法,与吉尔瑞-开米斯元(简称 G-K 元)通用,后者最初由爱尔兰经济统计学家 R. G. Geary 创立,随后由 S. H. Khamis 发展。

数据来源:Maddison, The World Economy: A Millennial Perspective, OECD, Paris, 2001.

16 世纪到 19 世纪初,随着西欧经济增长的加速,国家之间的贫富差距有所拉大,但总体上还是相对温和的。从 1500 年到 1820 年,以 1990 年国际元价格计算,西欧的人均 GDP 从 670 国际元增至 1269 国际元,增长了 89.4%;而西欧以外的世界则从 532 国际元增至 594 国际元,仅增加了 11.7%。世界经济的不平衡发展由此展开,但最初的不平衡仍然有限。到 1820 年,收入最高区域与收入最低区域的收入之比仍仅为 3:1。甚至有一些研究认为,这个时期的西欧并不比其他地区富裕。如拜罗克(Bairoch,1981)认为,1800 年时,中国还要领先于欧洲,日本和亚洲其他地区的人均收入也只比欧洲低 5%,拉丁美洲远超过北美洲,而非洲约是欧洲水平的 2/3。福兰克(Frank,1998)也认为,大约在 1800 年,欧洲和美国长期落后于亚洲的状况突然改变,在经济上赶上并超过了亚洲。①

如果以工业化水平来衡量经济的发达程度,同样可以看到在人类发展的绝大多数时间里,国家之间的差距是很小的。根据贝罗克《1750～1900 年国际工业化水平》一书中的资料,1750 年时,欧发达国家的人均

① 根据保尔·贝洛什的研究成果,以 1960 年美元价格计算人均国民生产总值,英国(1700 年)为 150 到 190 美元,美洲英国殖民地即未来的美国(1710 年)为 250 到 290 美元;法国(1781 至 1790 年)为 170 美元;印度(1800 年)为 160 到 200 美元(但 1900 年为 140 到 180 美元);日本在 1750 年为 160 美元;而中国 1800 年达 228 美元,高于 1800 年西欧的平均国民生产总值的 213 美元!(布罗代尔,中译本,第三卷,1979,第 617—618 页)

工业化水平还与欧洲的平均水平非常接近，而到了 1900 年，后者已经是前者的 17.5 倍了(见表 3—2)。①

表 3—2　人均工业化水平(1750～1900)

(以 1900 年英国为 100)

国家和地区 \ 年份	1750	1800	1830	1860	1880	1900
整个欧洲	8	8	11	16	24	35
联合王国/英国	10	16	25	64	87	100
哈布斯堡帝国	7	7	8	11	15	23
法国	9	9	12	20	28	39
德意志诸邦/德意志	8	8	9	15	25	52
意大利诸邦/意大利	8	8	8	10	12	17
俄国	6	6	7	8	10	15
美国	4	9	14	21	38	69
日本	7	7	7	7	9	12
第三世界国家	7	6	6	4	3	2
中国	8	6	6	4	4	3
印度	7	6	6	3	2	1

资料来源：保罗·肯尼迪：《大国的兴衰》，中国经济出版社 1989 年版，第 186 页。

世界经济的加速发展和两极分化主要发生在最近 200 年。1820 年至 1998 年间，全球人均 GDP 增长了 8.5 倍。其间，纵向来看，不少发展中国家的经济增长也明显加快。以非洲近几百年的历史为例，1500 年至 1820 年，在长达 300 多年的时间里，非洲的人均收入仅提高了 4.5%；1820 年至 1913 年的近 100 年间，提高了 40%；而 1913 年以来的不到 100 年时间里，则提高了 1.3 倍。其他发展中国家和地区的情况基本类似。例如，除日本以外的亚洲国家在 1500 年至 1820 年间，人均收入只提高了 0.5%；1820 年至 1913 年间提高了 11%；而 1913 年以来则提高了 2.6 倍。拉美国家近 200 年来的发展速度同样远远超出历史上的任何时期。

然而，即便绝大多数发展中国家近 200 年来的经济发展速度出现

① 转引自保罗·肯尼迪：《大国的兴衰》，中国经济出版社 1989 年版。

了明显加快，但发达国家在此期间的增长速度仍要快得多，二者之间的差距也由此迅速拉大。1820年至1998年间，西欧人均GDP增长了14.5倍，西方衍生国(美国、加拿大、澳大利亚、新西兰)增长了22倍，远远高出世界其他地区，国家之间的贫富差距达到前所未有的程度。1820年，收入最高的西方衍生国与收入最低的非洲之间收入比扩大为3:1,1913年是9:1,1950年是15:1，到1998年则高达19:1(见表3—1)。1979年，人均收入最高的国家是瑞士，为13920美元，收入最低的是不丹，为80美元，两者相差174倍。到今天，这一差距已达到惊人的700多倍。

二、西方模式

发展中国家的产生是以西方发达国家的兴起为背景的。近代以来欧美发达国家的经济发展是人类历史上前所未见的，不仅从根本上改变了世界格局，形成了以西方为中心的世界经济体系，凸显了发展中国家的贫穷与落后，也似乎为发展中国家提供了一种样板，使他们看到了迅速改变历史、实现经济发展的可能。

西方世界的迅速兴起，是一个耐人寻味的谜题。一代又一代的经济学家在探寻西方兴起的原因中，推动了经济理论研究不断深入，而这种研究对于发展中国家来说更是具有显而易见的重要意义。如果能够找到西方世界兴起的原因，则对发展中国家来说，可能意味着找到了消除贫困与落后的良方。

20世纪70年代以前，理论界普遍认为西方世界兴起的原因是技术进步和创新，最有力的证据是其加速发展始于工业革命。18世纪60年代到19世纪60年代，欧美等国相继发生并完成了以增长奇迹为代表的第一次工业革命，资本主义工厂手工业被机器大工业所取代，大大促进了社会生产力和商品经济的发展。轮船、火车等现代化交通工具以及通讯设备的相继出现，为贸易和分工的蓬勃发展创造了有利条件。19世纪后期，发生了以电力应用为标志的第二次工业革命，内燃机和电动机代替蒸汽机，社会生产力获得了更大发展。一些重工业部门如电力、石油、化学工业等的出现和迅速发展，使工业结构发生了根本变化，生产社会化程度、专业化和协作水平上了一个新台阶。通过两次工业革命，近代科学技术与工业生产相结合，推动英美等国完全摆脱了“马尔萨斯陷阱”的束缚，进入到一个全新的发展时期。这种增长也称为普罗米修斯内涵式增长。[①]

还有两个因素被认为在西方世界的兴起中发挥了重要作用，地域占领和殖民掠夺便是其中之一。西方工业化的过程离不开大规模的资本原始积累，这一过程在早期可以说充满了血腥和罪恶。在当时的历史背景和条件下，暴力征服是筹措和聚集资本的主要手段，对内以英国的“圈地运动”为典型，对外则是大规模的掠夺。贡德·弗兰克(Gunder Frank，2000)认为，欧洲之所以最终在19世纪成为全球经济新的中心，是因为欧洲征服了拉丁美洲并占有其贵金属，使得欧洲获得了进入以亚洲为中心的全球经济的机会，使欧洲有可能站在亚洲的肩膀上。[②] 更明显的证据是西方发达国家凭借先进的技术和强大的军事实力，对众多发展中国家实行了数百年的殖民掠夺。如“在整个十八世纪期间，由印度流入英国的财富，主要不是通过比较次要的贸易弄到手，而是通过对印度的直接搜刮，通过掠夺财富然后转运英国的办法弄到手的”。[③] 欧内斯特·曼德尔(1968)估计，仅在1750年到1800年间，英国就从印度掠夺了1亿到1.5亿英镑金币。[④] 另有估计，1757～1815年的58年间，英国从印度掠夺的财富就达到10亿英镑。[⑤] 而当

① 普罗米修斯把火种带到人间，使人类获得了一种全新的照明、饮食和取暖手段，从而完全超出了曾与自身为伍的动物界。工业革命使得新技术参与到经济发展过程中，推动经济技术水平出现跳跃式的升级，从而改写了世界经济的发展轨迹，与普罗米修斯传播火种有着类似的特征。参见大卫·兰德斯著《解除束缚的普罗米修斯》，谢怀筑译，华夏出版社2007年1月第2版。

② 弗兰克：《白银资本》，中央编译出版社2000年版。

③ 《马克思恩格斯全集》第九卷，人民出版社1961年版，第173～174页。

④ 转引自弗兰克：《白银资本》，中央编译出版社2000年版。

⑤ 王珏：《世界经济通史》，中卷，高等教育出版社2005年版，第352页。

时(1800 年)英国可再生的总固定资本存量才不过 7.3 亿英镑。[①] 到 1913 年,英国在全世界控制的总人口达到 4.13 亿,相当于英国本土人口的 10 倍。[②]

国际贸易是西方世界兴起的另一个重要因素。工业化大生产带来的巨大生产能力,伴随现代交通、通讯的迅猛发展,使近乎封闭的世界经济格局迅速发生改变。贸易和分工在全球范围内的发展既为发达国家带来了充足的原料,也提供了巨大的市场空间,同时还带来世界财富向西方的流动,促进了西方经济的发展。这种通过贸易和市场分工来实现经济发展的方式也被称为斯密式内涵增长。由于各国的自然资源禀赋不同,市场和贸易可以增加各国经济在重商主义意义上的生产率。在 18 世纪后期到 19 世纪初期的几十年间,经过剧烈的武装冲突,以及利用《航海法》等限制性手段战胜葡萄牙等竞争者后,英国确立了其在全球的霸主地位。在此情形下,英国先是取消农业进口保护性关税,中止《海洋法》,到 1860 年又单方面取消所有贸易和关税上的限制,并同法国和其他欧洲国家共同建立了互惠条约,极力推动全球自由贸易。许多发展中国家也被迫甚至是被炮舰打开贸易之门,融入整个世界贸易体系中,连英国对中国发起的鸦片战争也被认为是自由贸易的要求。[③] 自由贸易政策的确立,使得英国等发达国家的机器工业品以其低廉的价格在国际市场上充分发挥竞争优势,为大宗工业品的输出和大宗原料、粮食的输入打开了大门,迅速走向专业化和规模化,带动了经济的快速发展。在全球经济中占据主导地位的英国在全力推动自由贸易后的 1870 年,在世界工业中所占的比重达到 32%;煤产量、铁产量分别占世界总产量的 50%;对外贸易额相当于法国、德国、美国的总和,约占世界贸易总额的 25%。

这些因素从不同的角度解释了西方发达国家兴起的原因,实际上

---

① 彼得·马赛厄斯,M. M. 波斯坦主编:《剑桥欧洲经济史》第七卷,经济科学出版社 2002 年版,第 41 页。

② Maddison,"The World Economy: A Millennial Perspective", OECD, 2001.

③ 陈志武:《大国崛起:面向全球的中国》,载《经济观察报》2006 年 12 月 4 日。

我们认为这三者的结合(技术+炮舰+贸易)恰恰是西方世界兴起的早期典型模式。技术进步使得欧美等国先行一步,而武力和贸易的共同推进则显著地拉开了与世界其他地区的差距。只是在发展的后期,贸易的作用更大一些,而炮舰的利用有所收敛。但谜底并没有完全揭开,那就是技术进步和产业革命为什么仅仅发生在少数的欧洲国家及其衍生国,而绝大多数国家都没有及时跟进。在寻找其背后的根源过程中,经济学家从不同的角度都指向了资本主义制度,认为制度在西方世界的兴起中发挥了重要作用。

马克思较早地从资本主义制度的角度对经济发展进行了解释。“资产阶级在它不到100年时间的阶级统治中所创造的生产力,比过去一切时代创造的全部生产力还要多,还要大。”[①]他认为,“资本家作为人格化的资本,……他狂热地追求着价值的增殖,肆无忌惮地迫使人类去为生产而生产,从而去发展社会生产力,去创造生产的物质条件;而只有这样的条件,才能为一个更高级的、以每个人的全面而自由的发展为基本原则的社会形式创造现实基础”。[②] 资本家对利润的追求,推动着企业内部和市场的分工,激励了新技术和机器设备的发明和使用,促进了国内市场和国际贸易的发展,最终带来资本主义经济的快速发展。同时,对于这一制度的内在缺陷,马克思更是进行了深入剖析,并指出这一制度必将阻碍经济的进一步发展。

马克斯·韦伯(Max Weber)从文化的角度对西方发达国家的兴起进行了解释,着重强调企业家精神对资本主义经济增长的推动作用,认为“近代资本主义扩张的动力,首先并不是用在资本主义活动的资本数额的来源问题,更重要的是资本主义精神的发展问题”。[③] 韦伯还具体举例说,不管在世界的什么地方,只要资本主义精神出现并表现出来,它就会创造出自己所需要的资本和货币,来用作达到自己目的的手段。而一旦创造财富的资本主义企业家精神具备了,他们就会创造货币和

① 《马克思恩格斯全集》第一卷,人民出版社1995年版,第277页。

② 马克思:《资本论》第一卷,人民出版社1975年版,第649页。

③ 韦伯:《新教伦理与资本主义精神》,陕西师范大学出版社2006年版,第19页。

资本。由此，韦伯得出结论说，新教徒的禁欲主义的节俭必然导致资本积累，并带来资本主义的发展（韦伯，2006）。

诺思更为明确地提出，“有效率的经济组织是经济增长的关键；一个有效率的经济组织在西欧的发展正是西方兴起的原因所在”。[①] 确保经济组织有效运作的因素就是明确的私有财产制度。就荷兰而言，诺思认为，其经济之所以能够率先起飞，主要是由于“荷兰人在地理上处于中心位置，再加上有政府通过转让和保护私有产权以及反对限制性措施等方式鼓励有效率的经济组织的发展”。[②] 而英国的成功更可以直接归因于逐渐形成的私有财产制度。

无论是马克思、韦伯还是诺思，尽管角度各有不同，但实际上都认为资本主义制度和市场经济的发展是促成欧美国家经济率先发展的重要推动力。尽管在资本主义的发展过程中，西方各国采取的模式也是各不相同的，在不同的发展阶段，资本主义制度也呈现出不同的特征，但可以统称为资本主义市场经济体制，这种体制大体上可以分为两类。一类是“盎格鲁—撒克逊”模式，以美国为代表，主要特点是：私人经济占绝对主导，国有经济比重小；私人资本集中程度高，垄断性强；市场自发调节作用很大，国家干预少；劳动力市场的自由开放程度高、流动性大，就业竞争压力大。英国、加拿大和澳大利亚等国也属于这一模式。另一类是莱茵模式，以德国为代表，主要特点是：混合经济体制特征明显；注重市场机制和国家调节的结合；强调社会保障。欧洲大陆与北欧多数国家都采取这一模式。这些模式尽管在程度上有差异，但资本主义市场经济运转都依赖两个基本条件，那就是私有产权和私人自主。[③]

建立在私有产权和私人自主基础上的资本主义市场经济模式，其成功不仅在西方发达国家的兴起和现代增长中得到了印证，也得到了各类经济理论的支持。在斯密的理想状态市场经济中，市场这双看不见的手会自动调节供求和资源的配置从而达到最优；瓦尔拉斯（Léon

---

① 诺思、罗伯特：《西方世界的兴起》，华夏出版社 1999 年版，第 5 页。

② 诺思：《经济史中的结构和变迁》，上海人民出版社 1994 年版，第 174 页。

③ 柯武刚、史漫飞：《制度经济学——社会秩序与公共政策》，商务印书馆 2000 年版。

Walras)提出消费者和生产者的最大化行为在某些条件下能够导致需求和供给之间的数量均衡；阿罗－德布鲁（Arrow K.，G. Debreu）进一步证明了竞争市场存在唯一的均衡解，为自由市场经济体制提供了近乎完美的微观基础；科斯（Ronald Coase）在放松古典经济学假设的前提下提出，只有在调整带来的收益大于成本时，企业或政府管制方式才会替代市场交易方式，科斯认为即使在交易成本大于零时，产权的清晰界定也有助于降低交易过程中的成本，改进经济效率。

无论是主流的经济理论还是非主流但得到相当认可的经济理论，几乎毫无例外地为自由市场经济模式提供了支持。这样看来，解决发展中国家贫穷与落后的钥匙似乎已经找到，但问题远不是如此简单。因为现有的经济理论主要是为西方发达国家的成功提供了注解，因为这些经济理论是从发达国家的实践中总结出来的。而广大发展中国家在发展过程中所面临的问题和条件都存在根本的不同。

三、发展中国家对发展道路的探索

二战结束后，随着殖民统治的结束，民族解放、国家独立成为历史潮流。如何建设自己的家园、促进经济发展，成为独立不久的发展中国家面临的共同课题。在当时的背景下，一方面广大发展中国家怀着迅速摆脱经济依附及贫困落后状态的民族情结；另一方面 30 年代的大萧条使发展中国家对正统新古典理论所推崇的市场优势表示怀疑，凯恩斯主义上升为主流，加上苏联 30 年代计划经济带来的高速发展起到了示范效应，特别是发展中国家长期遭受西方发达国家掠夺和殖民统治的历史，使得多数发展中国家对西方模式存在天然抵触情绪。这一时期，以结构主义为代表的发展经济学异常繁荣，各种理论层出不穷。这类理论认为发展中国家的经济现实完全不同于发达国家，其市场是不完善的、价格是刚性的、经济不可能自动达到均衡状态。因此，发展中国家的经济发展就不是静态的既定资源的优化配置问题，而是动态的可投资资源的供给增长与社会经济结构的调整问题。这些理论正确地抓住了发展中国家的特殊情况，提出了一些在经济实践中可操作的政策建议，其思想和政策主张符合很多发展中国家谋求政治与经济独立的民族情结和渴求社会经济结构变化的思想，因而得到了当时绝大多数发展中国家的接受和支持。

从20世纪50年代开始，相继走上了工业化发展道路的大多数发展中国家接受了这一时期流行的以计划或进口替代工业化为核心的发展模式，部分国家甚至取得了显著的经济增长。但是，在权力高度集中体制下促成的高经济增长是难以长期维持的。随着时间的推移，由于忽视市场机制作用而带来的诸多问题陆续显现，这种模式在拉美、亚洲和非洲许多国家的实践以失败告终，特别是一些奉行进口替代战略的拉美国家经济增长趋于停滞。而与此同时，实施出口导向战略的东南亚国家经济发展却取得成功，使得结构主义思想逐渐被强调市场机制的古典主义所取代。

20世纪70～80年代新古典经济学被引入发展经济学。其主要观点是：经济发展的唯一正确道路是市场经济，政府的作用不在于实行计划经济或直接从事经济活动，而在于提供有利于经济发展的制度和基础设施；根据自由贸易理论，应该实行外向型经济发展，向世界开放；为了实现市场经济与开放，应实行金融自由化，取消对金融市场的管制，放开利率、汇率，并允许资本自由流动。由于理论上古典主义的复兴，加上东亚经济取得成功的激励，许多发展中国家再度掀起了市场导向的改革热潮。正是在这样的背景之下，一些发展中国家提出了脱离本国实际的改革和发展目标，试图在放松国家干预的环境中加速推进市场化进程，但最终却使经济陷入困境。

从战后发展中国家的经验教训看，高度集中的计划体制最终没能获得成功，苏联东欧的解体更加充分地说明了这一点。但令人费解的是，理论上有很强的支撑、实践上有发达国家的成功经验，一度被视为灵丹妙药的市场经济模式同样没有给发展中国家带来福音，拉美国家近几十年来的实践就是一个很好的例子。20世纪90年代，欧美国家提出了一种基于自由市场理念的发展模式——“华盛顿共识”，并广泛运用到许多发展中国家，尤其是拉美国家。而这一涉及宏观、价格、产权、财政、金融等“改革良方”的实践，却并没有达到预期的效果，反而导致拉美、非洲和亚洲一些国家经济下滑、社会动荡。以拉美国家为例，改革前（1950～1980 年），拉美地区的经济年增长率为 5.3%，改革后，80 年代为 1.2%，90 年代为 3.2%，近几年则急剧回落，2002 年甚至降至 0.5%，且经济增长的质量出现滑坡。改革后，拉美社会形势继续恶化，贫富差距拉大，失业率从 1982 年的 6.6% 上升到了 2002 年的 9.1%，赤贫人口从 1987 年到 1998 年增加了 1450 万。① 更为严重的是，金融危机的阴影迟迟未能消除，财政风险加大。从 1994 年的墨西哥金融危机到 1999 年的巴西货币危机以及 2001 年的阿根廷债务危机，都与不成熟的金融改革有关。

四、发展中国家制度适宜的特殊性和多样性

发展中国家的实践，特别是西方模式实践的经验教训表明，尽管西方模式确实带来了西方发达国家经济的持续发展，而且这一模式的核心内容，即市场机制有助于优化资源配置，促进经济发展，在理论上站得住，实践上有成功案例，但作为一种制度，是否能够提高效率，促进经济增长，还必须与特定的自然禀赋和历史文化等条件相适应。相对于发达国家来说，发展中国家的适宜制度具有特殊性和多样性。

所谓特殊性，是指与发达国家相比较，发展中国家的发展环境不同，适宜制度具有自身的特点。发达国家开始发展或实现起飞时的经济、政治、自然资源、教育、科技等环境都与目前发展中国家的发展环境不同。因此，用发达国家的经验去让几乎处于发达国家上百年前发展水平和阶段的发展中国家学习和模仿很难奏效，发展中国家需要根据发展中国家的自身特点，因地制宜、实事求是地进行制度创新。所谓多样性，是指发展中国家各国之间千差万别，其差异性远远大于发达国家之间的差异性，适宜的制度不是唯一的，而是多元化的。可以从四个方面来理解这一点。

---

① 何秉孟：《新自由主义评析》，社会科学文献出版社 2004 年版。

一是低下的生产力水平决定了发展中国家的适宜制度有别于发达国家。发展中国家经济发展水平低，不仅体现在与发达国家目前的水平相比，即使与发达国家发展早期相比也是如此。从收入水平看，1950年，不包括日本的亚洲国家人均GDP为635国际元，非洲为852国际元，类似甚至低于1600年西欧国家894国际元的水平(参见表3—1)。从城市化水平看，1960年时，世界上中等收入国家和低收入国家的城市人口比例为24.2%，其中中国为16%，印度为18%。[①] 而早在1800年，英国的城市化水平就已经达到了23%，作为后起国的美国在1870年城市人口比例也达到了1/4。[②] 从工业化程度看，1965年，世界中等收入和低收入国家的农业增加值占GDP比重为27.6%，工业增加值比重为30.9%，而1831年时，英国的农业比重已降到23%，工业比重达到34%。[③] 就是说，发展中国家的经济发展水平不仅与当代欧美国家相比异常低下，即便是与西方发达国家发展初期的水平相比也处于较低的水平。经济制度归根结底是由生产力水平决定的。这就意味着，简单地将当今西方发展理念套用到发展中国家是不适当的。

二是国际经济格局的巨大变化使得发展中国家不可能走欧美发达国家的老路。几百年前欧美国家兴起时的国际环境总体上是宽松的。从竞争环境看，到16世纪时，西欧一些国家已经稍稍领先于世界其他地区，而在其发展过程中，各国之间的差异总体上不大，处于大体对等的竞争状态中。1820年，西欧各国人均GDP基本在1100～1300国际元之间，高者如英国与荷兰也只有1707和1821国际元。[④] 就是说，欧美国家在发展早期实际上没有面临过于强大的竞争对手。从自然资源环境看，在大规模工业化之前，人类对自然资源的利用水平一直处于较低的水平，对环境的破坏也相对有限。土地、森林、矿产、油气等资源当

---

① World Bank, “World Development Indicators”.

② 华桂宏、高扬:《城市化历史进程的国际比较》，载《世界经济与政治论坛》2002年第1期。

③ Phyllis Deane and W. A. Cole(1967), *British Economic Growth 1688－1959*，转引自吴敬琏:《中国增长模式抉择》，上海远东出版社2005年版，第74页。

④ Maddison, *The World Economy: A Millennial Perspective*, OECD, Paris, 2001, p. 262.

时看来似乎还是取之不尽、用之不竭的。在大肆掠夺殖民地的资源中，遭遇的抵制和反抗也不成气候。从市场环境看，当时的生产能力相对于巨大的待开发的国际市场来说几乎还很小，这为他们的发展提供了广阔的空间。由于外部发展环境相对宽松，任何方面的快速发展都可以迅速确立在全球的领先地位，从而能够带来巨大的边际收益，因而可以采取更加放任自由的政策。而在几百年以后的今天，世界经济格局已经发生了翻天覆地的变化。欧美国家在经济、政治、军事、科技等领域牢牢占据了绝对的优势地位，发展中国家则处于弱势地位，每向前走一步都要面临强大的竞争对手。伴随新科技革命和经济的国际化以前所未有的速度扩展，当代垄断资本对世界经济的干预和渗透能力更为强大，使得发展中国家难以完全按照自己的意愿自由发展。随着世界经济规模的急剧扩张，过去看来取之不尽的各种资源越来越稀缺，自然环境在过去几百年中被大肆破坏，其承载能力也越来越接近极限。与此同时，世界范围内的市场已经被充分开发，特别是传统产品市场潜力几乎被挖掘殆尽，而且全球的重要资源和市场又主要被发达国家及其跨国公司垄断。在这种情况下，当今发展中国家面临的国际环境要比欧美国家发展之初紧张得多，发展空间也狭小得多，只能在夹缝中求生存和发展，因而需要克服更多的困难和阻力，付出更大的代价。这样的国际环境决定了发展中国家不可能走欧美国家的发展老路。

三是欧美国家率先发展积累的文明成果也为发展中国家发展提供了新的机遇。当代世界经济中相互依存关系的加深，特别是经济全球化的推进，使发达国家不能完全脱离发展中国家而发展。同时，发达国家为实现进一步发展，以跨国公司为依托，在全球更加高效地配置资源，促进了国际贸易和投资的快速发展，这又必然会带来相应的技术转移；信息化的发展更使得全球信息沟通和技术扩散的时间和空间距离大大缩短。发展中国家因此可以不必重复欧洲和美国的发展老路，以较小的代价取得工业化和经济发展所急需的各种生产要素和资源，从而有可能大大加快其工业化和经济现代化的步伐。

四是文化和意识形态的差异性决定了发展中国家适宜制度的特殊

性。欧美各国之间虽也存在一些差别，但比较而言，作为一个整体，欧美国家在文化上还是有比较强的相似性。欧洲国家是直接传承了古希腊和古罗马文化，美洲等移民国家本来的土著文化在欧洲大陆文化传播过来后被完全边缘化，同样是由欧洲文化主导的，因此欧美各国文化具有很多相通之处，可以被归结为一种个人主义文化。这种文化在欧洲社会历史上与政治、法律、经济和其他社会体制结合在一起，传承到近代。在近现代西欧和北美的历史发展过程中，个人自主、个人自由、个性解放和个人对自身利益最大化的追求，已逐渐成了被人们普遍接受的一种基本理念，以致在当代经济学的理论中它成了一种天经地义的信条，并实际上使理性经济人个人利益最大化的追求成为所有当代经济学理论建构的第一块基石。事实上，也正是在西方现代文化氛围中对追逐个人利益的认可和鼓励，才使得市场竞争在均衡中达到更优的效率。因此，西方市场经济体制从根本上说是一个基于内在要求而自然发展起来的、与欧美国家的历史传统和文化特色相吻合的经济制度。同样地，由于文化的相似性和价值观的一致性，西方各国的经济制度甚至政治制度在总体上都是趋同的。值得注意的是，基督教、天主教都有让他人皈依的强烈使命感，这恐怕也是欧美国家向其他地区强力推行其发展模式的原因之一。

而与少数几个欧美国家文化和意识形态方面所具有的相似性相比，为数众多的发展中国家在文化和意识形态上存在着巨大差异。这种差异表现在两个方面：一是发展中国家与发达国家之间的文化存在明显差异；二是发展中国家各国在文化和意识形态等方面的差异也很大，其间的相似性要远远低于发达国家。发展中国家和地区有150多个，分布在世界几大洲，分属于各个民族，各国之间的历史和文化传统差异巨大。一些东亚地区受儒家文化影响很深，阿拉伯地区以伊斯兰教文化为主流，一些南亚和东南亚国家信奉佛教文化，还有一些国家仍然以部族文化为主。与文化相联系的主流意识形态也存在不同。在这种情况下，很难有一种制度能够适用于所有国家，也就导致在欧美国家获得巨大成功的资本主义制度在许多发展中国家难以发挥出类似的效率。以东南亚国家为例,在西方殖民主义入侵以前,东南亚地区主要受中国和印度文化的影响,都经历过东方式的中央集权专制的国家形态,存在较严重的威权主义思想。从价值观看,这些国家自古以来推崇集体主义,而且等级观念根深蒂固,这些与崇尚个人主义、追求效率的西方价值观念差别很明显。这种文化和意识形态的巨大差异,以及发展中国家生产力发展水平的不同,决定了发展中国家的适宜制度更多地呈现出多样性的特点。

就是说,就发展中国家来说,其适宜制度的特殊性突出表现在两个方面:一方面,发展中国家作为一个整体不仅与当今的欧美国家存在巨大差异,与欧美国家发展初期也有很大不同,这决定了发展中国家的适宜制度与欧美国家不尽相同;另一方面,发展中国家内部生产力发展水平、历史文化差异也非常大,这种差异要远远大于发达国家之间的差异,这就决定了即使在发展中国家之间,适宜的制度也可能是不同的。换句话说,也许普适性的模式实际上并不存在,而只能是一把钥匙开一把锁。

第二节　政府与市场作用的边界调整
——驼峰型路径的提出

一、相关理论的简要评析

如何界定政府与市场的关系,或者说通过制度安排,怎样发挥市场配置资源的作用和政府对经济的调节作用,不仅是长期以来经济理论界的争议焦点,也是各国经济发展中最为重要的实践内容。对于发展中国家,市场与政府作用的描述也有直接的指导意义。

早期的经济理论总体上是将二者相对立的,我们可以称之为"对立观"。例如,在亚当·斯密的古典经济学中,政府被定位为"守夜人"的角色,不需要也不应当对市场行为进行干预。早期的发展经济学理论则普遍强调政府的推动作用,认为在发展中国家,市场作用的发挥受到限制,应该有效发挥政府推动经济发展的作用。西方模式的市场经济和苏联模式的高度集中计划经济可以说是政府与市场关系的两个极端情形。简单地、静态地将政府与市场完全对立起来，这种做法无论在理论上还是在实践中都很难站住脚。市场竞争作用在一定条件下可以促进资源的优化配置，带来更高的效率并促进经济发展，这一点在理论上已经得到了比较充分的论证，也有较强的实证支持。如巴罗（Robert J. Barro，2004）通过对大约100个国家1960～1990年间的经济增长数据进行分析后，发现政府消费所占的比重越高，相应的经济增长率越低，表明政府干预对经济发展有阻碍作用。而市场作用的充分发挥又依赖一些基本的条件，如信息充分等，显然与广大发展中国家的条件不符。实际上，即使是欧美发达国家，同样普遍存在政府对经济的干预。这说明政府与市场的作用不是非此即彼式的。

后期的经济理论则倾向于将二者进行某种程度的调和，可称之为“调和观”。例如，世界银行提出市场友好论，认为政府干预只有在对市场发挥“友好”作用的情况下才可能是有益的。世界银行在1991年《世界发展报告》中详尽阐述了这一观点，认为东亚奇迹的产生恰恰在于政府不干预经济。因此，政府不应干预经济，除非干预能产生更好的效果，否则就应让市场自行运转。从根本上看，世界银行的市场友好论是否定政府干预的。值得注意的是，时隔若干年后，世界银行再次发布以政府在经济发展中的作用为主题的《1997年世界发展报告》，明显强调了政府的作用。青木昌彦也认为，在经济发展水平和市场发育程度较低时，民间部门解决协调问题的能力较为有限，而政府在促进发展方面则具有相当大的适用空间。他在总结东亚新兴工业化国家和地区经济发展经验的基础上指出，政府能为市场机制的发展提供稳固的制度框架，通过补充民间部门协调功能，设立“相机性租金”以激励民间部门的竞争，政府能提高民间部门的市场竞争能力，并将这种作用称之为“市场增进论”。这些研究改变了将政府与市场对立起来的做法，更贴近发展中国家的实际。但这种调和总体上是在对政府的作用进行相应的限制，如要使政府的干预对市场发挥友好作用，促进和补充民间部门的协调功能。在上述理论中，政府与市场的边界是静态的，政府的作用更多地体现在完善制度环境上，更多地是作为制度提供者发挥作用。而实际上，政府与市场的合理边界很大程度上取决于经济和市场条件以及环境，会随着条件和环境变化而变化。而且，从东亚地区的实践来看，政府的作用应该说远远超出了提供制度和进行协调的作用，甚至常常是以市场参与者的身份发挥作用。

另一类专门研究转轨经济的理论，可以称之为“转轨论”，对转轨国家的市场经济形成问题进行了考察和分析。这种理论的鲜明特点之一，就是突破了新古典主义放弃政府干预即会出现发达的市场经济的观点，把市场经济的形成作为一个动态的过程加以研究。麦金农(Ronald I. Mckinnon)在《经济自由化的次序》一书中根据转轨国家的经验教训指出，只有以适当的次序来推进改革，才能使市场经济体制逐步建立起来。这类理论较多地关注了渐进式改革和休克疗法改革模式的优劣，涉及制度变迁的动态过程，但它们主要是考察计划经济国家，特别是实行苏联模式的原社会主义国家的经济转轨过程，而不是一般发展中国家的经济发展过程，因此其着眼点是“改革”而非“发展”。

二、驼峰型路径的提出

我们从制度适宜角度观察政府与市场的关系，可以称之为“互动演化论”，其中包含三层含义：一是政府干预的目的不是替代市场，而是弥补市场的不足以及培育市场力量；二是市场机制不排斥政府干预，而可以为政府干预提供一个基准和校准机制；三是政府与市场的边界需要随着环境和条件的变化而动态调整。

具体到发展中国家来说，由于国家间的巨大差异，单一的普适性模式可能并不存在。但如果不考虑文化、意识形态的影响，仅从制度应符合生产力发展水平，最大化国家利益和国民利益而言，政府与市场的边界呈现先集中后分权的驼峰型路径，对于当今发展中国家来说，这可能是一种适宜的制度选择。

此处所说的集中和分权主要指政府和市场的边界而言，表示政府干预经济、支配资源的程度和方式。制度适宜的动态性表现为政府和市场的边界随着生产力水平的提高而相应调整。传统的计划经济是高度集中式的，典型的市场经济是高度分权式的。我们用图 3—1 描述一个发展中国家在经济发展过程中政府与市场边界可能的调整形态。图中横轴为时间，可以反映一个国家在不同的时间处于不同的经济发展阶段。纵轴表示政府对经济的影响程度，可以用政府配置资源所占的比重表示。假定只有政府和市场两种配置资源的手段，则曲线到100%之间的部分即为市场配置资源所占的比重，可以反映市场化程度。所谓驼峰型制度变迁路径，是指发展中国家在发展早期，需要通过制度安排，借助政府力量弥补市场机制的不足，以集中资源，积累资本，培育内生增长能力，因而政府配置资源所占的比重较高，曲线在图中处于较高位置。如果在初期政府配置资源的比重较低，则会有一个上升的过程。此后，随着经济发展起来，内生能力增强，政府应通过向地方、企业和个人分权，逐渐减少配置资源的范围和数量，扩大市场对资源配置的调节作用，相应地图中曲线处于逐步下降的阶段。总体上经历一个先集中后分权的过程。

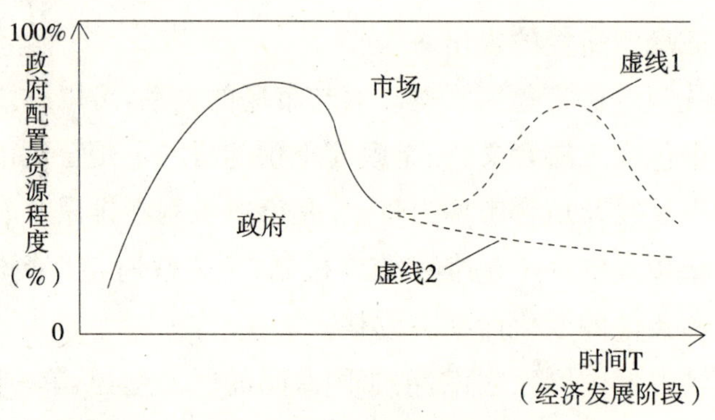

图 3—1　发展中国家政府与市场边界的动态性

注：图 3—1 描述的是发展中国家政府与市场边界的变动。实线表示政府与市场的边界存在一个先上升后下降的过程。两条虚线表示在实线部分之后的两种不同走势。虚线 2 表示，部分发展中国家因为选择了适宜制度，经济已经发展起来，政府可以逐步减少干预，政府与市场的边界趋向一个稳定合理的区间。而虚线 1 表示因为前期的制度不适宜或其他原因，一些国家的经济没有发展起来，仍处于贫困和落后状态，要摆脱困境，这些国家可能需要再次提高干预程度，即政府与市场的边界线可能再度隆起。

在发展初期适当集中是一种适宜的选择。发展的初期为驼峰型路径的上升和延伸阶段，此时政府应集中资源，加强对经济的干预。政府作为制度提供者无疑应当发挥重要作用。在发展中国家发展初期，与低下的生产力水平相对应，强调政府作用的发挥主要是基于以下几个方面的考虑。

一是发展中国家处于竞争弱势地位，需要政府干预进行弥补。市场机制良性运行的一个前提是竞争主体处于平等地位。但当今发达国家与发展中国家实力相差悬殊，发达国家占据了资本、技术、信息、资源和市场的绝大部分，并牢牢控制了国际规则和标准的制定权。如果简单由所谓市场机制决定，发展中国家的利益很难得到保护，因此需要政府实施适当的干预。从历史上看，一个国家采取什么样的制度和政策，很大程度上取决于其在国际竞争格局中的地位。历史上曾全力推动自由贸易的英国在确立霸主地位之前，同样通过《航海法》等限制性手段，实行了保护性政策，其矛头直指其强势竞争对手葡萄牙；而在其霸主地位确立后，则转而致力于推进自由贸易。二战后，特别是 20 世纪 80 年代以后，新自由主义取代凯恩斯主义成为主流，其中美国是最主要的推动者，这也是因为美国经济表现出适应经济全球化发展的灵活性，在科技领域遥遥领先于世界其他地区，因而在信息和技术迅速发展的时代，美国的优势可以通过自由放任主义的推行得到最大限度的发挥。站什么山头唱什么歌。制度也是如此。这也说明，采取什么制度，归根结底要看这种制度是否符合其国家利益。

二是资本积累能力较弱，储蓄和投资不足，需要政府推动资本积累。欧美国家在发展初期，借助了一些特殊的途径迅速完成了原始资本积累，而且在当时的经济发展水平下，对资本积累的要求实际上并不太高。现代经济增长则严重依赖于大规模投资形成的规模化生产，单项资金投入量远远超出了发达国家早期，而且越来越大。根据英国贸工部发布的“全球企业研发排行榜”，2005 年全球 1000 家研发投入最大的企业中，美欧日占了 96%，其中仅美国辉瑞制药一家企业就投入 40 亿英镑，相当于 2005 年中国全国研发投入的 1/4。与此同时，发展中国家显然不可能采取西方式的原始积累方式，只能更多地依靠自身的积累。而落后国家的问题恰恰在于居民收入低，用于储蓄和投资的份额十分有限，严重影响资本的形成能力和国民收入的增长，容易造成“贫困的恶性循环”。这种情况下，客观上需要借助外力弥补市场配置作用的不足，要求政府通过适宜的制度安排，集中有限的资源，实现资本积累和基本的工业化，尽快具备初始的发展条件。

三是市场狭小，交易成本高，需要政府干预纠正市场失灵。市场机制要发挥作用，需要有一定的市场规模，并要求有相应的信息、交通等基础。西方发达国家发展初期，经过长期积累，已经形成了一定的市场规模，并凭借自身优势在发展初期充分利用了与广大落后国家包括殖民地的贸易，以相对较大的国际市场支撑了国内经济的快速发展。发展中国家，特别是最贫穷和落后的国家，迄今还存在着大量的非货币经济，交通阻塞、城乡分割、地域封闭等，阻碍了商品流通，造成市场主体发育不正常，资源流动不畅，特别是要素市场发育程度低，不能有效地调节发展中国家大量剩余劳动力的转移。

四是技术落后，缺乏必要的学习能力。发达国家在发展初期技术相对先进，采取市场化的奖励创新制度，激励技术开发，比较容易在世界上获取超额利润。葡萄牙当时对航海罗盘的发明实行高额奖励，关键原因就是这样的发明能够显著改善其远航能力，为国家带来巨大的财富收入，这也是专利制度的雏形。而当今发展中国家技术严重落后，完全依靠自主创新，边际收益很低，学习和引进发达国家的先进技术成为发展中国家迅速提高生产力水平的必然选择。而以学习为主和以自主开发为主所要求的制度架构显然是不同的，但都离不开政府在引进国外先进技术、增强技术吸收能力和建立国家创新体系方面发挥的巨大作用。

历史上，欧美国家发展初期，是异军突起，外部竞争压力很小，没有重重围追堵截，世界可供其发展的空间巨大，而且还可以通过海盗式掠夺积累原始资本。除了这些国家，20 世纪以来从贫穷走向富裕的国家，几乎毫无例外都经历过政府推动的资本积累阶段。1928～1940

年，苏联通过高度集中的计划体制集中资源推进工业化，迅速建立起相当完整的工业体系，仅用 12 年时间就完成了资本主义国家花费 50～100 年时间才完成的工业化任务。日本、韩国等在发展初期也都离不开政府的推动。

发展的后期要求政府逐步减少干预，更多地依靠市场机制提高效率。发展的后期为驼峰型路径的下降阶段，即政府应逐步减少干预，让位于市场。政府干预和集中资源的目的是为了培育市场能力，促成内生增长，但过度干预会降低资源配置效率。随着经济的发展，经济规模扩大，分工更加复杂，政府干预的成本会越来越高。所以，伴随经济内生增长能力的提高，政府应逐步退出，减少对经济的干预，通过分权和引入竞争机制来发挥市场的作用。

驼峰型路径可能重复出现。政府对经济的干预程度受到一个国家在世界经济格局中相对竞争地位的影响。一般来说，如果制度适宜，一个发展中国家经济获得了一定发展，具备了基本的竞争能力和积累能力，市场的配置效率会逐步提高，而政府干预的成本会逐渐加大，政府与市场的边界尽管可能有小的波动，但总体上会趋向一个合理的区间（如图 3—1 中虚线 2）。当然，对于不同的国家来说，由于其自身的经济发展水平不同，文化、历史和意识形态等存在差异，这个合理的区间会有所不同。

但对另外一些国家来说，政府与市场的边界仍有可能再度隆起（如图 3—1 中虚线 1），即需要政府再度发挥更大的作用，甚至重复出现驼峰型路径。发生这种现象的原因可能是多方面的。一是市场化进程过于超前了，超越了其经济发展水平和社会的承受能力，需要适当提高政府配置资源的比重，以纠正市场的失灵。二是国际竞争格局发生改变，导致本国的竞争弱势地位进一步加剧，需要适当加强政府干预，以维护本国利益。

从历史上看，世界上众多国家都经历了政府与市场边界起伏波动的过程。二战后，几乎所有发展中国家以及多数发达国家都加强了政府对资源配置的干预。20 世纪 80 年代以后，自由主义成为潮流，华盛顿共识更是将自由化、民主化和私有化作为唯一的灵丹妙药。许多发展中国家以及传统计划经济体制国家普遍推行了市场化取向的改革，由集中走向分权，总体上处于驼峰型路径的下降阶段。但从目前看来，发展中国家推行市场化改革的成效不一，大致可分为两类：有些国家的改革适应了本国国情和生产力发展状况，以较低的改革成本，促进了经济平稳过渡，因而较为成功，可以逐步减少政府干预即能实现大体稳定的经济自我发展（参见图 3—1 中的虚线 2），中国就是其中一个典型例子。另一类是许多接受华盛顿共识的国家，迈向自由市场经济的步伐过快，制度安排超出了自身的发展条件，与生产力水平不相适应，没能促进经济发展，甚至带来一些负面影响。对于这类仍然处于贫困和落后状态、不具备发展的基本初始条件的国家来说，如果不甘于经济停滞，坚持自主发展经济，必然要求政府发挥相应作用，仍可能再次走上集中—分权的驼峰型路径（参见图 3—1 中的虚线 1）。换言之，自由市场经济不是最终目的，而应该是经济发展。

三、从成本收益角度看发展中国家的政府与市场边界

我们可以通过一个基本的成本收益分析来说明这一点。假定一个发展中国家，具有生产力水平低等一般的特征，目标是促进经济发展、最大化国家和国民利益，目标实现的集中表现是人均国民收入的增加。

制度是多元性的，不同的制度可能具有相同的效率，这也是制度相对性的表现。但一些特定的制度，具有一定的方向性。比如，就专利而言，专利费的高低，对发明创造的激励作用在一定限度内具有单向性。对于政府与市场的边界而言，也有类似的特征，即不考虑其他因素，市场化程度高有利于资源配置效率的增强。因此，可以假定存在一系列纯粹的制度，分别对应不同的激励作用和资源配置效率。随着制度的改变，产出会相应改变。我们以政府对市场的干预程度来衡量，可以把这类制度按照一定顺序排列，即 Z_1、$Z_2\cdots Z_N$，表示政府的干预依次增强，相应地市场化程度也依次降低。

一般来说，更高的市场化会带来更高的配置效率。但这只是对于

全社会而言，并不意味着市场中的个体都会得到更高的收益。对应每种制度，一个国家的收益可以分为内部收益和外部收益。所谓内部收益，是指制度的改变导致国内生产要素的投入增加以及配置效率的提高而带来的收益；所谓外部收益，是指由于制度的改变导致一国在国际经济贸易格局中的相对地位发生改变而带来的收益。市场化程度提高可以使得全球资源配置更优，但未必会给特定的国家带来多大利益。一个明显的例证，是在市场经济环境下，竞争可能给一部分的市场主体带来较大的福利改进，总体效率提高了，但对其他主体并没有损害，仍然是典型的帕雷托改进。一些国家内部也正是在这样的市场环境下产生了严重的贫富差距和垄断现象。在一个国家内部，政府可以通过转移支付来均衡收入水平，也可以通过反垄断法限制个别企业的过度发展。但就世界范围内，国际上并不存在这样一个均贫富的机制在不同国家间进行"转移支付"。因此，一个国家的福利并不一定会随着全球总体收益同步改善，还要看其依靠竞争力所能占到的份额。例如，对于参与全球配置资源的一项经济活动，竞争力弱的国家可能无法分享到足够的利益。如果将一个国家在这项合作中的收益写为 $r(Z_j)=bR(Z_j)$，其中 $r(Z_j)$ 为第 j 个国家的产出，$R(Z_j)$ 为这项合作的世界产出，b 为该国在世界产出中分享收益的比重，Z 表示市场化程度。

市场化程度提高，参与全球资源配置更加充分，在其他条件不变的情况下，有利于全球产出的提高，即 $R(Z_j)$ 会越高。但市场化程度的提高对不同国家占世界产出的份额影响可能是不同的。对于竞争力强的国家来说，市场化配置的结果会带来更多的福利，使得 b 上升；而对于竞争力弱的国家来说，则可能使得 b 下降。对于 b 快速下降，因而只能分享 $R(Z_j)$ 的很小一部分的国家，可能只是得到较小的 $r(Z_j)$。相对来说，同样的资源，由政府来引导配置与由国际市场来配置相比，可以为本国带来更多的利益和产出。所以，对于一个发展中国家来说，应该通过政府干预来控制加入全球化的速度和程度。但这种控制的最终目的是更多地参与全球化，使自己在全球化中获利的份额，即 b 不断上升，而不是相反。换句话说，对于处于弱势地位的国家而言，政府的适当干预有可能增进该国福利，也就是说政府干预或控制是为暂时放慢加入全球化的速度，从而有时间对本国经济发展中不适应全球化的部分进行改革，以使将来更好、更全面地参与全球化。

经济的发展要么来自要素投入的增加，要么来自技术进步带来的效率提高。对于一个发展中国家，政府干预的收益主要来自两方面：一是克服市场机制不能有效调配资源的缺陷，促进要素投入增加，特别是促进储蓄并向资本转化，实现基本的初始资本积累，从而带来产出的增加；二是创造正外部性，通过政府干预，保护和促进国内重要产业的发展，培育学习和消化国外先进技术的能力。政府干预的成本，除了制度运行的成本外，主要是由于资源配置扭曲而可能带来一部分效率上的损失。

不考虑文化和意识形态等其他因素，若一个国家生产力水平低，市场发育程度低，依靠市场机制维持较高的储蓄水平并转化为投资的能力弱，就难以形成实现经济增长必需的巨额资本投入。在这种情况下，如果通过政府干预能够促进储蓄和投资，则会带来更高的产出。一般来说，一国经济发展水平越低，资本相对于劳动力越稀缺，政府干预可挖掘的潜力应该越大，适当干预的收益也越大。

同时，发展中国家科学技术远远落后于发达国家，引进和学习国外先进技术，相比自主研发来说成本低、效率高，是发展中国家实现跃升式技术进步的重要途径。但如果发展中国家本身没有建立起必要的产业体系，缺乏必要的技术储备和技术人才，那么就会使得引进和学习国外先进技术的效率大打折扣，我们称之为缺乏学习能力。这种情况下，通过政府干预，对国内重要产业进行适当的保护，对出口给予一定的扶持，并注重人才的培养和激励，虽然可能带来效率上的损失，但可以培育起必要的学习能力，更好地促进先进技术在本国的扩散，具有较强的正外部性。一般来说，一国经济发展水平越低，学习能力越弱，政府干预的必要性也越大。

由于政府干预会使得资源配置发生一定的扭曲，一些资源可能没有流入效率更高的领域，因而会带来效率上的损失，同时，为实施政府干预而获取必要的信息并做出适当决策也需要耗费相应的成本。表面上看，生产力水平似乎与政府干预的成本没有直接联系。但市场经济的发展水平归根结底是由生产力水平决定的。生产力水平低，市场发育一般也很弱，市场配置提高效率的作用也是有限的，相应地，政府干预导致的效率损失也要比生产力水平高的情况低一些。而且，社会化程度和专业化程度低，经济成分和经济关系简单，政府干预所需要的信息成本也较低，更容易做出相对正确的决策。因此，总体上说，经济发展水平低，政府干预的成本也较低。

如果随着经济发展水平的提高，特别是其在国际经济竞争格局中所处的地位相对提高以后，政府干预的收益会趋于下降，而成本趋于升高。首先，一国的资源是有限的，政府干预挖掘和调配资源的余地会越来越小，当经济发展到一定程度，政府干预促进要素投入带来的收益会递减；其次，在拥有了基本的学习能力之后，随着本国技术水平与世界先进水平的差距缩小，政府干预对学习和扩散外国先进技术的作用会趋于减弱；同时，随着经济发展，经济规模扩大，经济关系日趋复杂，政府干预的成本越来越大。因此，随着经济发展水平的提高，政府干预的力度也需要随之逐步减弱。

第三节　实证分析

一、分析框架

索洛(Robert M. Solow)利用柯布-道格拉斯生产函数，在边际报酬递减的假设下，得到两个结论：第一，当资本存量增大时，经济增长会减慢，最终经济增长将停止，理由是资本边际报酬递减规律；第二，一个经济体的经济增长率与其人均国民收入呈负相关关系，即预测了经济增长存在收敛现象，每个经济体将收敛于各自的长期均衡状态。

其所依据的生产函数形式为：

$Y_t = K_t^{\alpha}(A_tL_t)^{1-\alpha}$ ，$0 < \alpha < 1$

其中，Y 指产出；K 指物质资本存量；L 指劳动力；A 指广义技术进步，包括技术、制度、资源禀赋、气候等多方面影响生产效率的因素。

稳态时的人均产出的表达式为：

$$\ln[\frac{Y_2}{L_2}]-\ln[\frac{Y_1}{L_1}]=(1-e^{-\lambda\tau})\frac{\alpha}{1-\alpha}\ln(s_k)-(1-e^{-\lambda\tau})\frac{\alpha}{1-\alpha}\ln(n+g+\delta)-(1-e^{-\lambda\tau})\ln[\frac{Y_1}{L_1}]$$

这个方程被广泛应用于收敛性的研究，并在扩展后应用于经济增长的因素分析。

曼昆等（Mankiw，Romer and Weil，1992）证明人力资本积累同样在经济增长中起决定性的作用，并提出加入人力资本扩展的索洛模型。其修正的柯布-道格拉斯生产函数为：

$$Y_t=K_t^{\alpha}H_t^{\beta}(A_tL_t)^{1-\alpha-\beta}\ ,0<\alpha,\beta<1$$

其中，Y 指产出；K 指物质资本存量；H 指人力资本存量；L 指劳动力；A 指广义技术进步。

在考虑人力资本后的人均收入增长模型为：

$$\ln[\frac{Y_2}{L_2}]-\ln[\frac{Y_1}{L_1}]=(1-e^{-\lambda\tau})\frac{\alpha}{1-\alpha-\beta}\ln(s_k)+(1-e^{-\lambda\tau})\frac{\beta}{1-\alpha-\beta}\ln(s_h)-(1-e^{-\lambda\tau})\frac{\beta}{1-\alpha-\beta}\ln(n+g+\delta)-(1-e^{-\lambda\tau})\ln[\frac{Y_1}{L_1}]$$

这个模型是目前各类文献中在考虑人力资本情况下研究经济增长特别是收敛性的基本方程。①

类似 Knowles and Garces（2000）的方法，将制度因素 I 加入生产函数中：

$$A_t=A_0e^{gt}I^{\theta}$$

可以得到稳态的人均收入增长方程为：

① 一个综合性的介绍可参见 *Growth Econometrics*，written by Steven N. Durlauf，Paul A. Johnson and Jonathan R. W. Temple，Chapter 8 in Handbook of Economic Growth，edited by Philippe Aghion and Steven Durlauf。

$$\ln\frac{Y_{t2}}{L_{t2}}-\ln\frac{Y_{t1}}{L_{t1}}=(1-e^{-\lambda\tau})\frac{\alpha}{1-\alpha-\beta}\ln s_k+(1-e^{-\lambda\tau})\frac{\beta}{1-\alpha-\beta}\ln s_h-(1-e^{-\lambda\tau})\frac{\beta}{1-\alpha-\beta}\ln(n+g+\delta)-(1-e^{-\lambda\tau})\ln\frac{Y_{t1}}{L_{t1}}+\theta(1-e^{-\lambda\tau})\ln I+(1-e^{-\lambda\tau})\ln A_0$$

二、制度的测度

本章重点研究的是政府与市场调节边界的变化对经济增长的影响。政府与市场调节边界可以用市场化程度来衡量。市场化的测度方法很多,有的文献采用一些特殊指标,如政府支出占经济总量的比重,私人投资占投资的比重等来反映市场化程度;有的构建相应的指标体系,用市场化的指数来反映市场化程度。但采用单一指标衡量市场化程度最大的好处是简单客观,其局限是,由于只能采用一两个指标,选择不同的指标对实证结果会有很大影响。比较而言,构建市场化指数可以避免这一问题,但又容易掺杂过多的主观因素。

目前有一些研究机构对各国市场制度情况进行跨国、跨时综合比较,比较权威的是弗雷泽研究所(The Fraser Institute)发布的世界经济自由化指数(Economic Freedom of the World,以下简称为 EFW 指数)和传统基金会(The Heritage Foundation)发布的自由化指数。其中,弗雷泽研究所的世界经济自由化报告认为经济自由的核心内容是个人选择、私有财产的保护以及交换(exchange)的自由,经济自由的综合指数由 23 项指标构成,用以反映七个主要领域中的经济自由度,包括:(1)政府的规模;(2)经济结构与市场运用;(3)货币政策与价格的稳定性;(4)使用不同通货的自由;(5)法律结构与私有权的保证;(6)对外贸易的自由;(7)资本市场上交换的自由。由此可见,其测算的自由化指数总体上是与市场化程度相对应的。该指数及其各项都被折算成1~10 分,得分越高自由化程度越高,也就表明经济活动中市场化的程度越高。其系列报告中涵盖了 1970~2000 年每间隔 5 年世界主要国家经济自由度,包括 1970 年 57 个国家(地区)、1975 年 83 个国家、

1980 年 107 个国家、1985 年 111 个国家、1990 年 115 个国家、1995 年 122 个国家以及 1997 年 123 个国家的自由(化)指数。综合考虑指标设置的合理性、权威性和数据的可得性,本书采用弗雷泽研究所的经济自由指数衡量各国市场化程度。

与目前一般文献不同的是,本书除了采用这样的指数来衡量市场化程度外,还另外构造了一个市场化程度偏离指数。这主要是考虑到制度具有一定的内生性。就是说,经济发展和生产力水平的提高要求市场化的程度也相应提高,市场化本身是经济发展的内在要求和结果。而对经济发展产生显著影响的恰恰是一个国家的市场化程度与其经济发展水平相偏离的部分。为此,我们假定市场化程度受经济发展水平这一因素的影响,而忽略文化传统、意识形态等对各国制度有重要影响的其他因素,我们采用如下方程估计在一定生产力水平下的市场化程度:

$$I_t = \xi + \psi y_t + \delta_t \tag{1}$$

其中,I 为市场化指数,y 为人均收入,用来衡量生产力水平。对上式可采用面板数据(Panel Data)进行估计,得到的残差项 δ_t 为制度的偏离程度,实际上反映的是一个国家市场化水平与其经济发展水平相比的不适宜程度,即制度适宜性的反向指标。δ_t 越小,表明市场化水平与经济发展水平越一致,制度越适宜;反之,δ_t 越大,则说明市场化水平与经济发展水平越不一致。δ_t 为正,表明市场化程度相对经济发展水平来说超前了;δ_t 为负,则表明市场化程度不足,政府干预过强了。

三、实证模型

本书采用 Islam(1995)的分析框架,使用面板数据(Panel Data)方法对各国经济发展情况进行考察,分析制度因素对经济增长的影响。

在研究地区经济增长问题时,使用面板数据方法估计模型可以更好地控制无法直接观测到的变量,我们将这类因素统称为地区资源禀赋。一方面优越的地区资源禀赋对收入水平提高和经济增长有促进作用，另一方面地区资源禀赋优劣也是投资者决定投资与否的重要参考因素。显然，简单地使用横截面回归而忽略这些变量往往造成估计结果的不可靠，而且对地区资源禀赋的测度也存在很大的困难，在本书中假设各国（地区）资源禀赋差异不随时间变化或变化很小，这样就可以使用面板数据方法解决遗漏重要变量的问题而获得较好的估计结果。

Islam（1995）首先使用了如下的面板数据模型来研究经济增长问题：

$$\ln\frac{Y_{t2}}{L_{t2}}=(1-e^{-\lambda\tau})\frac{\alpha}{1-\alpha}\ln s_k-(1-e^{-\lambda\tau})\frac{\alpha}{1-\alpha}\ln(n+g+\delta)+e^{-\lambda\tau}\ln\frac{Y_{t1}}{L_{t1}}+(1-e^{-\lambda\tau})\ln A_0+g(t_2-e^{-\lambda\tau}t_1) \tag{2}$$

Y 为当年产出，用不变价美元实际 GDP 表示。L 为劳动力。s_k 为物质资本的投资率，用资本形成总额占 GDP 的比重表示。n 为各时间段内人口年平均增长率。以上数据全部来自世界银行的发展指标（World Development Indicators）。由于各国的折旧率和技术进步率不易取得，通常取固定的值 $g+\delta=0.05$（Mankiw *et al.*，1992；Islam，1995）。

我们考察的对象主要是发展中国家。参照世界银行按照人均国民收入划分的方式，我们简单以人均 GDP 来衡量一国的发展阶段，以 1995 年不变价格计算，将人均 GDP 8000 美元以下的国家作为发展中国家。本书使用 1970～2000 年各发展中国家的数据样本进行研究。在面板数据（Panel Data）分析中，需要将整个时期分成几个小的时间段。采用年度数据，所以最短的时间间隔为一年，但对于研究制度对增长的影响来说，一年的时间间隔太短。由于弗雷泽研究所的自由度历史数据间隔期为 5 年（最近的测算是每年都有的），为与之相衔接，本文选择 5 年作为时间间隔，将 1970～2000 年分为 5 个时间段。

在汇总来自世界发展指标（World Development Indicators）的数据和来自弗雷泽研究所（The Fraser Institute）的数据后，我们共得到有数据的样本国 87 个。

根据前面的分析，我们共考察四种模型。

模型一是不考虑制度变量的基本模型：

$$\Delta\ln y_i = \beta_0 + \beta_1 \ln y_{it0} + \beta_2 \ln s_k + \beta_3 \ln s_h + \beta_4 \ln(n+g+\delta) + \varepsilon \quad (3)$$

模型二是包含市场化程度的模型：

$$\Delta\ln y_i = \beta_0 + \beta_1 \ln y_{it0} + \beta_2 \ln s_k + \beta_3 \ln s_h + \beta_4 \ln(n+g+\delta) + \beta_5 \ln I + \varepsilon \quad (4)$$

模型三是包含适宜市场化程度的模型：

$$\Delta\ln y_i = \beta_0 + \beta_1 \ln y_{it0} + \beta_2 \ln s_k + \beta_3 \ln s_h + \beta_4 \ln(n+g+\delta) + \beta_5 |\delta_i| + \varepsilon \quad (5)$$

模型四是区分了制度不适宜（偏离）程度的模型：

$$\Delta\ln y_i = \beta_0 + \beta_1 \ln y_{it0} + \beta_2 \ln s_k + \beta_3 \ln s_h + \beta_4 \ln(n+g+\delta) + \beta_5 \delta^+ \beta_5 \delta^- + \varepsilon \quad (6)$$

其中，$\delta^+ = 1/2(\delta + |\delta|)$，$\delta^- = 1/2(\delta - |\delta|)$，$\delta$ 同(1)式中的 δ。其目的是将制度偏离的方向区分出来，δ^+ 表示一个国家的市场化程度超过与生产力水平相适应的部分，同样，δ^- 表示市场化程度与生产力水平相比偏低的程度。

四、实证结果

按照混合估计、固定效应和随机效应，我们对四个模型分别进行了估计，结果如以下各表。

从使用不同估计方法对几个模型进行估计的结果来看，三种估计方法存在差异，差异最大的是前期人均 GDP 的系数，这表明对发展中国家来说，是否存在收敛性尚不确定。

但投资率的影响和制度因素的影响，在各种估计方法下的结果差异很小。总体上说，投资的影响都非常显著。市场化的影响显著为正，制度偏离程度的影响显著为负，制度正向偏离的影响不显著而负向偏离的影响显著。

$\ln s_k$ 的系数都高度显著，系数在固定效应的几个模型中大体在 0.2 附近，表现出很强的稳定性。表明投资率越高，经济增长的速度也越快。说明资本积累水平对发展中国家的经济发展起着至关重要的作用，这与多数经济理论包括我们前面的分析是一致的。

$\ln(n+g+\delta)$ 和 $\ln s_h$ 的系数不显著，表明就总体而言，人力资本因素相对物质资本的投入来说影响有限。

需要重点考察的是制度因素对经济增长的影响。在几种估计方法中，反映一个国家市场化程度的指标 $\ln I$ 的系数高度显著，而且为正。其含义是，市场化程度越高，经济增长的速度应该越快。这一结果符合经典的理论预期，也与绝大多数实证文献中得到的结果一致。

但我们在考虑制度的适宜性后，估计模型三的结果表明，市场化的程度与其生产力水平偏离度 $|\delta_i|$ 的系数同样高度显著，但系数正负号正好发生了改变。其含义是，市场化程度与其生产力水平偏离得越多，经济增长的速度则越慢。就是说，如果一个国家实行的制度过于偏离生产力水平，会阻碍经济发展。

这一结论似乎与模型二的结论相矛盾，事实上，进一步的分析表明两者实际上并不矛盾。再把这种偏离分为正向偏离和负向偏离，模型四的结果显示，当 δ_i 为负数时，即市场化程度低于其生产力要求的水平时，其系数在1%的水平上显著大于零。就是说，如果一个国家的市场化程度与其收入水平相比偏低，则对经济发展有阻碍作用，或者反过来说，提高市场化将促进经济发展。这一点与模型二得到的结论是一致的。不同的是，当 δ_i 为正数时，即市场化程度高于其生产力要求的水平时，其系数不显著地异于零。这意味着，如果市场化程度已经达到了生产力的发展水平所要求的程度，进一步的市场化对于经济增长没有显著影响。

因此，尽管绝大多数实证研究表明，市场化程度对经济发展有正面的影响。但实际上，这只是在市场化程度明显低于生产力发展水平所要求的情况下才成立。而超越生产力水平的市场化改革对经济增长没有任何统计意义上的推动作用。如果进一步考虑到对于一般的发展中国家来说，总体上市场发育不完善，要加快市场化改革，大幅度提高市场化程度，可能会对社会产生一定的负面影响，需要支付相当的制度变迁成本，则不顾客观条件地超前市场化还可能产生负面作用。由此我们可以从以上实证分析得出如下几点结论：

第一，对于发展中国家来说，市场化程度应该多高，在很大程度上是由生产力水平决定的。书中我们用人均收入水平来衡量生产力水平，就是说，当人均收入水平较高时，由于生产力较发达，经济较成熟，市场机制运行的环境较好，可以更大地发挥市场的作用，市场化程度应该高一些；而当人均收入水平较低时，市场机制运行的环境尚不成熟，市场的作用应受到一定限制，而政府可以发挥更大的作用。

第二，如果市场化程度低于与生产力水平相一致的适宜市场化水平，即收入水平和生产力水平较高时，市场化的程度偏低，政府干预过度，会损害经济效率，阻碍经济发展。这种情况下，适应较高的生产力水平，适当地推进市场化取向改革会促进经济发展。

第三，如果市场化程度总体上是与生产力水平相一致的，即较低的市场化程度与较低的收入水平相对应，较高的市场化程度与较高的收入水平相对应，这种情况下一味推进市场化取向的改革，对于经济发展不会有帮助。因此，改革必须是随着经济发展水平的提高而推进。

同时，应该指出，对于在什么样的生产力发展水平下，应该有怎样的市场化程度，我们没有给出统一的判定标准。原因是各个国家的具体条件不同，生产发展水平也存在较大差异，具体在哪个水平之前政府的作用要大一些，在哪个水平之后，市场的作用要大些无法给出一个确切的数字。需要各个国家根据自己的情况在改革和发展中去发现和确定。这个发现的过程一定会是成功与失败交织的，但只要坚持根据本国国情和经济发展水平去推进制度变迁，就可能从实践中找到适当发挥政府与市场作用的途径。

需要说明的是，书中的实证研究没有包括发达国家，因此，这些结论总体上是针对发展中国家来说的。发达国家由于制度相对成熟和稳定，经济发展的波动性也比较小，市场化程度对目前发达国家经济增长的影响尚需作进一步的研究。

表 3—3 混合估计结果表

	模型一	模型二	模型三	模型四
截距项	−0.619	−0.7126	−0.5009	−0.4726
	0.1144	0.1138	0.117	0.1107
$\ln y_{it0}$	0.001	−0.0238	0.0034	−0.0014
	0.009	0.0093	0.0095	0.009
$\ln s_k$	0.202	0.2044	0.2188	0.2135
	(0.0251)***	(0.0241)***	(0.0263)***	(0.0241)***
$\ln s_h$	0.004	0.0042	−0.0042	0.002
	0.014	0.0144	0.0164	0.0146
$\ln(n+g+\delta)$	0.0155	−0.031	−0.0271	−0.0307
	0.0229	0.0224	0.0232	0.0228
$\ln I$		0.2393		
$\lvert\delta_i\rvert$		(0.0362)***		
			−0.0377	
			(0.0125)***	
δ^+				
				0.0063
δ^-				0.008
				0.0293
				(0.0065)***
修正 R^2	0.143	0.2853	0.225	0.2608
F 值	20.02***	30.388***	19.989***	22.641***
DW 值	1.3159	1.5533	1.5544	1.554

注：括号内为估计的标准差，上标 *、* *、* * * 表示在 10%、5%、1%的置信度水平。

表 3—4 固定效应估计结果

	模型一	模型二	模型三	模型四
$\ln y_{it0}$	−0.2290	−0.2968	−0.2541	−0.2786
	(0.0330)***	(0.0372)***	(0.0379)***	(0.0375)***
$\ln s_k$	0.2212	0.1867	0.2057	0.1886
	(0.0369)***	(0.0404)***	(0.0411)***	(0.0404)***
$\ln s_h$	0.0102	−0.0001	0.0162	−0.0018
	0.0217	0.0315	0.0320	0.0316
$\ln(n+g+\delta)$	0.0005	−0.0739	−0.0762	−0.0739
	0.0414	(0.0439)*	(0.0454)*	(0.0442)*
$\ln I$		0.2421		
		(0.0563)***		

续表

	模型一	模型二	模型三	模型四
$\lvert\delta_i\rvert$			−0.0323 (0.0147)***	
δ^+				
				0.0215
δ^-				0.0124
				0.0271
				(0.0077)***
修正 R^2 F 值 DW 值	0.4195 4.5742*** 1.9793	0.5096 5.2476*** 2.3079	0.4829 4.8181*** 2.2473	0.5087 5.1801*** 2.3141

注：括号内为估计的标准差，上标 *、* *、* * * 表示在 10%、5%、1%的置信度水平。

表 3—5 随机效应估计结果

	模型一	模型二	模型三	模型四
截距项	−0.5442 0.1337	−0.4723 0.1302	−0.3574 0.1315	−0.3119 0.1281
$\ln y_{it0}$	−0.01 0.0119	−0.0253 (0.0116)**	−0.0046 0.0116	−0.0078 0.0112
$\ln s_k$	0.1988 (0.0275)***	0.1870 (0.0269)***	0.2013 (0.0278)***	0.1912 (0.0271)***
$\ln s_h$	0.0004 0.01581	−0.0007 0.0178	−0.0072 0.0185	−0.0026 0.0179
$\ln(n+g+\delta)$	0.0254 0.0269	−0.0450 (0.0251)*	−0.0364 0.0261	−0.0425 (0.0253)*
$\ln I$	0.1677			
$\lvert\delta_i\rvert$	(0.0402)***			
			−0.0399	
			(0.0122)***	
δ^+				0.0005
				0.0093
δ^-				0.0251
				(0.0062)***
修正 R^2	0.0839	0.1517	0.136	0.1534

注：括号内为估计的标准差，上标 *、* *、* * * 表示在 10%、5%、1%的置信度水平。

第四章　中国制度的适宜性

1978年以前，中国实行的是高度集中的计划经济体制，1978年开始改革开放，向社会主义市场经济过渡。但不论是前者还是后者，都有鲜明的中国特色——计划经济体制有别于苏联模式，市场化改革也与西方不同。60年来，正是在这样有中国特色的制度环境下，中国经济取得了举世瞩目的成就，尤其是改革开放以来，成绩更是斐然。本章通过对中国制度变革路径的分析，探讨其历史必然性和合理性。第一节对1978年以前的计划经济体制进行评析；第二节总结改革开放以来的制度特点；第三节对中国改革路径的合理性和制度的适宜性进行分析。

第一节　中国计划经济体制的历史必然性与局限性

一、1949年以前的中国经济

在过去的几百年中，中国的发展历尽沧桑巨变。19世纪以前，中国是世界上最为强大的国家之一，灿烂的中华文明曾经代表了世界发展的最高水平。“从5世纪到14世纪，它较早发展起来的技术和以精英为基础的统治所创造的收入都要高于欧洲的水平。14世纪以后，虽然欧洲的人均收入慢慢地超过了中国，但1820年时，中国的GDP比西欧和其衍生国的总和还要高出将近30%。”[①]然而，正当西欧通过产业革命取得奇迹般发展的同时，中国仍然延续着传统的以小农经济和手工业为主的生产方式。相比依靠机器化大生产的西欧国家而言，中国

---

① 安格斯·麦迪逊：《世界经济千年史》，北京大学出版社2003年版，第109页。

1820年的GDP虽然是英国的6.3倍,[①]但在列强的炮舰侵略之下却几乎没有还手之力。

鸦片战争后,中国被迫签署了一系列丧权辱国的不平等条约,从昔日的强大帝国沦为一个半殖民国家,国家主权严重丧失。据不完全统计,自鸦片战争到清政府垮台,中国对英、法、德、意、日、俄、比、荷、美等国支付的战争赔款达到13亿两白银。由于数额巨大,不可能短期付清,这些赔款直接转为政治贷款,成为上述这些国家控制清政府财政税收的工具。除割地赔款外,清政府还将许多政治、经济和军事特权拱手相让,包括关税、海关行政权、沿海贸易、内地通商权、开放商埠,以及领事裁判权等,而"利益均沾"的片面最惠国待遇,则使得中国对任何一个国家的利益让渡,其他国家都有权享受。从某种程度上说,这也是一种"开放",是在向"自由贸易"转化,只不过是被迫的、不平等的、一方受益一方受损的开放。直到1864年以前,中国还保持着良好的贸易顺差,但此后,由于国外商品大量涌入,中国的对外贸易除少数年份外一直处于赤字状态,且数额逐年增加,出口物资也主要限于农产品。与廉价工业品一道大量流入国内的还有外国资本,其对中国经济的控制不断加深,几乎垄断了中国银行业,成为他国输出和控制资本的枢纽。

在此期间,软弱无能的清政府对外不能自主,对内逐步丧失对国家的控制力,国家经济处于崩溃之中,人民生活日益恶化。按照麦迪逊(Maddison,2003)的测算,1870年中国的GDP为1897亿国际元,比50年前的1820年不仅没有任何提高,还下降了17%,年均下降0.37%,占全球GDP的比重从32.9%下降到17.2%,1913年进一步下降到8.9%。到1913年人均GDP仅为552国际元,甚至比400年前还要低(1500年约为600国际元)。[②]

在这个日益衰落的过程中,中国人民为探寻强国之路做出了不懈

① 安格斯·麦迪逊:《世界经济千年史》,北京大学出版社2003年版,第178、208页及其计算结果。

② 安格斯·麦迪逊:《世界经济千年史》,北京大学出版社2003年版,第166、208页及其计算结果。

努力,但清朝晚期以洋务运动为代表的改良努力均以失败告终,其根本原因在于原有的封建制度严重束缚了生产力的发展。不彻底改变这种制度,仅做修修补补式的改良,显然无济于事。

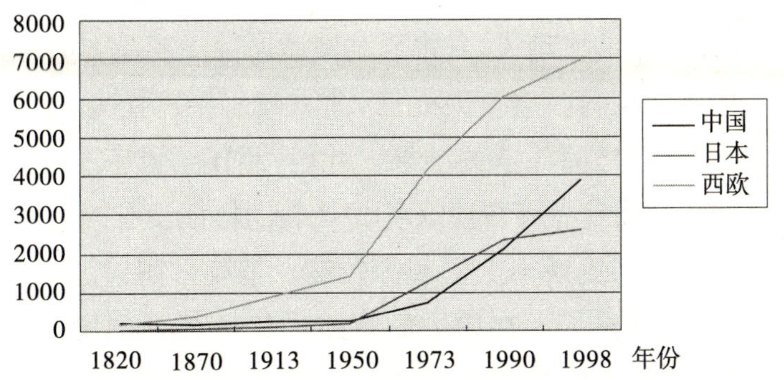

图 4—1 中国、日本、西欧近 200 年经济发展对比(百万 1990 年国际元)

数据来源:安格斯·麦迪逊:《世界经济千年史》,北京大学出版社,2003 年 11 月,第 178、208 页。

正因为认识到这一点,同时目睹了资本主义制度带动欧洲、美国乃至日本迅速强大的事实,辛亥革命后成立的国民政府试图发展中国的资本主义经济。但由于西方列强并不希望看到一个独立、强大的中国出现,同时又要使自身利益最大化,因此代表不同列强利益的军阀混战不休,代表英美利益的国民党政府不仅无力整合这些不同利益,而且还参与其中,中国只能继续陷于战乱、分裂与被侵略的处境,无法改变半殖民地、半封建社会的性质,经济状况日益恶化。1913～1950 年间,中国 GDP 继续下降,占全球 GDP 的比重降至 1950 年的 4.5%[①],人均 GDP 更是以年均 0.62%的速度减少[②]。资本主义制度为西方世界带来了发展与繁荣,却不能拯救中国于水火,说明资本主义制度并不能救中国,其原因是多方面的。

历史表明,任何一个国家的经济发展无不依赖于强有力的国家政

① 安格斯·麦迪逊:《世界经济千年史》,北京大学出版社 2003 年版,中文版前言数据计算结果。

② 安格斯·麦迪逊:《世界经济千年史》,北京大学出版社 2003 年版,第 210 页。

权。任何一种制度都必须以国家独立为基础。鸦片战争以后，西方列强争相扩大侵华特权，逐渐形成了多个帝国主义国家共同控制中国的局面。辛亥革命虽然结束了中国长达两千年之久的封建制度，但中国民族资产阶级的软弱性和妥协性最终使革命成果遭到窃取。而袁世凯作为帝国主义扶植的代理人，其本质与清政府并无不同，都是帝国主义侵略、控制中国的工具。袁世凯死后，北京政府一再换人，实际上就是帝国主义不同势力之间斗争的结果。此后，北伐结束了北洋军阀的统治，但南京国民政府作为帝国主义势力代表的特征没有改变，中国的主权和独立没有保障，更谈不上国家的发展。美英日德等国以支持国民党统治为诱饵，伺机扩大在中国的特权。1946 年，国民党为了在内战中取得更多支持和援助，与美国政府签订了《中美友好通商航海条约》，向美全面开放领土，给予美国在华企业种种特权，中国则部分地丧失了关税自主、沿海及内河航行权，主权独立进一步丧失。在贸易上，中美虽名义上对等，但由于中国的远洋运输及生产落后，条约中规定的权利根本无法平等实现。在中美之间的“自由贸易”制度下，美国商品大量占据中国市场，国内企业大批倒闭，民族工业日益萎缩。政府的软弱使得国家、企业和个人的利益均得不到保护，更谈不上快速有效地调动国家资源以形成国际竞争优势，通过参与国际分工获取利益。

何况，国民党及其国民政府并不是广大民众利益的代表，缺失了制度适宜的内在核心。南京国民政府作为英美帝国主义和大地主大资产阶级共同利益的代表，政府官员的个人目标和政党目标都与国家和人民利益最大化存在巨大差异。官僚资本与国家政权结合在一起，充当了外国垄断资本的附庸，又与封建地主阶级相勾结，严重侵蚀了国家的经济基础，对中国社会经济的发展形成巨大阻碍。国民政府为实现自身统治利益最大化，实施了众多掠夺性政策，使得政府对国家经济的有限控制力实际上成为聚集个人财富的工具，腐败和寻租行为异常普遍。为应付庞大的内战军费支出，国民党政府滥发纸币，通货膨胀程度前所未见。到 1949 年 5 月，国民党政府的货币发行量比 1937 年 6 月增加了 1445 亿倍，同期通货膨胀指数则上涨了 36807 亿倍[①]。严重的经济危机直接导致人民生活极度恶化，农村饥荒，城镇失业，实际工资大幅下降，民不聊生。

恶劣的经济条件使得资本主义制度缺乏有效运行的基础。一方面，民族工业发展缓慢是帝国主义压制的结果。除去大量直接投资对民族产业构成的严重威胁以外，[②]外国资本还凭借其在金融、铁路、航运、外贸等行业的绝对优势，将中国民族资产阶级置于其完全控制之下。在这种情况下，部分民族资本与帝国主义势力结合形成买办资产阶级，成为帝国主义势力在中国的代言人，另一部分民族资本只能在帝国主义、封建势力和官僚资本的夹缝中艰难生存。民族资本实力弱，政府也很少给予扶持。对技术要求高、投资巨大的产业，民族资本根本无法涉足，因此也只能按照"工业化西方（包括日本）—农业中国"的方式与他国开展贸易（罗荣渠，2004）。

也就是说，是在长期的摸索与实践中，中国人民逐渐认识到资本主义制度是无法改变中国贫穷、落后面貌的。没有一个独立自主的国家和强有力的政府，中国的发展就无从谈起。

二、计划经济体制的建立及其必然性

新中国成立初期，面临的首要问题即是从武装革命向大规模经济建设的转变。选择什么样的经济体制、如何更好地实现这一转变，对于当时的中国来说是一个崭新的课题。回过头来看，计划体制的建立是由当时的经济社会发展条件和国内外形势决定的，有着深刻的历史必然性。

首先，新中国建立之初，经济基础薄弱，生产力落后，客观上具有集

① 中国人民大学政治经济学系：《中国近代经济史（下册）》，人民出版社 1978 年版，第 183 页。

② 在产业资本方面，1920 年外国资本为 16.67 亿元，本国资本只有 7 亿多元；1936 年，外国资本为 64 亿多元，本国资本仅为 17.7 亿多元。参见吴承明：《中国资本主义与国内市场》，中国社会科学出版社 1985 年版，第 126、130 页。

中资源的内在要求。由于西方列强的长期剥削与掠夺，以及八年抗日战争和三年解放战争的影响，国民党从大陆撤退时又进行了人为破坏，新中国成立时面临的是一个极度破败的国民经济体系。1949年时，分散的个体农业和手工业在国民经济中占有90%的份额，现代工业仅占10%左右，绝大部分还掌握在官僚垄断资本手中。1949年全国生铁产量降至历史最高年产量的10.9%，钢锭为15.8%，钢材为17.8%，煤炭为44.5%，水泥为30.9%；[①]当年粮食总产量仅为1131.8万吨，棉花44.5万吨，花生127万吨，分别较历史最高年产量下降24.55%、76%和60%。[②] 由于生产力遭到极大破坏，新中国在成立后一直处于资金、物资和技术严重短缺的状态，如果政府不进行干预，不能集中有限的资源用于工业发展，那么完成资本积累、实现工业化和现代化的道路势必极其漫长。同时，因为供给能力有限，绝大多数商品严重短缺，而社会需求包括生活必需品的需求很大，如果由市场调节可能会导致物价飞涨，甚至完全失控，从而付出高昂的代价，国民党政府时期就是前车之鉴。因此政府必须通过对重要物资、农副产品和资金等的统一管理，实现管制的供需平衡，从而保证对工业化的有力支持。

第二，新中国成立初期混乱的经济秩序要求国家对财政经济实行统一控制。一方面，国民党统治时期实施的掠夺性经济政策导致财政金融严重失衡，长期滥发纸币造成物价暴涨、市场混乱的局面，经济难以正常运行。另一方面，旧社会遗留下来的投机资本十分猖獗，在国民党残余势力的支持下继续兴风作浪，囤积居奇，扰乱经济秩序。因此，制止恶性通货膨胀，稳定经济秩序，成为摆在党和政府面前的首要问题，也是恢复发展经济、巩固新生政权的基本前提。为此，政府集中力量，进行了稳定物价和统一财经的重大斗争。当时，在不法投机商大量囤积粮食、棉纱、棉布、煤炭，哄抬物价，扰乱市场的情况下，市场已经失

① 中国社会科学院、中央档案馆：《中华人民共和国经济档案资料选编 1949～1952(工业卷)》，中国物资出版社1996年版，第3页。

② 中国人民大学政治经济学系：《中国近代经济史(下册)》，人民出版社1978年版，第193～195页。

去自我调节并趋于均衡的能力，稳定物价的关键是要看掌握的物资有多少。于是，政府在全国范围内紧急组织了粮食、棉纱等重要物资的集中调运，按照部署统一投放，敞开供应，迅速打压了物价，同时收紧银根，使投机商资金周转失灵而纷纷破产，赢得了这场“粮棉之战”。这充分反映了国家政权支持下的经济力量在稳定市场中的主动权。但要从根本上稳定物价，还必须做到国家财政收支平衡和市场物资供需平衡，因而必须从根本上解决国家财力分散、物资严重不足的问题。为此，1950 年 3 月，政务院颁布《关于统一国家财政经济工作的决定》，其主要内容是统一全国财政收入以满足国家主要开支，统一全国物资调度以合理使用、调剂余缺，以及统一全国现金管理。措施一经颁布便取得了明显的成效，最终结束了国民党统治下持续多年的通货膨胀和经济秩序混乱的局面。国家各项经济权力的集中对于迅速稳定经济秩序发挥了重要作用，增强了恢复和发展经济的信心，也为向社会主义经济的转变积累了经验。

第三，朝鲜战争的爆发和当时的国际环境将中国推向“一边倒”。新中国成立之初，尽管中美之间存在意识形态差异，但并不意味着中国政府要断绝同美英等资本主义国家的一切往来，毛泽东也曾表示，“应从统筹全局的观点出发，苏联当然是第一位的，但同时要准备和波捷德英日美等国做生意”。[①] 然而美国拒绝并竭力阻挠其他国家承认新中国，对中国采取了政治上孤立、经济上封锁、军事上包围的政策，朝鲜战争的爆发则彻底关闭了中美合作的大门。与此同时，苏联对新中国的战后恢复重建工作却给予了宝贵的支持。在资本主义国家的封锁和禁运下，苏联不仅成为中国的主要贸易伙伴，而且向中国提供了重要的经济和技术援助，其援建的 156 个项目成为“一五”计划工业建设的中心，也是新中国工业体系建立的最初基础。更重要的是，苏联的经济模式和建设经验对中国产生了重大的示范效应。十月革命胜利后，苏联逐步建立高度集中的计划经济体制，在短短 30 多年的时间里就完成了欧

① 毛泽东 1949 年 12 月 22 日关于准备对苏贸易条约问题给中央的电报。

美等国上百年才走完的工业化进程，从一个贫穷落后的封建国家发展成为一个可与欧美抗衡的强国。而在此期间，资本主义世界却普遍陷入经济危机和危机过后的长期萧条，与之形成了鲜明的对比。中国当时面临的经济条件和环境与苏联非常相似，苏联式的计划管理体制对中国自然而然地存在巨大的吸引力。也就是说，当时的国际环境，特别是朝鲜战争的爆发，使得中国别无选择，只能采取"一边倒"的政策，并学习仿效苏联模式，逐步建立起高度集中的计划经济体制。应当说，如果历史可以假设，当时要是没有朝鲜战争，没有资本主义国家的经济封锁，中国也许还会有其他选择。但历史不能假设。国际环境是不以我们的意志为转移的，朝鲜战争的爆发也是事实，而正是在这样的历史条件下，走向计划经济体制具有一定的客观必然性。

第四，国民经济中的社会主义因素不断壮大，为实行计划经济提供了基础和可能。在城市，社会主义国营经济的迅速发展为实行经济的计划管理奠定了基础。新中国成立前，外国资本和官僚资本在中国经济中占据绝对优势，控制着国民经济主要命脉。新中国成立后，中国政府大量没收官僚资本和接管外国资本在华企业，这些工商企业规模较大，技术较先进，被收归国有后直接转变为社会主义国营经济，使得国营经济一开始就占据了相对优势，加上职工主人翁意识强，生活稳定有保障，劳动热情高涨，因而显示出其他经济成分无可比拟的优越性，迅速确立了其在国民经济中的领导地位。到1952年，国营工业产值在全国现代工业总产值中的比重已增加到56%，国营批发商业的营业额占全国批发商业营业总额的60%。[①] 国营经济的发展使得社会经济生活中的社会主义因素日益强大，为实行经济的计划管理奠定了坚实基础。在农村，农业互助合作组织的兴起为农业的社会主义改造做出了准备。土地改革完成后，深受剥削压迫的中国农民获得了基本生产资料，极大地刺激了生产积极性。但土地、生产工具和资金、劳动力的分散不利于规模效应的发挥，限制了农业生产的扩大和发展，脆弱的农业个体经济

① 中共中央党史研究室：《中国共产党的七十年》，中国党史出版社1991年版，第298页。

也不足以适应工业化对粮食和工业原料迅速增长的需要。因此，土地改革后，为提高农业生产效率，各地不仅普遍自发建立了不触动个体所有制的农业生产互助组织，以土地入股为特征的初级农业生产合作社也已经有所发展。可以说，在中国工业化和农业机械化漫长的发展过程不能一步到位的情况下，农户之间的互助合作，以及半社会主义性质的农业集体经济组织的出现，弥补了生产条件的不足，有利于农业增产，促进了农村生产力的提高。这实际上成为农业社会主义改造的前奏，也是农村社会主义集体所有制建立前的初步实践。

总之，新中国落后的生产力水平和严峻的经济形势凸显了国家集中资源引导经济恢复与建设的重要性，新中国成立后国际形势的演化和朝鲜战争的爆发又将中国进一步推向了非此即彼的选择，而新民主主义经济中的社会主义成分不断壮大，也为计划体制的实施铺平了道路。这些都使得中国经济向社会主义过渡的进程大大提前。随着生产资料私有制的社会主义改造逐步完成，以及第一个五年计划的顺利实施，计划经济体制最终得以在中国基本形成与确立起来。

三、计划经济体制的主要特点

社会主义改造完成后，中国建立起高度集中的计划经济体制。按照《中国大百科全书》的定义，计划经济是“以社会化大生产为前提，在生产资料公有制的基础上，由社会主义国家根据客观经济规律的要求，特别是有计划按比例发展规律的要求，通过指令性和指导性计划来进行管理和调节的国民经济。它不仅是一种管理国民经济的方法和体制，而且是一种经济制度，是社会主义社会的基本特征之一”。计划经济主要有以下几个特点：

（一）实行计划管理

社会主义国民经济的计划管理是以公有制为基础的。在资本主义条件下，由于生产资料的私人占有，资本家为最大限度地获取利润，常常陷入无序竞争和生产的无政府状态。因而“在资本主义社会，社会的理智总是事后才起作用，因此可能并且必然会不断发生巨大的紊乱”[1],以及“不可避免的经常的无政府状态和周期的痉挛现象”[2]。也就是说,全社会的生产联系和比例性的实现是盲目的。为了消除经济的无序和混乱现象,实现经济有计划、按比例的发展,中国对国民经济逐步实行了高度集中的计划管理。

计划部门成为国家经济管理的中枢。1952 年底成立国家计划委员会,各部门、地方的计划机关也相继设立,到 1954 年底,全国形成了自上而下、条块结合的完整计划管理体制,通过编制和执行国民经济发展计划,具体规划各经济部门、省市和企业的主要经济活动及其年度和五年计划指标,促使经济有计划按比例发展。

对农副产品实行统购统销。随着国民经济的迅速恢复和大规模经济建设的开始,城镇人口快速增加,粮食供应出现紧张局面,私营粮商与国家争夺粮食的现象非常突出,增加了国家在市场上收购粮食的困难,而国家又难以通过提高农业税(公粮)来加强对粮食的掌握,不利于社会的稳定以及工业原料的保障。在这种形势下,全国从 1953 年底开始实行粮食统购统销制度,国家严格控制粮食市场,对粮食购销进行统一管理。1954 年以后计划收购和计划供应的范围进一步扩大到油料、棉花以及烤烟、麻类、生猪、茶叶、蚕茧、羊毛、牛皮等重要农副产品。统购统销制度的实行,标志着计划经济的覆盖面从工业扩展到农业领域。由于当时中国轻工业十分薄弱,几乎没有重工业,资金极为紧缺,也只能靠农业实现积累来推进工业化。

对消费品实行配给制。由于主要商品严重短缺,为维持人民最低生活水平的配给制应运而生,“排队经济”和“票证经济”成为计划经济的一大特色,也为增加储蓄提供了基础,形成高积累低消费的循环。

建立高度集中的投资体制。投资项目由中央指令性计划控制并逐级批准下达,投资所需资金由国家财政预算统一安排,自筹资金投资需经过严格审批,突出地体现了投资方面的国家意志,保证有限的资源能

① 《马克思恩格斯全集》第 24 卷,人民出版社 1963 年版,第 350 页。
② 《马克思恩格斯全集》第 17 卷,人民出版社 1963 年版,第 362 页。

够向重要的产业特别是重工业领域倾斜。

对重要物资实行划拨。根据物资的性质、产需特点和重要程度不同，又分为国家统配物资和国务院各部门主管的部管物资。"一五"期间，物资管理体制的集中程度逐渐提高，国家统配物资和部管物资分别由1953年的112种和115种上升至1956年的342种和151种。[①] 国家掌握重要物资的统一调配，为重点行业及项目的需要提供了充足的物质保障，推动了工业生产的发展。

统一管理对外贸易。当时对外贸易的主要目标是与国外"互通有无"、"调剂余缺"，以及为建立"独立自主、自力更生"的经济体系和实现进口替代提供必要的技术设备、资金和原材料。由国家计划委员会制定进出口指令性计划，中央贸易部统一管理对外贸易业务，实行进出口许可证制度，由各行业国营进出口总公司垄断外贸经营权，真正的供货方及用货单位不与国际市场发生联系。

（二）国有金融体制

金融是经济发展的命脉。中国建立起高度集中的财政金融管理体制，其根本目的就是最大限度地动员社会储蓄，以便将这些资源投入到工业化当中去。

高度垄断的金融体制。新中国成立后，确立了以人民银行为中心的金融体系，人民银行统领各类金融机构，成为中国唯一的银行，既是中央政府的组成部分，行使金融管理职能，又负责办理具体业务。1953年起开始实行集中统一的综合信贷计划管理，即"统存统贷"。信贷业务高度集中在人民银行系统，各级银行吸收的存款全部上交总行，各级银行贷款指标由总行统一核定，严格按照计划发放。这种集中的金融体制能够最大限度地动员居民手中的闲置资金，从而发挥集中力量办大事的优势。与低工资制相适应，中国消费品价格长期处于较低水平，除去日常生活支出，仍有一部分闲置资金分散在居民手中。在高度垄断的金融体制下，居民除将多余的收入存入银行外，基本没有其他投资

---

① 董辅礽：《中华人民共和国经济史（上卷）》，经济科学出版社1999年版，第252页。

渠道，储蓄更多地被视为支援国家建设的手段，其投资功能反而基本不被提及。因此，集中的金融体制作为一个强大的媒介，很好地发挥了吸纳储蓄并转化为投资的作用。全国城乡储蓄存款余额从1952年的8.6亿元上升至1978年的210.6亿元，占当年GDP的比重从1.3%升至5.8%。[①] 银行信贷资金对于工业化发展起到了重要作用。银行工业信贷从1952年的10.0亿元增加到1978年的616.8亿元，增加了60.6倍，其中重工业贷款在工业贷款中的比重大体在44%至60%之间。[②]

高度集权的财政体制。1950年统一财经工作后实行的是统收统支、高度集中的财政管理体制，全部公粮和税收都归中央政府统一支配使用，地方支出由中央统一审核、逐级拨付，地方财政收入与支出之间基本不发生关系。这种体制对实现财政收支平衡、稳定物价和国民经济的恢复起到了重要作用，仅用了三年左右的时间就使中国经济从1949年前的崩溃边缘恢复到1936年抗战前的水平。1953年以后实行的是“划分收支，分级管理”的体制。一是在中央统一计划的前提下，按行政区划实行分级预算、分级管理，主要税种的立法权、税率调整权和减免权集中于中央，由中央确定收入指标；全部收入分为固定收入和比例分成收入，由地方统一组织征收，分别入库，对超收部分另定分成比例，地方多收多留。二是按中央政府和地方政府的职责分工及企事业单位的行政隶属关系，确定各级政府的支出范围，属于中央的企业、事业和行政单位的支出列入中央预算，属于地方的支出列入地方预算。三是地方预算由中央核定，按照支出划分。地方预算支出首先用地方固定收入和固定比例分成收入抵补，不足部分由中央调剂收入抵补，分成比例实行“一年一定”或“一定几年”。其间虽然在方法上屡经调整，但总的模式变化不大。1950年统一财经工作后，中国财政收入从当年的62.17亿元增加到1978年的1132.26亿元，增长了17.2倍[③]。在国

① 国家统计局：《新中国五十年》，中国统计出版社1999年版，第535、592页。

② 杨希天等：《中国金融通史》（第六卷），中国金融出版社2002年版，第183、187页。

③ 国家统计局：《新中国五十年》，中国统计出版社1999年版，第539页。

家财力有限的情况下，高度集中的财政管理体制对于支持国家重点领域重点项目的发展，以及社会主义工业化的推进，发挥了不可替代的作用。仅“一五”期间，全国完成的基本建设投资总额就达到550亿元，其中对工业部门的投资占实际完成投资的56%。[①] 在工业基本建设投资中，重工业占87%，轻工业占13%。[②] 5年内在建的工矿建设单位超过1万个，其中限额以上的为921个，比计划规定的单位数增加227个，到1957年底全部投入生产的有428个，部分投产的为109个。[③] 这些大型工矿企业单位的建成改变了旧中国工业落后的面貌。“一五”计划结束时，旧中国不可想象的一些技术要求特别复杂的工业部门，如飞机制造业，汽车制造业，新式机床制造业，发电设备制造业，冶金、矿山设备制造业以及重要有色金属冶炼业等部门，都逐步建立起来了。到20世纪70年代后半期，中国建成了门类比较齐全的基干产业，拥有了复杂工程的设计与制造能力，奠定了工业化的坚实基础。

（三）高度国有化

国有经济为主是保证资源集中配置模式有效运行的基础。在对工商企业进行社会主义改造以及农村实行人民公社制度后，中国在城市基本实现了国有或集体所有制的工商企业体制，在农村建立了集体所有制体制。

企业国有化。经过社会主义改造，工业企业的国有化程度迅速上升，1958年的工业总产值构成中，国有工业占89.2%，集体工业占10.8%，二者合计首次达到100%。这种局面直到1980年才被逐渐打破，其间多数年份国有工业比重都在80%～90%之间。[④] 这种国有体制的好处是在一段时间内国家可以重点支持一些产业的发展，扶持一批国民经济骨干企业，同时可以减轻社会压力，因为国有企业实际承担了社会保障的功能，使国家可以集中财力、物力发展经济。

① 参见《关于发展国民经济第一个五年计划执行结果的公报》。
② 参见《关于发展国民经济第一个五年计划执行结果的公报》。
③ 参见《关于发展国民经济第一个五年计划执行结果的公报》。
④ 国家统计局：《新中国五十年》，中国统计出版社1999年版，第548页。

农业合作化与农村人民公社化。土地改革后，虽然获得土地使农民的生产积极性高涨，但由于土地分散、其他生产资料缺少等原因，农产品的产量难以满足城市和工业对粮食和工业原料作物日益增长的需求，因此农村首先出现了自发的农业互助组，随后又出现了初级社、高级社。这个过程有农村生产力发展、规模化经营的需要，也在一定程度上促进了农村生产力的提高，农业和机械化的发展，以及农田水利基础设施的建设，也有利于为工业化提供低成本的原材料。但是全国普遍、迅速建立高级社，特别是后来的人民公社化，就有思想左倾、急于求成、超前发展的因素了。这一体制逐渐显示出不少弊端，在六七十年代日益严重，这一点在稍后会有论述。

（四）通过干预市场价格使得资源配置进一步倾斜

在市场经济条件下，价格是资源配置的基础。但在计划经济条件下，二者的位置产生了调换，价格的决定从属于资源配置的需要，成为推动工业生产的重要工具。通过对各种价格的人为干预，工业发展的原料成本、资金成本和劳动力成本都得到了降低。

工农业产品价格剪刀差。由于中国的经济底子薄弱，资本积累只能靠压低农产品价格来实现。农业部门每创造 100 元价值，通过价格机制转移到工商部门的部分，1952 年为 17.9 元，1957 年为 23 元，1978 年则为 25 元。①

压低利率。由于严重缺乏资金，如果任由市场调节，资金成本可能会很高，导致企业盈利水平降低，并阻碍工业化的进程和国家经济发展。为此，中国实行严格的存贷款利率管制，压低资金成本。从 1950 年 5 月开始，国营工业信用贷款月利率开始连续大幅下调，从 3.0%左右降至 7 月 31 日的 2.0%、1951 年 4 月的 1.5%～1.6%、1953 年 1 月的 0.6%～0.9%，以及 1954 年的 0.456%。虽然 1960 年 6 月曾一度回调至 0.6%，但到 1971 年 8 月，该种利率又被压低到 0.42%的水

① 董辅礽：《中华人民共和国经济史（上卷）》，经济科学出版社 1999 年版，第 258 页。

平。① 低成本的资金为企业发展提供了重要支持。

压低工资成本。为便于大规模经济建设，对城市职工工资也实行统一管理以降低人力成本，工资总额、工资标准以及调整办法均由国家严格控制，以避免工资标准不统一妨碍职工调动，并实行抑制消费增加积累的低工资制，从 1956 年工业化加速到 70 年代末的 20 多年时间内，职工平均工资几乎没有增长，实际工资甚至还有所下降。

高估汇率。由政府出面干预外汇价格，人民币对美元汇率连续 15 次上浮，从 1950 年 3 月的 4.2:1调整为 1951 年 5 月的 2.23:1;1955 年 3 月至 1971 年 12 月，汇率水平一直保持在 2.46:1;1973～1980 年期间则继续升值，1980 年时达到了 1 美元兑换 1.5 元人民币的水平。汇率高估使进口设备变得相对便宜，也导致了高度集中的外汇管制。垄断性的外汇管理体制保证了稀缺外汇资源用于政府重点支持的领域。

四、计划经济体制的适宜性

中国的计划经济体制在 20 世纪 50 年代中后期全面形成，到改革开放前一共运行了 20 多年。迄今为止，对于计划经济制度的评价仍存在很大分歧。我们认为，在当时的国际环境和国内经济社会条件下，实行计划经济体制有其历史必然性，适应中国的客观实际，在一段时期内促进了中国经济的发展。

(一)短期内恢复经济并建立起经济发展的基础

新中国成立时面临的外部环境比较紧张。以美国为首的资本主义国家拒绝承认新中国，并对中国实行了政治上孤立、经济上封锁和制裁、军事上包围的政策，切断了正常的国际经济交往和对外贸易。在欧美等国的阻挠下，直到新中国成立一周年之际，也只有苏联、东欧、亚洲的一些社会主义国家、人民民主国家和民族独立国家承认新中国，17 个国家同中国建交。与此同时，大陆与台湾处于军事对峙状态;1950 年朝鲜战争的爆发直接威胁着新中国的领土和主权。在这种不友好的

① 郑先炳:《利率导论》，中国金融出版社 1991 年版，第 115～120 页。

国际环境和严峻的政治军事态势下，计划经济体制在以下几个方面显示了较强的优越性：

一是在战争的环境下使国民经济迅速恢复。在国际关系紧张、国家安全利益受到威胁时，一般来说国家会加强对资源的支配和控制，建立起快速有效地应对国际形势变化的机制，战争时期是个极端的例子。日本、德国、苏联都曾在这种特殊时期建立过战时经济体制，美国也在战争期间赋予政府特殊的权力。在1949年以前的近一百年时间里，国家本身就已经贫弱落后，而清政府和国民党政府更缺乏集中调配国家资源的能力，这是导致国家主权受损、经济趋于崩溃的一个重要原因。新中国成立初期以及此后相当长的一段时间内，面临的国际环境总体上是偏紧的，客观上要求建立一种有利于国家集中调配资源的体制。1950年，当国内经济仍处于百废待兴的局面时，朝鲜战争爆发，中国面对的是武装到牙齿的美国及其盟国军队。在战争中，中国军队共消耗各种物资560万吨，其中弹药一项即达25万吨，军费开支62亿元人民币，这几乎相当于1950年全国的财政收入，[①]对于一个新生的国家来说是一笔相当巨大的支出。借助国家集中控制资源的优势，中国成功地将对手打到了谈判桌上，维护了新生政权和国家的稳定，同时还实现了国民经济的顺利恢复，不能不说是一个巨大的胜利。

二是以较低的代价迅速建立了工业基础。在当时的情况下，工业化程度是衡量一个国家强弱的标志。清末民初，中国虽达到了一定的GDP规模，却在与欧美列强的军事冲突中屡屡战败，一个重要原因就是工业落后。西方工业化国家“轻工业—基础工业—重工业”的发展历程，走的是一条近乎水到渠成的道路。但正如苏联在建立第一个社会主义政权后采取重工业优先发展战略一样，中国同样没有其他选择。由于西方资本主义国家对中国的孤立和封锁，除苏联和东欧国家外，中国不具备全方位开展国际贸易的客观条件。虽然苏联援建的156个项目对中国基本工业体系的快速建立发挥了积极作用，但中国的工业基

① http://baike.baidu.com/view/14827.htm.

础薄弱，要想发展起独立的工业体系，只能立足于自身，而无法像日本、韩国、台湾等国家和地区一样，在经济起飞阶段依靠良好的外部环境和外国援助，通过引进外国先进技术、设备和管理模式来实现工业化。因此，中国在经济建设中始终坚持自力更生为主、争取外援为辅的方针。“一五”期间，外国贷款在国家财政收入中的比例仅为2.7%，并且从1955年开始就从对苏贸易顺差中分期偿还。① 相对于苏联帮助建设的156个重大项目（135个开始施工），以及罗马尼亚、德意志民主共和国等国家帮助建设的68个工程项目（64个开始施工），立足国内、依靠国内资金在建的工矿单位超过了1万个，鞍山钢铁公司、长春第一汽车制造厂、沈阳第一机床厂等一大批大型工矿项目都是当时动工新建的②。

三是自力更生地初步建立起科学技术与国防工业体系。新中国成立初期，将科技事业和国防体系建设放在了十分重要的位置上。在国际封锁、国内科技资源极度稀缺的情况下，在短短十几年间，建立了由企业、科研院所、高校和国防科研构成的，比较完整的科技组织体系和基础设施，培养了大批优秀人才，为中国的社会、经济发展和国防建设解决了一系列重大科技问题，使中国的科学技术从整体上缩小了与世界先进水平的差距。以此为依托，中国的国防事业迅猛发展。“一五”期间新建了航空、无线电、兵器、造船等大型骨干工程，初步改变了国防工业的落后面貌。从“二五”计划开始，国防工业建设的重点放在了尖端技术和无线电、光学仪器的科技发展上，有重点地建设军工科研设计机构，使中国兵器、航空、造船、军事电子工业从仿制、改进，逐步走向自行研制；原子能技术、火箭技术也开始起步。到1959年末，建成了大中型军工企业100多个，独立科研机构20多个，新中国的国防科技工业已初步具备了生产比较先进的武器装备的能力。③ 这对于此后在国际关系剧烈变化的局势中为中国经济发展营造相对稳定的良好环境具有深远意义。如果不是有效集中国内资源，这种局面是无望达到的。

---

① 中共中央党史研究室：《中国共产党的七十年》，中国党史出版社1991年版，第307页。
② 孙健著：《中国经济通史》（下卷），中国人民大学出版社2000年版。
③ http://www.costind.gov.cn/n435777/n497407/n497408/n1291063/114176.html.

（二）在生产力水平落后、资源短缺、基础薄弱的情况下初步形成了经济的自我发展能力

计划经济体制实施后，中国在不利的国内外条件下仍旧实现了较高的增长速度，并依靠自身的积累迅速形成了自我发展的能力，扭转了自近代以来经济持续衰落的局面，其本身就是对当时计划体制适宜性的最好描述。

国民经济在一段时期内获得较快发展。1953 年至 1978 年 GDP 和国民收入的年均增长率分别为 6.7%[①]和 6.0%[②]，1949 年至 1978 年工业总产值年均增长 15.3%[③]。这样的速度在世界上都不算低。特别是"一五"时期，计划体制所显示的高效作用尤为突出，1953～1957 年间的 GDP、工农业总产值和国民收入年均增长率分别达到 9.3%、10.9%和 8.9%，其中工业总产值年均增长 18.0%，[④]远远超过同期英国的 4.1%和美国的 2.8%[⑤]。

形成了较完备的工业体系，工业化水平显著提高。国民收入中工业所占份额从 1949 年的 12.6%上升到 1978 年的 46.8%，农业份额由 68.4%下降为 35.4%，1952～1980 年工业投资累计达 3599.19 亿元，新增固定资产 2734.5 亿元，[⑥]建成了包括国防、冶金、石油、化工、交通、通讯等重点行业和基础产业在内，门类齐全、独立完整的工业体系，具备了较强的工业制造能力，为日后的发展奠定了坚实基础。

与此同时，人民生活大幅改善，社会稳定，人力资本得到积累。"一五"期末即基本消灭失业，大多数人可以吃饱、穿暖（大跃进时期除外），基本消灭了饥饿现象。1949 年，城镇居民人均年现金收入不足 100 元，农村居民人均纯收入不足 50 元；到 1978 年，城镇居民人均可支配

① 国家统计局：《新中国 50 年》，中国统计出版社 1999 年版，第 536 页。我国第一个 GDP 统计数据从 1952 年开始。

② 林毅夫、蔡昉、李周：《对赶超战略的反思》，载《战略与管理》1994 年第 6 期，第 2 页。

③ 国家统计局：《新中国 50 年》，中国统计出版社 1999 年版，第 549 页。

④ 国家统计局：《中国统计年鉴(1981)》。

⑤ 《伟大的十年》，人民出版社 1959 年版，第 96 页。

⑥ 马洪：《现代中国经济事典》，中国社会科学出版社 1982 年版，第 79、153 页。

收入增至 343 元，农村居民人均收入增至 134 元。[①] 工资增长虽不算快，但物价异常稳定，且基本不存在贫富差距，社会局面安定团结。在此基础上，国家通过大力发展教育事业促进人力资本积累。1978 年各类学校在校生与 1949 年相比，普通高等学校增加 6.3 倍，普通中等学校增加 51.3 倍，适龄儿童入学率达到 95.5%，[②]1978 年全国职工人数比 1949 年增加了 5 倍，[③]工农和成人教育也取得了较大成绩，为日后的经济发展积聚了人力资本。

总之，如果没有这种集中的经济政策，中国不可能用很短的时间恢复国民经济。换句话说，这种集中的经济体制是与中国当时生产力极度低下、资金极为匮乏的现状相适应的，并反过来推动了社会生产的进步，只有这样才能实现中国经济的恢复与发展。

（三）文化传统有利于实行集中统一的计划管理

中华民族五千年的历史，也是一部统一力量与分裂势力不断斗争并取得胜利的历史。建立一个统一、强大的国家是中国人民始终不变的追求。在中国历史上，凡是国家强盛的时期一定是国家统一、中央政府强有力的时期，像秦、西汉、唐、明（前、中）、清（前、中）等。1840 年以来，中国人民不断探寻救国图强之路，但均不成功。晚清直至民国时期，国家积贫积弱，战乱不息，民富国强的梦想难以实现。是中国共产党领导中国人民推翻了帝国主义、封建主义和官僚资本主义三座大山，建立了社会主义新中国。中国人民从此站起来了，焕发出前所未有的建设强大国家的政治热情，一方面渴望在一个强有力的政府领导下开始新的生活，另一方面也愿意为此牺牲个人利益，服从国家建设和发展的需要。再加上朝鲜战争取得不俗战绩，并且在战争状态下只用三年时间就使国民经济得以恢复，并依靠自力更生和苏联援助建成了一大批工业项目，这些事实使广大人民群众衷心拥护中国共产党的领导，充分相信政府的能力。这些为新中国成立初期计划经济体制的建立和良

---

① 国务院新闻办公室：《中国人权发展 50 年》白皮书，2000 年 2 月。

② 国家统计局：《新中国 50 年》，中国统计出版社 1999 年版，第 575、582 页。

③ 国家统计局：《新中国 50 年》，中国统计出版社 1999 年版，第 534 页。

性运行奠定了坚实的群众基础，使得这一体制在当时特定历史条件下显示出适宜性，并促进了中国经济的发展。

五、计划体制所产生的问题

虽然计划经济体制在新中国成立初期为促进中国经济的恢复和发展发挥了积极的作用，用不到30年的时间实现了从落后农业国向工业国的跨越式转变，但任何体制的适宜性都是有特定历史条件的，一种制度本身也有其生命周期，计划经济体制也不例外。随着经济条件的变化，要将日趋复杂的社会经济生活科学地纳入计划轨道，难度可想而知，因而出现了统得过死、脱离客观规律的情况，计划体制的弊端开始显现，导致经济发展不顺。虽然中央也曾尝试对经济管理体制进行一些调整，但总体上说，传统计划经济体制的基本结构和特点没有发生大的改变，没能做到有效的动态调整。

(一)客观条件变化使计划经济体制的适宜性开始降低

一是信息成本越来越高。以预先编制的计划作为资源配置的主要手段，其科学性取决于各类经济信息的可得性和准确性。经济信息分散在社会各个领域，涉及数以万计的产品和资源，数量极为庞大，收集信息的成本相对较高。随着经济发展，经济规模不断扩大，分工更加精细，产品种类日益增多，各种经济关系日趋复杂化，实行计划管理所需要的信息量呈几何级数增长，这使得维持传统体制运转的信息成本越来越高，操作难度也越来越大，资源配置的效率难以得到保证。正如哈耶克所说，没有一个全知全能的管理者能够及时掌握分散发生的有关千百万种资源相对稀缺程度的知识。相对于1958～1980年间未形成正式版本和对外公布的四个五年计划来说，第一个五年计划之所以较为成功，部分原因也可以归结为当时的经济发展目标较为单纯，而且由多种经济成分并存决定，计划工作采取的是直接计划和间接计划相接合，中央、部委和省市分工管理的方式，计划程度相对较低。然而随着越来越多的产品和领域被纳入计划范围，指令性计划不断加强，计划管理程度大幅提高，管理机构和形式趋于单一，统计基础薄弱的缺陷进一步暴露，加上不确定性因素的大量增加，不仅使计划的拟定困难重重，也经常出现生产与需要脱节、价格违背价值、计划赶不上变化的情况。

二是非经济的激励手段效力越来越弱。新中国成立初期，人民的政治热情很高，凭着一腔建设新国家的热血和奔向共产主义的理想，几乎是不计个人得失地投入工作。但这种热情不可能永远维持下去。从新中国成立初直到“文化大革命”前夕，中国的经济建设虽然在曲折中取得了较大成就，但一定程度上压缩了人民改善生活的空间，主要的生活必需品都要凭票证供应，人们的生活需求得不到充分满足，劳动的意愿和热情有所减弱。而社会主义所遵循的“按劳分配”原则并没有得到真正的贯彻执行，缺乏必要的激励机制。企业职工“多干少干一个样”；企业盈利与亏损一个样，国有企业不仅没有竞争的压力、盈利的动力，更失去了创新的欲望。而高度集中的财政金融体制也使地方政府缺乏发展经济的主动性，因为所有收入都上缴中央，一切支出也由中央拨付。在这种集中的体制下，个人、企业、地方政府发展经济的积极性和创造性受到了压抑，养成了“等、靠、要”的习惯。人民公社制度下的农业生产就是很好的例子。1958 年“人民公社化”运动高潮兴起，组织形式上追求“一大二公”，大刮“共产风”，分配上实行平均主义，严重挫伤了农民的生产积极性，加上遭受严重自然灾害，全国粮食产量由当年的 2 亿吨降至 1961 年的 1.47 亿吨，油料产量从 477 万吨降至 181.4 万吨。直到 1962 年国民经济初步调整后，农村生产关系得到改善，普遍转为以生产队为基本核算单位，“共产风”基本被刹住，农民的生产积极性才有所恢复，当年粮食产量上升至 1.6 亿吨，比上年增长 8.5%，扭转了连续三年下降的局面；油料产量 200.3 万吨，比上年增长 10.4%；年底生猪存量接近 1 亿头，而 1959 年时只有 827 万头。① 制度因素对企业和工人生产积极性的影响也是如此。如钢产量在 1957 年达到 535 万吨之后，始终徘徊不前，增加很少（“大跃进”时期除外），直到

① 国家统计局：《新中国 50 年》，中国统计出版社 1999 年版，第 545、546 页。

1965年才有了较大幅度提高，达到1223万吨[①]，这也是由于企业被管得太死，企业和工人缺乏积极性所致。随着经济发展对科技和创新的依赖日益加深，对企业和个人的积极性和创造性的要求也越来越高，计划经济体制激励不足的弊端更加突出，束缚了生产力发展。

三是计划编制出现偏差导致经济效率低下。与自由市场经济相比，计划经济最大的特点就是根据事先编制的计划安排投资、生产、流通、消费等一系列经济活动，以做到有计划、按比例地发展经济。如果计划能做到绝对准确客观，则可以有效避免混乱和无序。但由于编制计划所需要的信息难以取得，特别是计划编制过程中可能由于主观判断错误等人为因素，而使得计划与现实脱节。就是说，某种产品生产多少往往不是与需求挂钩，而是变成了自上而下的指令。一旦计划出现偏差，就会出现某类商品生产出来却没有需求，白白浪费了稀缺资源的现象，计划经济的弊端也就越来越明显。20世纪50年代，在全国推广双轮双铧犁所造成的失误就是一个典型的例证。此项技术的推广没有建立在调查研究的基础上，而只是简单地去完成"全国农业发展纲要"规定的"从1956年开始，在三年至五年内推广双轮双铧犁600万部"[②]的指标。当年设想生产500万部，但国内钢材紧张的条件根本不允许，只好降低指标。特别是当时没有考虑到这种犁不适合在南方水田和北方缺乏畜力的地区使用的实际情况，以致到10月底，已经生产出的170多万部双轮双铧犁只售出了80万部，还有15万部被退回，其余没有退回的，有很大一部分也成了农民家里和生产队墙上的"挂犁"。

四是经济的自我良性发展能力受到抑制。在市场经济条件下，通过价值规律和市场机制的作用，经济是一个具有自我调节和自我发展能力的体系。然而在新中国成立初期，依靠这种自发调节不能满足重工业优先发展的迫切需要。因此，运用集中的计划手段，通过消费克制、农业积累等方式，推动经济向预定目标加快发展是必要和可以理解

① 国家统计局:《新中国50年》，中国统计出版社1999年版，第553页。

② 参见《1956年到1967年全国农业发展纲要》。

的，也达到了预期的效果。但经过一段时期的集中发展，当经济基础有所恢复，并形成一定自我调节和发展的能力后，应特别注重调整经济建设的优先次序。新中国成立初期，我们所面对的国内、国际环境要求我们集中精力发展重工业，以提高国家冲破国外敌对势力经济封锁和军事威胁的能力，并建立起独立完整的工业体系。而随着国际局势的发展变化，威胁虽没有消除，但短期内发生大规模战争的可能性也不大。因此要及时将经济建设的重点转移到满足群众生活需要及提升国家总体能力并重上来。这就要求增加经济中市场调节的成分，注重计划与市场相结合，更多地依靠价值规律逐步改善经济中的各种比例关系。但计划经济后期没有适时地做到这种调整和转变，误以为社会主义只能搞计划经济，市场经济是资本主义体制的专属，把国外的军事威胁和资本主义复辟看得过重，一味地坚持用计划取代市场，以扭曲的方式推动经济，不但造成国民经济失衡，导致积累和消费、工业与农业，以及轻重工业等重大比例关系严重失调，也抑制了微观经济主体的活力，损害了经济体系的自我发展能力。

因此，总体而言，高度集中的计划经济体制促进了中国经济的恢复与发展，说明这一体制与新中国成立初期的生产力发展水平相适应，因而在一段时期内呈现出适宜性。但在经济社会条件发生改变之后，理应及时进行调整，逐步放松对经济面面俱到的管制，充分调动人的积极性和创造性，发挥市场的竞争、激励和资源配置作用，进一步助推经济增长。而中国的计划体制明显趋于僵化，初期获得成功的做法被当做社会主义经济体制的一般规律加以坚持，甚至成为脱离经济规律和现实条件的教条主义，其负面影响越来越大，最终阻碍了经济发展。

（二）计划经济时期的动态调整

对于计划经济体制存在的种种问题和弊端，党和政府并不是没有察觉，也曾围绕着“集中”与“下放”的关系，对计划经济管理体制进行了多次改革和调整，试图摆脱苏联模式，走出一条属于中国的道路。只不过在整个意识形态大环境下，这种调整的方向和力度都有所欠缺，效果也不尽如人意。

对计划经济体制改革的初步探索始于20世纪50年代中期。毛泽东曾特别指出,对于生产力与生产关系、经济基础与上层建筑之间的矛盾,“光从思想上解决不行,还要解决制度问题。人是生活在制度中的,同样是那些人,施行这种制度,人们就不积极,敲锣打鼓,积极性也提不起来;施行另外一种制度,人们就积极起来了”。[①] 1956年,中国基本完成了生产资料私有制的社会主义改造,同时也是探索中国建设社会主义道路的开端。《论十大关系》是这一时期毛泽东关于经济建设和经济管理体制思想的集中反映。针对原有经济体制“权力过分集中于中央”,管得过多、统得过死、严重束缚地方和企业积极性的弊端,新中国开始了成立以后的第一次经济管理体制改革。

实际上,在改革之初,扩大国有企业自主权曾受到普遍重视,向企业下放决策权的呼声一度占据主导地位。但在1957年“反右派”运动后,“企业自治”和“物质刺激”都被看做是“修正主义倾向”而受到指摘,从此在改革中不再被强调,仅仅向地方政府下放部分管理权和利益支配权就成为1958年经济体制调整的主要内容。

由于此次改革是在以行政配置资源为特征的原体制框架内进行的调整,不仅不能消除计划经济的固有缺陷,地方权力的增强反而更容易破坏全国上下一盘棋的局面,导致忽视经济效益的急躁冒进。从某种程度上说,本轮经济管理权的下放对“大跃进”起到了推波助澜的作用,助长了生产上的高指标和浮夸风,造成了经济工作的混乱。于是,下放的权力不得不再次上收,反而加剧了计划经济体制的集权僵化。

受制于社会主义等同于计划经济这样的意识形态认识,此后进行的多次改革始终是围绕“集中”与“分权”所做的矛盾选择。例如,1966年“文化大革命”前夕,毛泽东再次提出了放权的思想,并于1970年开始了以向企业下放权力为中心的大规模经济管理体制调整,与1958年的情形极为相似,后果也毫无二致:在进一步加剧了经济生活的无政府状态之后,此次改革依旧以权力上收告终。

---

① 薄一波:《若干重大决策与事件的回顾》,中共中央党校出版社1993年版,第784页。

由此可见，中国长期的计划经济体制实践并非是一成不变的，政府总是试图在“收”与“放”之间寻求一种平衡。但遗憾的是，新中国成立后近30年经济发展过程中暴露的实质问题并不是中央与地方权力划分的问题，而是政府与市场边界的调整问题。虽然其间也曾涌现出“三个主体，三个补充”①这样的思想主张，成为突破单一计划模式、探索社会主义建设道路的重要尝试，但终因意识形态和认识上的局限等因素而没能成为主流并加以发展。特别是从1966年开始，毛泽东亲自发动和领导了“文化大革命”，虽然其初衷是要防止资本主义复辟、维护党的纯洁性和寻求中国的社会主义建设道路，但最终将计划经济体制和社会主义制度都极端和极左化了。如果没有“文革”的发生，我们是有可能在社会主义建设道路的探索中逐步走向市场经济的。而“文革”给中国经济社会带来的剧痛，也恰恰预示了对新制度的需求愈加强烈，进而从根本上促成了1978年以来中国经济体制的划时代变革。

第二节　1978年以来中国体制改革的主要内容和特点

一、改革的背景和初始条件

(一)改革的背景

从1978年开始，中国走上了一条波澜壮阔的改革之路，已经持续了整整30年并仍在推进之中。与以往“改”而不“革”的经济管理体制调整相比，这场划时代的变革之所以能够发生，有着相应的历史条件和背景。

一是“文化大革命”将中国经济推向崩溃边缘，改革的内在要求比以往任何时候都更加强烈。新中国成立后，通过计划手段对资源的集

① 陈云在中共八大上提出：在工商业经营方面，国家经济和集体经济是工商业的主体，一定数量的个体经济是国家经济和集体经济的补充；在生产计划方面，计划生产是工农业生产的主体，按照市场变化在国家计划许可范围内的自由生产是计划生产的补充；在社会主义的统一市场里，国家市场是它的主体，一定范围内的国家领导的自由市场是国家市场的补充。

中配置，中国经济得到初步发展，已经形成了一定的工业基础，为改革开放、参与国际市场、学习国外技术提供了可能，本应进入驼峰型路径的下降区间。但“文革”错误地将阶级斗争当成社会主义时期的主要矛盾，把防止资本主义复辟作为主要任务，在经济上误将计划经济和单一的国有（公有）制作为社会主义必须遵循的原则，造成了新中国成立以来最严重的经济倒退：1967～1976 年间，各项经济指标都大大低于1953～1966 年的平均水平，国民收入损失估计达 5000 亿元之巨①，中国又一次面临历史的抉择。正如邓小平指出：“不改革就没有出路”。②在旧体制不能成功、经济发展严重受阻的情况下，改革的要求首先从内部涌现。

表 4—1 “文革”前后各项经济指标对比

指标	1953～1966	1967～1976
国内生产总值指数	7.1%	5.5%
工业总产值指数	15.3%	9.8%
国民收入指数	6.2%	4.9%

资料来源：国家统计局：《新中国五十年》，第 536、543、549 页数据计算；国民收入指数数据来自李成瑞：《十年动乱期间我国经济情况分析》，《经济研究》1984 年第 1 期。

二是西方和周边其他国家经济快速发展，对中国形成了强大的外部压力。正当中国陷入十年浩劫之时，以第三次科学技术革命的蓬勃兴起为契机，欧美等国经历了 20 世纪 50 至 70 年代经济发展的“黄金时代”；韩国、新加坡等周边邻国以及我国台湾地区也借此东风，承接了发达国家转移的劳动密集型产业，大力引进外资和技术，外向型经济战略大获成功；日本更是驶入了经济发展的快车道。相比之下，中国在改革开放前虽然也取得了一些成绩，但在总量、结构和质量上都与世界先进水平相去甚远，又遭到了“文革”的严重破坏，强烈的反差对我们产生了巨大冲击，改革、发展的愿望进一步增强。

① 董辅礽主编：《中华人民共和国经济史（上卷）》，经济科学出版社 1999 年版，第 575 页。

② 《邓小平文选》第三卷，人民出版社 1993 年版，第 237 页。

表 4—2　“文化大革命”期间中国与其他国家经济发展比较

国家	中国	日本	美国	联邦德国	法国	英国
国内生产总值增长(1966～1976)	57.6%	345%	124%	131%	212%	—
国民收入增长(1965～1976)	75%	413%	143%	141%	238%	239%

资料来源：董辅礽：《中华人民共和国经济史(上卷)》，经济科学出版社，1999 年版，第 583 页。

三是国际局势发生改变，为中国的改革开放和经济建设提供了外部环境。先是 1971 年的“乒乓外交”结束了中美两国 20 多年来人员交往隔绝的局面，接着 1972 年尼克松总统访华，中美关系改善。以此为契机，中国与西方的关系发生了重大变化，为中国与欧美国家开展经贸关系，与世界经济、全球市场相连打开了大门。1971 年至 1979 年，中国先后与日本、联邦德国、意大利、澳大利亚、加拿大、新西兰、美国等发达国家建立了外交关系，与发达国家的贸易也迅速上升。例如 1971 年中美贸易额只有 490 万美元，1972 年尼克松总统访华时上升到 1290 万美元，到 1979 年中美建交时则急剧扩大到 24.5 亿美元。[①] 这种国际环境及发展态势为中国实施改革开放政策、融入全球化发展浪潮提供了机会与可能。当时中共中央判断，世界大战是可以推迟的，世界的主要趋势是和平与发展。这个判断又为改革开放决策的做出提供了政治基础。

四是意识形态上拨乱反正，为体制改革提供了思想基础。体制僵化实际上是思想僵化的外在表现。改革开放前对于什么是社会主义、如何建设社会主义的理解是教条的。新中国成立初期把苏联的模式当做社会主义的唯一模式去学习、模仿，后来又把国家所有制(公有制)和计划经济当做社会主义的模式加以坚持，而忽略了社会主义也有不同的发展阶段，不同的阶段也应有不同的体制和模式。具体问题具体分析，这本是马克思主义认识客观世界的根本方法，但在对社会主义的认识上，我们却违背了这个原则。为了回到正确的思想路线上，我们抛弃了“两个凡是”的思想，开展了真理标准问题的大讨论，形成了“实践是

① 中国海关统计数据。

检验真理的唯一标准”的共识，冲破了极左思想的束缚，批判了以阶级斗争为纲的错误，重新确立了“解放思想，实事求是”的马克思主义思想路线，在意识形态上为改革开放提供了支持。从这个意义上讲，意识形态的调整、思想路线的回归，才是中国改革开放得以启动的最为重要的前提条件。

（二）改革的初始条件

应该承认，过度强调重工业优先发展的赶超战略使中国的产业结构不尽合理，也与中国的资源比较优势不符，并由于缺乏竞争和激励机制而导致效率低下（林毅夫，1993）。而且考虑到改革开放前中国的综合要素生产率几乎是停滞甚至下降的，经济增长主要来自生产要素的增加（拉迪，Nicholas Lardy，1991），计划体制的弊端是明显的，特别是后期，已经到了非改不可的地步。但正如本章前面曾经指出的，优先发展重工业是有其客观和历史原因的。而且也正是计划体制下形成的工农业基础成为后来改革的重要保证。

其一，改革前大量投资的滞后效应使改革的初始条件非常有利。利用集中的优势，中国在比较短的时期内就在工业体系、农田基本建设、社会组织动员体系等方面取得了巨大成就。例如，到1978年，农业机械总动力达到1.2亿千瓦，而1952年时只有微不足道的18万千瓦，农田灌溉面积从不足2千万公顷增加到4.5万公顷；①1978年全国铁路营业里程达到4.86万公里，是1949年的2.2倍，同期公路总里程增加了10倍以上，达到89.02万公里；②初步建成了门类比较齐全的工业体系，特别是钢铁、煤炭、电力等基础行业得到较大发展。这些都为改革开放后经济的高速发展打下了坚实基础。

其二，计划经济时期依靠自我积累实现体内循环的政策为中国赢得了宝贵的独立发展机会。改革前，国家大力提倡储蓄，提出了“增加储蓄支援国家建设”的口号，同时采取了压低工资和消费的措施，所谓

① 国家统计局：《新中国50年》，中国统计出版社1999年版，第544页。

② 国家统计局：《新中国50年》，中国统计出版社1999年版，第556页。

“新三年，旧三年，缝缝补补又三年”。这种政策和中国人民传统的勤俭持家的习惯，造就了中国较高的储蓄率和投资率。1952至1978年，中国城乡储蓄存款余额年均增长率为14.4%，1979年至2007年达到26.5%。[①] 中国长期实行高估汇率，奖励出口，限制进口的政策，再加上避免财政赤字的理念，使得中国的财政账户和国际收支保持了大体平衡，没有在改革开放后陷入拉美式的债务危机，这也是我们的发展得以实现的重要保证。

其三，中国一直坚持社会主义的方向和中国共产党的领导，使中国的政治局势和宏观经济始终保持稳定，这为我们实行渐进的改革方式提供了保障。世界银行考察团(1993)曾写道，与处在过渡时期的许多其他社会主义经济不同，中国并不是由于深刻的宏观经济危机而被迫实行改革的，这意味着不需要施行“休克疗法”。

总之，中国的改革开放是在上述国际与国内、政治与经济、理论与实践的背景下产生的。因此改革开放决策的做出，不仅是思想认识变化的结果，更是实际发展的需要，是我们的思想、理论适应客观发展要求的产物。

二、改革的主要内容

中国的改革开放实际上是在探索政府调节与市场调节在促进经济发展方面的适应关系，是在寻找两者之间的最佳平衡状态，总体方向是政府的作用逐步向下、市场的作用逐步向上调整的过程。也就是处在驼峰的下降区间。但这并不排除有的时候政府的作用会加强的情况。1978年12月，中共十一届三中全会的召开标志着中国经济体制市场化改革的开始。但是，按照什么方向和原则改革，具体怎样改革，当时并没有现成的答案。因此，中国的体制改革是一个“摸着石头过河”的摸索的过程。对社会主义市场经济的认识也是逐步形成的。我们开始提出“计划经济为主，市场调节为辅”，后来又提出“计划经济与市场经

① 国家统计局:《新中国50年》，中国统计出版社1999年版，第592页。

济相结合”和“有计划的商品经济”，直到党的十四大才确立了社会主义市场经济的体制。

(一)改革的路径

30年来的改革可以大体划分为三个阶段。

1978～1992年是改革的起步和探索阶段。对于长期实行计划经济制度的社会主义中国来说，要打破市场经济等同于资本主义的传统认识并非易事，因此计划与市场的关系总是处于不断的调整之中。1978～1984年，改革的主导思想是“计划经济为主，市场调节为辅”，迈出了市场化改革的第一步。1984年，十二届三中全会通过的《中共中央关于经济体制改革的决定》指出，社会主义经济是公有制基础上的“有计划的商品经济”，这一概念在1987年中共“十三大”文件中得到了进一步的诠释，即“社会主义有计划的商品经济体制，应该是计划与市场内在统一的体制”，市场的地位得以提升。1989年“政治风波”后，人们对计划与市场关系的认识曾一度出现反复。针对这一现象，邓小平在1989年6月9日强调:“我们要继续坚持计划经济与市场调节相结合，这个不能改。”[①]1990年12月，邓小平同志更加鲜明地指出，“资本主义和社会主义的区分不在于是计划还是市场这样的问题”。[②] 这种认识为市场化的改革扫清了道路。这一时期的改革以农村为突破口，非公有制经济在“国有经济”的边缘、外围和缝隙中得到了初步发展，对外开放的范围在区域上逐步扩大，取得了一定成效。20世纪80年代中后期曾试图把改革的战略重点从农村转向城市，从非国有部门转向国有部门，但由于理论上的局限，这次攻坚战进行得并不顺利。

1992～2001年是社会主义市场经济体制初步建立时期。1992年初，邓小平同志视察南方谈话，进一步明确了“计划和市场都是手段”，“计划多一点还是市场多一点，不是社会主义与资本主义的本质区别”。

---

① 《邓小平文选》第三卷，人民出版社1993年版，第306页。

② 《邓小平文选》第三卷，人民出版社1993年版，第364页。

同年10月，中共十四大指出，“我国经济体制改革的目标是建立社会主义市场经济体制”。1993年11月14日，中共十四届三中全会通过了《关于建立社会主义市场经济体制若干问题的决定》，指出“建立社会主义市场经济体制，就是要使市场在国家宏观调控下对资源配置起基础性作用”，并勾勒出中国社会主义市场经济体制的蓝图和基本框架。按照这一框架，中国改革进入了“整体推进和重点突破相结合”的重要阶段，国有企业改革取得突破，非公有制经济获得长足发展，1994年分税制财政体制改革开始进行，1998年金融体制改革在建立现代金融体系、现代金融制度以及从直接调控向间接调控转变等方面取得了一系列新的进展，以企业行为和市场行为为导向的投资体制改革也相继启动。

2001年以后，“十六大”的召开以及十六届三中全会《关于完善社会主义市场经济体制若干问题的决定》，标志着中国社会主义市场经济体制改革进入了一个以完善为主题的新阶段。

纵观如上的整个改革进程，虽然不同的时期侧重点不同，但总的方向是政府与市场的边界向下调整。1978年以来中国的体制改革，与以往经济管理体制调整最大的不同点在于，不再是行政权力从一级政府向另一级政府的转移，而是一个政府与市场的边界不断调整的过程，是一个向市场分权的过程。第一阶段是探索政府应该在多大程度上为市场留出余地；第二阶段是全面肯定市场在资源配置中的基础性作用；第三阶段是在初步建立社会主义市场经济体制的基础上，以完善新体制为目标，更加有序地全面推进以市场化为核心的体制改革。从总体上看，政府与市场是从政府排斥市场，到平行的双轨并行，再到逐渐以市场为基础和核心的过程，政府则更多地致力于市场体系的建设与维护。因此，市场化是统领整个改革进程的总体思路，是从集中到分权的真正转变，是驼峰型路径的下降期。

在这个总路径上，四个方面的制度变迁构成了中国经济体制改革最重要的部分。

第一，逐步建立了以市场为主配置资源的社会主义市场经济制度。

改革开放以前,旧体制的最大弊端就在于高度集权。因此改革就是从减政放权开始,打破这种集中的体制,扩大企业和地方政府的自主权,为市场经济体制的提出和形成奠定了基础。从十四届三中全会确立市场经济体制的框架以来,经过十几年的探索和完善,中国基本实现了从计划经济体制到市场经济体制的转变,市场配置资源的基础性作用得到有效发挥,成功地由原来的计划经济体制转向社会主义市场经济体制,为经济持续快速发展提供了良好的条件。

第二,确立了按劳分配为主体、多种分配方式并存的分配制度。旧体制的第二大弊端就在于收入分配上的平均主义,企业和个人从事经济活动的投入和产出往往错配,抑制了人们进行生产和创新的积极性。分配制度改革就从打破平均主义的“大锅饭”开始,允许并鼓励一部分人先富起来。这是对马克思主义分配理论的一个突破,是对社会主义物质利益原则的形象描述,也是社会主义的基本原则和市场经济的基本要求在分配制度上的体现,为改革发展引入了动力机制。

第三,形成了以公有制为主体、多种所有制共同发展的基本经济制度。1978 年以来,乡镇企业的异军突起使国有、集体一统天下格局有所改变。此后,非公有制经济从无到有,从小到大,从“社会主义公有制经济的有益和必要补充”,发展到“社会主义市场经济的重要组成部分”。与此同时,国有企业的改革也从最初的重新划分收益逐步发展到建立现代产权制度。最终形成了有中国特色的基本经济制度,其核心是两个“毫不动摇”,即发展公有制经济毫不动摇,发展私营个体经济毫不动摇。基本经济制度的形成直接推动了中国经济发展。乡镇企业大发展对于增加工业消费品供给发挥了巨大的作用,否定了“社会主义经济等同于短缺经济”的论断,同时民营经济的迅猛发展也对国有企业形成了竞争压力,使得国有企业改革一再向前推进,促进了经济发展。从十五届五中全会提出国有企业改革决定,到党的十六大提出建立现代产权制度,实现了企业的国家所有与市场经济的良好结合。此后国有企业效益不断提高,恰恰说明了所有制改革的卓有成效。

表 4—3　中国经济体制改革过程

几个阶段		起步和探索阶段				社会主义市场经济体制初步建立阶段			社会主义市场经济体制的全面推进与完善阶段	
	思想认识	“计划经济为主，市场调节为辅”	“有计划的商品经济”	“计划经济与市场调节相结合”						
时间		1978	1984	1989	1992	1993	1994	2001	2002	2003
重大事件		十一届三中全会	十二届三中全会	“政治风波”	邓小平南巡讲话 中共十四大	十四届三中全会	—	加入WTO	中共十六大	十六届三中全会
重要文件或表述		“全党工作的着重点应该转移到社会主义现代化建设上来。”	《中共中央关于经济体制改革的决定》	“资本主义和社会主义的区分不在于是计划还是市场这样的问题。”	“我国经济体制改革的目标是建立社会主义市场经济体制。”	《中共中央关于建立社会主义市场经济体制若干问题的决定》提出，“要使市场在国家宏观调控下对资源配置起基础性作用”。	—	—	“本世纪头二十年改革的主要任务是完善社会主义市场经济体制。”	《中共中央关于完善社会主义市场经济体制若干问题的决定》
主要改革内容	农村改革	家庭联产承包责任制	农产品流通体制改革							
	国企改革	放权让利	承包经营		建立现代企业制度					
	非公经济	体制外初步发展			积极引导，大力发展					
	财政税收	财政包干					分税制改革			
	金融体制	建立多层次的金融组织体系					实现政策性金融与商业性金融分离，推进银行的商业化改革			国有商业银行股份制改造

第四，形成了全面支持对外开放的经济制度。经济全球化的发展、国与国经济相互依存性的增强，使得对外开放成为一国经济发展的必由之路。对外开放战略的实施在改革初期有着重要的现实意义。当时，引进技术设备面临着外汇短缺的问题，我们选择了依靠出口解决外汇来源的问题，而扩大出口最直接的办法就是发展加工贸易。因此，中国经济的对外开放始于加工贸易，逐步形成了由点到面、由沿海到内地、由一般领域到关键领域、由“引进来”到“走出去”的全面开放态势。过去30年，外商的资本、技术与中国廉价劳动力相结合，已经在劳动密集型产品和相当多的资本与技术密集型产品方面形成了全球范围内的强大竞争优势，随着国力的增强，中国与世界的交往也早已不仅限于贸易方面，而是发展到服务、投资等经济生活的方方面面，甚至还包括社会、文化等领域，形成了全方位开放和全面融入世界经济的局面。这种态势对国内改革起到了催化作用，形成了以开放促改革、以开放促发展的局面。

(二)改革的主要内容

30年来的改革可以说涉及社会经济生活的方方面面，千头万绪，但总的方向是逐步市场化，大体上是沿着三个方向逐步推进的：一是分权让利，二是扩大市场的调节作用，三是融入国际市场。

1. 通过分权让利强化经济激励

分权让利要解决的是激励不足的问题。计划经济时期，中央政府始终是全能的驾驭者，个人、企业包括地方政府都不同程度地成为中央手中的棋子，要服从“全国上下一盘棋”的需要，不是人支配要素而是要素支配人。微观经济主体的动力主要来自政治热情和非物质激励手段，但这种动力总体上说难以持久。因此，改革的一项重要内容，就是分散过于集中的权力，引入竞争机制，强化经济利益对经济主体的激励作用。

农村家庭联产承包责任制。改革前，重工业优先发展战略几乎将农业剥夺一空，广大农民在人民公社制度下只能通过保留人力资本投入减少潜在的损失。1978年起，“包干到户”的浪潮首先在安徽兴起并迅速推广至全国。“交够国家的，留够集体的，剩下都是自己的”——家庭联产承包责任制、统分结合的双层经营体制取代“三级所有、队为基础”的人民公社制度，赋予了农民对生产剩余的索取权，极大地调动了亿万农民增加劳动投入的积极性。到1984年底，全国99%的生产队和96.6%的农户实行了包干到户，①宣告了人民公社的终结。1978～1984年，农业总产值年均增长率达到7.7%，比1967～1977年提高了5.6%，②在农业生产条件没有发生本质变化的情况下，充分反映了农村经营制度变化对生产的促进作用。

乡镇企业异军突起。20世纪70年代末，农村家庭经营体制的确立和富民政策的实施引发了两种剩余：一是生产剩余，二是劳动力剩余。二者结合之下诞生的乡镇企业，既为农村参与工业化提供了现实条件，也成为农民增收的重要来源。由过去的限制发展到允许乃至鼓励发展，实际上是对企业控制权的放松。乡镇企业能够在体制外取得快速发展，在整个80年代成为推动经济快速发展的重要力量，关键是其兼容了集体所有制与企业自主经营的灵活性。

非公有制经济发展。非公有制经济的发展，是国家对企业所有权控制一步步放松的结果。十一届三中全会以后，随着传统所有制观念的略微松动，“个体经济”在城市开始兴起，其后，特别是1992年以来，从“有益补充”到“重要组成部分”，非公有制经济在所有制结构中的地位逐步确立。由于产权非常清楚单一，经济利益的激励作用发挥更为充分，个体私营经济迅速发展壮大，并对中国经济产生了重要的支撑作用。与此同时，随着对外开放战略的推动实施，外资、中外合资、中外合作企业大批建立，不仅弥补了国内资金的不足，迅速形成了可观的出口能力，带来了先进的技术和管理经验，而且提高了国内企业的竞争意识，推动了中国市场经济的迅速发展。2005年，非公有制经济（个体、私营、外资）占全国GDP比重为65%，“十一五”期间可望上升到

① 董辅礽：《中华人民共和国经济史（下卷）》，经济科学出版社1999年版，第207页。

② 国家统计局：《新中国五十年》，中国统计出版社1999年版，第543页数据计算结果。

75%[①]。2006年,非公有制企业占全国企业总数比重达到95.7%;从业人员占全国城镇就业人数比重为84.0%;固定资产投资总量58265.9亿元,占全社会的62.3%;规模以上非公有制经济实现工业增加值3.93万亿元,占全国的49.3%;共缴纳税收12666.84亿元(不包括港澳台及国有控股企业的非国有部分),占全国税收总额(不包括关税、耕地占用税和契税)的33.6%[②];2007年,非公有制经济(不包括个体工商户)进出口总额达到9430.1亿美元,占全国出口总额的77.4%[③]。可见,非公有制经济的迅猛发展已经成为中国经济增长的重要推动力量。

国企改革。1992年以前,国企改革基本没有触及产权问题,但通过放权让利、利改税和承包制等手段,对企业剩余进行了重新分配,逐步形成了以经济利益为主的激励机制,也促进了国有经济的进一步发展。1992年党的十四大以来,以产权改革为核心,以建立现代企业制度为目标模式,国企改革进入深化阶段,要让企业真正成为适应市场经济的参与主体,这是对具体企业的放权和激活。1997年,党的十五大诠释了公有制经济的含义以及公有制主体地位的体现,一方面极大地推动了国有企业的股份制改造,另一方面实现了国有经济布局"有进有退,有所为有所不为"的战略调整,这是国家在全局层面上的放权,激发了整个经济的活力。

收入分配制度改革。收入分配制度的改革经历了收益绩效挂钩到纳入要素分配的进程,是在分权过程中形成激励机制的主要手段。20世纪70年代末,随着公有制特别是国有经济占绝对主导地位的局面被打破,资本、土地等要素由国家或相关公有组织占有、支配、使用的情况也出现了很大变化。中央适时提出"确立劳动、资本、技术和管理等生产要素按贡献参与分配的原则,完善按劳分配为主体、多种分配形式并存的分配制度",充分调动行为主体从事生产、经营活动的积极性,打破

① 全国工商联:《中国民营经济发展报告第三卷(2005~2006)》。

② http://news.xinhuanet.com/fortune//2007-10/01/content_6818200.htm.

③ 中国商务部数据。

平均主义对生产要素和人力资源合理配置和发挥作用的束缚，促使更多的潜在资源转化为现实的经济资本。

向地方政府放权。严格讲，地方政府并非经济主体，但政府直接拥有一些重要资源的配置权，通过对各级政府的分权让利，调动各级政府的积极性，是中国体制改革中的一项重要内容。首先，财政体制改革实现了财权的适当转移。1980 年开始实行“分灶吃饭”的财政包干，使地方政府的财政利益与本地经济效益相联系。1994 年实施分税制改革，在明确各级政府事权的基础上，合理划分中央与地方税种收入和财政支出，营业税、地方企业所得税等税种划归地方，极大地刺激了地方发展经济的积极性，一方面促使地方加大了对集体、私营企业的支持力度，另一方面由于企业效益直接与财政收入挂钩，使地方政府不可能容忍国有企业那样的预算软约束和长期亏损，促进了经济的效率与活力，成为经济增长的重要推动。其次，土地经营权成为地方政府手中可供支配的主要资源，是除财政以外的重要经济激励。土地经营权的运作大大促进了地方城市化和工业化进程，在引进外资过程中，土地低价出让与税收减免共同成为主要的优惠政策，使中国成为最具吸引力的投资目的地。①

总之，放权意味着多个主体的出现，这是实现竞争和向市场经济转变的必要条件。此外，竞争与激励同在。劳动者之间的竞争、不同所有制企业之间的竞争，甚至地方政府之间的竞争，都更加凸显了放权的激励作用，强化着各个经济主体创造收益、创造价值的努力，调动更多的人、财、物投入到有效的经济活动中去，实现了资源的有效配置。在竞争和激励的共同推动下，市场主体的成长必然要求更加完善的市场环境，进而将对市场机制的建设提出更高的制度变革要求，督促政府将市场化改革不断向纵深推进。

2. 扩大市场的作用范围

① 我国实行的土地政策并非一个完善的政策。这里只是说明这一政策在引进外资过程中、在充实地方政府财力方面具有重要作用，而不是对这一政策的优劣、正确与否做一评价或判断。

发挥市场作用主要是解决资源配置效率低下的问题。由于众多具有经营自主权的利益主体出现，政府再也不能对经济实施完全的直接控制。同时，为了健全市场作为各类经济信息集中、交换、扩散的基础机制，为上述各类主体营造分散决策、科学决策的前提条件，提高资源的配置效率，将体制上的激励转变为现实，政府还必须改变原有的行为方式，将价格、物资、金融等方面的计划管制，交由市场自发完成；将行政指令转变为遵循经济规律、依靠经济手段的间接调控，以便增强经济自我良性发展的能力。

市场体系的培育和完善。市场体系的建立和发展，既是体制改革的重要内容，也是分权后各类经济主体生存发展、创造价值的必然要求。中国市场体系的发展经历了一个从自发形成到自觉培育、从边缘发展到全面推进的过程：先是农贸市场为农村改革后的产品剩余提供了自由交易的场所；随后由个体劳动者形成的城乡集市成为人们喜闻乐见的形式；企业自主权的扩大和对非公有制经济的鼓励使得体制外的竞争性市场迅速成长；最终各类企业都需要借助生产资料市场、金融市场来实现再生产的循环；企业和个人都需要在劳动力市场上进行双向选择。随着 1992 年中共十四大明确了中国经济体制改革的目标是建立社会主义市场经济体制，中国的市场化进程开始发生质的变化，已经初步形成了包括消费品市场、生产资料市场、金融资本市场、劳动力市场、房地产市场、技术市场等在内的较为完整的市场体系，形成了以市场为基础的资源配置方式，为各类主体释放活力、推动增长提供了载体。

价格体制改革。价格信号是市场正确运行的基础。计划经济时期价格管理体制过于集中，重工业优先发展战略造成农工产品比价不合理、工业品内部比价不合理、服务业定价偏低、部分商品购销价格倒挂等一系列价格体系的扭曲，造成农业萎缩、产业结构失调、个体积极性受损，严重制约资源的配置效率。因此价格体制改革是理顺整个经济关系的枢纽。通过“双轨制”这样的独创形式，逐步放开价格，强化了以市场为基础的定价机制，使价格水平成为市场信息的真实反映，成为主体进行正确决策、推动经济繁荣的必要条件。所谓价格双轨制就是计划内和计划外产品的价格不一样。在农村，农民按国家生产计划完成的农产品由国家按统一规定的价格收购，农民在完成国家收购计划之后多生产的农产品可以在自由市场上出售，价格由市场决定。企业也是一样，按国家计划完成的产品按国家规定的价格出售，计划之外的产品由企业自行出售，价格由供需双方议定。

由直接控制向间接调控转变。计划经济时期，国家通过高度集中的金融和财政体系掌握了绝大部分经济资源，通过计划、投资和信贷直接加以配置。在改革中，要促进市场体系的发展，政府也必须改变自己参与经济的方式，变直接干预为间接调控。计划管理方面，由强制性向指导性转变，由指标型计划向宏观型、战略型和政策型计划转变，改进计划方法、增强科学性，使计划的职能从经济控制转向经济调控，使市场主体能够在更广阔的领域充分发挥自主性，减少对经济的扭曲。投资体制方面，改变了中央主导、行政命令和国家拨款的投资体制，形成了多元化的投资主体和多渠道的资金来源，不仅改变了原有的集中决策模式、提高了投资效率，也促使投资成为拉动中国经济增长的重要方面。金融体制方面，打破中国人民银行“大一统”的局面，建立了多种所有制的商业银行和非银行金融机构，创建了股票市场，大大拓宽了企业的融资渠道，宏观调控也从直接方式过渡到间接方式。

3. 对外开放

对外开放是国内市场化改革向国际市场的延伸，也是凭借外力实现跨越式发展的重要举措。1978 年以前，一方面由于国际环境限制，另一方面主要是经济实力较弱，没有多少可供贸易的产品。除了一些初级产品和农产品外，几乎没有工业制成品和机电产品，对外贸易的规模也不大，参与国际市场的水平很低。1978 年以来，对内改革和对外开放同时启动。与以往被迫打开国门不同，中国这次开放是主动参与、利用国际市场、国际贸易和国际分工，通过主动参与、学习、借鉴其他国家发展经济的经验，引进国外先进的管理方式，利用国外的资金、技术、人才，改革我们自身落后的投资、生产、流通、消费体制，以适应经济全球化的需要，促进经济发展。

首先，对外开放成功地利用了国际、国内两个市场和两种资源，为中国经济的发展注入了强劲动力。一方面，与国际市场接轨意味着可以享受资源全球化配置的收益。开放前，从封闭的视角看，中国只是一个人口众多、底子薄弱、资本稀缺、困难重重的发展中大国；开放后，在国际分工体系下，中国却凭借丰裕的劳动力资源，吸引了大量外资，将相对劣势转化为后发优势。截至 2007 年 8 月底，全国累计批准设立外商投资企业 619293 个，实际使用外资金额 7459.23 亿美元，①自 1993 年以来连续 14 年成为利用 FDI 最多的发展中国家，在全部国家中也仅次于美国。引进外资的同时也带来国际先进技术和管理经验，以学习借鉴为基础，为在较短时间内实现技术和能力意义上的另一种"赶超"创造了条件。另一方面，在体制改革渐次推进、国内市场体系无法瞬间就位的情况下，将目光转向国外，用国际市场作为国内市场的替代，大力实施出口导向战略，极大地扩充市场的比重和容量，引入外部竞争，不失为明智之举。1978 年，中国进出口总额仅为 206.4 亿美元，排名世界第 27 位，2007 年增长至 21738.3 亿美元，年均增长 18.0%，②2004 年以来稳居世界第三。1979～2006 年，净出口对经济增长的平均贡献率达到 8.03%。③

其次，中国的对外开放是有选择的渐进开放，既享受了全球化带来的收益，又降低了盲目开放的潜在风险。一是地域范围上有层次地开放。20 世纪 80 年代初，在对广东、福建两省实行特殊政策的基础上，正式批准在深圳、珠海、汕头、厦门成立经济特区，引入"以市场调节为主的区域性外向型经济形式"。90 年代起进一步向长江沿岸城市和内陆省区、内地沿边城市推进，最终才形成了多层次、有重点、点面结合的对外开放格局。局部市场的扩大和有步骤的开放为开展对外贸易、充

---

① 根据中国商务部历年统计数据计算。

② 根据中国商务部历年统计数据计算。

③ 国家统计局：《中国统计年鉴(2007)》，中国统计出版社 2007 年版，第 75 页数据计算结果。

分利用外国资金技术与经验提供了有益的尝试。二是开放方式上对内保护与对外开放并重。2001年加入WTO以前，中国总体上采取的是出口导向战略，着眼点主要在于开拓国际市场。与此同时，由于国内企业和产业仍相对弱小，还不足以经受国际竞争的强烈冲击，我们对国内市场和产业更多地采取了保护的态度，提出了“奖励出口，适当限制进口”的方针。1981年至1985年，中国实行的是官方汇率与贸易外汇内部结算价并存的汇率双轨制，①官方汇率主要用于非贸易外汇收支，而贸易结算价与官方外汇牌价之间的差价实际上是对外贸出口的一种支持，同时对进口起到了一定的抑制作用。1985年以后，取消了内部结算价，1988年增加了外汇留成比例，普遍设立外汇调剂中心，放开外汇调剂市场汇率，形成官方汇率和外汇调剂市场汇率并存的局面。外汇调剂市场的发展促进了留成外汇额度变现，调剂汇率与官方汇率日益扩大的价差代替了财政对出口的补贴，并增加了外汇储备。除此以外，还通过进口配额等非关税壁垒的设置，使进口主要向发展所需的技术设备等资本品倾斜，对一般消费品进口有所限制，对外国投资也保持了有选择的接纳，以便保护民族企业和关键行业。直到近年，在国家实力和竞争力显著提高的基础上，才逐渐降低了开放的门槛，由局部的地区性开放转变为全方位开放，由个别领域、一般领域的开放过渡到各个行业、关键领域（特别是金融领域）的普遍开放，由单方面为主的自我开放发展为“请进来”与“走出去”相结合的交互式开放。渐进的开放模式为更好地融入国际体系积累了宝贵的经验，提高了驾驭风险的能力，有效地避免了拉美国家过早实行经济自由化的痛苦经历。

总之，传统体制下政府包揽一切，成为经济活动的唯一主体，经济发展的模式与重点基本上是以政府的意志为转移，体制僵化不可避免，经济上的可行性也逐渐丧失。1978年以后，通过还原个人、企业的经济主体地位，解决了竞争和激励问题，在各类市场主体的逐利行为下，促使更多的经济资源投入到生产活动当中；通过发挥市场的调节作用，

① 官方汇率为1美元兑换1.5人民币，贸易内部结算汇率为1美元兑换2.8人民币。

解决了集中决策的信息成本问题，各种经济资源得到更加有效的配置，提高了经济效率；对外开放极大地扩充了市场范围，发挥了比较优势和后发优势，提高了中国经济的竞争力。改革开放消除了计划经济体制的弊端，使得中国经济的市场化进程不断深入。

三、中国体制改革的主要特点

(一)阶段性制度安排上的渐进性

渐进性是中国改革最为突出的特点。新中国成立后，中国在短短几年内即迅速建立起高度集中的计划经济体制；而1978年以来，中国的改革开放已持续了近30年且仍在进行。改革的渐进性特征深刻地体现在政府与市场边界调整的驼峰型路径上。中国的体制改革是把发展经济作为最终目的，而不是把市场化、自由化等作为目的，从深层次上看则是根据国内经济社会条件的发展变化，以追求经济绩效的直接、连续改善为指导，在不同的阶段实施不同的改革。这在各个重要的改革领域都有所体现：企业改革是非公有制经济先行发展，随后国有企业逐渐转换经营机制并深入到产权层次的改革；市场体系的发展也经历了一个从自发形成到自觉培育、从边缘发展到全面推进的过程；价格改革从调放结合入手，经过双轨制过渡，最终形成以市场为基础的价格形成机制；对外开放在区域上逐步推进，开放层次渐次提高。虽然中国的方式一度不被看好，但事实证明计划和市场不一定位于峡谷的两端，也不一定需要一步跨过。中国改革与其他国家改革的最大区别是，几乎所有发展中国家(包括转轨国家)的改革都是把市场化、私有化作为目的，认为只要实行了市场化和私有化，经济就会发展。而中国的改革把市场化、私有化(也就是产权改革)都当做实现发展的手段。

林德布罗姆(Lindblom)在其1953年的著作《政治、经济及福利》一书中，提出了“渐进决策”的模式及其几个优点：(1)渐进方式选择的决策方案与现实相差不大，可以预测；(2)在一时无法理清各种需求信息时，渐进方案能通过不断尝试的方式，找出较为满意的答案；(3)易于协调各种相互冲突的目标，不会因为远离原有目标，搞乱了原目标间的秩序;(4)渐进方式可以帮助人们检验所做的决策是否正确,特别是在复杂条件下,可以孤立某些因素,比较其利弊;(5)渐进方式比较稳妥,容易控制,能够及时纠正错误,不会造成大起大落的状况。① 渐进改革的思路不仅考虑了政治上的一致性和稳定性,同时也是由技术上的困难和现行制度的连续性所决定的。改革是一项庞大的系统工程。对于长期实行计划体制的国家来说,短期内不仅企业和个人没有参与市场竞争的经验,政府也不具备利用经济手段驾驭宏观经济的能力。一旦完全放开,不仅计划时期造成的经济扭曲难以改变,由于缺乏控制能力和权力制衡,还会导致私有化和自由化成为少数人掠夺大众的便利工具,经济混乱难以避免,改革失败的命运也无法逃避。而中国则采取了一种"小步行进"的方式,速度虽然不快但允许试错,有机会随时调整以达到制度的适宜。正因为如此,中国的改革才走出了一条政府与市场边界逐渐向下调整的路径,避免了由于制度剧烈变动超出经济社会承受能力而再次回到集中的老路上去。

但改革的渐进性不等于"慢慢来",也不等于没有快刀斩乱麻的果断措施。例如,中国证券市场的建立,从 1988 年 3 月提出设想,并引发姓"资"还是姓"社"、是否有必要建立和发展资本市场的争论,到 1990 年 12 月深圳证券交易所和上海证券交易所鸣锣开市,不可谓不快。邓小平指出,"证券、股市,这些东西究竟好不好,有没有危险,是不是资本主义独有的东西,社会主义能不能用?允许看,但要坚决地试。看对了,搞一两年对了,放开;错了,纠正,关了就是了"。② 正是这种"试验"和"试错"的精神,使得中国渐进式改革取得了卓著的成效。

(二)制度变迁推进方式上的灵活性

经济体制改革在本质上属于制度的变迁,必然要在"成本与收益"的矛盾运动中展开。如何扩大收益、减小成本,决定了改革的成效和命运。中国的改革没有采取一个固定的模式,而是采取了以结果论成败

---

① 转引自丁煌:《林德布罗姆的渐进决策理论》,载《国际技术经济研究》1999 年 8 月。

② 邓小平:《在武昌、深圳、珠海、上海等地的谈话要点》,载《邓小平文选》第三卷,人民出版社 1993 年版,第 373 页。

的方式，灵活地确定各个阶段改革的步骤、重点和形式，以使改革的“净收益”最大。

首先，中国的改革是从解决最紧迫的问题开始，这意味着改革的边际收益较大。农业是国民经济中的基础部门，又在计划经济体制下为工业部门的发展做出了巨大牺牲和贡献。在这种情况下，改革先从农村入手并迅速取得成功，农业生产成倍增长，为全面经济改革（包括城市改革和国企改革等核心领域）铺平了道路，创造了条件。在国企改革方面，同样也是按照问题的轻重缓急安排改革顺序。先通过放权让利的形式扩大企业自主权并提高其生产积极性，以提高企业经济效益为前提，再通过实行经济责任制兼顾国家利益；先实行所有权和经营权分开的企业承包责任制，保证国有企业平稳运行，再过渡到涉及产权问题的现代企业制度改革。

其次，中国的改革是从计划体制最薄弱的领域入手，这意味着改革的成本相对较小。农村改革、对外开放以及非公有制经济的发展，都体现了这种特征。相对于城市区域和国有企业，计划体制在农村的实践形式相对松散，市场的观念和机制更多地得到了保留，改革的基础较好。而非公有制经济直接在体制外酝酿发展，更避免了与原体制的冲突。先放开个体私营政策，造就一批有自主权、有活力的企业，同时以兴建特区、开发区形式大量引进外资，成为市场观念和机制的有形载体。在非公有制经济和市场范围不断扩大的情况下，对国有企业形成外部竞争和激励，逐步过渡到国企改革。在对外开放方面，也是利用了沿海省份城市毗邻港澳台、华人华侨众多、市场经济氛围比较浓厚的特点，成为全面开放的先导。

再次，“先试点后推行”是改革中广泛采用的一种形式，以便在实践中检验改革方案的效果。如农村家庭联产承包责任制、国有企业放权让利和承包经营责任制，以及设立经济特区和开发区等，都是从小范围试点开始的。对各种方案进行反复对比和筛选，最终选取最有利的形式向全国推广。

没有条条框框的限制，中国的改革根据客观条件以自己的方式灵活进行，选择了正确的顺序和方式，总能在各个阶段取得明显的成效，极大地鼓舞了人们的信心，保证了改革的顺利进行。

（三）制度安排上的不对称性

中国经济体制改革的过程总体上是一个政府退出、市场引入的过程。其特殊之处在于广泛采取了一种不对称的制度安排，即对部分领域实行保护的同时，在其他领域积极推进市场化调节。但这种不对称安排是动态调整的，随着条件的成熟，对前者的保护逐渐减少，而后者不断壮大，主要表现在以下几个方面：

增量改革。改革初期，由于国有企业放权让利的试验效果有限，改革重点开始由“体制内”转向“体制外”，从非国有部门入手，通过发展乡镇企业、城镇集体企业、个体经济和沿海三资企业等，实施“增量改革”战略。非公有制企业是市场经济的天然适应者和推动者。体制外先行的增量改革实际上是对国有部门的一种保护，使得国有企业改革可以暂缓，等待时机成熟时再深入进行，同时也是对国有部门的一种竞争压力，使它们逐渐适应市场竞争的文化。

双轨制。“体制内”和“体制外”两种企业的共存对资源配置方式提出了新的要求。在价格调整和配置手段改革无法一步到位的情况下，生产资料（包括工业产品和农产品）供应和定价的“双轨制”应运而生。这是一种让大多数人都能受益的制度安排——既维持了国有企业的运营，又保证了非国有经济的原材料供应和产品销售渠道。随着改革开放的深入，市场力量逐步增强，国有企业对于市场运作模式的适应性越来越高，“双轨制”才最终完成了历史使命而退出舞台。

补贴。补贴政策是中国改革过程中的特有产物。各种补贴的内容非常广泛，既有政府对个人的补贴，如农副食品价格改革后对城镇居民实行的长期补贴；又有政府对企业的补贴，如国有企业改革时以财政或贷款形式给予的补贴；还有中央政府对地方政府的补贴，如1994年实行分税制后对地方的税收返还。补贴是对改革中可能受损一方的利益补偿和必要保护。有了各种补贴充当“减震器”，市场化改革才得以更加顺利地推进。

（四）改革进程的政府主导性

在新制度经济学中，政府被认为是制度变迁中最重要的供给主体。在中国，市场经济主体对潜在利润机会的捕捉虽然是制度变迁的重要推动力量，但中国经济体制改革始终处于政府主导之下。强有力的政府对于推动改革和把握方向起到了关键性的作用。

首先，政府坚定的决心是改革持续进行的根本保证。在计划经济体制已经固化于社会经济生活方方面面的背景下，个人和团体即使有着强烈的制度变迁需求，也不可能对旧有制度实现全面突破，需要政府自上而下地对改革进行推动。

其次，政府是改革总体方向的引导者。中国的经济体制改革是突破原有意识形态的一系列制度创新。在没有先例可循的条件下，中国领导人高瞻远瞩，在改革的各个阶段和重要时期，保证了改革在正确的方向上顺利进行。20 世纪 80 年代初，一些坚持计划经济、坚持公有制的人认为私营经济的迅速发展是资本主义对社会主义的极大威胁，需要加以限制和打击。而邓小平对此的回答是"不搞争论"[①]。这种"不争论"是对私营经济的保护和默认，为此后有中国特色的社会主义市场经济体制的确立奠定了基础。

第三，政府是改革方案的主要决策者和改革进程的控制者。由于改革的原始动力来自经济社会发展的需要，市场主体存在主动创新的意愿，在农村改革等领域自发创造了很多优秀的制度模式，有着自下而上的成分。但从总体上看，改革离不开政府的决策和设计。其一，自发产生的改革模式需要经过甄别筛选，通过政府的普及推广提高改革速度与成效；其二，由于制度安排也是一种公共品，在某些涉及宏观经济调控的领域，如财政税收、金融体制等的改革中，政府比市场更具有比较优势；其三，由于改革关系到既得利益的调整，诱致性制度变迁将会遭遇大量的外部效应问题，从而使政府主导的制度变迁成为必需；其

① "不争论，是为了争取时间干。一争论就复杂了，把时间都争掉了，什么也干不成。不争论，大胆地试，大胆地闯。"参见邓小平：《在武昌、深圳、珠海、上海等地的谈话要点》，载《邓小平文选》第三卷，人民出版社 1993 年版，第 374 页。

四,基层广泛的制度变迁供给虽然为改革提供了良好环境,但并不必然带来正确的改革方式和顺序,而前面已经提到,有步骤、有选择的渐进式推进是中国体制改革取得巨大成就的关键因素。

总之,中国政府决心坚定、措施有力、政策安排全面细致,发挥了指示方向、试点试验、总结推广、控制进程等重要作用。改革在强有力的政府主导下,特别是在高层领导人远见卓识的指导下,得以持续平稳进行。

第三节　1978年以来中国制度的适宜性

一、中国共产党的泛利性确保了改革的普惠目标

最大化国家和国民利益是制度适宜的核心目标。在《国家的兴衰》一书中,奥尔森(Mancur Olson)曾强调了泛利性集团对于一个国家经济增长的重要性。所谓泛利性集团,是指自身利益和社会利益具有广泛交集的集团;与之相对的是分利集团,即那些只代表少数人利益的集团。政府作为制度供给的最重要主体,其泛利性的强弱决定了制度变迁的方向和宗旨。按照布坎南(James Buchanan)的公共选择理论,在"政治市场"中,每一个政治参与人都有其不同的动机和愿望,依据自己的偏好和最有利于自己的方式进行活动,是理性的、追求个人效用最大化的"经济人",并由此得出了"政府失灵"的结论,即政府官员的目标可能与社会福利最大化相矛盾。然而,正如阿马蒂亚·森(Amartya Sen)所述,"没有证据表明自利最大化是对人类实际行为的最好类似"。①

事实上,国家的效用函数要比个人复杂得多,考察政府的行为方式,也不能仅以经济利益最大化为约束目标。政府效用可定义为由政府选择行为而获得的在主观上的满足感,它由两部分构成:一部分是作为"理性人"所追求的自利效用,包括薪金、权力、地位、声誉、晋升等经

① 阿马蒂亚·森:《伦理学与经济学》,商务印书馆2001年版。

济效用指标和政治效用指标；另一部分是作为公共利益的法定代表所追求的泛利效用，包括经济持续增长、充分就业、居民可支配收入和社会福利增加、社会公平、环境改善等经济社会发展指标。即政府效用＝自利效用＋泛利效用＝（经济效用＋政治效用）＋泛利效用。可见，即使是相同的总效用水平下，不同的政府也可能在自利效用和泛利效用的比重上做出不同选择，在经济效用和政治效用之间做出各自的权衡。

任何国家的政府，要追求长期的而非短期的利益最大化，都不可能无视公众利益而狭隘地追求经济利益或政治利益，必须将自身利益最大化与民众利益最大化统一起来，只是不同国家采取的形式和统一的程度不同。在中国，政府的泛利性特征是由共产党的长期执政地位、政治制度和文化传统等因素共同决定的。

（一）中国共产党的性质、宗旨和长期执政是政府泛利性的政治基础

根据《中国共产党章程》，“中国共产党是中国工人阶级的先锋队，同时是中国人民和中华民族的先锋队”。工人阶级是现代中国最进步的阶级，有着极其广泛的社会基础。不仅如此，中国共产党在发展壮大中，不断吸纳先进力量，始终保持了先进性。从历史上看，中国共产党从一开始就是为了挽救民族危亡和促进民族发展而诞生的，这种社会历史背景，使我们党从一开始就同时肩负着阶级和民族的双重使命，不仅代表中国工人阶级的利益，而且代表中国人民和整个中华民族的利益，这就使得中国共产党有别于其他一些作为特殊利益和阶级代表的党派，具有极强的泛利性。

中国共产党的宗旨决定了最大化国家和国民利益是党和政府的根本目标。中国共产党代表中国先进生产力的发展要求，代表中国先进文化的前进方向，代表中国最广大人民的根本利益。发展生产力和培育先进文化是时代发展和社会进步的两条主线，也是广大人民群众的利益所在，而全心全意为人民服务正是中国共产党的宗旨。就是说，中国共产党的利益，与国家利益和最广大人民群众的利益是高度一致的，除此之外党并没有自己的特殊利益。这就决定了共产党的政策是以最大化国家和人民利益为目标的。对于广大党员来讲，牢记并实践为人

民服务的宗旨，是其是否合格、是否先进的衡量标准；对于广大党员领导干部来讲，坚持权为民所用、情为民所系、利为民所谋，是其是否称职、能否受到拥护的基本标尺。党作为一个整体，其路线、方针、政策的目标是增进人民群众的根本利益，党员和党员领导干部作为执行者又是以为人民服务为己任，二者相结合，保证了为人民谋利益的政策措施能够得到贯彻并收到实效。

中国共产党在长期执政过程中，始终以代表人民利益作为巩固执政地位的坚实基础。与刚刚夺取政权时相比，在长期执政的情况下，由于外部压力的弱化，如果执政党不能自觉地维护和促进人民的利益，就会从根本上动摇其群众基础，直接导致执政合法性的弱化，甚至政权的丧失。因此，始终代表最广大人民的根本利益，不仅是保持党的先进性的基本要求，也是党长期执政的前提条件。这使得党在执政过程中必须考虑国家的长远发展和人民的长期利益，将其作为最重要的目标加以追求，避免损害人民利益的短期行为。

（二）民主集中制与协商一致的民主制度有利于形成广泛的共识

在任何国家，决策的科学性和民主性都是国家发展目标得以实现的保障。中国没有采取多党制和议会民主制，原因很简单，它不适合中国的国情与历史文化传统。在中国，执政的中国共产党内通过民主集中制体现民主性。在国家的治理上是由中国共产党领导下的多党合作制来体现民主性。在中国不存在在野党，所有的政党都是执政党，都在共产党的领导下通力合作以实现国家的发展。这样，任何重大政策的出台和重大决策的做出，都是经过党内外广泛征求意见，在求同存异的原则下达成共识。这一共识是在照顾了各方关切、平衡了各方利益的基础上形成的，因此具有比较广泛的社会与群众基础，代表了大多数人的利益。因此这些政策的贯彻执行就比较顺利，就能较快地达到预期目的。我们认为这是符合中国国情的最为民主的制度。

（三）儒家文化传统强化了政府效用的泛利成分

儒家思想是中国传统社会的主流意识形态。无论是古代还是当代，在国家政治生活中，民本主义政治理想的烙印无处不在。

儒家主张“天生万物，唯人为贵”[①]、“民为贵，社稷次之，君为轻”[②]，认为治理国家应该以富民为本，“民为邦本，本固邦宁”[③]。在儒家强调利他、利社会的群体精神和价值取向下，人的价值定位于对他人、对社会的贡献。在这种思想的主导下，“学而优则仕”[④]虽然是一种个人行为，但其中充分蕴含着“齐家、治国、平天下”[⑤]的责任感和使命感，最终形成了民本主义治国传统，并传承至今。其核心主张为：人民是政治的主体；人民的福祉是施政的最高目标；民心之向背是检验政治清明与否的重要标准。

千百年来，在重仁政的民本主义思想熏陶下，“为官一任，造福一方”的传统行政理念早已植入中国官员的思想理念，特别是形成了共产党领导者“一切为了群众，一切依靠群众”的工作路线，实现富民强国成为执政者一生的崇高理想和最终价值，其中甚至蕴含着一种崇高的牺牲精神。数千年政治文明和文化传统的积淀，使政治领导人更倾向于以社会福利作为自身利益的衡量基础，促成了中国政府泛利性的价值取向。

在中国共产党的坚强领导下，政府总体目标与最大化国家和国民利益相一致，保证了改革开放以经济建设为中心，以解放生产力、发展生产力为目的，以改革福利的全民分享为出发点和落脚点。虽然不排除局部、个别人，甚至是“较大面积”的局部和较多的“个别人”出现腐败，但也没有发生由于政治权力集中而导致经济增长的利益向权力阶层和特殊利益集团倾斜的现象。这并非神明式的利他主义，而是由中国政治制度、决策机制和文化传统所共同决定的独特优势。

二、放权让利下的基层制度创新为制度适宜奠定了微观基础

在中国，虽然政府在体制改革中发挥了主导作用，但并不意味着这

---

① 《列子·天瑞》。

② 《孟子·尽心下》。

③ 《尚书·五子之歌》。

④ 《论语·子张》。

⑤ 《礼记·大学》。

场宏大的制度变迁完全是人为设计、自上而下的结果。事实上，微观主体和基层组织是中国改革的重要推动力量，基层制度创新为中国适宜制度的产生提供了良好的微观基础。

首先，对个人、企业和地方政府的放权让利赋予了基层制度创新实践的动力。放权让利有两层含义，即释放经济决策的自主权和扩大对基层的经济激励。这与1978年以前行政配置资源框架下的权力下放有着本质区别。与适宜制度促进经济增长的途径相类似，从微观层面上看，自主与激励对经济绩效的促进可分为三个层次：第一，通过提高努力程度和劳动投入扩大产出；第二，通过资源的合理配置和运用提高效益；第三，也是最重要的一点，就是通过改变行为模式，突破现有的制度框架，实现超越积累效应和配置效应的效率增进。当人们已经充分利用了现有制度框架内的生产潜力之后，必然有动力寻求制度的突破，有制度创新的内在要求。基层自主创新有利于适宜制度形成的原因在于，个人、企业和地方政府更接近于真实准确的经济信息。而人们之所以愿意去发现信息，利用获得的信息，是因为可以从中得到回报（钱颖一，1999），这就是权与利的激励作用。这种机制恰恰弥补了计划经济的信息成本问题和科学决策问题，这样产生出来的制度创新必然是有利于促进经济绩效改善的，因而也就确保了制度向适宜的方向演进。

第二，政府管制的放松为基层创新活力的释放提供了充足的空间。创新与管制总是处于相互对立的两个方面。只有创新的动力而没有管制的放松，同样会扼杀基层制度创新的努力。在改革过程中，对待基层对现有制度的突破，政府始终保持了相当开明的态度。这一点典型地体现在对安徽"傻子瓜子"的处理方式上。"傻子瓜子"的创始人年广久是安徽芜湖的一个小业主，1979年，因为生意兴隆雇用了10来个人帮忙，突破了个体经济8个雇工的限制。1980年，就一些人对"傻子瓜子"姓"社"姓"资"的争论，邓小平只批了六个字，即"放一放、看一看"，实际上是对这种突破的默认。7年后，到了1987年，雇工超过8人的民营工厂就已经比比皆是了。也是在那一年，中央5号文件中，私营企业的雇工人数才被彻底放开，并逐步成为中国经济增长的重要一极。

不仅如此，政府在推进改革开放和社会主义现代化建设的过程中还特别鼓励基层主体的主动创新精神。邓小平曾经指出："改革开放胆子要大一些，敢于试验，不能像小脚女人一样。看准了的，就大胆地试，大胆地闯。……没有一点闯的精神，没有一点'冒'的精神，没有一股气呀、劲呀，就走不出一条好路，走不出一条新路，就干不出新的事业。"①正是这种放松管制，允许闯、允许试的理念，为中国改革开放的若干重大决策铺平了道路。以特区的创办为例，1979 年 4 月中央工作会议期间，当广东省委主要负责人提出在临近港澳和沿海地区划出一些地方，设置类似海外的出口加工区的设想时，邓小平当即决定，指出："可以划出一块地方，叫做特区。过去陕甘宁就是特区嘛。中央没有钱，你们自己去搞，杀出一条血路来。"②实践证明，经济特区的设立对于改革开放具有重要的战略意义。解放思想、实事求是的根本含义也是要打破框框，鼓励其根据实际需要和条件许可进行改革和创新。事实上，在整个制度变迁的过程中，政府对创新动能的认可、保护和鼓励都成为推动改革不断向前发展的必要条件。

第三，广泛的群众基础为体制改革顺利推进提供了坚强后盾。马克思主义认为，人民群众是历史的创造者，是认识和实践的基本力量。在建设社会主义的新时期，这一点得到了更加充分的体现。在向基层的放权让利前提下，在"大胆地试，大胆地闯"的政策鼓励下，改革意识深入人心，改革的实践遍布各个地区、各行各业、各个单位，使得改革开放事业演变为一场轰轰烈烈的"群众运动"。在这场运动中，广大人民群众积极进取的开拓性、创造性得到了充分体现。人们消除了顾虑，放开了手脚，不断地创造新形式，为改革的推进提供了源源不绝的动力。一国在某项体育运动中的整体实力与该项运动在群众中的普及程度和一般水平显著相关。同样，制度创新实践的广泛开展形成了一个巨大的基数，这样才有利于更多适宜制度的涌现。乡镇企业的发展、各种企

① 《邓小平文选》第三卷，人民出版社 1993 年版，第 372 页。

② 《中国改革开放思想库》，人民大学出版社 1992 年版，第 1220 页。

业承包方式的出现，都是适宜性制度创新的突出例子。

第四，大量的基层制度创新实践与政府的正确引导共同促使中国的改革趋向适宜制度。自发制度创新的积极性已经蕴藏在广大人民群众当中了，大规模的基层制度创新实践形成的各种模式、经验，为比较优劣提供了便利。而政府一方面在放松管制的条件下，使基层的能动性和积极性充分发挥出来，另一方面又通过对这种自发的制度创新产物的筛选来实现对改革的最终控制。邓小平也说过：农村搞家庭联产承包，这个发明权是农民的，乡镇企业也是群众创造的，“我的功劳是把这些新事物概括起来，加以提倡”。[①] 也就是说，对于各地涌现出来的大量不同做法，政府可以通过汇总、比较和筛选来确定具有普遍意义的经验，并加以推广，最终形成适宜的制度，从而实现效率的更大增量。

总之，在向基层主体放权让利的前提下，制度创新的动力在广大人民群众中无法阻挡地爆发出来，使得微观主体和基层组织持续保持了极强的制度创新活力，推动了中国的改革不断走向深入，构成了适宜制度产生的土壤。政府则为基层的制度创新提供了友好的环境和可操作的空间，并顺势而为，对成熟而具有普遍意义的基层制度创新予以认可和推广，起到了甄别遴选的作用，最终造就了改善经济绩效、促进经济增长的适宜制度。因此，中国的改革应该说既非自上而下，也非自下而上，而是上下互动。这一点也许是中国适宜制度得以产生的最为重要的原因。

三、改革路径符合生产力发展水平

(一)市场化改革是生产力发展的内在要求

中国的现代化在民族独立战争的硝烟中起步，面临着基础设施和资金、物资的严重短缺，完全不具备工业化和现代化所需的基本经济、政治、文化、意识等条件。在这个时期，市场完全失灵，供求之间无法平衡，在这样的条件下实行市场原教旨主义是要失败的。如果政府不能

① 《伟大的实践，光辉的篇章》，载《人民日报》1992 年 10 月 24 日。

强有力地将现有资源集中起来发挥作用，经济就不可能得到恢复，因此必须实行政府主导的计划经济体制。在政府的强力推动下，中国迅速形成了高储蓄、高投资的经济模式，有力地推动了经济发展和工业化，初步建立起相对完整的工业体系，经济的自我发展能力有所增强——计划体制在特定历史条件下发挥了积极作用。但当吃饭穿衣等基本生存需求得到解决、经济基础有所改善、市场作用逐渐恢复后，寻求经济自主、尊重市场规律、发展社会生产的要求在各个阶层和各个领域自然地爆发出来。从集中走向分权，从计划转向市场，打破国有、私营的界限，追求生产力的极大发展和社会福利的迅速提高，成为时代的必然选择。正是由于实行改革开放的战略抉择，使中国经济走上了一条良性发展的快车道，才有了今天生产力的巨大发展和中国经济增长的奇迹。对于广大经济落后但渴望发展的发展中国家来说，他们面临的初始发展条件与中国极为相似。沿着"计划经济—计划与市场相结合（包括从计划为主、市场为辅向市场为主、计划为辅的过渡）—符合本国国情的市场经济"这样一条道路谋求自我发展，或许是一个可供选择的方案。

（二）改革与生产力水平的提高是个互动演进的过程

中国既是一个转型国家，又是一个发展中国家，具有双重身份。西方发达国家发展的起点就是以私有产权为基础的市场经济，其发展是连续的，本身就是市场经济不断完善的过程。中国的情况却不尽相同，是在发展的过程中逐步产生了从计划经济向市场经济转型的要求，体制转型和经济发展就成为新时期中国面临的两大任务。束缚中国经济发展的主要是体制问题，因此转型是必须的，为主要矛盾，但转型必须促进发展，这是检验转型是否成功的标准，也是适宜制度的根本目标。这就要求在转型过程中不能出现发展的断层，也就是说转型必须能够达到立竿见影的效果，否则就无法获取足够的支持和认可并使体制改革继续进行。

改革是一门艺术，只有正确选择改革的起点、路径和方式，才能连续不断地推动生产力向前发展。改革本身就是制度安排与现有生产力水平互动演化的过程。中国的改革从农村起步，解决了基本生存需求和工业发展基础问题，才有了继续向城市推进的条件。城市改革的最初核心是价格改革和所有制改革：前者的目标是为市场经济提供运行的基础，后者的目标则是扩大企业自主权、增强企业内部激励。价格双轨制既为非公有制经济释放现有生产力和积极性提供了可能，又暂时保留了国有企业的经营模式。随着乡镇企业、个体私营及外资企业的快速扩充，经济发展到一定水平，社会承受能力有所增加，深化国有企业改革的问题便被提上日程，从所有权与经营权分开的承包制开始，逐步过渡到现代企业制度的建立。为进一步使市场成为资源配置的基础，增强企业活力和地方发展经济的积极性，政府职能转变以及财政税收、金融体制的改革必须同步推进，对外开放的力度也要逐步增加。因此，选择了恰当起点和路径的改革如同一个触发机制，一项改革的背后必然牵涉其他改革，其原因就是各个阶段的改革适应了当时生产力条件和发展需要，二者之间形成了螺旋上升的演变轨迹。

在此过程中，我们走出了一条渐进式改革道路。这不仅体现在改革从一个部门向另一个部门的有序转换上，更体现在政府在推进一些改革的同时对另一些领域采取了保护。中国仍是一个发展中国家，资本积累依然有限，经济发展水平和技术水平远远落后于世界先进国家，在国际竞争中处于弱势。为维护国家经济安全和国民利益，还需要政府在资源配置中发挥独特的作用，特别是要对一些关乎国计民生的重要行业和领域进行必要的保护。从市场建设和参与的能力来看，改革初期各方对市场的驾驭能力有限，监督管理等配套制度不到位，全面彻底的私有化和市场化不仅不现实，而且相当危险。只有加强政府对经济生活的必要干预，培育和引导市场，保证改革进程的宏观可控，特别是通过发展科技、教育、培训及卫生保健等社会福利事业，调节国民收入的再分配，使经济增长的实惠向低收入阶层扩散，才能兼顾效率与公平，避免经济盲目发展，推动改革持续进行。这也是特定国情下的现实选择。

正如赫拉克利特所说，"人不能两次踏入同一条河流"，中国的经济体制改革已经持续了 30 年，与 30 年前相比，当前的改革在指导思想、具体内容和重点领域等方面可以说是截然不同。作为适宜制度来讲，正是这种延续着的变化不断适应着社会生产力的进步，又反过来促进了后者的进一步发展，在充分利用现有潜力的基础上不断发现新的增长点，在造就中国奇迹的同时也通过不断的调整保持了制度的适宜性，其中蕴含的正是变与不变的哲学思想。

四、改革模式与文化传统和意识形态相一致

一个社会的制度形态与文化传统、意识形态之间的关系密不可分。一种制度，不论是自发形成的还是人为设计引进的，都离不开文化基础、传统力量和意识支撑。西方市场经济和民主制度的形成，依赖于个人主义、自由主义和契约观念等文化传统和意识形态的源远流长；而中国的改革采取政府主导的模式，能够不局限于以往经验和既有理论，形成独具特色的渐进路线并取得成功，同样离不开这些因素的共同作用。

(一)中国改革模式与历史文化传统成功融合

1. 政府主导的改革模式符合中国的历史传统

在中国，以中央集权为特征的封建制度运行两千多年，形成了一套以士大夫阶层为主体、运作有效的管理机制，也形成了与这种体制相适应的一整套思想观念和行为方式，人们对上行下效式的改革容易接受。所以，政府主导的经济体制改革契合了中国的历史传统。

2. 兼容并蓄的传统文化有助于独特发展模式的形成

中国传统文化是以华夏文化为主体，同时包括众多民族文化的多元文化形态，具有很强的包容性和同化力，兼收并蓄。就文化形态而言，儒、释、道呈多元互补之势就是很好的例证。一方面，汉文化具有强大的生命力和同化力。历史上，中原虽多次遭到外族入侵统治，但儒家思想主流仍延续至今。而且统治时期较长、较为强大的民族恰恰也是被同化程度较高的民族。另一方面，中华文化的精神指向总是“和合”、“中和”，而不具有强烈的攻击性和侵略性。中国文化善于吸收外来优秀思想，对其加以改造并实现融合。在改革过程中，中国同样能够接受不同的经济理论和发展模式，特别是中国领导人具有宽阔的胸襟和眼

界，对于先进文明和外来经验能够博采众家之长、为我所用，兼容并蓄地形成有自己特色的发展模式。邓小平同志提出的三个标准，江泽民同志提出的"三个代表"重要思想，都是我们判断事物的标准。

3. 中庸、和谐、统一的文化思想促成了渐进改革模式的成功

中国文化强调中庸，它的核心含义是要求人们在待人处世、治国理政等社会实践中时时处处坚持适度原则，恰到好处，无过无不及，从而实现人与人的协调和人与自然的协调。反映在体制转型过程中，就是先从那些体制转型成本较低、收益较高的部门开始，先解决容易的问题，而把难题留在后面。中国文化强调统一，善于将看似矛盾的事物融合起来，发挥其不同的功效，反映到改革上就是体制内改革与体制外改革相结合，通过发展非国有经济来逐步推进国有经济的改革。中国文化强调平衡，任何改革都是在民主集中制的原则下，在平衡各种利益关系的基础上展开的，必要时还要对受损者进行补贴。民主集中制与西方选举民主的不同，主要体现在西方重视的是过程和手段：西方只要是经过一人一票的民主过程，就可以不问其结果如何；而中国更注重结果，手段和过程可能是民主的，但如果结果是损害大多数人利益的，那这个结果也是不能接受的。所以，中国改革的渐进模式是与中国的历史和文化传统相一致的。从反面的教训看，中国历史上激进式的改革，上至战国时期从打击大贵族入手的楚国"吴起变法"，中至宋朝牵涉广泛、急于求成的"王安石变法"，近至清末触动既得利益的上层阶级，追求大变、急变的"百日维新"，几乎没有什么成功的先例。

(二)摆脱教条主义的思想路线是改革成功的重要保证

"任何一种经济体制都有一整套与之相适应的意识形态作为其文化支撑。"[①]相应地，任何经济体制的变革都需要发展一套更具有适应性的意识形态。中国的市场化改革之所以能够取得成功，与始终坚持马克思主义的指导思想，又在此基础上以实事求是为原则不断进行理论创新，以意识形态的本土化发展作为改革先导的特点是分不开的。

---

① 莫里斯·博恩斯坦：《比较经济体制》，中国财政经济出版社 1988 年版，第 10 页。

首先，坚持符合中国国情的政治制度和指导思想，从而防止出现思想路线的混乱，避免盲目地屈服于内外压力，使改革乱了方寸。改革的基本性质是社会主义制度的自我完善和自我发展；市场化改革必须也只能在中国共产党的领导下有步骤有秩序地进行；计划经济在后期显示的种种弊端和不适宜性，并不是马克思主义或社会主义的失败，而是教条主义或脱离国情的失败。有了对这些关键问题和主导思想的正确把握，中国的改革才没有演变为对过去的全面否定，更不意味着对社会主义基本经济与政治制度以及主流意识形态的彻底否定。对马克思主义基本原理的坚持，有利于体制转轨沿着好的路径顺利推进，保持社会稳定，而稳定是经济改革发展的必要条件。与完全照搬外来的新自由主义意识形态的简单做法不同，中国的做法决定了改革不会是以私有化为中心的颠覆式休克疗法，而是在社会主义基本制度下，对政府与市场作用边界进行边际调整的渐进式改革。

其次，一切从实际出发、实事求是的思想路线，保证了改革模式的创新性和适用性。一方面，我们坚持不懈地开展反教条主义斗争，始终强调马克思主义与中国实际相结合、与时代和实践的发展相结合。即使在历史上，中国也从来没有严格按照列宁或斯大林模式开展革命和建设。在社会主义市场化改革的今天，成为理论指导的也只能是不断创新中的马克思主义理论体系。另一方面，我们也从国情出发，始终同新自由主义教条及其所蕴含的市场化改革方案保持着距离。事实上，在改革过程中，决策者从来没有把某一种模式作为一个终极理想去追求，而是坚持从解决实际问题的立场出发，采取了实践是检验真理唯一标准的态度去推进制度创新。正因为如此，我们才有了建设“中国特色社会主义”的基本命题，并按照发展了的马克思主义，将公有制占主体与推行市场经济并行不悖地统一起来，同时对新自由主义及其以私有化为核心的政策主张保持警惕，消除市场崇拜心理，正确实现转型过程中政府与市场关系的动态调整。

五、改革进程符合国际环境的发展变化

20 世纪 70 年代后期,有利的国际环境曾为中国改革开放的决策提供了重要前提。而纵观整个改革开放的年代,正是由于顺应了国际格局和世界经济的发展演变,改革开放才取得了今天的成就。

(一)改革时期的国际环境

首先,多极取代两极成为当今世界格局的基本特征。20 世纪 50 年代后期以来,美苏争霸成为世界政治格局中最引人注目的关键词。美苏两个超级大国之间的竞争态势愈演愈烈。60 年代中期至 70 年代末的十几年间,美国受经济危机的冲击,经济增长趋于缓慢,再加上陷入"越战"泥沼,力量严重耗散,苏联则凭借经济实力的相对上升在世界霸权的争夺战中积极采取攻势。然而,过度的军事投入与盲目扩张给苏联并不十分稳固的经济基础带来了沉重压力,1979 年入侵阿富汗的战争既标志着苏联霸权主义政策发展到极点,也是美苏战略地位转换的拐点。进入 80 年代,美国开始采取强硬态度,提出"星球大战"计划,启动了以高技术为核心的新一轮军备竞赛,从而拖垮了经济实力相对落后的苏联。90 年代以来,苏联解体、东欧剧变,标志着世界格局的重新排列,美国暂居上风,成为唯一名义上的超级大国。在此期间,中国利用国际关系的缓和,敏锐地抓住了全球化的机遇进行发展,在十多年的时间里奠定了融入世界经济格局的基础,又经过十多年的发展,到 20 世纪末、本世纪初,世界经济格局发生了有利于中国的改变。

其次,经济全球化加快发展,资本主义国家与社会主义国家之间、发达国家与发展中国家之间的竞争与合作出现新特点。经济全球化是生产力与生产关系矛盾发展的必然结果,是不可逆转的时代潮流,它以 19 世纪后半期资本主义大工业的出现为开端,伴随资本主义生产方式向全球扩张,在资本追逐利润的狂热推动下而蓬勃发展。从某种意义上讲,两次世界大战就是这种扩张的极端反映。不过,经济全球化程度日益加深,使世界各国的生产、投资、贸易、金融之间的相互依赖大大加强,人们不得不慎重考虑极端方式的机会成本,转而寻求其他更符合现

实的利润实现方式。特别是20世纪90年代以来，在不同社会制度和发展程度的国家之间，其竞争与合作关系都出现了新的调整。苏联解体后，美国、日本、西欧等国的国家安全和国家利益概念随之发生了变化，军事、政治上的对抗让位于经济、科技领域的竞争，发达国家之间经济实力和综合国力的斗争成为各国关注的焦点。这种局面也给发展中国家的发展带来了一些机遇。虽然意识形态、政治体制、价值观念上的矛盾依然存在，但随着经济全球化进程的发展，发达资本主义国家从其自身利益出发，也需要同社会主义国家扩大和加强交流与合作，开拓第三世界的广阔市场，共同解决世界经济发展和其他世界性问题，包括中国在内的发展中国家也就具备了承接国际产业转移的条件。由于各国的共同利益在增加，东西方国家之间、南北两大集团之间的交流与协作已经成为时代的主旋律，为落后国家发挥后发优势、缩小与先进国家的差距提供了可能。

最后，国际政治经济格局的演变使和平与发展两大主题更加突出。一方面，此次国际格局的变动，不是强国对弱国的征服，不是战胜国意志对战败国的强加，综合国力的强弱是决定各国在未来国际关系格局中地位的关键因素。由于综合国力的提高需要较长的时间，因而各国都需要和平的国际环境以发展经济。这种需求是世界形势出现和平与缓和趋势的决定性因素。另一方面，世界经济一体化深入发展，这种你中有我、我中有你的局面使各国越来越清楚地认识到：任何大规模战争的爆发，所造成的损失都不仅仅是交战国的，而是世界性的；即使是美、日、欧这样的发达国家，也不能脱离别国而单独发展。因此，在当今的世界政治、经济格局下，和平与发展两大主题成为世界各国共同的追求。

（二）改革的推进符合国际环境的发展变化

首先，中国利用了和平与发展的世界趋势，大胆推进改革开放，把握了社会主义现代化建设的有利时机。正如邓小平同志所说："我们的现代化建设要取得成功，决定于两个条件。一个是国内条件，就是坚持现行的改革开放政策。还有一个是国际条件，就是持久的和平环境。”[1]在世界大战不会很快到来、各国之间的竞争将主要围绕经济实力展开的基本判断下，我们坚定不移地走改革开放的道路，将主要精力放在经济建设方面，取得了举世瞩目的成就。与此同时，随着经济实力和国际地位的提高，中国已经成为维护世界和平与稳定发展的主要力量之一。改革开放与和平发展相互促进，中国不仅为自身赢得了良好的国际环境，也为世界更多国家的稳定和进步做出了巨大贡献。

其次，中国始终以正确的心态推进改革开放并融入世界经济，态度积极，而又避免冒进，以便最大限度地利用机遇，规避风险。

中国不改革、不开放、不融入全球化，就会被时代抛弃，就要被边缘化。世界经济的一体化是各国都必须面对的必然趋势。虽然发达国家掌握着推动经济全球化发展的命脉，独占着信息、科技、知识产权优势，主导着世界市场的发展，左右着国际经济的“游戏规则”，经济全球化的成本和收益在南北国家集团之间的分化相当严重，但一个国家很可能因为不能跟上经济全球化潮流而错失发展良机，经济全球化却不会因为某个国家或组织的缺席而停止发展。面对这种时不我待、日新月异的形势，停滞是落后，发展缓慢同样也是落后。中国必须积极搭上经济全球化列车，在对外开放中把握机遇、应对挑战，争取最大收益。

但是，作为一个发展中的大国，在发展的道路上中国仍面临着许多危机与困难。面对中国的发展，发达国家可能不愿接受这一现实，因为中国的成功意味着它们鼓吹和极力传播的“华盛顿共识”式的发展道路失去吸引力。因此发达国家会给中国的发展制造各种各样的障碍，有政治的，也有经济的，对此中国必须做好应对的准备。

---

① 1986年3月28日邓小平在会见新西兰总理朗伊时的讲话，见《邓小平文选》第三卷，人民出版社1993年版。

第五章　制度适宜促进中国经济增长的机理

从直观的角度看，经济增长是使用劳动、资本、技术等生产要素的结果，适宜的制度能够促进经济发展，最关键的原因是通过形成有效的激励机制，发挥积累效应、配置效应和创造效应，推动要素有效投入，优化资源配置效率，从而提高社会总产出和社会福利。近30年来中国发展的奇迹，就是适宜制度释放和激发中国人民的劳动热情和创造力、加快资本积累、促进技术进步的结果。

第一节　适宜制度激发劳动热情

人必须要愿意通过自己的劳动生产创造出产品，才能将人的生产和创造潜力转化为实际产出。一方面，这会使实际产出向资本、技术等外部条件给定情况下的生产可能性边界无限接近；另一方面，劳动会产生和增加消费和投资的财富来源，从而增强人力资本、形成资本积累、加速投资和促进技术进步，才能无限增加人的劳动潜力和创造力。因此，经济增长和社会发展的最终来源就是激发和释放人的劳动热情和创造力，促进劳动潜力向现实劳动成果的转换和劳动潜力的提高。

刘易斯(Lewis，1983)在分析经济增长的因素时清楚地意识到：经济增长依赖于人们对工作、财富、节俭、生育子女、创造性、陌生人和冒险等等的态度。这些态度分为两类：一是人们对财富的态度，他认为人们对财富的意愿是大不相同的，这取决于积累物质资本和文化资本的习惯和禁忌；二是人们对取得财富所需做出的努力的态度，即工作态度。从事经济活动的努力是决定经济增长的最终原因。如果不存在从事经济活动的愿望，或者由于制度阻碍了这一愿望的表现，那么经济增长就不会发生。

中华民族有积极进取和劳动致富的优良传统。新中国成立伊始，摆脱了“三座大山”的压迫、翻身作主人的中国人民建设新中国的热情极其高涨，这使得人们对计划经济体制给予了强烈的正评价和最大限度的支持，计划经济体制在当时发挥了恢复与发展经济的作用。但随着客观条件的变化，计划经济体制的适宜性逐渐降低，而“十年动乱”的发生更是把整个经济社会推向一个极端，使中国失去了根据现实需要调整制度的可能性，计划经济的负面影响越来越大，严重压制了人们的创造性和进取心。改革开放以来，适宜的制度安排重新释放和激发了中国人民的劳动热情，创造了举世瞩目的中国经济奇迹。

一、适宜制度、劳动和劳动潜力

制度属于上层建筑，是由生产力决定的。但是，制度对生产力也有反作用，表现在适宜的制度促进生产力的发展，而不适宜的制度束缚生产力的发展。适宜的制度安排能够激发劳动者的热情，发挥他们的创造力，一方面能够促进劳动潜力向现实劳动的转化，另一方面能够提升劳动潜力。

(一)适宜制度激发劳动热情

在资本、技术、人力资本等外部条件给定的情况下，人的劳动潜力是一定的。例如，一个伐木工人，如果处在利用斧子伐木的技术时期，或者由于得不到电锯，或者受自身知识能力所限不会使用电锯，这个工人一天只能砍伐 5 根树木，这是他的劳动潜力。但是，由于该工人劳动热情不高，实际上一天只砍了 2 根树木，这是实际的产出。如果能够通过适宜的制度安排，激发该工人的劳动热情，则这名工人一天可能砍伐 4 根树木，如果该工人的劳动热情被完全激发出来，他一天就可以砍伐 5 根树木。当然，劳动热情被完全激发出来是一种完美的情况，在实际中一般是不易达到的。图 5—1 说明了激发劳动热情、提高有效劳动投入的作用。横轴表示劳动潜力，纵轴表示劳动热情。劳动潜力与劳动热情封闭而成的矩形面积表示整个劳动的产出。图中点 E_0、点 E_1 和点 E^* 分别代表 40%、80%和 100%的劳动热情，L_0 代表劳动潜力(5 根树木)，当劳动热情发挥 40%、80%和 100%时，产出分别是 2 根树木、4 根树木和 5 根树木，分别由□$OE_0D_0L_0$、□$OE_1D_1L_0$ 和□$OE^*E_0{}^*L_0$ 表示，这个演进过程就代表了经济增长。这是激发劳动热情的短期效果。

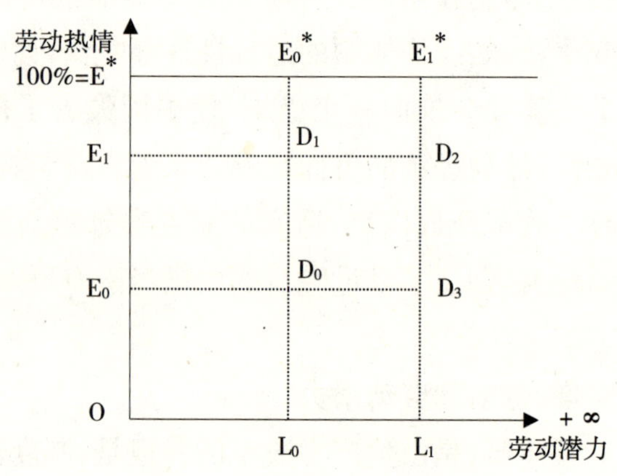

图 5—1　激发劳动热情的效果

(二)适宜制度提升劳动潜力

从长期来看，如果劳动热情能够得到适当激发，则劳动产出在维持劳动基本生存需要之后，就能够产生剩余，这个剩余可以被用来进行投资、发展技术和提高劳动者素质即人力资本。仍以伐木为例，40%的劳动热情所对应的□$OE_0D_0L_0$ 代表了“生存型”的产出，劳动者只能维持基本的生存需要，没有剩余，因此也没有技术进步、投资和人力资本积累。当劳动热情发挥 80%时，劳动产出□$OE_1D_1L_0$ 除了维持基本生存需要以外，还会产生□$E_0E_1D_1D_0$ 的剩余，它可以被用来进行投资、产生技术进步和提高劳动者素质，例如经过长期发展，发明了电锯(技术进步)，劳动者购买了电锯(投资)并学会了使用(人力资本)，这时劳动潜力达到一个劳动者一天可以砍伐 10 根树木，劳动潜力从 L_0 移到 L_1，这是激发劳动热情的长期效果。可以看出，由投资、技术进步和人力资本开发共同作用带来的劳动潜力增长是无限的。

在劳动潜力为 L_1 时，如果劳动热情分别发挥 40%、80%和 100%，则产出分别是 4 根树木、8 根树木和 10 根树木，分别由□$OE_0D_3L_1$、□$OE_1D_2L_1$ 和□$OE^*E_1{}^*L_1$ 表示。可以看出，如果劳动热情受到严重打击，例如从 100%和 80%下降到 40%，即使劳动潜力由 L_0 增长到 L_1，实际产出也会下降或不变，从而经济出现负增长或停滞。如果劳动积极性受压抑的程度不大，例如从 100%下降到 80%，则劳动潜力增加带来的正面效应会超过劳动热情下降的负面效应，综合效应为正，经济仍然会出现增长。

因此，长期经济增长是劳动热情和劳动潜力共同作用的结果，保持经济增长的关键，就是要激发和释放劳动热情，使短期效应和长期效应相结合的综合效应为正，以形成经济发展的良性循环（见图 5—2）。

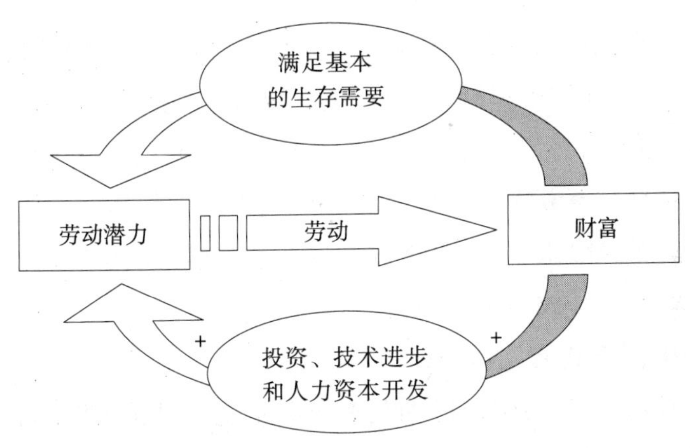

图 5—2　经济发展的良性循环

新中国成立以来，中国经济发展经历了恢复发展、计划经济体制下缓慢发展和改革开放以来快速发展三个时期，其背后反映的是中国的制度安排经历了从适宜到不适宜再到适宜的过程，人民的劳动热情也经历了被激发、被压抑和再释放的过程（见表 5—1）。这是一个渐进、摸索和向前寻求制度适宜的过程，在这个过程中，既不能"左"，也不能"右"，既要防止"过"，又要防止"不及"，应该以适宜为度。正是如此，才激发了中国人民的劳动积极性，释放了中国人民的巨大创造力，造就了中国经济社会发展的奇迹。

表 5—1 新中国成立以来中国制度适宜的变化

时期	1949～1958	1959～1978	1979～
制度	适宜	不适宜	适宜
劳动热情	激发	压抑	激发
经济和社会	恢复发展	缓慢发展	快速发展

二、有中国特色的激励机制为人们劳动致富提供了机遇

在所有大国中，中国现代化的初始条件是最差的。中国的国情是人口多、底子薄，这一特点经过了新中国成立以后 20 多年的发展并没有得到根本性转变。但是，从另一个角度来看，人口多也是中国的一个资源优势，发挥这一比较优势，对中国的现代化进程具有决定性作用。中国改革开放正是从农业这一就业人数最多、释放能量最快的产业入手，逐步向工业和城市扩展，通过产权、分配等一系列制度安排，激发劳动者的劳动热情和劳动潜力。

(一)农村改革激发了农民的劳动创造性和积极性

新中国成立以来，农村经济的制度变迁经过了新中国成立初期、集体化时期和改革开放三个阶段。

1. 新中国成立初期(1949～1958 年)

新中国成立前，我国农村的基本经济制度是封建土地私有制，土地占有严重失衡，农村中不到 10%的人口占有 70%的耕地。1948～1952 年，中国完成了农村土地改革，使全国 3 亿多无地和少地的农民获得了 7 亿亩耕地，原来被地主和富农占有的农业生产资料也被无偿分配给雇农和贫农。封建土地制度的破除，极大地激发了广大农民的劳动热情，解放了农村生产力。1952 年与 1949 年相比，农业总产值增长了 48.5%，粮食产量增长了 44.8%。

由于土地改革后农村的生产资料如大牲畜、农具比较匮乏，农业生产力水平低，一些地方的农民在自愿互利的基础上，组织了互助组和初级农业生产合作社。农民加入和退出这些互助合作组织都是自由的，

土地和生产资料私有，虽然是集体劳动，但分配上是自负盈亏或按劳分配(见表5—2)。加入和退出的自由使得如果不能在事实上做到按劳分配，农民就可以退出这种合作。这种制度安排保证了农民多劳多得、少劳少得、不劳不得，较大地调动了农民的生产积极性，表现出了制度效率，农业生产也不断提高。1958年与1953年相比，农业总产值增长了28%，粮食产量达到2亿吨，是新中国成立以来的最高水平。

2. 集体化时期(1959～1978年)

从1955年开始的“合作化高潮”改变了农业生产合作的自愿和自由性质。1957年底之前，以“高级社”为组织形式的高级合作化完成。从1958年3月开始，当年就实现了人民公社化。在高级社和人民公社这两种制度下，土地和其他生产资料都被收为公有，社员全部交出自留地，并将私有房基地、牲畜、林木等生产资料悉数收归公社所有，只允许留下少量家畜、家禽；农民必须加入公社，没有退出的自由；政社合一制度(包括户籍制度、粮票制度、口粮制度等)的确立，限制了农民的身份自由。农民失去了对生产资料的占有权，失去了对生产决策的自主权，失去了对劳动成果的支配权，失去了身份自由。生产什么，生产多少，生产资料由谁供应，生产之后卖给谁，都由政府说了算，作为生产者的农民只能被动接受(吴敬琏，2003)。这种高度集中的制度大大超越了当时中国农村生产力发展现实，因此很难得到农民的拥护，也就不容易成功。而事实上不能做到按劳分配的分配制度成为最后一根稻草。由于农业生产周期长、季节性强、空间分布广等特性，在对农业劳动的计量中存在极为严重的信息不对称现象，使得计量非常困难。分配上的工分制根本就无法将工作报酬与实际劳动数量和劳动质量较好地挂起钩来，使得“干多干少一个样，干好干坏一个样”，导致了严重的逆向选择和道德风险，逆向选择表现在那些懒惰的人最想加入并维持这种制度，而道德风险则表现为一旦加入后，即使本来勤劳的人也会自觉不自觉地降低劳动投入，在“出工一窝蜂，干活大呼隆”的集体劳动中，“出工不出力”的“搭便车”现象极为普遍，这是对勤劳致富传统的巨大破坏，鼓励了不劳而获和懒惰，极大地打击了农民的生产积极性。

压抑农民劳动积极性的制度后果很快就反映在农业生产上。1959年中国的农业产值和粮食产量下降了15%，1960年粮食生产又下降10%；直到1966年，粮食生产仅仅超过1958年的水平。① 这种以"队为基础、三级所有"农村集体经济制度，一直持续到1978年。在1959～1978年的20年间，中国的农业总产值年均增长仅为2%，粮食产量年均增长仅为2.1%，相比之下，1953～1958年农业总产值年均增长4.2%，1949～1958年粮食产量年均增长6.5%（见表5—3）。

3. 改革开放（1979年～）

1978年末召开的党的十一届三中全会开启了中国农村的改革。一些地区农村生产队开始试行分组核算，但这不能完全调动农民的生产劳动热情。安徽和四川的部分农民开始自发地实行包产到户，这种做法迅速在省内扩大，并得到中央的认可和支持。从1982年开始，中共中央连续5年以一号文件的形式，肯定和完善农村家庭联产承包责任制这一基本的农村经济制度。到1983年底，全国包干到户的农户占农户总数的94.5%。

与1959～1978年的农村经济制度相比，农村家庭联产承包责任制使农民重新获得了身份自由，虽然土地仍然是公有，但恢复了私用，其他生产资料实行了私有私用，个体劳动取代了集体劳动，自负盈亏取代了统一分配和工分制，重新实现了真正的按劳分配（见表5—2）。实际上，在1956年、1959年和1962年，曾经三次出现过包产风，但都被严厉制止了。

表5—2　中国农业各阶段的经济制度特征

制度	身份自由	土地	生产资料	生产决策方式	分配制度
互助组	自愿加入，自由退出	私有私用	私有私用，但有部分公有公用	集体劳动为主，但具有换工性质	除补偿换工的差额工资外，自负盈亏，无分配问题

① 国家统计局编：《新中国五十年》，中国统计出版社1999年版。

续表

制度	身份自由	土地	生产资料	生产决策方式	分配制度
初级社	自愿加入，自由退出	私有公用，但不得出租、买卖。有2%～5%的自留地	私有公用，有些由社购买或折价归公作为公有公用，耕畜分为私有私养公用、私有公养公用和作价入股，大农具或折价归公或私有并由社租用	集体劳动、统一经营	统一分配：对入社的土地、耕畜、农具折成工分给予合理报酬；劳动报酬实行按劳分配，多劳多得
高级社（1955）	强制加入，不能自由退出	集体所有制土地无偿归社所有，但自留地平均每人不超过土地总数的5%	集体所有，耕畜和大型农具按所耗费劳动和折旧给予补偿，生活资料、零星树木、家禽、家畜、小农具及家庭副业仍为私有	集体劳动、统一经营	统一分配：取消土地报酬；劳动采用劳动日制参与分配（工分）
人民公社（1958）	强制加入，不能自由退出	所有土地无偿归公社所有，取消社员的自留地	所有生产资料归公社所有，包括自养的家畜家禽和家庭副业等	集体劳动，统一经营	统一分配：实行工资制和粮食供给制相结合
联产承包（1979）	自由	公有私用	私有私用	个体劳动	自负盈亏

资料来源：作者整理，参考叶飞文：《要素投入与中国经济增长》，北京大学出版社，2004年，第361页和董辅礽主编：《中华人民共和国经济史》，经济科学出版社，1999年相关资料。

吴敬琏（2003）认为，家庭联产承包责任制使农民获得了三种形式的财产权。一是私人财产，这主要由存款、私宅、家用生产资料和生活资料构成。二是土地的使用权。尽管土地所有权属于集体所有，但由于其经营权归农民，并且允许长期承包，这就使农民获得了前所未有的收益权。三是农民人力资本的增长。农民获得了支配自己的权利，因而在流动和择业的过程中，其观念、意识有了很大改变，素质有了很大提高。

家庭承包经营制度的实质，是实现土地所有权和使用权在一定程度上的分离，即在不改变土地所有权的情况下给予农民承包期内土地的使用权（吴敬琏，2003）。在这种制度下，农民并没有获得完备的土地产权，因为土地仍然归国家所有，农民无权转让和买卖。但这种制度安排较好地适应了中国的国情，发挥了应有的激励作用。首先，与改革前几乎没有任何个人财产的状况相比，有限的财产权为提升农民的劳动意愿提供了强有效的激励。而且中央两次延长土地承包合同，1985 年全国各地普遍签订了 15 年的承包合同，1993 年中央提出将土地承包期再延长 30 年，契约的长期性和延续性有利于稳定农民的预期，并为其生产劳动提供持久、稳定的激励，也增强了农民对土地进行资本性投入的动机。激励人的方法很多，但没有什么方式能比财产权利本身提供更持续更有效的激励。改革后农民相关财产权利的获取对于促进农业生产的蓬勃发展起到了决定性的作用。其次，在整个改革过程中，随着农业税收逐步减少，尽管农民没有转让和出售土地的权利，但在使用过程中的个人收益率总体上越来越接近社会收益率，因而对生产的激励作用与拥有全部产权的区别并不大。此外，土地归集体和国家所有，禁止农民转让，也符合中国人多地少的国情。中国有 13 亿人，有 8 亿人生活在农村，人均耕地很少，有限的土地是其主要生活来源，即使对农民工来说，也往往是其最终的依靠。在农村社会保障极为不健全的情况下，如果土地完全私有化，农民一旦丧失土地，可能会变得一无所有，严重影响社会的稳定。因此，中国的看似残缺的土地所有权，实际上在有效发挥激励作用的同时，有力地保障了社会的长期稳定。

国有土地制度不但保障了大规模基础设施的建设，为经济发展奠定了基础，而且对国民经济快速增长产生了持续性拉动作用。与绝大多数发展中国家不同，中国没有听从一些国际组织和发达国家对包括土地在内的经济要素私有化的建议。由于土地没有私有化，这就为基础设施的发展和城市化的发展打下了最重要的基础。纵观大多数发展中国家，由于实行土地私有化，结果使国家的基础设施建设常常难以顺利完成。因为一条道路要通过一些私有土地必须征得其所有者的同意，否则就建不成这条路；即使能征得同意，政府也可能负担不起买回土地的费用。而中国的土地是国有的，国家可以使用，其成本是可承受的，这为中国良好的基础设施建设以及由此引发的巨大的投资倍数效应提供了重要保障。1949 年，全国发电量只有 43 亿度，2007 年达到 3.28 万亿度；1988 年中国第一条高速公路正式通车，2007 年底中国高速公路通车总里程达 5.36 万公里；解放初期，铁路营运里程只有 2.2 万公里，2007 年底达到近 8 万公里，这些基础设施为中国经济长期高速增长提供了有力支撑。

1979～1984 年，中国农业生产取得了新中国成立以来最快的发展。农业总产值年均增长 7.3%，粮食产量年均增长 4.95%（见表 5—3）。一样的天、一样的地、一样的人，为什么改革开放前后中国农业生产会有如此大的差异？其最为重要的原因就在于制度的变化。经济学家估计，中国由家庭承包责任制取代原来的农村集体经济制度这一变迁对中国农业生产力的贡献份额在 20%～50%之间，有的学者的估计值甚至高达 70%（卢现祥，2003）。林毅夫（1994）测算，各项农村改革对 1978～1984 年的农村产出增长贡献率总和为 48.64%，其中，家庭联产承包责任制的贡献率为 46.89%。

表 5—3　农村生产和从业人员年均增长率

单位：%

	1949～1958①	1959～1978	1979～1984
农业产值	4.2	2.0	7.3
粮食产量	6.5	2.1	5.0
乡村从业人员	2.6	1.8	2.7

资料来源：国家统计局编：《新中国五十年》，中国统计出版社 1999 年版。

家庭联产承包责任制的推行还促进了乡镇企业的发展。乡镇企业的前身是农村手工业和社队企业，它在 1958 年首次兴起，但那是一次政策硬性灌输的结果，虽然取得了一些成果，总体上却是劳民伤财。1970 年，社队企业的发展又一次出现了高潮，但为了防止农村工业对城市工业造成压力，对其发展严格限制在农村自给性经济的范围之内（陈锡文，1993）。家庭联产承包责任制的推行，一方面使农业生产大幅增长，为农村工业的发展提供了剩余；另一方面，劳动生产率的提高使大量农村剩余劳动力从原先在人民公社体制下的隐蔽失业状态中浮现

① 农业产值和乡村从业人员的年均增长率指 1953～1958 年期间的年均增长率。

出来，并获得成功释放；农民合法地拥有了向非农产业流动的自由，获得了支配自己的权利，农村中的劳动力有了发挥自己创造精神的机会，人力资本有了很大的增长和提高。除了满足乡镇企业需要外，改革还促进了农村劳动力大规模转移，增加了城市劳动力供给。

(二)城市改革提升了企业职工的劳动意愿和劳动效率

改革开放前后，城市经济发展也经历了由单一公有制下的计划经济向多种所有制形式并存的市场经济的过渡，城市经济的主体——企业和城镇劳动者的活力也经历了一个由压抑到释放的过程。

1. 计划经济后期的束缚

旧中国的工业基础十分薄弱。新中国成立以后，经过三年恢复和“一五”时期，中国工业取得了快速的发展。受苏联发展模式影响以及为了应对当时的外部军事威胁和政治经济压力，中国选择了以重工业化为中心的发展战略，实行高度集中统一的计划管理。这种体制适应于当时较低的社会生产力水平，对于集中有限的财力、物力和人力，恢复经济和初步建立工业化基础是有积极作用的。1949 年中国工业总产值仅 140 亿元，1960 年已经达到 1637 亿元，年均增长 25%。[①] 然而，在建立了初步基础以后，继续实行这种管得过多、统得过死的体制，就会压抑企业和劳动者的活力。对企业来说，实行统分统配、统收统支、统一计划、直接管理，企业变成了生产车间，生产什么、生产多少、产品价格、销售渠道，都由国家决定。企业缺乏经营自主权，导致企业活力和效率低下。

对城镇劳动者来说，实行的是“大锅饭”和“铁饭碗”式的分配制度，形式上是按劳分配，实质上是平均主义，收入水平难有显著提高，压抑了竞争，滋长了劳动者依赖国家、得过且过的惰性，严重影响了劳动者积极性的发挥，不利于效率的提高和经济的增长。1960～1978 年间，中国工业总产值仅增长了 1.6 倍，年均增长率大幅下降到 5.4%，而同

① 国家统计局编:《新中国五十年》，中国统计出版社 1999 年版。

期工业从业人员年均增长达到 3%，说明劳动效率提高甚微。[①]

2. 改革开放后的搞活

扭曲的宏观政策环境和高度集中的资源计划配置制度都是传统经济体制中的深层次问题，无法直接判定它们的负面影响。在现实中最容易看出的是企业的生产经营缺乏效率和生产者缺乏积极性之间的相关性，所以 1978 年以后的改革从微观经营机制入手，试图通过建立劳动激励机制，诱发劳动者生产经营的积极性，达到提高生产效率的目的（林毅夫，蔡昉，李周，2003）。1979 年以来的国有企业改革，提高了企业的经营自主权，引入了竞争机制，为企业及其内部人注入了不同程度的利润动机，打破了传统经济体制下“大锅饭”、“铁饭碗”和“一朝进入，终身无忧”的局面。随着国家社会保障制度的改革，过去由国家“统包”的福利也一一取消，人们要面临市场化的住房、医疗、教育和养老，生存和发展的压力迫使人们努力工作，效率得以提高。据统计，1984～1998 年企业职工人数年平均增长为 2.64%，却支撑了工业总产值年均 17% 的增长，职工的劳动生产率年均增长达到 20.5%。[②]

可以用劳动力供给和需求模型来说明劳动收益激励机制对于提升劳动意愿的作用。图 5—3 中，著名的“向后弯曲的劳动供给曲线”与向右下方倾斜的劳动需求曲线的交点决定了均衡的薪酬水平 W，以及劳动者愿意付出的劳动 L。当付给劳动者的薪酬 $W_1 < W$ 时，市场对劳动的需求为 L_2，但此时他仅愿意劳动 L_1，在劳动力不能自由流动和工资水平受到管制的情况下，市场不能自发调节回归到均衡水平，所以这时名义劳动投入仍为 L_2，但实际劳动投入为 L_1，$L_2 - L_1$ 即为劳动者“出工不出力”的时间。这是改革前中国企业职工劳动情况的写照。改革后，工资只与工龄有关、不与实际劳动数量和劳动质量挂钩的情况得到了根本性改变，固定低工资制度的打破和劳动报酬的市场化提高了人们的劳动积极性，“出工不出力”的“搭便车”行为得到遏制，名义与实

① 国家统计局编：《新中国五十年》，中国统计出版社 1999 年版。

② 叶飞文：《要素投入与中国经济增长》，北京大学出版社 2004 年版，第 391 页。

际的劳动供给最终重合于均衡水平 L，劳动报酬也达到均衡水平 W。

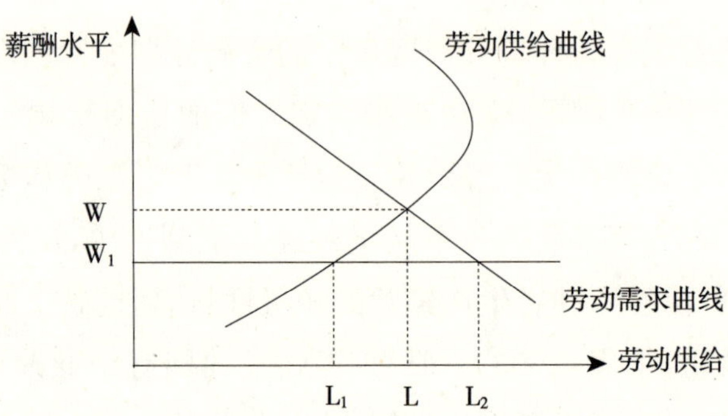

图 5—3　劳动收益激励机制对提升劳动意愿的作用

三、收入差距的制度性拉大提高了人们的危机意识和竞争意识

改革开放前后，在分配制度上，中国经历了由平均主义向按劳分配的转变。适宜的分配制度激发了国民的劳动热情和积极性。

中国计划经济的一大特征是较为严重的平均主义分配格局。国内外研究表明，改革前夕中国城镇内部的收入差距是相当低的，基尼系数大约为 0.16；农村内部虽然由于区域差异性的存在，收入差距高于城镇，但仍处于较低的水平，基尼系数为 0.22 左右。①

平均主义分配制度的形成，其原因是多方面的。首先，它与中国的历史文化渊源有关。历史上，农业与农民一直是这个古老国家的经济命脉与主要劳动者。由于不堪地主阶级及封建国家的残酷剥削与压迫，为维护自身生存权利，农民曾多次揭竿而起。平均主义成为号召与组织农民起义的有效工具和理想追求，平均主义思想实际上反映了由社会经济发展水平和农民自身经济地位所决定的小农思想境界。另一方面，封建统治阶级为了维持社会稳定，也强调同一等级内部的均衡。

① 国家统计局估计 1978 年城镇基尼系数是 0.16，Adel man 和 Sun ding 估计城镇基尼系数是 0.165，而世界银行估计 1980 年城镇的基尼系数是 0.16；国家统计局估计 1978 年农村基尼系数是 0.212，Adel man 和 Sun ding 估计城镇基尼系数是 0.22。转引自李实、赵人伟：《中国居民收入分配再研究》，《经济研究》，1999 年第 4 期。一般认为，基尼系数在 0.2 以下，分配过于平等，0.25～0.35 之间为中度不平等，0.4 以上为高度不平等。

西汉董仲舒说:“故其别人道而差上下也。使富者足以守贵,而不至于骄;贫者足以养生,而不至于忧。以此为度而均调之。是以财用不匮,而上下相安,易治也。”①因此,自古以来,中国人民对于收入分配制度就有“不患寡而患不均”的倾向,这种平均主义思想,在中国几千年的历史中是一种占统治地位的社会意识。其次,中国革命是在封建制度残余依然存在的条件下进行的,反封建是中国革命的三大任务之一,中国革命的主要参加者是广大农民。这使平均主义思想在中国革命中有深厚的土壤。而且,鉴于中国革命所面临的艰苦条件和艰巨任务,没有上下一心、同甘共苦的精神,是不可能团结与凝聚广大人民群众进行斗争并取得胜利的。因而,平均主义思想在中国革命过程中的存在是合理的,起到了不可替代的作用。也正因为如此,在中国革命胜利后,平均主义思想理所当然地进入经济建设领域,继续受到人们的重视(傅允生,2000)。

新中国成立后,由于急于过渡,中国当时把带有小农经济色彩的平均主义和共产主义理想等同起来,在分配制度上采取了“大锅饭”式的平均主义,个人收入趋于均等化。计划经济体制下平均主义的分配制度极大地挫伤了农民和工人的劳动积极性,对经济增长产生了很大的负面影响。邓小平就曾经指出:“我们坚持走社会主义道路,根本目标是实现共同富裕,然而平均发展是不可能的。过去搞平均主义,吃‘大锅饭’,实际上是共同落后,共同贫穷,我们就是吃了这个亏。改革首先要打破平均主义,打破‘大锅饭’”。②

1978 年党的十一届三中全会后,中国的分配制度改革也同时启动。1978 年 12 月邓小平在为党的十一届三中全会做准备的中共中央工作会议闭幕式上,就已经明确提出允许一部分地区、一部分企业和一部分人先富起来的政策。农村和城市在分配制度上的改革就是由平均主义向按劳分配转变。

---

① 《春秋繁露・度制篇》。

② 《邓小平文选》第三卷,人民出版社 1993 年版,第 155 页。

一般地说，收入差距对劳动积极性会产生以下四方面的效应：

一是收入差距的竞争效应。收入分配格局变化及其差距的适当拉开，有利于利益主体围绕经济利益高低和利益差别进行竞争，如在劳动力市场上，劳动力要素为了获得更高收入，就会围绕高收入行业和部门进行竞争，从而使该行业劳动力通过优胜劣汰实现更有效率的配置；另一方面，高收入者之间为获得更高的收益也会展开竞争，低收入者之间同样也是如此，这样各个阶层收入者之间通过平等竞争和优胜劣汰，既提高了劳动效率，又增加了收入。相反，在一个平均主义的收入分配格局中，则不会产生这种激励的竞争效应（权衡，2005）。

二是收入差距的示范效应。适度的分配差距可以引起人的攀比，刺激人的需求和欲望，从而可以“产生极大的示范力量，影响左邻右舍，带动其他地区、其他单位的人们向他们学习。这样，就会使整个国民经济不断地波浪式地向前发展，使全国各族人民都能比较快地富裕起来”。[①]

三是收入差距的社会效应。如果一个社会收入分配差距过大，出现两极分化和严重的社会贫困者阶层，人们在社会横向和纵向的比较中不能产生公平感，就会造成心理的失衡，使积极进取观恶化为嫉妒甚至仇视的情绪，不仅使任何激励手段和激励方式丧失应有的激励效用，而且会产生负激励效果。因此，一个合理的收入分配应该既有利于社会稳定，又有利于经济持续增长。

四是收入差距的转轨效应。转轨经济的一个重要特征就是基本制度建设和完善的法律环境远未形成，这就为部分人利用制度漏洞进行投机提供了机会。当收入差距更多地来自体制、制度、腐败等原因时，会极大地挫伤人的劳动积极性和创造性。

因此，收入差距对于提升劳动积极性和经济增长水平是一把双刃剑，既有示范效应和竞争效应带来的正面影响，也有社会效应和转轨效应带来的负面影响，多方面效应相互作用的结果，才是收入差距对劳动积极性和经济增长的净效应。理论和实践都证明，绝对的平均分配不

---

① 《邓小平文选》第二卷，人民出版社 1994 年版，第 152 页。

利于调动劳动者的积极性和经济发展。设计适宜的分配制度，适度地扩大收入差距并将其控制在合理的范围内，就会对经济产生示范效应和竞争效应为主的正面影响；如果收入差距，特别是不合理的收入差距过大，超过了社会公众的承受程度，社会效应和转轨效应就会占据主导地位，对经济增长产生负面影响。用图5—4简单说明。假设代表竞争效应和示范效应的正效应曲线一阶导数为正，二阶导数为负；同时，假设代表社会效应和转轨效应的负效应曲线一阶导数为正，二阶导数也为正。这样假设的经济意义在于，随着收入差距的扩大，由竞争效应和示范效应带来的正效应和社会效应与转轨效应带来的负效应都随之增大，不过正效应的增速越来越慢而负效应增速越来越快，这样，作为正负效应差额的净效应曲线，就会经历一个先上升后下降的过程。曲线的上升阶段表示适度的收入差距有利于提高人们劳动的积极性，而曲线的下降阶段就表示过大的收入差距反而会挫伤劳动的积极性。在分配制度改革后的一段时期内，由于平均分配的格局刚刚被打破，收入差距也没有扩大到超过临界点，竞争效应和示范效应占据了主导地位，这时分配制度的变迁极大地调动了人们生产劳动的积极性，收入差距与劳动积极性的关系就表现为下图中净效应曲线的上升阶段。

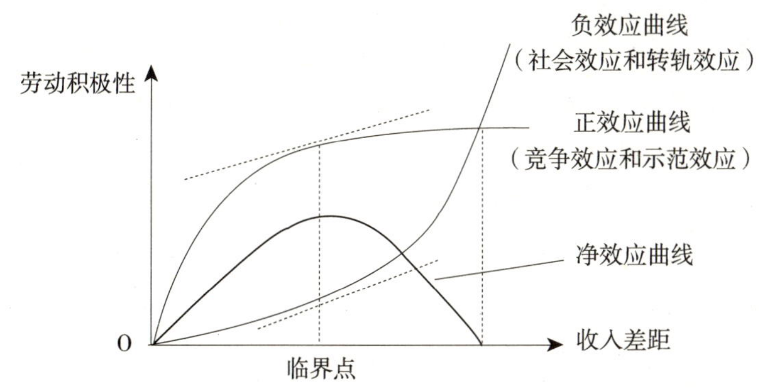

图5—4　收入差距对劳动积极性的影响机理

对一国经济增长而言，劳动积极性扮演了非常重要的角色。而能否激发劳动力的劳动积极性，提升其劳动意愿，主要是由制度安排是否合理、利益激励和管理监督机制是否有效以及劳动者利益是否得到充分保障等制度因素决定的。计划经济体制在后期不适应变化了的经济社会形势,大锅饭和搭便车行为使劳动意愿受到很大抑制,不能有效激发劳动积极性,经济发展必然缓慢。改革开放后的制度安排建立和引入了劳动力激励机制、监督管理机制和竞争机制,解决了劳动行为的动力和压力的问题,人们的劳动积极性得到了充分发挥,整个经济的劳动生产率相应提高,在产出增加的同时人们的收入水平也逐步提高,进一步激发了劳动的积极性,进入了一个良性循环的路径。

第二节　制度适宜促进投资

改革开放以来,我国保持了高水平的资本积累。高投资在创造当期总需求的同时,也通过完善基础设施、扩大生产能力提高了未来的供给,从而为中国经济持续快速增长提供了有力支撑。不少学者甚至认为中国经济是由投资驱动的“要素主导型增长”(Krugman,1994)。

投资对于经济增长的重要性众所周知,但问题是为什么不是所有国家都能持续保持如此之高的投资水平。资本的形成不是一个自发的过程,其背后有着更深层次的制度因素。一般而言,资本的形成包括三个基本步骤:一是投资资金的来源,必须要有实际的国内国际储蓄来为投资者积蓄资金;二是通过金融与信用机制从各种不同来源聚集可投资的资金,并使投资者容易利用这些资金;三是投资行为本身,即必须激发投资主体投资的积极性和有效性,使资本资源转化为实际的物质资本存量增长。这三个步骤缺一不可。改革开放以来中国正是通过适宜的制度安排,激发了各经济主体的投资热情,获取了必要的资金来源,才促进资本形成和经济快速增长。

一、制度适宜激发投资热情

(一)制度适宜促进企业投资积极性

企业投资来自两个动力:一是有利可图;二是对利润享有支配权或

所有权。传统计划经济体制下，企业生产和经营没有自主性，生产资料由国家计划供应，产品由国家包销和调拨，财务上则统收统支，企业利润全部上缴，亏损由国家弥补，企业用工和工资分配也完全由国家计划安排。"政企不分"的制度安排使得企业既缺乏激励机制又缺乏约束机制，严重束缚了企业进行投资的积极性和有效性。

改革后主要从两个方面激发投资主体的积极性。一是通过不对称的价格安排，提高企业投资收益，让企业有利可图；二是通过放权让利，为企业注入了利润动机，让个人利益与企业效益挂钩。

1. 不对称的价格体制提高了企业的盈利能力和投资意愿

新中国成立后为了通过发展重工业实现工业化，中国对价格水平进行管制，通过人为压低生产要素和产品的相对价格，实行低物资（原料、材料、燃料）价格政策、低产品（最终产品和服务）价格政策、低利率（资金使用价格）政策、低汇率（外汇价格）政策和低工资（劳动力价格）政策，来支持重工业的发展。改革开放初期，为了解决非公经济的供销渠道和产品定价问题，中国做出了一种特殊的制度安排，对于计划内的物资流通，仍按国家管制的计划价格购买和销售，对于计划外的物资流通，则按由市场机制决定的价格购买和销售，即实行所谓的"双轨制"。随着国民经济中非计划经济份额的扩大，在计划外流通的商品数量也日益增多，市场定价的范围逐步扩大，市场价格作为资源配置信号的作用逐步加强。

中国价格改革是逐步推进的，循着消费品价格改革、生产资料价格改革、要素价格改革的顺序进行。虽然改革的总体趋势都是由计划管制转为市场决定，但由于存在改革时间上的先后顺序，在终端产品和消费品价格逐步放开的同时，仍有相当份额的生产资料价格存在管制，例如到 1992 年时，产品价格中由市场决定的比重已经达到 93%，而生产资料价格中市场决定的比重才达到 73.8%。[①] 汇率、利率等生产要素

---

① 《中国物价》，1997 年第 12 期，转引自林毅夫、蔡昉、李周：《中国的奇迹：发展战略与经济改革》，上海三联出版社 2003 年版。

价格的改革则更为滞后。这样,在相当长的一段时期内,企业面临的是市场化的最终产品价格和人为压低的生产资料和要素价格,这种价格制度安排和改革时间上的不对称性提高了企业生产投资的边际收益率,从而在一定程度上促进了企业投资。

2. 放权让利调动了国有企业的投资积极性

党的十一届三中全会以后,中国开始对国有企业进行全面改革。1979～1984 年,中国对国有企业进行了"放权让利"的改革,"放权"就是放松政府对企业的计划管理,向企业管理层转移一部分过去由政府掌握的控制权;"让利"就是允许国有企业保留其利润的一定部分自主支配,而不必全部上缴国家财政。从 1984 年开始到 1992 年,国家继续加大对企业"放权让利"的力度,将农村改革的"承包"方式引入工商企业,实行了企业的承包制。政府把国有资产的经营权承包给经营者,政府对企业的所有权简化为对承包企业的收益权。这些措施改变了以往高度集权的管理模式,打破了平均主义的分配格局,建立起了个人利益与企业效益之间的相关关系。虽然没有触及到任何所有权的变革,但企业自主权从无到有的转变仍然释放出了强烈的激励效应。在改革初期各方面条件尚不成熟的情况下,形式相对初级、简单的改革措施也更容易为社会接受,对调动企业积极性,促进投资发挥了极为显著的作用。国有经济固定资产投资从 1980 年的 745.9 亿元增长至 1992 年的 5498.7 亿元,年均增长 18.1%。

随着经济社会的发展,企业规模不断扩大,经济关系日益复杂,初期改革措施的制度效率逐渐耗尽,变得不适应新形势的要求。于是,国企改革进一步推进到公司化改制和建立现代企业制度阶段,通过更加明确、科学的激励机制激发企业的投资热情。从总体上看,虽然国有企业的改革同中国的经济改革一样,都是以市场化为导向,但采取"放权让利——企业承包制——建立现代企业制度"这一渐进推进的改革路径,使得每个阶段性的制度安排都能契合当时中国的经济社会发展条件和承受能力,使得改革能够在维持社会总体稳定的情况下有效发挥促进经济发展的作用。反之,如果实行一夜之间就从计划管理跨越到股份制的改革方式，由于经济社会还没发展到与之相适应的地步，很有可能会过犹不及，重蹈苏联、东欧休克疗法的覆辙。

随着改革的深入推进，国有企业逐步脱离了传统的计划经济体制，市场化经营理念和行为模式开始逐步确立，而市场经济则通过产权制度和分散决策机制实现了对企业投资行为和投资效率的激励。

产权改革和利润动机使企业具有投资和自我发展的冲动。从长远看，企业投资的最大动机就取决于对未来的预期。如果未来财产风险很大，那么人们就失去了积累财产的积极性。计划经济体制下，对国有企业财产权利的剥夺和平均主义的分配制度并不利于资本积累。国企改革有利于增加产权的稳定性，从而稳定预期并提供长期激励，有利于调动企业投资的积极性。

分散决策机制使企业的生产投资决策更为及时和有效。“统得过死”是计划经济的显著特点。鉴于数量极为庞大的各类经济信息的可得性和准确性，集中决策使得计划经济的运转通常需要付出极其高昂的信息成本，容易导致资源配置效率低下。国有企业的市场化改革通过权力结构和层次的调整扩大了企业的经营自主权，原来统一归中央行使的决策权也分散到了处于微观层面的各个企业。分散决策机制在很大程度上解决了计划经济体制下的信息成本缺陷，行政干预的减少加上治理结构的改善使得企业的投资决策更为及时和有效，从而提高了资本要素的配置效率。

3. 产权清晰的非公经济有较强的活力

1987 年党的十三大明确提出鼓励发展个体经济和私营经济的方针，1997 年 9 月党的十五大正式将“公有制为主体、多种所有制经济共同发展”确定为中国社会主义初级阶段的基本经济制度。由于非公经济产权相对清晰，个人利益、企业利益与社会利益最大限度地统一起来，加上经营机制灵活，企业投资和扩大再生产的意愿较强，发展异常迅速。到 20 世纪 80 年代中期，包括集体经济、个体经济和私营经济在内的非国有成分无论在工业生产中还是在整个国民经济中，都占据了举足轻重的地位，对经济增长的贡献甚至超过了国有部门。在工业中其产出份额已经达到三分之一以上，在零售商业中非国有成分的份额增长得更快。国家统计局的资料表明，1978～1994年，国有经济年平均增长速度为8％，而非国有经济的年平均增长率高达25％，非国有经济有力地推动了整个国民经济的发展。来自私人部门的投资在社会总投资中所占比重也逐年上升，从1980年的13.06％迅速上升至2006年的66.58％。[①] 这些新的经济成分的成长是20世纪80年代中国经济持续高速增长的现实基础，同时既对国有企业改革形成示范效应，也逐渐形成对国有企业的竞争压力。

（二）制度适宜激发地方政府投资冲动

1. 地方分权和干部考核机制调动了地方政府发展经济的积极性

强调要调动地方政府发展经济的积极性在中国共产党的执政思想中早有体现，中国共产党从毛泽东、周恩来一代就提倡要充分发挥中央、地方两个积极性。但受传统计划经济体制本身特点所限，改革开放前我国的权力过分集中于中央，地方缺乏投资的积极性和自主性。虽然也进行过几次权力下放的尝试，但这种在总体上高度集中管理下的权力下放反而导致了“一放就乱，一乱就收，一收就死”的恶性循环。

党的十一届三中全会以后，为适应对外开放和经济建设的需要，中央政府在不影响自身权威、不影响中央对地方有效控制的前提下，为适应经济和社会发展的需要，更好地发挥地方在经济建设中的积极性，向地方政府下放了部分权力。一是扩大地方政府经济管理的财权。中央与地方的财政关系由中央“一灶吃饭”改为中央与地方“分灶吃饭”，1994年进一步实行“分税制”，使地方权力的强化具有财政和经济基础。二是扩大地方政府在经济管理上的事权。包括扩大地方政府固定资产投资和经济建设计划的审批权、外资审批权、外贸和外汇管理权、物资定价权，等等。经济管理权的扩大实现了真正意义上的权力下放，使地方政府成为相对独立的权力主体和利益主体，极大地调动了其生产投资、发展经济的积极性、主动性，促进了地方经济的繁荣。

① 国家统计局编：《中国统计年鉴2006》；《中国统计年鉴2004》。

此外，为搞活地方经济，中国还对干部人事制度进行了改革，建立了对地方官员考评和晋升的有效激励与治理结构。中国确立了以经济建设为中心的大政方针，经济发展成为考核地方官员政绩的重要指标。这种干部政绩考核制度与“为官一任，造福一方”的传统行政理念相一致，有利于地方政府树立以经济建设为主要导向的政绩观，推动当地投资建设和经济发展。但由于一些地方单纯强调GDP增长，忽视了经济社会的全面协调发展，其负面影响越来越明显，需要根据新的发展形势适时做出调整。

2. 为增长而竞争的地方竞争机制

20世纪80年代以来中国进行的地方分权和干部考核机制改革，不仅充分调动了地方政府发展经济的积极性和主动性，客观上还使得地方政府成为相对独立的利益主体，地方政府出于本地区经济利益和政治利益的考虑，形成了地方政府之间“为增长而竞争”的态势（张军，2005），推动当地经济增长，而当地经济增长所带来的政治经济利益又成为进一步促进竞争，推动投资增长和经济发展的强大激励。这种“激励——地方竞争——经济增长——激励”的良性循环客观上成为推动中国经济持续高速增长的重要力量（见图5—5）。

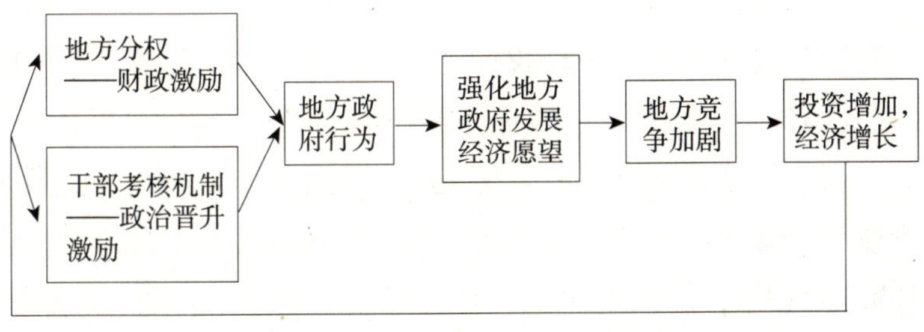

图5—5 地方竞争机制促进经济增长良性循环示意图

张军（2005）认为，在保持政治上的高度集中的同时，过去10多年来中国经济已经演变成事实上的“财政联邦主义”结构和体制。向地方政府的经济分权并从体制上维持一个集中的政治威权，把巨大的经济体分解为众多独立决策的小型的地方经济，创造出了地方为经济增长而激烈竞争的"控制权市场",从根本上替代了"后华盛顿共识"所要求的前提条件。没有彻底的私人产权制度和完善的金融,但却有了地方之间为增长而展开的充分的竞争。地方政府之间的竞争导致地方对基础设施的投资和有利于投资增长的政策环境的改善。

正是因为调动了地方与企业等投资主体的投资积极性,中国保持了较高的投资水平。从投资增长速度来看,基本建设投资和更新改造投资从1953年的91.59亿元增加到1979年的699.36亿元,年均增长8.1%;而1980年到2007年全社会固定资产投资从910.9亿元增加到13.72万亿元,累计达78万亿元,年均增长22%。从投资占经济总量的比重来看,纵向比,我国的投资率[①]逐年提高,1952~1978年的投资率平均为29.2%,1978~2006年间,平均投资率上升到了37.3%。[②] 横向比,1978~2005年全球的平均投资率为22.1%,与中国相比明显偏低。作为东亚奇迹代表的日本和韩国,在其经济增长最快阶段的投资率也不过36.1%和35.4%,与中国相比也稍逊一筹。[③]

二、制度适宜与储蓄

要完成资本积累,仅有主观意愿是不够的,还必须要有相应的资金支持。发展中国家大都资金匮乏,资本积累能力严重不足,中国同样面临这个问题。改革开放以来,我们通过适宜的制度安排,促进国内储蓄,吸收利用外资,支持了中国的资本积累。1981~2006年,中国累计完成固定资产投资总额63.7万亿元,年均增长20.88%,而同期固定资产投资资金来源合计达66.4万亿元,年均增长21.26%。[④] 无论从绝对数额还是从增长速度来看,中国都较好地解决了投资资金来源

① 资本形成/支出法GDP。

② 1952~1978年数据来源于国家统计局编:《新中国五十年》,中国统计出版社;1978~2006年数据来源于国家统计局编:《2007年中国统计年鉴》;2007年数据来源于国家统计局编:《2007年国民经济和社会发展统计公报》。

③ United Nations Common Database. 其中日本数据区间为1960~1973年,韩国数据区间为1971~1996年。

④ 国家统计局:《中国统计年鉴2007》,中国统计出版社2007年版。

问题。

(一)优秀文化和适宜制度促进国内储蓄

中国几十年投资的高速增长在很大程度上得益于国内高储蓄的支持。研究表明,中国1978～1995年间的平均国民储蓄率为37%,远远高于同期全球的21%(Kraay,2000)。中国的居民储蓄率和国民储蓄率与发达国家和新兴市场国家相比都是最高的。

1.“黜奢崇俭”的消费道德观和文化传统是高积累的有力支撑

中国文化倡导节俭,这与中国延续了几千年的农耕经济有千丝万缕的联系。春耕夏耘,秋收冬藏,农耕生产需要逐渐积累,自给自足的小农生产者经不起自然界和社会的“风风雨雨”,形成为防不测而习惯性地节衣缩食的传统。儒家文化历来注重节俭,反对铺张浪费。孔子说:“奢则不孙,俭则固。与其不孙也,宁固。”[①]“道千乘之国,敬事而信,节用而爱人,使民以时。”[②]墨子把节用看做是治国治民的法宝,在他看来,节俭则“民富国强”,“俭节则昌,淫佚则亡”。[③] 荀子把节俭认作是顺应天地间的自然规律而又能与天相抗争的手段:“强本而节用,则天不能贫;……本荒而用侈,则天不能使之富”。[④] 节俭思想一旦以一种文化的意识在一个民族、社会中扎根,它的道德约束力便往往使人们看不到节俭和储蓄的目的,而更多地把储蓄当做目的本身。

崇尚节俭、反对奢靡的文化传统促进了资金积累,为投资提供了资金来源。这种文化深刻地影响着当代中国人的消费和储蓄观念。高储蓄保证了高投资,使国家在短期内积累大量资本,为经济发展创造基础,并加速了人民创造并积累物质财富的过程。如果没有这种文化传统作支撑,长期高积累的做法就会损害个人福利,失去群众基础。日本、亚洲“四小龙”等国家和地区在其经济发展初期能够实现高储蓄支持的经济增长,节俭文化对其的影响是不容忽视的。

---

① 《论语·述而》。

② 《论语·学而》。

③ 《墨子·辞过篇》。

④ 《荀子·天伦》。

2. 收入分配和社会保障制度改革提高了储蓄倾向和储蓄水平

经济学理论认为,低收入阶层消费倾向高,储蓄倾向低,高收入阶层则刚好相反,在社会总收入不变的情况下收入分配向富人倾斜,可以提高社会整体的平均储蓄倾向。所以,在经济发展初期阶段应扩大收入差距,增加富人收入和储蓄,以利于资本形成并转化为投资。鲍尔(Bauer,1972)指出,追求平等会使“生活政治化”,“限制资本积累和有效配置”。

改革开放前,与计划经济体制相适应,中国实行平均主义的低工资政策,20 世纪 50 年代一名教授的工资是一个普通工人工资的 6 倍以上,到 1978 年,这种差别已经微乎其微。1952 年职工的年平均工资是 445 元,1978 年是 615 元,实际平均工资仅上涨了 10.3%,年均增长 0.4%。① 国家通过低工资政策将劳动者剩余掌握在手中,进行经济发展和建设。但由此导致的平均主义挫伤了劳动者的积极性,劳动者的经济剩余没有被更大程度地生产出来。1952 年,中国城乡储蓄存款余额为 8.6 亿元;1978 年为 210.6 亿元。改革开放以来,中国实行按劳分配和允许一部分地区、一部分企业和一部分人先富起来的分配制度的改革。通过改善微观激励机制,激发了人们的劳动热情,增加了劳动剩余和储蓄来源,提高了社会整体的储蓄水平。2007 年,职工的年平均工资是 24932 元,1978～2007 年的实际工资年均增长 14%;城乡储蓄存款余额则达到 17.6 万亿元。

社会保障制度的变化也迫使国民加大了储蓄。改革开放以前,国家负责社会保障和福利,水平不高但可以维持基本需要,城镇居民几乎没有必要进行货币储蓄。20 世纪 80 年代中期以来,中国对计划经济时期的社会保障制度进行了一系列改革,其变迁过程是一个从“国家—单位保障制”向“国家—社会保障制”的转变过程(郑功成,2002),改革以后中国社会保障总体特征是福利色彩淡化(见表 5—4)。费尔德斯坦(Martin Feldstein,1974,1996)认为,社会保障对个人储蓄的净效应

① 国家统计局编:《新中国五十年》,中国统计出版社 1999 年版,第 620 页。

取决于资产替代效应和退休效应的对比。通过实证研究，他指出每一美元的社会保障福利(Social Security Wealth)会降低2～3个百分点的个人储蓄，美国的社会保障计划使得私人储蓄减少了30%～60%。就中国来说，相对于改革以前，改革后中国居民所享受的社会保障福利水平是下降的，在原来的保障方式被打破而新的保障体制还不完善、各项社会保障制度覆盖率大大降低的情况下，未来生活和收入的不确定性大大增强，出于谨慎和预防动机为未来消费进行的储蓄也就增多了。

表5—4　改革前后四项城镇社会保障制度对比

		养老保障	医疗保障	住房福利	教育福利
制度模式	改革前	单位化、封闭式，由国家或单位单方负责	公费医疗制度、劳保医疗制度	“统一管理，统一分配，以租养房”的公有住房实物分配制度	中小学义务教育、高等教育免费制、高校助学金制度
	改革后	基本养老保险(1984年)、企业年金、个人储蓄三个层次养老保险体系	基本医疗社会保险制度(1993年)	住房公积金制度(1994年)、廉租房制度(1998年)、经济适用房制度(1998年)	中小学义务教育、高等教育收费制(1989年)、高校贷学金制度
覆盖率	改革前	覆盖绝大部分城市居民	覆盖绝大部分城市居民	覆盖绝大部分城市居民	全民性福利
	2003年年底	基本养老保险，60%	基本医疗保险，31%	住房公积金，24%	0

资料来源：习哲馨，庾丽娜，张文韬：《社会保障制度变迁对居民储蓄的影响》，《经济问题探索》，2007年第5期。

(二)吸引和利用外资弥补了国内储蓄缺口

作为发展中国家，国内资金需求过大和供给不足的矛盾是普遍存在的。外资作为一种外部资源，可以填补国内储蓄缺口，维持适度的投资。

20世纪50年代，我国利用外资形式单一，规模很小，只有19亿美元，主要是利用苏联提供的贷款。20世纪60～70年代主要通过中国银行在港、澳吸收存款，并通过贸易信贷从西方国家引进30多亿美元的重化工设备。

改革开放以来，中国开始实行积极引进和利用外资的政策。通过借鉴他国经验和进行制度安排创新，为引进外资提供了较为自由开放的经济体制、相对完善的法律框架和优惠的引资条件，推动了利用外资规模迅速扩大，促进了中国的资本形成和投资。1979～2006 年，实际利用外资 8827 亿美元，合同项目总计 59.6 万个；在利用外资中，对外借款占 16.7％，外商直接投资占 78.4％，外商其他投资占 4.9％。[①] 中国利用外资的总额从 1995 年就居世界第二位。为了引进外资，中国也付出了巨大的成本，如土地出让的优惠、税收的优惠，其他各种资源如水、电等的优惠，跨国公司利用转移定价等手段从中国转移走的收益等，综合来看，30 年来中国出让给外商的好处数以万亿计。虽然外资占中国全社会固定资产投资资金来源的比例并不大，但考虑到由外资带来的技术、设备、管理、国外市场等有利因素，可以说，中国利用外资所付出的代价从长远来看，是值得的。如果当初不做出这样的牺牲，中国经济也不可能取得现在这样的成就。纵观世界现代经济发展史，没有一个国家的经济腾飞是在封闭的环境下取得的，因此广大发展中国家也应把眼光放得更远，不必计较眼前的得失。

三、国有银行为主导的货币创造提供了经济转轨所需的资金

在投资和资金来源之间必须依靠适宜的金融中介将有限的资金剩余集中起来，并进行合理的配置，用于支持投资和经济增长。中国在转轨期采取了国有银行主导的金融制度安排，中国 30 年经济持续高速增长的事实证明，这种金融制度安排是适宜的。

国有银行为主导是中国金融体系的基本特征。1949～1979 年，中国的金融制度是典型的以国家垄断和中央集权为特征的计划金融制度，其基本特征是单一的国有银行制度。改革开放以来，中国金融制度改革不断向前推进，金融体系日趋完善。但在整个改革过程中，有两个基本特征始终没有根本改变。

① 国家统计局编：《中国统计年鉴 2007》，中国统计出版社 2007 年版。

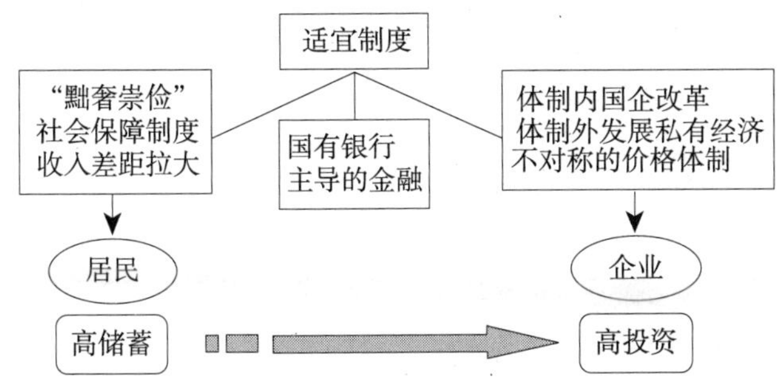

图 5—6　适宜制度促进中国资本形成与积累示意图

一是在整个金融体系中，银行占据主导地位。改革开放以来，我国金融资产总量从 1978 年的 1513 亿元增加到 2006 年的 494824 亿元，增长了 320 多倍，同时债券、股票等金融工具也从无到有、从少到多，但是银行在中国的金融体系中始终占据主导地位。2006 年年底，由银行系统配置的金融资产（用存款表示）在中国金融资产总量中所占比重为 64.37%，而 1978 年这一比重为 85.98%，总体上虽呈下降趋势，但银行体系的主导地位并未改变（见表 5—5）。

表 5—5　改革开放以来中国金融资产总量及其构成

单位：亿元

时间	现金		存款		债券余额		股票市价总值		金融资产总额	
1978	212	14.02%	1300.5	85.98%	0	0.00%	0	0.00%	1512.5	100.00%
1986	1218.4	17.11%	5502.5	77.25%	401.84	5.64%	0	0.00%	7122.74	100.00%
1992	4336	14.95%	21066.2	72.62%	2558.99	8.82%	1048	3.61%	29009.19	100.00%
2006	27072.6	5.47%	318531	64.37%	59816.6	12.09%	89403.89	18.07%	494824.09	100.00%

资料来源：1978 年数据来源于吴晓求（2006），其余各年数据来源于 CEIC。其中，存款包括活期存款、定期存款、储蓄存款和其他存款，债券包括国债、政策性金融债券、其他金融债券、企业债券、国家投资债券和国家投资公司债券。

二是在银行体系中，国有（包括国有控股）银行占据主导。改革开放以来，随着金融体制改革的逐步深化，国有银行一统天下的局面被打破，股份制商业银行、城市商业银行、农村金融机构开始出现并成长壮大，外资金融机构也进入国内市场参与竞争。但国有商业银行在银行体系中始终保持主导地位，国有商业银行资产在银行业金融机构资产总量中所占比重，到2007年年底仍达55.19%，占据了半壁江山（见表5—6）。因此，国有银行为绝对主导是中国金融体系的基本特征。

表5—6　改革开放以来中国银行业金融机构资产总量及其构成

单位：亿元

时间	国有商业银行		股份制商业银行		城市商业银行		其他类金融机构		银行业金融机构合计	
1983	3966	100.00%	0	0.00%	0	0.00%	0	0.00%	3966	100.00%
1990	27889	96.30%	1071	3.70%	0	0.00%	0	0.00%	28960	100.00%
2003	151941	54.93%	38168	13.80%	14622	5.29%	71853	25.98%	276584	100.00%
2007	253470	55.19%	56903	12.39%	26806	5.84%	122109	26.59%	459289	100.00%

资料来源：1983年和1990年数据来源于《中国金融年鉴1985》和《中国金融年鉴1991》，2003年和2007年数据来源于中国银行业监督管理委员会网站。其中，其他类金融机构包括政策性银行、农村商业银行、农村合作银行、外资金融机构、城市信用社、农村信用社、企业集团财务公司、信托投资公司、金融租赁公司、汽车金融公司、货币经纪公司和邮政储蓄银行。

（一）以国有银行为主导的金融制度是文化传统和转轨过程的必然要求

社会文化作为一种制度性约束，对一国金融体系的形成有着根本性和长久性的影响。例如，美国的社会文化传统更适应自由市场经济的发展，因此直接金融的发展具有坚实的社会基础。德国和日本则更注重国家与政府的作用，因此有利于确立银行业的竞争优势。受数千年农业文明的影响，中国的文化传统使股票、债券市场的发展缺乏应有的人文和法律环境，致使为直接金融配套的社会服务体系不够发达，限制了直接金融的发展。但正是由于中国人民生活节俭、吃苦耐劳、喜欢积累财富而不愿背负债务，为中国间接金融的发展提供了必要条件。同时，几千年的封建君主制度和儒家思想所倡导的中央集权以及国家主义至上也让国家意识、国家观念深深扎根于社会，人们习惯于接受国家和政府主导型的经济和社会发展模式，从而为建立和发展国有银行主导的金融体系奠定了社会文化基础。①

以银行尤其是国有银行为主导的金融体系是保证经济转轨所需金

①　李若谷：《中国金融的发展阶段和发展模式》，载《全球化中的中国金融》，社会科学文献出版社2008年版。

融支持内生的结果。对欠发达国家和转轨国家来说，金融市场发育程度较低，存在高昂的交易成本，单靠市场性的制度安排很难充分动员国内储蓄资源投资于实体经济部门；而金融中介的发展程度明显高于金融市场。因此，为有效地动员储蓄资源，保持经济的高速增长，在发展初期和转轨时期采取银行为主导的金融制度安排对大多数国家来说都是一种合理的选择。从中国的发展实际看，以国有银行为主导的金融制度安排使政府有效地调控了金融资源——这在发展中国家、特别是发展初期是十分稀缺的资源，并且弥补了转型时期由于金融机构自律性差、能力不足和监管弱而产生的金融风险控制不力的缺点，从而使保证经济高速增长所需的资金支持，实现金融为实体经济服务成为可能。如果倒回三十年，是否有比这种制度安排更适合中国发展需要的制度？如果我们一开始就按所谓市场经济的要求搞资本市场，或者完全放开政府对银行体系的控制，我们能有这样的发展成绩吗？如果让我们重新选择，我们能否选择另外一条道路来实现资本积累？事实上，选择其他道路都是空想，在当时我们有能力选择的就只有国有银行主导的金融体系这条道路。因此，改革开放以来中国经济改革与发展过程中的这种金融制度安排有其历史必然性。

（二）以国有银行为主导的金融制度保证了对经济增长的资金支持

居民的高储蓄倾向只是中国实现经济增长的一个必要条件，充分条件是把这些储蓄以某种形式集中起来用于对经济产出（尤其是体制内产出）的金融支持（张杰，2003）。以国有银行为主导的高度集中的金融体系保证了这一过程的进行。

首先，国有银行为主导的高度集中的金融体系有利于吸收居民储蓄。国有银行垄断了存款市场，居民除了将钱存进国有银行，没有其他的投资渠道。就像河流最终归入大海一样，中国金融体制的集中性保证了对居民部门剩余资金的有效吸收。而且，国有银行主导的金融体系背后实际隐含了国家主权对金融中介的担保，可靠的国家信誉消除了储户的风险顾虑，从而能够维持较低的利率水平。

可见，相对于纯粹的市场金融制度，国有银行主导的金融制度安排能够以低于均衡水平的利率吸收大于均衡规模的存款，在控制资金成本与扩展储蓄规模方面具有明显的比较优势。张杰(1998)还认为，由于可以在低于均衡利率的水平上吸收存款，国有银行只要能够增加存款就可获得利润，它们具有寻求新的存款来源以扩大利润的激励，尤其是可以在原本不愿设立分支机构的地区(如农村地区)设立机构以充分地动员那里的储蓄。这在一定程度上解释了为什么之前国有银行迅速建立起了遍布全国的营业网络，而随着国有银行改革的深化，四大行在农村网点的铺设上都有回缩之势。统计数据显示，中国的金融制度保持着很强的聚集金融剩余的能力，城乡居民储蓄存款在 1978～2006 年间以平均 27%的速度递增，储蓄存款总额由 1978 年的 210.6 亿元增至 2006 年的 161587 亿元，[①]其中绝大部分都进入国有银行账户而被国家所掌握。[②]

其次，国有银行为主导的高度集中的金融体系有效发挥了间接融资功能，支持了我国的资本形成。从发达国家的历史看，早期资本主义国家主要通过对内剥削、对外殖民掠夺等手段完成了资本的原始积累，实现了经济发展。中国作为一个发展中大国，与一般发展中国家相比有自己的特殊之处。新中国是在半殖民地半封建社会基础上建立的，从来没有经历过像西方国家那样的资本原始积累的过程，明末清初的资本主义萌芽最终没有能够形成大规模的私人资本。新中国成立后到改革开放之前，由于中国经济发展水平较低，金融发展落后，加上发达国家的封锁，无法通过正常的渠道筹集到足够的资金，因此国家承担了资本形成的任务，通过"工农业产品价格剪刀差"和城市居民"低工资"的政策，进行必需的资本积累，"剪刀差"曾一度占财政收入的 30%[③]。但这种借助计划经济制度并采用公共产权方式进行资本积累的做法速

① 国家统计局编:《中国统计年鉴 2007》，中国统计出版社 2007 年版。

② 例如 2005、2006 两年国有商业银行吸收的储蓄存款占城乡储蓄存款总额的比重就达到了 61.7%和 60.4%。

③ 毛泽东在 1956 年 11 月召开的中共中央八届二中全会上的讲话。

度太慢，规模也有限。①

改革开放以后，我们通过利用国际资本支持了一部分资本形成，但主要的资本形成还是通过自我积累实现的，其中，通过利用银行体系的货币创造功能，我们解决了绝大多数发展中国家发展资金严重匮乏，无法完成原始积累这一难题，从而使经济从开始发展就具有比较充分的金融支持。我们必须承认货币扩张对经济发展的积极作用，是国家隐性担保下的信用扩张激励了投资驱动型经济增长。如图5—7所示，改革开放以来，中国经济的高增长与固定资产投资、银行贷款投入的高增长相伴随，并且每个周期中贷款对经济增长的贡献率（贷款/GDP）指标的最高值基本是在GDP增幅最高值出现年份的前一年。例如贷款/GDP指标在1999年达到1995～2000年周期的峰值，GDP增幅就在2000年达到这一周期的最大值，2003年和2004年的表现也是如此，表明贷款对经济增长具有明显的促进作用。

银行贷款是最主要的投资资金来源。中国的固定资产投资资金无非来自四个方面：国家预算内资金、国内贷款、利用外资、自筹和其他。改革开放以后预算内资金所占比重呈逐年下降趋势，自20世纪90年代以来一直保持在7%以下，大多数年份在5%以下；外资在固定资产投资资金来源中所占比重也不高，除1995～1997年3年超过10%以外，大体保持在5%左右。1981～2006年间，固定资产投资资金中有18.9%直接来源于国内贷款，自筹和其他资金比重达到70.5%，②而企业自筹资金中实际上有相当比例是间接来源于银行贷款，例如关联方带入的银行资金，或是以前年度结转的银行资金等等。根据有关统计，由银行主导的间接融资在中国融资结构中也处于主导地位，国内非金融机构部门融资中，贷款的比重一直保持在75%以上。③ 银行业在通过货币创造实现资本积累、促进中国经济腾飞的过程中发挥了不可替

① 李若谷：《金融开放、金融监管与经济发展》，载《走向世界的中国金融》，中国金融出版社2006年版。

② 国家统计局编：《中国统计年鉴2007》，中国统计出版社2007年版。

③ 中国人民银行：《二〇〇七年第四季度中国货币政策执行报告》，2007年11月。

代的重要作用，也走出了一条有中国特色的资本积累道路。中国之所以能够做到这一点，首先得益于中国有一个强有力的政府，这个政府对宏观经济的控制能力极强，因此可以保证通过银行体系信用创造进行资本积累但又不至于产生严重的通货膨胀。同时，也是因为中国人民是个十分有纪律性和自我约束力的民族，再加上七千万共产党员的中坚力量，使得中国的社会不同于一些国家的自由主义社会，政府有能力控制住局面。如果不是这样，滥用银行体系必然导致恶性通货膨胀，对经济发展百害而无一利，是不足取的。①

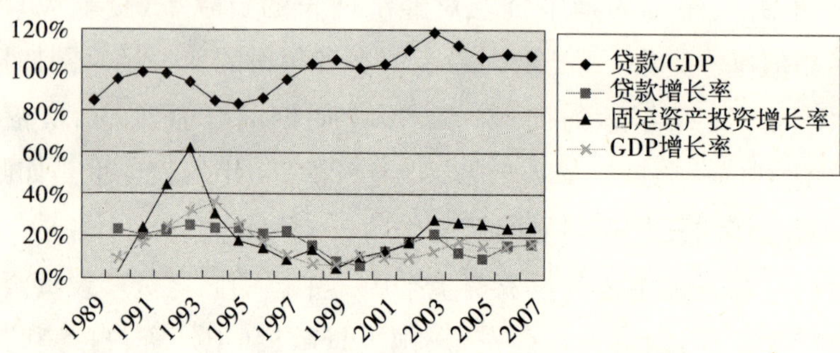

图 5—7　金融机构贷款、固定资产投资与中国经济增长的一致性

资料来源：CEIC。

(三)以国有银行为主导的金融制度通过提供金融补贴促进经济平稳转轨

中国经济的顺利转轨主要得益于体制内产出的平稳增长，而体制内产出之所以没有出现像苏联、东欧国家那样的衰退，在很大程度上取决于中国政府对国有企业的大量补贴。改革初期，这种补贴主要是财政补贴，包括对国有企业的直接亏损补贴、价格补贴(如国有企业可以

① 从经济学的角度来看，货币创造是否会导致通货膨胀，关键要看是否有足够的实物资产与流通中货币相对应。如果有相对应的实物资产，则货币创造是有效的，否则就会引发通胀。改革开放之初，中国经济远未达到充分就业水平，经济体系中存在着充分的尚未利用的潜在资源，因此改革开放以来，在政府强力而有效的控制下，由中国银行体系货币创造所支持的各类投资，绝大部分创造出了新的物质财富，货币供给的增加(社会总需求的扩张)有相应实物产出(社会总供给)的支撑，因此货币创造没有引发严重的通货膨胀。

从其他国有企业以低于市场价格的计划价格获得部分非劳动投入品）以及制度补贴（限制其他非国有企业进入）等。据统计，在 1985 年至 1994 年间，通过财政预算渠道给予国有企业的各类补贴（明补）折合起来平均占 GDP 的 5.63%。但是，财政补贴的力度在逐年下降，从 1985 年占 GDP 的 7.5%下降到 1994 年的 2.2%，与此同时，通过金融渠道对国有企业的隐性补贴即金融补贴却在迅速上升（周立，2003）。

金融补贴主要有三类：第一，贷款补贴。据世界银行统计，在 1985 年至 1994 年间，以低利率信贷和未归还本金形式统计的对国有企业的金融补贴占 GDP 的比重平均为 1.72%，1992 年一度高达 3.6%。第二，财政补贴中的金融部分。国家财政直接从国有金融部门获得了大笔金融支持。1987～1995 年，中国公共部门（包括政府预算与国有企业）的赤字平均占 GDP 的 11.16%，而通过金融渠道的融资占 GDP 的比重高达 7.09%。20 世纪 90 年代初期国有企业从银行借款缴税就是这种“赤字”补贴的常见形式。此外，国有银行对国家财政的金融支持一直是国家控制金融的主要收益之一，该收益占总收益的比重平均为 55.55%，其总额 1996 年达 4067.7 亿元。这笔收益中有相当一部分已转化为财政对国有企业的补贴。第三，国有企业对国有银行的过度负债和大量不良债权。这在事实上属于国家对国有企业的一种金融补贴。若把国有银行的不良债权全部算作金融补贴，那么在 1985～1996 年，这种补贴占 GDP 的比重平均达 9.7%，1993 年高达 18.81%（世界银行，1996；张杰，1998）。

除对国有企业的补贴外，金融业还必须为改革过程中的其他利益受损者提供补贴。改革过程中，由于必须维护各种群体的利益，使其免受改革释放出来的要求重新分配压力的冲击影响，国家仍对这些群体给予各种各样的补贴。各种补贴从 1978 年占预算支出的 56.5%提高到 1988 年的 74%。1987 年的预算拨款有 700 亿元用于各种补贴（其中包括食品的生产与消费补贴），约占全部预算支出的 24%。如对日常必需品的补贴占总开支的比重从 1978 年的 6.4%急剧上升到 1981 年的 21.1%，之后虽然有所回落，但到 1987 年仍占 10.4%。这些预算开支的赤字主要由中国人民银行和专业银行来弥补(世界银行,1990)。这些金融补贴对于维持社会稳定、缓和与解决当时的社会危机,起到了关键作用。

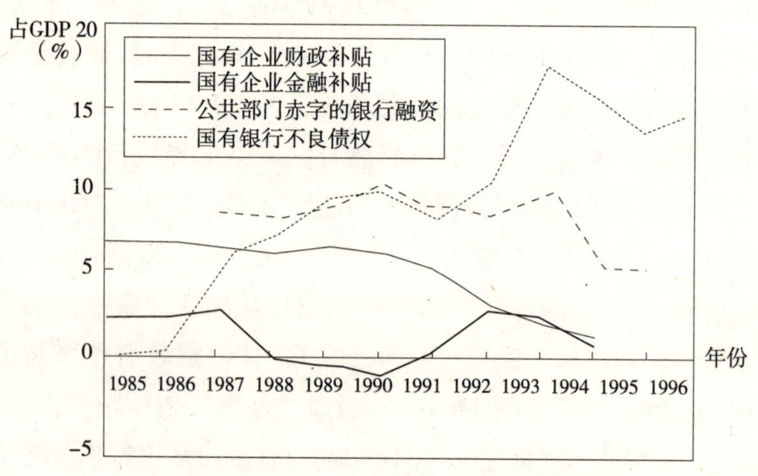

图 5—8　财政补贴与金融补贴:改革以来的趋势

资料来源:张杰:《渐进改革中的金融支持》,《经济研究》,1998 年第 10 期。

(四)不良贷款是金融对于经济的贡献在中国转轨时期的实质体现①

一般认为,一国金融体系的效率与经济发展是协调一致的。然而改革开放以来,一方面中国的经济增长取得了举世瞩目的成就,另一方面中国的金融体系却表现出了国有金融机构运营效率相对低下、不良贷款大量滋生等不令人满意的一面,形成了经济高增长与金融"低"效率并存的局面。事实上,这一悖论的存在本身就说明了对中国金融体系效率低下的评价过于片面。通过分析不良贷款的数额、形成背景和作用,我们认为不良贷款实际是国有银行为主导的金融体系支持中国经济发展的成本。

我们首先尝试估计国有商业银行的不良贷款率。这是一个巨大的

① 本部分内容参见李若谷:《中国金融改革与中国进出口银行》,载《走向世界的中国金融》,中国金融出版社 2006 年版。

挑战，国内外对此存在较大分歧。我们尝试做一次简单计算。先计算不良贷款：1999年剥离了1.4万亿，中行、建行股改两次剥离了约0.5万亿，银行自身处置了约1万亿（按照自2001年起每年降低2%～3%的不良贷款率估算），2004年的存量约1.6万亿，合计约4.5万亿。2004年底，四大行的贷款资产总额约10.5万亿。也就是说，如果不进行剥离和处置，四大行的不良贷款率约为45%。如果按30%回收率（四大资产管理公司的平均回收率20%，但其不良资产质量较差）计算，四大行的贷款损失率为31.5%。

这个计算过程本身并不存在太大问题，但以这种计算方式得出的结论却不能公允地反映国有商业银行的资产质量。1999年以前，中国几乎没有核销不良贷款，银行自身也很少冲销不良贷款，因此，四大行的不良贷款是历年累计的结果，是一个累计数。但银行贷款却不是这样，它是一个时点数字，它等于银行发放贷款减回收的贷款。比如，今年放款100亿，收款60亿，则资产负债表上只有40亿的贷款。如果以一个时点数（如40亿）做分母，而以一个累计数做分子来计算不良贷款率，那得到的结果显然要高于实际情况。而这正是中国目前的情况。因此，我们应当正确看待国有商业银行的不良贷款率，不要过高估计中国的金融风险。

其次，不良贷款实际是中国经济的转轨成本。新中国成立初期，由于百废待兴，加之面临不利的国际形势，中国实行了政府主导型经济增长模式，以集中财力发展经济。这种政府主导模式在新中国成立初期和改革开放初期有利于中国经济的迅速发展，并导致银行在支持经济发展的过程中发挥了主导作用。因为当时政府的财力十分有限，只能依靠银行等金融机构的间接融资功能来扩大资金来源、促进经济发展。作为由政府所有的银行，四大国有商业银行承担了许多政府职能和社会功能，在发放各种商业性贷款的同时还发放了许多政策性贷款，并在政府指令下为一些政府支持的项目融资。可以说，国有银行发放的贷款在过去几十年来绝大部分都形成了生产力，极大地促进了中国经济的发展，为中国的社会主义建设、为30年来中国的改革开放做出了不可磨灭的贡献。在此过程中也有部分贷款成为不良贷款，但这是中国经济发展的必然，是政府主导型经济增长模式发展的必然。另外，20世纪80年代财政体制改革后，银行部分承担了国家财政的职能，对中国渐进式经济改革给予了重要支持，带来了巨大的社会效益和经济效益。因此，中国在经济发展过程中形成的不良贷款，很大程度上起到了积累资本和财政替代的作用，促进了经济增长和社会稳定，可以说，不良贷款是从计划经济向社会主义市场经济过渡过程中的必要成本。没有银行承担这些成本，就难以换来中国社会政治的稳定和经济的持续高速增长①。

人民银行的一项调查显示，直接或间接行政干预形成的银行业不良资产占不良资产总额的80%左右，自身经营不善造成的约占20%。② 而且从宏观与历史的角度看，中国银行体系的不良资产换来了社会的稳定，换来了经济的持续高速增长，换来了一部分人、一部分地区先富起来，帮助形成了一个经济总量世界第四、对外贸易世界第三、外汇储备世界第一的经济体，收益远远大于不良贷款本身。至少到目前为止，我们可以说银行坏账大部分只能视为国家为发展经济进行的“透支”或“补贴”，没有银行的这种“补贴”，中国的乡镇企业、民营和国企都难以快速发展。所以，若要权衡不良贷款的“功过是非”，是“功”大于“过”，“是”大于“非”。

最后，不良贷款的问题可在发展中得到解决。存量方面，根据银监会统计，中国主要商业银行不良贷款余额1.3万亿元，另有2万多亿已划拨资产管理公司，按照20%的回收率，大约还剩1.6万亿元，两项合计有约3万亿元的不良资产。随着信贷资产规模不断扩大(2007年年底国有商业银行总资产达28万亿，银行业金融机构总资产达52.6万亿)，存量不良资产在金融资产中的比重逐步降低，其危害也会减小。增量方面，防止不良资产的发生，也有赖于经济的快速发展和企业效益

① 参见李若谷著：《走向世界的中国金融》，中国金融出版社2006年版，第179～181页。
② 苏宁：《中国“金融生态”的五大缺陷和六条对策》，载《人民日报》2005年7月13日。

的不断改善，银行信贷和经济增长之间的良性互动必然会使银行的不良贷款比重越来越小。更重要的是，金融安全归根结底是经济实力的综合反映。只有经济真正发展起来，才能化解金融风险，保障金融安全。

正如张军(2005)所说，“中国经济今天有很多问题，但中国经济的增长才是所有问题中最重要的问题。没有高速增长，我们看不到今天出现的这些问题。但是，没有增长才是最大的问题。”“在那些关于中国经济行将崩溃的‘研究’文献中，银行的坏账……常常被作为重要的‘证据’，但是被这些作者一直忽略的逻辑是，这些证据恰都与经济增长联系在一起。没有增长在很大程度上就没有这些‘可怕的’问题，而恰好是增长又在不断地‘解决’着这些问题，包括使问题变得不再如此重要。虽然这些‘可怕的问题’都与经济增长相联，但经济不增长倒可能是最可怕的问题。”

第三节　制度适宜促进人力资本开发与技术进步

20世纪80年代出现的新增长理论鲜明地提出：对持续经济增长有决定意义的是技术进步。一个国家长期经济增长的动力不是自然资源、物质资本的数量增加和单纯的规模扩大，而是知识和人力资本积累水平所体现的技术进步。技术进步不仅可以带动产出的增长，而且可以通过外部效应，提高劳动力、自然资源和物质资本等生产要素的生产率。技术进步和技术创新又是与制度紧密联系的。在技术创新方面总是存在私人收益和社会收益的巨大差异，这就需要一定的制度安排来保障发明者收益；技术创新取决于新知识的积累，知识存量决定了技术发明的方向，除非知识存量不断扩张，技术创新才不会停止，否则也会产生收益递减现象，因此就需要一定的制度安排来保证新知识的产生和知识存量不断扩大；科学研究存在巨大风险，即使技术创新成果也存在是否实现商业价值的风险，技术投资收益难以估价等因素都需要一定的制度安排来保障技术创新(叶飞文，2004)。因此，可以说技术创新和技术进步是否发生取决于制度的安排，吴敬琏（2002）也认为，“制度重于技术”。中国有重视教育的悠久传统和文化，改革开放以来更是通过制度安排促进了知识和人力资本的积累，促进了技术进步和技术创新。

一、与中国文化相结合的教育制度促进人力资本开发与积累

中国有重视教育的优良传统，但传统教育在教育方式、内容和方向等方面存在偏差。新中国成立以来，中国发挥重视教育的优良传统，建立了现代教育，在发展过程中尽管受到了外部干扰，但总体上取得了成功，为人力资本开发和技术吸收与创新奠定了基础。

（一）中国传统教育的优势和不足

以儒家文化为中心的中国传统教育文化，秉承“有教无类”和“人皆可以为尧舜”的教育理念，开创了平民教育的先河，促进了知识文化的传播。由此，形成了中华民族重视教育、尊师重教、兴学办学等优良的教育传统。这种对教育的重视是中国文化和传统中值得肯定的一面。

但是，中国传统教育在目标、内容和形式等方面存在不足：一是在教育目标上，科举制这种“学而优则仕”的精英选拔机制赋予传统教育极强的国家功利主义价值，求学与功名利禄直接挂钩，造就了“唯有读书高”、“书中自有黄金屋”的价值取向，导致求知、求真的科学精神匮乏。二是在教育内容上，以儒家经典为内容的八股考试，助长了读死书、死读书，形成教育与社会发展脱节之类的弊端。与自然经济状态相适应，在哲学思想方面，儒家思想重内省，重感悟，忽视对现实的感知、考察，这与以实践为基础的现代自然科学是不适应的，因此造成了近代以来东亚自然科学落后的局面（吴建华，2004）。三是在教育普及上，中国传统教育，是一种精英教育，教育的普及程度并不高。正是因为中国传统教育的这些流弊，才造成宋明以来的封建统治阶级和精英阶层总体上的日趋保守和自大，这也是近代中国落后的重要根源。

1840年的鸦片战争是中国自周秦以来“三千年未有之变局”。中国各阶层为挽救中国的危亡做出了不懈努力，从洋务救国到宗教救国，

从教育救国到科学救国和实业救国。新文化运动高举民主和科学两面大旗，“五四运动”揭开了新民主主义革命的开端，同时也推进了马克思主义教育思想在中国的传播。儒家学说独占教育的地位开始被打破，西方教育思潮被大量介绍到中国。平民主义教育和实用主义教育思潮涌现，反对封建等级教育，倡导平民教育；反对传统教育的形式主义，强调教育与生活、学校与社会的联系。西方自然科学知识得到了传播，现代国民开始重视自然科学，现代教育开始普及。

（二）教育事业的发展促进了劳动力素质的提高

新中国的教育事业是在薄弱的基础上起步的。新中国成立时，全国 80%以上的人口是文盲，学龄儿童入学率只有 20%左右。各类学校数量很少，分布也不合理。图书资料、教学设备、教材等都十分缺乏。新中国成立后，中国政府十分重视教育事业，通过接管和改革旧教育、借鉴苏联经验、规范学制、调整高等教育、开展教学改革、创办速成教育、开展成人教育等措施，初步形成了一套适合我国国情和社会主义建设需要的教育体系。尽管经历了 1958～1960 年的起伏，新中国的教育事业仍取得极大发展。到 1965 年，普通高等学校数比新中国成立前最高年增长 1.1 倍，在校学生数比新中国成立前最高年增长 3.3 倍；普通中等学校在校学生数比新中国成立前最高年增长 6.6 倍；小学在校生数比新中国成立前最高年增长 3.9 倍；学龄儿童入学率达到 85%。1949～1965 年，培养了 1.6 万研究生、175 万本专科生、295 万中等专业毕业生和 2000 多万中学生。[①]

受“十年动乱”影响，教育事业遭到严重破坏，学校停办、停课、撤销，教师队伍受到摧残，教育设施被占用、损坏，教育数量和质量急剧下降，各部门专业人才短缺，民族文化素质大大降低。

1976 年粉碎“四人帮”后，随着高考恢复，教育事业开始重新走上正确发展的轨道。经过 30 年的发展，中国教育事业取得了巨大成就。

一是全国上下对教育的重视提到了前所未有的高度。“十年动乱”

① 国家统计局编：《新中国五十年》，中国统计出版社 1999 年版，第 63～64 页。

也使国人认识到了教育沦丧、知识匮乏的可怕。当今中国已经形成“再苦不能苦孩子”、“再穷不能穷教育”的全民共识，中国社会普遍存在着不甘人后、千方百计培养子女、通过学习和考试竞争来取得社会成就和地位的意识。

二是教育思想理论得到空前突破。从“百年大计教育为本”到“科教兴国、教育创新”共识的形成，从人才强国战略的实施到“建设创新型国家”，教育观念、思想理论的创新促进了中国教育的全面进步。

三是教育体制改革稳步推进。8 部教育法出台，依法治教步入轨道；普通教育、职业技术教育、成人教育三足鼎立；基础教育投入由政府为主、社会集资为辅的办学模式发展到政府对农村基础教育学杂费的全部承担；国际交流与合作办学广泛开展，留学教育空前发达；民办教育持续健康地发展，教育经费筹措机制不断地完善，传统的计划经济体制下的教育转型为市场经济体制下的教育。1980 年，国家财政性教育经费只有 114.2 亿元，占 GDP 的 2.5%，2005 年增加到 5161.1 亿元，占 GDP 的 2.8%，各类教育经费总计则达到 8418.8 亿元，占 GDP 的 4.56%。

四是教育发展成就斐然。全国青壮年文盲率下降到 5%以下。普及九年制义务教育大面积完成，2006 年全国小学净入学率达到 99.3%，初中阶段教育毛入学率达到 97.0%。人均受教育年限已由 1966 年的不足 4 年提升到 2006 年的 12 年。教师地位与待遇得到最大限度的提高和改善，师资队伍稳定。① 高等教育发展从数量和质量上实现了历史性发展。2006 年，全国共有研究生培养机构、普通高校、成人和民办高校 4072 所；②研究生规模发展迅速，大学招生人数每年递增，2006 年，全国各类高等教育总规模超过 2500 万人，毛入学率达

① 国家统计局编:《从十六大到十七大经济社会发展回顾系列报告之十二:教育事业实现跨越式发展》。

② 教育部 2006 年教育统计数据。

到 22.0%，[①]正式步入高等教育“大众化”阶段。

教育一方面能够增加劳动者接受和吸收新事物、新知识、新技能的能力，另一方面也能够增加劳动者的创新能力，这都会增加劳动潜力，一旦通过劳动将这种潜力释放出来，就会促进经济发展和社会进步。改革开放以来教育的发展和完善极大地提高了中国人民的综合素质，高层次人才队伍不断扩大，大批学子出国留学归来。良好的人力资本积累为中国经济快速增长提供了源源动力。

二、制度适宜促进技术进步

技术进步主要沿着自主创新和技术引进两条路径展开。在不同的发展阶段，结合当时的国情和国内外形势，应该采取不同的发展战略。但一个国家要想在世界科技竞争中站稳脚跟、取得成功，最终还是要依靠自主创新。

（一）改革开放以前科技有所发展，但总体水平落后

旧中国的科技实力十分薄弱，科研机构和科研人才匮乏，科技成果寥寥无几。新中国成立后，建设一个崭新、强大的中国成为全国上下的共识，全国人民节衣缩食，一方面，从苏联等国家引进了一批先进的技术和设备，并接受了苏联等国在科技发展上的帮助和支持；另一方面，通过建立和发展科研机构、延揽培养科技人才、制定科技发展规划、加大科技投入等措施，增强了中国的自主研发能力。报国热忱使许多优秀的科技人员从国外归来，国内科技人员的求知和创造精神也空前高涨，他们以极大的热情投入到我国的科技发展和技术进步事业中，使我国科技事业取得了快速发展。即使我们在失去外部援助和支持的情况下（如中苏关系恶化、苏联撤走专家），高涨的工作热情、严谨的科学态度仍然使我们依靠自己的力量，取得了许多重大的科技进展。“十年动乱”使我国的科技基础受到严重破坏，许多科研机构被撤销，大批科研

① 国家统计局：《从十六大到十七大经济社会发展回顾系列报告之十二：教育事业实现跨越式发展》。

人员遭受迫害，科研积极性受到严重打击，前期积累起来的科技力量遭到极大损失。技术引进的外部环境也不宽松，我们同时面临美苏的封锁，可以说是内忧外患。虽然在一些关键技术领域例如氢弹、卫星，我们仍然取得了进展，但从总体上看，我国与世界先进国家的科技水平差距逐渐拉大。

（二）对外开放利用后发优势，促进技术扩散和技术进步

改革开放以来，科技工作重新受到重视。通过一系列的科技制度安排，重新激发了科技人员的创造性和工作热情，并为科技人员进行科学研究、推进技术进步创造了必要条件和环境。一是提高科技工作者的地位和待遇，建设科技人才队伍。2005 年末中国科技人员已达 381.5 万人，其中科学家和工程师有 256.1 万人。二是大力发展科学研究机构，政府部门、高等院校和大中企业的科研和技术开发机构成为开展科技活动的三大支柱。三是多渠道增加科技经费投入，研发经费支出占 GDP 的比例从 1995 年的 0.57%上升到 2007 年的 1.49%。① 四是深化科技体制改革，使科研为经济建设服务。五是通过立法、政策手段提高科技创新主体的积极性，如专利制度、知识产权保护制度、鼓励科研人员自办、经办科技型经济实体的政策等。六是加强国际交流合作。

在夯实科学技术消化吸收和创新能力的基础上，中国在改革开放后的近 20 年内主要依靠技术引进和消化吸收，缩小科技差距。主要途径包括：一是鼓励资本品特别是先进技术、设备进口。资本品的进口比重由 1980 年的 25.6%上升到 2006 年的 45%左右。② 二是通过利用外资，促进技术扩散。实证研究表明，现代技术传播的重要途径往往不是传统的技术转让协议，而是国际直接投资带来的外部效应和溢出效应。科高（Kokko，1994）认为溢出效应来自示范、模仿、传播和竞争。江小涓（2002）的研究得出对华 FDI 产生的技术外溢效应主要是由技术扩

① 国家统计局：《中国统计摘要 2008》，中国统计出版社 2008 年版。

② 国家统计局：《中国统计年鉴 2007》，中国统计出版社 2007 年版，其中资本品进口额用机械及运输设备进口额衡量。

散、技术竞争和技术应用来实现的结论。江锦凡(2004)认为外国直接投资在中国的技术外溢效应主要通过人力资本渠道来实现。中国在利用外资过程中遵循一种技术要求不断提高、适用范围不断扩大的渐进模式。如图 5—9 所示,从最开始对技术没有明确要求,到鼓励在传统产业采用先进生产技术,到鼓励设立高新技术产业再到鼓励技术研发;区域范围上也由经济特区扩大到经济技术开发区、高新技术开发区再

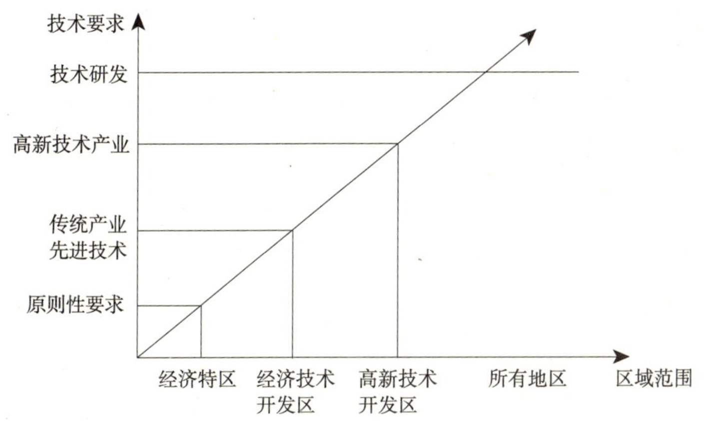

图 5—9　FDI 引进技术政策的演进过程示意图

到最后的无区域限制。先以一个较低或较原则性的技术要求,在一个可控的范围(产业或区域)内进行摸索和积累经验;然后对其中有益的经验进行总结、规范,形成政策并在更大的范围内施行;接下来提出一个更高层次的技术导向,并确定一个新的可控范围,继续进行政策摸索(马鸣川,曹宇青,2006)。

之所以采取引进为主的战略,是基于改革开放初期中国与发达国家在技术上存在着较大差距的事实,发挥后进国家在技术进步方面的后发优势,以较小的成本和较少的时间缩短和发达国家的技术差距。日本和亚洲“四小龙”经济快速增长的一个重要原因就是在与发达国家存在技术差距的情况下,用引进技术来实现技术快速进步和经济快速转型与增长。

对外开放增加了技术的外部来源,公平、稳定的宏观经济环境为引

进吸收国际先进技术创造了条件，适宜制度则为利用国际技术扩散提供了强有力的制度保障，并通过FDI所带来的相关制度变迁进一步促进了对国际先进技术的吸收和创新，拓宽了引进技术的路径。在适宜制度的推动下，中国的技术引进额从1985年的31.99亿美元增加到2006年的220.2亿美元；技术引进从引进成套设备等硬件技术为主，转变为以引进设计、制造、工艺、管理等软件技术为主，以专有技术、专利技术、技术咨询、技术服务等软技术为统计口径的技术费，在技术引进总额中所占比重从改革开放前的不到10%增加到60%～70%；技术引进方式也从主要依靠国家或国有企业购买技术，转变到主要通过吸收外国直接投资促进技术进步，外资企业的技术引进占全国技术引进总额的比重在2004年已经达到58.77%。[①] 吸收外资带来的先进技术、工艺、设备和产品，在相互竞争和配套协作中推动了国内相关工业的技术进步，弥补了中国在某些领域的空白，加快了产业结构的调整。

（三）增强自主创新能力

在引进技术、利用后发优势的同时，中国也努力增强自主科技创新能力。这主要是考虑到：一是真正要使技术引进发挥实效，必须要将技术引进纳入国家的创新体系。技术不能为引进而引进，而是要进行消化、吸收和再创新。为了避免技术引进导致本地研究开发能力弱化，产业技术越来越依靠国外，落入技术引进的陷阱，一国在合理引进技术的同时，要更加注重对引进技术的消化吸收和创新。二是由于技术创新具有路径依赖效应，选择自主研发的国家可以通过设立一系列技术标准和规范来实现自我增强的良性循环，并在竞争中取得绝对优势，而过于依赖技术引进的国家只能扮演技术追随者的角色，容易陷入“落后——引进——再落后——再引进”的被动局面。

1998年党的十六届三中全会明确提出建设中国国家创新体系的要求。按照OECD的定义，国家创新体系是由政府、企业、公共研究和

① 商务部技术引进统计，这是按合同数量计算的比重，如果按合同金额计算，这一比重为48.3%。

开发机构、教育与培训机构以及金融机构五个部分相结合组成的网络系统（张震，2006）。围绕国家创新体系建设，中国主要进行了如下制度安排：

1．创新主体内在激励机制的制度安排

在激发创新主体创新动力方面，建立现代企业制度，明确企业的产权关系和法人治理结构，并加强企业内部创新环境的培养，创造了企业自觉充当技术创新主体、为取得利益最大化而不断进行技术创新的动力机制。

在创新利益保护方面，加强知识产权保护，建立健全知识产权保护体系和专利保护制度，加大保护知识产权的执法力度；建立新型的科技人员薪酬和激励机制，使创新收益在个人、企业与国家之间合理分配，从收入分配的角度为创新主体的切身利益提供了制度保护；完善科技成果评价与奖励制度，进一步激发了创新主体的积极性。

2．创新活动外部支撑服务机制的制度安排

在财政制度方面，加大财政资金直接投入科技的力度和补贴力度，实施有利于创新的税收优惠制度安排及有利于创新的政府采购制度安排。

在金融制度方面，从信贷政策上倾斜，扩大科技贷款规模，推动企业创新活动的开展；逐步建立风险投资机制，加大对技术创新的资金支持。

在人才制度和教育培训制度方面，大力实施科技人才战略，坚持以人为本，合理地培养和使用创新人才；放开对教育发展的诸多限制，更新教育观念，推进教育体制改革，注重学生创新精神和创新能力的培养。

三、有中国特色的技术进步路径

选择何种路径实现技术进步，要视一国的具体情况而定。对中国来说，改革开放以来社会经济虽然有了较大发展，但总体上仍处于较低水平，很难满足大规模的自主创新对资金、技术人才和知识积累的要求。根据美、日、韩等国的经验，当人均GDP小于300美元、R&D(研发)支出占GDP的比重小于1%的时候主要是属于使用技术阶段；当人均GDP达到300～4750美元、R&D支出占GDP的比重为1%～2%的时候是属于改进技术阶段；当人均GDP大于4750美元、R&D支出占GDP的比重超过2%的时候则属于创造技术阶段(丁树桁，2005)。根据目前中国人均GDP和R&D支出占GDP的比重看，中国还处于改进技术阶段，正在向创造技术阶段迈进。

如我们用R&D支出和国内技术市场成交额两个指标衡量中国自主创新的规模，用技术引进额衡量技术引进的规模。从表5—7看出，1991～2002年，R&D支出占技术引进额的比重在0.32～0.89之间，国内技术市场成交额占技术引进额比重在0.24～0.65之间。表明在2003年之前，技术引进一直是中国技术进步的主要来源。2003年以来，出现了R&D经费支出和国内技术市场成交额超过技术引进规模

表5—7 1991～2005中国技术进步的路径选择

单位：亿元

	R&D经费支出(1)	技术市场成交额(2)	技术引进额(3)	(1)/(3)	(2)/(3)
1991	159.46	94.81	184.13	0.87	0.51
1992	198.03	151.03	378.90	0.52	0.40
1993	248.01	207.55	352.06	0.70	0.59
1994	306.26	228.87	353.88	0.87	0.65
1995	348.69	268.34	1088.39	0.32	0.25
1996	404.48	300.20	1268.50	0.32	0.24
1997	509.16	351.37	1319.98	0.39	0.27
1998	551.12	435.82	1355.70	0.41	0.32
1999	678.91	523.45	1420.72	0.48	0.37
2000	895.70	650.75	1504.68	0.60	0.43
2001	1042.50	782.75	752.46	1.39	1.04
2002	1287.60	884.17	1439.29	0.89	0.61
2003	1539.60	1084.67	1113.26	1.38	0.97
2004	1966.30	1334.36	1146.83	1.71	1.16
2005	2449.97	1551.37	1560.52	1.57	0.99

资料来源：指标设计参考丁树桁：《技术进步路径选择：理论及中国的经验研究》，《工业技术经济》，2005年8月。数据来源于中国科技统计，中国主要科技指标数据库；商务部技术引进统计，其中技术引进额用当年人民币兑美元年平均汇价折算。

的趋势，反映了中国的技术进步路线正从技术引进为主过渡到技术引进和自主创新相结合，并呈现出最终将转变为以自主创新为主的趋势(丁树桁，2005)。

技术引进和自主创新不是截然对立的，在一定程度上两者具有互补性。其中，技术引进是从中国当前的实际出发而做出的一种适宜选择，而自主创新则是从国家长远利益出发的一种目标取向。改革开放以来，以技术引进为主的制度安排契合了中国的经济社会水平，使其后发优势得以充分发挥，技术能力有了长足的发展。而基于技术引进形成的技术基础、技术能力与学习能力又为进一步的科技体制变迁提供了条件，成为中国走上自主创新技术进步之路的基础与前提。如果我们一开始就选择闭门造车，拒绝学习他国的先进技术经验，或是在客观条件发生变化时仍然一味地依赖技术引进，始终扮演技术追随者的角色，那么中国的科技水平不可能有如此快速的进步。

第六章　从制度适宜视角看当代世界主要发展模式

第二次世界大战结束以后，世界经济格局发生了巨大的变化。引人瞩目的是，一些相对落后的经济体实现了较快的发展，其中以东亚最为突出。但绝大多数发展中国家经济发展相对缓慢，其中包括过去基础较好、相对富裕的拉美地区。还有一些国家的经济发展则经历了比较大的起伏，如苏联和东欧国家。这些国家经济发展成败得失的原因很多，但根本性的原因还是制度。本章试图从制度适宜角度出发，总结东亚、苏联和拉美模式并剖析其成败原因。

第一节　东亚模式

一、东亚模式

东亚模式是指在二战后东亚一些国家和地区的发展模式。对于东亚具体包括哪些国家和地区，不同的学者有不同的划分，这里我们采用的是 1993 年世界银行报告《东亚奇迹——经济增长与公共政策》的标准，即日本、亚洲“四小龙”（中国香港、中国台湾、新加坡和韩国）和东盟三国（马来西亚、泰国和印尼）。这 8 个经济体统称为“经济高速增长的亚洲经济体”（High Performing Asian Economies，HPAEs）。东亚模式以日韩模式最为典型。

第二次世界大战使东亚经济遭受严重破坏。以战败国日本为例，战乱使日本存量财富丧失 1/4，生产活动大幅衰退，战后初期仅为战前水平的 1/10。工业生产陷入停顿，钢铁生产下降到战前年平均水平的 2.6%，煤炭生产只及战前的 16%；对外贸易几乎断绝，基本生产生活资料极度短缺；失业剧增，1945 年末高达 1300 万人；物价飞涨，通货严重贬值，零售物价指数按战前基准（1934～1936 年为 1），1944 年前的 10 年间增长约 1 倍，1945 年为 3.1，1946 年为 18.3，1949 年膨胀到 243.4（张季风，2006；孙执中，2006；家永三郎，1987）。其他亚洲国家也面临着同样的困难，韩国战后的人均 GNP 仅为 83 美元，比当时的印度还要低，失业人数达到 200 万，占劳动力的 20%。新加坡 1965 年才独立成国，独立前经济发展畸形，是典型的单一殖民地经济结构。工业非常落后，制造业在 GDP 中所占比重只有 8.6%，1959 年的人均 GNP 仅为 404.5 美元（刘力臻，2000）。

战后初期，东亚是发展中国家中经济发展水平相对落后的地区（图 6—1）。但此后东亚国家和地区仅用了短短 30 年左右的时间就走

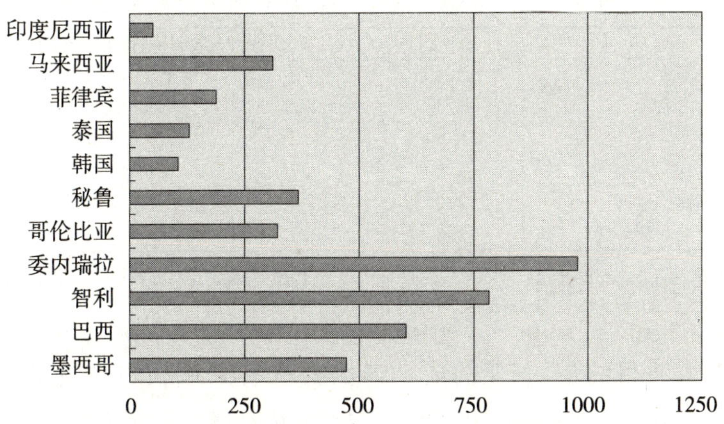

图 6—1　1965 年拉丁美洲和东亚经济体的人均 GNP 比较（单位：美元）

资料来源：T. Fukuchi and M. Kagami (eds) (1990): Perspectives on the Pacific Basin Economy: A Comparison of Asia and Latin America, The Asian Club Foundation and Institute of Developing Economies.

完了欧美资本主义国家上百年的发展道路，创造了令世人瞩目的经济奇迹。1960 年至 1985 年间，日本和亚洲“四小龙”的实际人均 GDP 增加了 4 倍多，东亚地区的增长速度比拉美和南亚快 2 倍，比撒哈拉以南非洲快 5 倍。许多起点相对低的东亚经济体都纷纷超过了南美国家（表 6—1）。根据亚洲开发银行的统计，东亚地区占全球 GDP 比

例从 1960 年的 4%增加到 1990 年的 25%，外贸占比从 1965 年的 10%增加到 1993 年的 26%。东亚经济在 1997 年亚洲金融危机中曾遭受重创，但此后几年逐步恢复，重新进入快速发展轨道。2007 年，日本和亚洲“四小龙”中，人均 GDP 最高的日本达到 34000 美元，最低的我国台湾地区是 16500 美元。

东亚经济发展中的一个重要事实是在经济快速增长的同时较好地避免了贫富分化，使较多人受益。根据萨瓦尔多(Salvatore，2004)估计，按照每天生活支出 1.5 美元的标准，1960 年到 2000 年期间，东亚的贫困人口减少了 86%，这一下降速度比世界其他任何地区都快。虽然拉美、非洲等地区也取得了或多或少的增长，但在减轻贫困方面的进步却极为有限(表 6—1)。

表 6—1　人均 GDP 增长率(以 1995 年不变美元计算)

	1960～1970	1970～1980	1980～1990	1990～2000
中低收入国家	3.1	3.3	1.2	1.9
最不发达国家	N/A	N/A	N/A	1.1
东亚	3.9	4.5	5.9	6.0
南亚	1.8	0.7	3.5	3.2
拉美和加勒比地区	2.6	3.4	−0.8	1.7
撒哈拉以南非洲地区	2.6	0.8	−1.1	−0.4

资料来源：The impact of economic development of East Asia，including China，Japan，L. J. LAU，Keio-RIETI Conference on Japanese economy，2003.

引人注目的是，东亚的成功道路并没有采用西方传统的自由市场经济发展方式。应当承认，各国具体情况不同，采取的做法差异明显，因而东亚模式本身是多样化的。东亚“四小龙”在工业化进程的初期曾广泛使用政府干预和保护国内市场，后来才比较重视市场机制的作用和自由化。而印尼、马来西亚和泰国政府则从一开始就比较重视私人部门的作用和自由化。① 在实施外向型发展模式时，韩国采用的是“大推动”方式，而中国台湾地区则遵循渐进的原则。在发展电子工业时，韩国是先形成批量生产的能力，然后再消化和优化技术，台湾则在首先

① http://www.worldbank.org/html/edi/edimp/eastasia/growth.html.

发展技术之后才开始大规模生产。[①] 尽管差异巨大，但就主要方面看，还是有一些显而易见的共性。

1993 年，世界银行发布了题为《东亚奇迹——经济增长与公共政策》的报告，该报告较为全面地总结了东亚经济保持长期持续增长的各种因素，是对东亚经济浩如烟海的研究成果中颇具代表性的文献。世行认为，导致“东亚奇迹”的因素有：(1)高储蓄率与民间投资率；(2)鼓励教育；(3)坚实维护经济基本面；(4)在有效的产业政策等政府支持下推行出口主导型战略；(5)发展基础设施；(6)积极引进国外技术；(7)培育特定金融机构以引导发展。

更为概括地，我们认为在东亚经济发展中作用最大、最为明显而又在东亚主要经济体中最具代表性的几个特点是：

第一，东亚模式实行政府主导型市场经济。东亚经济体都是实行市场经济，但与欧美各国相比，政府的作用要大得多，东亚政府扮演了组织者和推动者的角色，因而可以称为政府主导型市场经济。政府一方面充分利用经济、法律及行政手段调控经济，实现资源的合理配置；另一方面与企业紧密合作，为企业提供政策、资金等多方面支持，大力扶植优势企业，发展支柱产业。企业则与政府步伐保持一致，严格执行政府政策。

第二，东亚经济体，尤其是日本和韩国，经济增长都强烈依靠银行体系的融资功能。东亚经济体发展融资主要依赖间接融资，银行在金融体系中的作用至关重要。由于大多数银行都处于政府控制之下，政府依据本国发展战略和产业政策，通过银行对重要行业实行有选择的重点支持，最大限度地发挥了银行的货币创造与资源配置功能，推动了经济的跨越式发展。

第三，东亚模式是出口导向型经济。东亚一些经济体都曾经历过短暂的进口替代时期，但此后都大力发展对外贸易和利用外资，积极参与国际竞争和国际分工，推动经济发展，外向程度高居世界前列。

---

① 江时学等：《拉美与东亚发展模式比较研究》，世界知识出版社 2001 年版。

第四，东亚经济体都拥有较高储蓄率和高投资率。受儒家文化的影响，东亚地区较普遍地形成了崇尚节俭的社会风气，储蓄率一般高达35%～40%（相比之下，西方社会的平均储蓄率为20%以下），而且大部分储蓄转化为生产性投资。这样，就保证和促进了整个东亚经济处于“高储蓄率－高投资率－高经济增长率－高储蓄率”的良性循环，从而保障了东亚国家和地区的经济发展。

同样是以市场经济为基础，东亚的基础条件和发展环境与欧美国家不同，因此东亚模式与欧美传统市场经济模式之间的区别非常明显。总体上看，以上几个特点都与制度紧密相连。政府干预是大的制度环境，独特的银行体系是具体的制度安排，出口导向发展战略是通过特殊制度安排实现的，高投资率与高储蓄率则是制度与文化结合的产物。因此，从根本上说，东亚模式也是一种制度模式。

二、东亚模式的制度适宜

(一)政府主导模式与东亚生产力水平的基础与发展相适应

政府干预在东亚经济发展中起到了重要的推动作用。美国学者查默斯·约翰逊(Chalmers Johnson)在1980年的《通产省和日本奇迹》一书中，提出日本和亚洲“四小龙”是“发展导向国家”的典型，政府为了加快经济发展，有意识利用市场，而不是将着眼点局限在市场秩序。1990年，罗伯特·韦德(Robert Wade)提出“驾驭市场”理论，即市场可以在政府的驾驭下运行，认为东亚政府通过实施一系列激励、风险控制等政策，能够指导或驾驭市场资源配置过程，尤其有利于那些关键性产业更大的生产性投资(青木昌彦，1998)。

一些学者认为，东亚在工业发展方面取得的出色成就，既不是因为出口导向优于进口替代，也不是因为市场导向胜过政府干预，而应该归功于政府有能力使积累进程在关键时刻向资本主义发展所需要的方向发展。①

① R.金基斯：《工业化的政治经济：拉美与东亚新兴工业化国家的比较》，载(英国)《发展与改革》1991年4月，转引自江时学：《拉美发展模式研究》，经济管理出版社1996年版，第169页。

就是说，政府干预在东亚经济发展中发挥了重要作用，关键不是力度大还是小，而是适应了经济社会发展条件和需要，特别是与生产力发展水平相适应。从经济发展中的几个重要因素看，政府干预都切合了当时东亚各经济体的实际情况，正是在这种情况下，政府干预才发挥了有效的作用。

政府主导的金融体系为经济发展提供了强有力的资金支持。发展中国家在发展初期面临的一个突出问题是资金缺乏，无力完成资本积累。由于东亚经济在二战中受到了严重破坏，战后各种资源包括劳动力、资金、原材料都极为匮乏，经济恢复只能依靠政府强制性地动员和聚集稀缺资源。如果仅靠市场的调节，那价格一定飞涨，通胀必然十分严重，经济就不可能快速恢复。因此，各国政府通过投资和银行贷款等方式对重点产业进行扶植，这样就利用了银行的货币创造功能，在较短的时间里完成了资本原始积累。以日本和韩国为例，日本于 20 世纪 50 年代正式形成主银行制度①，该制度将银行与企业捆绑在一起，主银行既是该企业的主要贷款人，又是这家企业的主要持股人。在政府的要求下，主银行对自己持股的企业资金需求尽量予以满足。战后很长一段时间，直至 1997 年《日本银行法》颁布，日本银行（即日本的中央银行）完全处于日本大藏省②控制之下。在日本政府指示下，日本银行向 6 家主要商业银行提供稳定的低成本资金，而这些商业银行又持续不断地向重要产业注入资金。这种融资模式安排使得日本政府的产业政策得到了银行资金的强大支持，对战后日本经济的迅速恢复与高速增长发挥了主要的作用。

在韩国，战后金融体系由银行主导，并受政府管制。1953 年 12 月，韩国政府颁布《韩国产业银行法》，明确规定产业银行是为产业恢复

① 日本法律没有明文设定“主银行制度”，因战争需要，该制度于 20 世纪 30 年代已成雏形。

② 大藏省是主管日本财金的最高行政机关，创立于明治 2 年（1869 年 7 月）。不仅在金融、财政及税收上起主导作用，而且在制定国家财政政策上也占有重要地位，是日本近 130 年来最强大的官厅。1998 年，日本政府正式对其进行改革，主要将财政权分离出来，保留了部分金融权。

和国民经济发展提供和管理资金。5个月后,韩国产业银行成立,负责贷款承办,管理财政资金。20世纪60年代军事政变之后,朴正熙政府确立了“产业金融”制度,在走市场经济道路的同时,政府掌握经济发展主导权,为重点产业发展融资。韩国政府对金融业实行国有化,控制国家金融资源和金融资本产权,从而控制了金融机构。而且,韩国根据特殊产业的发展需要组建了大量专业金融机构,向重要产业部门提供政策性信贷。为了给企业提供发展资金,韩国政府还利用行政手段直接干预市场利率,使真实利率长期保持在负值。总之,政府极尽所能为重点产业和大企业融资创造条件,从而使“负债经营”成为了韩国大企业普遍的发展模式。例如,在20世纪60～70年代,韩国的出口企业最高可获得所需经费80%的优惠利率贷款,而商业贷款与优惠贷款的利差则大约在8%～20%之间(小川雄平,1989)。截止到20世纪80年代,类似现代、三星、LG、大宇等韩国前30大企业的债务都相当于其自有资本的370%(Euh and Rhee,2007)。政府主导型金融体制形成的强有力的资金支持成为韩国经济起飞的重要保障。

表6—2　韩国金融机构对出口产业的金融支援情况

单位:亿韩元

	1970	1975	1976	1977	1978	1979	1980
贷款总额(A)	8281	33463	44289	55824	82848	114696	161002
对出口产业贷款总额(B)	1616	8409	10427	15115	26160	37648	56428
B/A	19.5	25.1	24.7	27.1	31.6	32.8	35

资料来源:韩国银行,《经济统计年鉴》各年度。

政府通过产业政策推动重要产业的发展并带动经济增长。东亚经济体普遍制定了详尽的产业政策,甚至是直接插手干预重点产业发展。经济发展初期,东亚地区依靠进口替代起步,但随着经济发展,进口替代的种种缺陷逐渐显露出来,东亚政府作出调整,向出口导向政策转移。这一制度转型是与当时的社会条件相适应的。东亚各经济体内部市场小、耐用品需求较少,不适合进口替代后期的规模经济要求,只有通过成品出口才能刺激本国工业,获得更多外汇,更好地参与国际竞争。日本政府建立了一整套国家调控发展制度，由政府主导制定了以出口导向为主的产业发展政策，鼓励日本产品大量出口，并利用其在国际政治格局中的地位，打开西方市场大门。韩国则通过重点扶持本国的重工业和化学工业，从而实现了进口替代向出口导向的转变。韩国政府不仅成立了由总理直接领导的重化工业促进委员会，而且还制定了一系列专门的法规，设立了多种投资基金重点支持上述产业的发展。在政府主导的出口导向的产业战略和金融配给的倾斜政策下，一些企业开始扩大规模和经营领域，逐渐成长为财阀集团。这些财阀依靠政府对水泥、化学、钢铁等产业的支援政策，逐步发展壮大，能够参与更多的国际竞争。中国台湾地区在20世纪50年代，通过关税保护、进口管制、外汇管制、限制设厂等制度实施进口替代战略，奠定了工业基础，1962年工业产值比重达到28%，首次超过农业。20世纪60年代之后，台湾岛内市场出现饱和，而发达国家资金和技术开始外移，台湾经济很好地利用了这一形势，开始转向外向型，政府产业政策是“以贸易带动农工，以农工促进贸易”，不遗余力地吸引外资、加大投资、促进出口。

在科技和教育发展上，东亚政府也发挥了重要作用。东亚政府不仅确定一些重要的高科技科研项目，并通过财政补贴、税收优惠、金融支持等多种倾斜性制度安排为其融得巨资，而且积极推动各项科研成果向生产部门转让，并大力支持人才培养，使新技术的施展有了雄厚的人才基础。在这些方面，日本是其中的典型。战后日本政府制定了一系列有利于技术进步的政策制度，形成良好的技术创新环境。日本通过政策性金融机构向企业提供低成本研发资金。日本开发银行于1951年、1964年和1968年相继设立了“新技术企业化贷款”、“重型机械开发贷款”和“新机械企业化贷款”制度。政府以补助金、税收减免等鼓励企业研发投资和技术引进。1956年和1958年分别实施了《小规模企业者等设备引进资金补助法》和《机床试制补助金》。日本政府还要求学校大力发展职业技术教育，日本文部省于1957年和1961年两次制订了理工科大学生的扩招计划，为消化引进的技术培养各类人才（王树恩等，2007）。此外，日本政府特别重视技术引进的质量控制，一般会根据各时期国家发展重点，制定严格的审批制度，对项目的经济指标、产品出口比例和企业的消化吸收能力综合考虑，审慎决定。因此，几十年来日本引进技术的内容一直控制在效益好的专利技术、运转操作工艺、设计图纸及重要机械设备等，不会轻易购买技术（张晶，2005）。而且，日本非常重视引进技术的改良与创新。20 世纪 50～60 年代，日本技术引进费用与后续消化吸收费用的比例能保持 1∶2至 1∶3之间，如今这一比例已上升到 1∶5左右，同样的数据中国目前只有 1∶0.3。[①]

韩国早在 20 世纪 60 年代就开展了"全民科学化"运动，普及了初等教育，也使高等教育获得飞速发展。为适应出口导向的经济模式，韩国在 20 世纪 70 年代设立科技部，负责全国科技活动管理，同时政府还要求教育部大力支持高校技术研发、成果转让和科技人员的培养；新加坡政府在 20 世纪 80～90 年代扩大了对研究和开发活动的拨款，并加大了吸收和培养人才的力度，使财政预算向教育制度倾斜；中国台湾非常重视科技领域的基础设施建设，将信息技术、半导体、电子、新材料等作为重点发展的科技领域，加大研发投入，鼓励私人企业进行科技创新；马来西亚政府非常明确地将科学技术视为国家建设的原动力，通过扩大研发投入和支持企业与院校的合作，提升科技水平，服务本国工业和服务业。[②] 从研发投入的比较上看，20 世纪 80～90 年代，东亚 5 个经济体（韩国、马来西亚、新加坡、中国台湾和中国香港）的研发活动经费投入虽然无法同欧美发达国家和日本相比（占全球 4/5），却相当于同期拉美国家的 4 倍（江时学等，2001）。

从政府主导的银行体系、产业政策、科教发展等几个方面已不难看出，东亚政府对经济的干预涉及面广，力度也比较大，收到较好效果。其根本原因是政府主导色彩较浓的制度安排适应了这些国家经济发展的条件和需要，因而政府的干预总体上是适度的，而不是过度的。主要表现在：第一，东亚经济体普遍采取政府干预经济的做法，而没有盲目

① 国家统计局：《增强自主创新能力　推进湖南经济又好又快发展》，中国统计信息网 2007 年 11 月 28 日。

② 陈雄章等主编：《战后东南亚崛起探因》，广西师范大学出版社 1998 年版，第 213 页。

模仿欧美国家实行更自由放任的制度，与东亚经济体在发展初期生产力水平较低、市场发育不够、资本积累能力不足的现实条件是相一致的。第二，政府对经济的干预没有违背个人意愿支持，突出表现在推动高资本积累的做法与东亚地区节俭克己的文化氛围是一致的，实施起来障碍不大。第三，东亚各经济体的政府干预力度总体上是适当的。东亚经济体政府比拉美国家政府干预力度大，而与许多其他发展中国家相比，干预的力度并不算大。比如，按照弗雷泽研究所（The Fraser Institute）测算的经济自由度指数，1975 年，几个主要东亚经济体的经济自由度指数都超过 5，而同期拉美国家基本都低于 5。如果考虑到拉美国家的自由主义文化传统和相对较高的初始条件，东亚主要经济体的政府干预应该说要更适度一些。第四，东亚的政府干预是灵活而有选择性的。比如在对国内经济和产业实施保护政策时，东亚政府根据各自确定的经济发展目标，在不同产业之间和一个产业的不同部门之间进行选择，决定是否进行重点保护和实施开放，同时对关键性的进口替代产业实施更为有效的保护措施。这一点，东亚与拉美国家形成鲜明对照，拉美国家实行的是一种非歧视性的普遍保护政策，不如东亚灵活而有选择性的政府干预能更直接更有效地发挥作用。

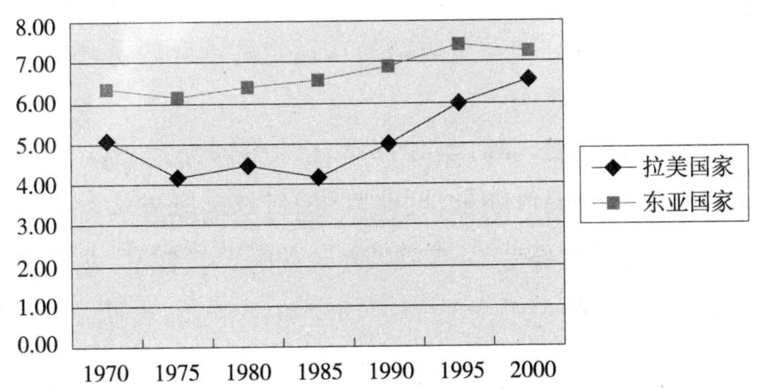

图 6—2 东亚和拉美地区经济自由度指数比较图

数据来源：根据 Frasher 经济自由度指数编制。

尤为重要的是，东亚经济体的政府干预随着经济发展水平的提高而逐步进行了调整。从东亚模式整体上看，在早期市场不健全的情况下，东亚经济体通过安排适宜的制度，借助政府的力量弥补市场机制的不足，代替市场行使一部分资源配置的职能。第二次世界大战后东亚地区在资源有限、劳动力素质低下、市场残缺的情况下，单靠市场自身引导经济发展需要的时间长而且稳定性差。根据这种情况，东亚政府运用行政手段影响资源配置和要素投入，引导企业从事发展急需和潜在收益率较高的企业。同时积极培育市场体系，当市场逐渐有能力实现自我调节的时候，政府的主导机制也随之逐渐弱化，用市场的手段取而代之。如果比较东亚和拉美地区市场化进程也可以看出这一点。虽然几个东亚经济体的市场化进程有先有后，但大体上在20世纪70年代中期，政府干预达到一个较高水平。按弗雷泽研究所测算的经济自由度指数，印尼、韩国、新加坡、中国香港、泰国等5个经济体1975年平均为5.65，处于低谷，此后则稳步上升。而拉美国家直到20世纪80年代中期以前政府干预都比较强，此后则迅速放松管制。由此可见，东亚经济体随着经济发展水平和经济环境的改变逐步调整政府与市场边界的路径是比较清晰的。

（二）东亚模式顺应了良好的国际环境

实行出口导向战略、大力发展外向型经济是东亚模式的一个非常突出的特点。这样一种发展战略是在特定的国际经济环境中通过合理的制度安排取得成功的。

与多数后发国家一样，东亚经济体在发展初期也采取了以进口替代为主要特征的国内产业保护政策。但此后的制度安排逐步转向以促进出口、大力发展对外贸易、实现“贸易立国”为目的。东亚各经济体利用本身丰富、廉价的劳动力发展劳动密集型产业，鼓励出口，积极参与国际竞争。通过大力发展出口产业，参与国际分工，逐步将产业发展重点转移到重化工业、电子工业等资本和技术密集型产业，实现工业化。

就其内部因素而言，出口导向是由东亚经济体内部资源和市场相对狭小所决定的。20世纪50年代，韩国、新加坡等经济体都通过政府管制，保护国内市场，扶持竞争力较弱的非耐用消费品产业，实行进口替代。这样，一些优质产业在国家政策的保护下逐渐成长起来，形成了工业发展的最初基础。但东亚几个经济体无论从土地面积还是人口来说都比较小，购买力有限，内部市场狭小。在进口替代工业发展中很快遇到内销市场饱和、设备和原材料进口资金短缺的问题。另一方面，这些经济体地理位置优越，有较长的海岸线和优越的深水港，客观因素把这些经济体推上外向型工业化的道路。

就外部因素而言，出口导向的制度安排则顺应了当时国际环境的发展变化。从 20 世纪 50 年代起的 30 余年中，世界一直处在美苏两极对峙的“冷战”格局中。东亚地区在第二次世界大战结束后位于资本主义和社会主义意识形态对立的前哨，作为美国抑制社会主义国家政策的一环。在这样的政治大环境下，以美国为首的欧美国家对东亚地区的经济发展采取了大力扶持的态度。此外，东亚经济起步阶段时，世界经济正处于较快的增长期。相对而言，发达国家的保护主义不太强，对廉价的劳动力密集型产品的需求也比较大，世界市场上的竞争不如后来那样激烈。经过二战后数年的发展，西方工业国家的经济得以恢复并且提升到前所未有的水平，迫切需要进行产业结构升级。美国等从自身利益出发极力推动经济全球化，利用国际市场将一些传统的劳动密集型产业和低端资本密集型产业转移出去。东亚地区利用低工资优势来向发达国家出口劳动密集型制成品，一方面能够节约西方大企业的成本，另一方面为东亚发展重工业和打开欧美市场奠定了坚实的基础。

而且，20 世纪 50～70 年代，西方发达国家在贸易政策上出现了自由化的倾向，都不同程度上放宽了对进口的限制。同时，关贸总协定(现改为 WTO)、联合国贸发会议、国际货币基金组织等国际多边机构的成立，有力地促进了国际贸易的发展。关贸总协定在统一国际规则、协调各国贸易行为、处理贸易纠纷等方面发挥了积极作用，有效降低了贸易成本。联合国贸发会议在稳定初级产品价格、向发展中国家转让技术、为发展中国家进入国际市场创造便利等方面发挥了重要作用，使东亚地区的出口享受到了好处。而国际货币基金组织在很大程度上帮助了韩国等国家度过了资金短缺的困难时期(翁东玲,2000)。

东亚经济体是在战后的一个相对稳定且走向开放合作的国际政治、经济和贸易环境中,由政府保护的进口替代转向政府推动的出口导向,顺应了国际经济发展格局,抓住了发展机遇,通过参与经济全球化成功地变“后发劣势”为“后发优势”,实现了经济起飞。

(三)东亚模式与东亚历史文化背景相契合

东亚模式的经济制度安排建立在政治基础之上,有较深的历史根源。由于共同的反殖民历史和战争时期军事体制的影响,战后东亚大多数国家和地区的政治体制都带有强烈的中央集权色彩,从而能有力保证国家战略的有效实行,维持政治和社会的长期稳定;与此同时,西方出于意识形态考虑,将所谓的民主制度推向东亚,一定程度上有利于东亚政府干预的灵活调整和市场经济的健康发展。

不仅如此,东亚模式的制度安排与东亚文化背景不可分割。儒家文化在东亚影响很深,崇尚集体主义、尊重权威、勤奋、节俭等文化要素对适宜制度的形成和经济的发展起到了重要作用。在东亚中,日本、韩国和中国台湾属于典型的儒家文化社会。以日本为例,日本人一直保留着集体高于个人的儒家价值观和勤劳节俭的品质,家族主义、国家至上的思想并没有被明治维新以后输入的西方文化所动摇,日本以儒家文化为根,后期不断吸收西方文明的营养,使自己成为独特的文化群体。在韩国、中国台湾、新加坡和中国香港的文化中,儒家文化占据主导地位。印尼、菲律宾、马来西亚等东盟各国受到殖民者文化的影响,呈现出多元文化格局,但儒家文化依然占有重要地位。

儒家文化中以集体和服从为主要特征的价值观,总体上保证了以政府干预为主要特征的市场经济体制在东亚能够有效运行;尊师、尚贤、重教的优秀传统,使得政府和企业都非常重视人力资本投资,为工业化发展提供了大量人才,使自然科学相对落后的东方能迅速吸收西方文明中优秀的现代自然科学成果;尊老爱幼、重视家庭的文化更使家族企业在东亚经济体中发挥了重要的作用,家族企业的最大优势在于能有效减少企业发展初期的制度成本,促进了工业化发展初期的东亚经济迅速赶超。Claessens 等人（1999）对东亚 9 国（地区）的 2980 家公司的股权结构进行调研发现，2/3 的公司股权集中，其中大部分大股东是家族。以拥有企业 20％股权即形成对企业的控制为标准，在韩国，家族控制了企业总数的 48.4％，我国台湾地区是 48.2％，马来西亚则是 67.2％，中国香港是 66.7％，印度尼西亚是 71.5％，泰国是 61.6％，新加坡是 55.4％，菲律宾是 44.6％。以上这些文化因素，都是东亚模式形成与发展的重要推动力，也是其区别于其他发展模式的一大特点。

三、金融危机后对东亚模式的反思

东亚模式总体上获得了巨大成功，但也暴露出了一些问题。东亚经济体似乎很容易产生经济泡沫，进而引发金融危机和经济危机，如 20 世纪 80 年代的日本，1997 年的整个东亚的金融危机和目前正在酝酿的越南金融危机。金融危机给东亚国家带来的破坏触目惊心，并使人们开始重新审视东亚模式的有效性。但金融危机并非东亚独有，全球大多数国家都曾遭遇。据国际货币基金组织统计①，从 1980 年到 1997 年亚洲金融危机发生前，基金组织成员国的四分之三，大约 130 多个国家都经历了不同程度的金融危机。金融危机爆发的原因错综复杂，表面上看是经济泡沫突然破碎后的恐慌的蔓延，而实际上隐含了包括长期经济问题和投机炒作在内的一系列因素。从危机后的东亚经济恢复看，最近 4 年东亚经济体 GDP 年均增速为 6％②，继续保持了良好增长势头。因此，不能简单地由于金融危机而否定东亚模式的成功经验。

即便如此，东亚金融危机还是暴露出了“东亚模式”的一些内在问题。从制度适宜的角度看，主要在于东亚的开放速度超越了金融体制的改革与发展速度，或者说，东亚经济体快速推行的金融自由化的制度

① 转引自[比]菲利普·F. 戴尔海斯:《危机中的亚洲》，宇航出版社 1999 年版，第 5 页。
② World Bank, “Global Economic Prospects”, 2008, p. 166.

安排并非当时条件下的适宜制度。

东亚的金融机构长期以来处于强有力的政府主导之下，一方面保证了资源配置的集中性、有效性与连贯性，另一方面，也导致这种体制下金融部门的脆弱性，主要表现在内部控制薄弱，管理体制落后，监管不到位等。东亚国家经济扩张的资金来源主要依靠银行体系的融资，过度依赖银行贷款和高储蓄，缺少其他融资方式，使金融结构显得不太稳定。相对于落后的金融制度，东亚经济体的开放步伐走得过快。从金融体系特别是银行体系向外资开放开始，到资本市场的开放，大多数国家用了 10～15 年的时间①。理论上看，贸易自由化会相应地要求资本流动的自由化，从而增强资本的配置效率。但是，大量的自由资本流动于远未成熟的东亚资本市场，且资金的规模大大超过了东亚经济体短期内的有效需求。与此同时，东亚各国政府主导特色的长期存在，金融市场和金融机构并没有取得与经济的同步发展，整体金融部门相对落后，既有的金融制度并不能有效防范资本市场自由化带来的风险，而这种制度的完善可能需要较长的一段时间。此外，东亚模式创新不足。从技术创新角度看，东亚经济发展的技术源泉主要来自美国和日本。即使是日本，“尽管在民用技术和应用技术等方面较有优势，但在基础科学研究和尖端技术研究方面与美国相比还有一定的差距，因而使其经济发展显得后劲不足”②。

四、东亚模式的普遍意义和特殊性

东亚模式的成功具有一定的普遍意义，对其他发展中国家经济发展具有良好的示范效应。东亚模式打破了欧美发展模式的单一格局，证明了处于“后发劣势”的发展中国家不采用传统自由市场经济模式，不依靠暴力、掠夺和不公平贸易，依然可以依靠自身力量完成工业化进程。东亚模式的实践也有力地证明了制度安排只要能够与经济社会发

---

① [比]菲利普·F. 戴尔海斯:《危机中的亚洲》，宇航出版社 1999 年版，第 22 页。

② 谷源洋:“中国缘何建立中国—东盟自由贸易区”，中国网 2002 年 2 月 25 日。

展的条件和需要相一致，就可以发挥出促进经济增长的作用，政府和市场并不是完全对立的，而是可以有机结合，相辅相成地共同推动经济发展。它同时说明，要想保持适宜制度的效率，必需根据自身条件和外部环境的变化动态调整各项政策。因此东亚模式对广大发展中国家包括中国经济的未来发展有着一定的借鉴意义。

但东亚模式也有很强的特殊性，使得东亚经济体的一些做法很难简单地被他国所效仿。这些特殊性主要表现在：第一，东亚模式是特定历史条件下产生的特殊模式，战后日本、韩国和中国台湾的经济起飞很大程度上得益于其在冷战格局中的重要战略价值，美国为了实施冷战时期的全球战略，为日、韩、台等提供了较多的援助和安全保障；新加坡独特的历史、城市经济、地理位置和文化背景都为经济发展提供了良好的平台；香港城市经济的发展也离不开其特殊的自然地理位置和历史因素；第二，东亚经济起飞时期，全球初级产品和能源价格以及海运成本都处于较低水平，且发达国家的保护主义不太强，对廉价的劳动力密集型产品的需求也比较大，世界市场上的竞争不如后来那样激烈。第三，东亚各经济体是以岛国、半岛国或城市经济为特点的小经济体，资源和市场都很有限，因此客观上需要发展外向型经济，而地理位置和便利交通使其拥有天然优势。除日本之外，东亚各经济体规模较小的特征决定了其不会对世界大国产生战略威胁，且自身可以灵活变通，随着形势变化，容易调整政策，从而获得发展良机。由于以上这些特殊性，东亚模式移植到其他一些发展中国家并不一定产生相同的效果。

第二节　苏联模式

苏联的兴衰是20世纪最为引人注目的国际事件之一。社会主义苏联采取高度集中的计划经济体制，在短短几十年时间内完成了欧美国家上百年才完成的工业化，把一个落后的农业国改造成一个堪与西方世界相抗衡的超级大国。苏联模式一度成为经济超常发展的代名词，新生的社会主义制度取得了伟大的胜利，为众多发展中国家所效仿。但苏联最终解体，俄罗斯等原苏联东欧国家通过休克疗法几乎在一夜之间转向自由市场经济。虽然苏联模式从此成为历史，但有关苏联模式的争论至今没有停止。从制度适宜的角度看，苏联模式是苏联建国之初在内忧外患、极为不利的局面下的制度选择，取得了巨大的经济成就，在特定的历史条件下表现出很强的适宜性。问题在于，这一特定条件下建立起来的制度却未能随着国内外形势的变化而改变，最终走向僵化，并成为阻碍经济发展的重要因素。最后苏联选择的激进式改革，虽然在方向上是正确的，但从一个极端走向了另一个极端，又超出了经济社会发展条件。

一、苏联模式在特定条件下的合理性

"苏联模式"是指苏联建国后，在社会主义建设事业中所推行的一整套理念、战略与制度。其主要特点表现在：一是权力高度集中，实行中央部门高度集权管理体制，地方缺乏自主权，企业高度国有化；二是资源配置依靠计划，市场作用被压制；三是资源集中配置到重工业，农业、轻工业和消费被抑制，经济发展速度高度依赖大量投入。在本书框架下，苏联模式可以被认为是政府干预经济的一种极端情形，其最核心的内容是通过特殊的制度安排将政府置于绝对的主导地位，使资源集中配置到重工业上。

苏联模式是在特定的历史条件下产生的，形成于20世纪20～30年代，是在革命和战争的年代里形成的。就当时特定历史条件和环境看，该模式有其必然性和相对合理性。

(一)相对低下的生产力水平要求政府干预弥补市场不足

俄国资本主义起步比西欧各国要晚。从19世纪中叶开始，俄国资本主义工业开始得到发展，大工业生产快速增长，农业经济也纳入了资本主义的进程。但是，当时的俄国技术落后，资本积累不足，过度依赖外国资本和技术，19世纪70～80年代，外国资本占俄国资本总额的1/3，90年代增加到了1/2。此外，俄国工业发展极不平衡，东部和东南部边远地区，直到工业革命结束时，仍保持着原来的农业社会形态。各行业发展不够协调，轻工业和消费资料的生产发展迅速，重工业和生产资料的生产发展迟缓，交通运输业尤其是公路建设较为落后。而且，相对于欧美先进资本主义国家，俄国的工业生产效率低下。19 世纪 90 年代，在俄国机械化程度最高的棉纺织业中，工人的劳动生产率仍比英国低 1/2 到 2/3①。这些问题严重阻碍了生产力的平稳发展。因此，十月革命后，苏联整体上依然是一个落后的农业国，以小农经济为主，自然经济占据主导地位，国家财力匮乏，人民生活困苦，1918～1920 年的保卫苏维埃政权的国内战争更使经济雪上加霜，整个国家市场发育严重受阻，市场调节的经济环境较差。在这种情况下，如果建国之后苏联逐步发展商品经济，取代自然经济，然后走上先轻后重的传统工业化发展道路，可能会是一个很漫长的过程。为实现在相对落后的情况下快速发展的目标，客观上要求政府干预以弥补市场不足，集中国家资源，发展重点行业，尽快改变在国际竞争中的弱势地位。同时，俄国工业生产集中程度超过其他资本主义国家，绝大多数工业企业集中在欧洲地区，这使得国家干预的成本相对较低，也为高度集中的计划体制奠定了良好的基础。

（二）高度紧张的国际环境把政府干预推到了较高水平

十月革命胜利后，苏联单独一国建设社会主义，处于资本主义列强包围之中。此时，一战尚未结束，德国军队频频发动进攻，加上其他帝国主义国家的干涉和封锁，新政权随时可能遭受侵袭和颠覆。1933 年，法西斯在德国上台，国际局势进一步紧张起来，战争阴霾又开始弥漫欧洲大陆。险恶的形势、强烈的危机感和紧迫感迫使苏联不得不将对付外敌看做主要矛盾。苏联政府认识到，必须在短时间内迅速壮大起自己的国防力量，而军事力量的提高必须依赖工业化的实现，尤其是重工业的发展，但这种发展无法依靠与西方的合作或贸易而获得，必须依靠自身。第二次世界大战后形成的雅尔塔体系，东西对峙，国际冲突虽然不像战争时期那么激烈，但总体上仍比较紧张，依然需要强大的装

① 齐世荣：《世界史·近代史·下卷》，高等教育出版社 2005 年版，第 7～8 页。

备工业来维护竞争均势。因此,优先发展重工业成为苏联制度安排中的重要目标,也是苏联模式的一个重要内容。

既然重工业优先发展已没有退路,而苏联无法接受从轻工业过渡到重工业这样一种漫长的发展战略,就只能采用非常规办法解决发展问题。即国内条件和国际环境造成的艰难与危机不允许苏联长时间落后,苏联政府必须有所作为,在发展中起主导作用。因为在人力、财力等要素资源极度匮乏、分布散乱且发展时间紧迫的条件下,想要实现重点领域的快速发展,市场能力恐不能及。只有通过由上而下的特殊制度安排,运用强大的国家政权力量,对经济实行指令性计划,集中短缺资金,统一调配资源,全面组织经济活动,才能实现既定目标。在这种情况下,实行高度集中的计划经济体制应该是一个合理的选择。

(三)传统文化和意识形态对苏联模式形成支撑

俄罗斯民族在地缘上属于内陆民族,从 13 世纪到 20 世纪初一直延续村社制。村社是土生土长、独立发展起来的农民共耕组织,它实质上是一个封闭的小社会。“作为俄国传统要素之一的村社,它对十月革命的发生、进程和结果都有明显的影响”[①]。在文化价值观上,平等平均思想和集体主义精神非常明显。普列汉诺夫当年认为[②],俄国社会发展的矛盾是共同体和自由个性的矛盾,俄国只有两个阶级,那就是农民村社和被剥削的个人,东正教的集合精神与村社集体生产方式的结合,使集体主义成为俄罗斯精神,集合活动则成为人们的主要活动方式。正如普京在《千年之交的俄罗斯》一文中所述:“在俄罗斯,集体活动向来重于个人活动,这是事实”[③]

苏联模式的高度国有化和计划管理深深根植于俄罗斯的历史与文化,从而保证了这一高度集中的计划经济体制得以有效运行。在这样的文化土壤中,政府比较容易最大限度地动员稀缺资源服务于一明确的目标,完成特定的重大任务。

---

① 金雁:《农村公社与十月革命》,载《苏联历史研究》1987 年第 3 期。

② 转引自董晓阳:《村社意识与俄罗斯社会发展》,载《东欧中亚研究》2002 年第 6 期。

③ 普京:《千年之交的俄罗斯》,载〔俄〕《独立报》1999 年 12 月 30 日。

总之，这种特殊的制度安排，不仅符合当时苏联的生产力水平，也顺应了战乱时期的国际形势，而且与社会传统文化十分吻合，结果使苏联经济建设取得了巨大的成就。1928～1940年期间，苏联的工业总产值年均增长速度高达16.5%。工农业总产值中，工业的比重从1913年的42%提高到1940年的86%，重工业占工业总产值比重提高至61%。1940年，苏联工业在世界工业总产值中的比重上升到10%，超过英德法日等国，居世界第二位。二战以后，苏联经济依然保持较快增速，在很长的时间内都超过同期的西方发达资本主义国家。如1950～1960年的国民收入和工业产值的增长速度分别为10.25%和11.6%，发达资本主义国家国民收入年平均增长速度，除了日本(8.8%)和联邦德国(7.95%)较高外，美国仅为3.25%，英国仅为2.75%，法国为4.55%，意大利为5.4%。

由于苏联模式的成功实践，战后包括中国在内的不少发展中国家，都纷纷予以借鉴和仿效。这些国家的人口总和超过世界的四分之一。

二、制度走向僵化是苏联模式最终失败的主要原因

由于数据来源和口径的不同，各方关于苏联经济总量的统计数据差别较大，但在总体趋势的判断上是一致的，即苏联经济经历了20世纪50～60年代的高增长之后，70年代速度明显下滑，80年代更为缓慢，个别年份出现停滞。与美国相比，20世纪50年代，苏联国内生产总值年均增长率达到5.15%，而美国不到3.5%；60年代苏联增长速度依然超过美国，但优势已不明显；从70年代开始，苏联在经济增长速度上开始落后于美国，整个80年代，美国年均增长速度超过苏联的一倍。(见图6—3)

苏联经济由盛而衰，原因是多方面的。其中，制度脱离了生产力发展水平是主要原因。与欧美国家相比，苏联的经济增长速度曾居于明显优势地位，从一个重要方面显示出计划经济体制的优越性。但任何一种制度都是在一定历史条件下形成的，其作用是根据条件的变化而

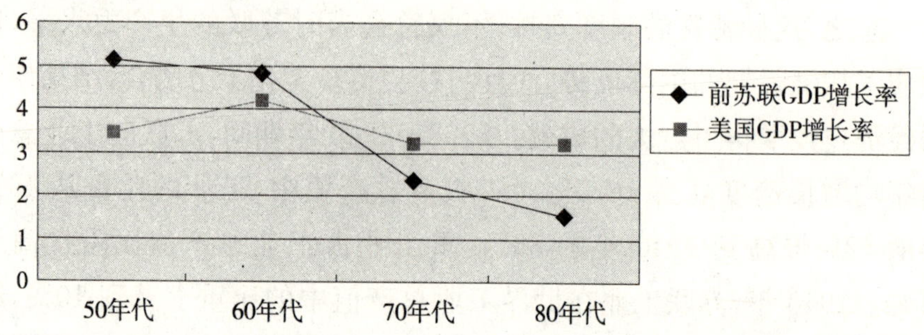

图 6—3 苏联和美国 20 世纪 50～80 年代年均 GDP 增速比较

数据来源：麦迪逊，《世界经济千年史》，北京大学出版社，2003 年，第 272～273 页。

变化的，都有历史局限性。苏联模式的失败，根本原因是把特定历史条件下的特殊制度安排常态化和长期化，并最终走向僵化，从而使得这一在过去曾经促进经济发展的制度模式反过来成为阻碍经济发展的最重要因素。邓小平曾经评价："社会主义究竟是什么样子，苏联搞了很多年，也并没有完全搞清楚。……后来苏联的模式僵化了。"①

高度集中的计划经济体制在特定条件下发挥了促进经济快速发展的作用，总体上是与特定的历史条件和发展阶段相适宜的，但同时也存在着固有的问题和矛盾。一是经济增长依靠的大量投入是通过集中调配和挖掘资源实现的，而微观经济效率并不高；二是资源配置被扭曲后容易导致经济结构失衡；三是平均分配导致激励不足。因此，这种体制虽然在发展早期确实可以快速实现工业化，奠定经济发展的基础，但难以推动经济向现代化的更高层次迈进。而且，"教条主义、怀疑主义、宗派主义等都与高度集中的集权体制密切相关，这种体制窒息了人们的思想和首创精神"②。战争时期确立的苏联经济体制，在运行了数十年之后，经济发展的国内外环境都已经发生巨大变化，使其缺陷与弊端越来越突出，已经到了非改革不可的地步。

首先是国内形势发生了重大变化。经过几十年的发展，苏联的整

---

① 《邓小平文选》第三卷，人民出版社 1994 年版，第 139 页。

② [法]托尼·安德烈阿尼：《法国学者安德烈阿尼谈社会主义的历史命运》，顾锦屏摘译，载《国外理论动态》1998 年第 10 期。

体经济水平大幅上升，在国际经济格局中地位不断提高。20 世纪 40 年代苏联国民收入已占世界总量的 10%，仅次于美国。苏联工业产值在世界工业产值中的比重从 1922 年的 1%提高到了 20 世纪 80 年代中期的 20%。① 1985 年，苏联的石油、生铁、钢、铁矿石等主要工业产品产量均居世界首位，其他许多主要工业产品产量也居世界前列。苏联的整体经济实力与美国的差距也不断缩小，到 20 世纪 80 年代，苏联国民收入大约相当于美国的 45%。也就是说，经过几十年的发展，苏联总体上已经改变了在国际经济竞争中的弱势地位，初期以集权为特征的赶超模式已经初步达到目的，而且，随着时间的推移，这种模式的弊病日益突出。随着生产规模的不断扩大，社会分工和经济联系日益复杂化，原有的由中央计划部门统一管理模式的运行成本越来越高，科学性也越来越差。在国家经济快速发展的同时，由于片面追求重工业特别是国防工业发展，经济结构长期扭曲，居民生活改善非常有限，单纯的政治热情和觉悟所能起到的激励作用逐步弱化。更重要的是，国家整体经济基础已经打好，需要的是更良好、更健康、更和谐的进一步发展，因此，原有的战略和制度必须作出改变，尤其是政府对微观经济运行的直接干预应逐渐减少。

其次是国际形势发生较大改变。尽管东西方对峙的格局一直持续到 20 世纪 80 年代末，但国际格局终究由过去以革命与战争为特征转变为以和平与发展为特征。而由于长期以来在政治经济上的高度集权的统治及其取得的辉煌成绩的影响，苏联的大国强国意识不断膨胀，陷入了与“敌对强国”美国的对抗尤其是军事对抗的思维中，忽视了德国、日本等往日军事强国在战后阶段压缩军事发展、提高经济实力的重要事实，没有有效利用作为联合国安理会主要成员国的有利地位，营造和平发展的国际环境，留更多余力发展国民经济。事实上，随着世界范围内的各类国际机构组织的不断诞生，国际上的主要矛盾开始转移，经济发展、综合国力竞争已成为国际竞争的核心。20 世纪 70 年代和 80 年

① 刘德芳:《苏联经济手册》，中国金融出版社 1988 年版，第 61 页。

代,苏联在军事和空间方面的支出大约占其 GDP 的 15%,从比例上看,接近美国的 3 倍,高达西欧的 5 倍。[①] 更重要的是,由于要服从于军事需要,使得传统的经济体制难以得到根本改变,市场机制无法有效引入,从而阻碍了苏联经济迈向更高层次的现代化。以对外开放和贸易问题为例,苏联政府从 20 世纪 30 年代起实行高度统一的管理体制,核心是对外贸易的国家垄断。在很长一段时期内,外贸生产企业缺乏经营自主权,人员、信息、经验都极为有限的政府外贸部门面对各行各业的国际市场复杂多变的情况时,根本无法作出包括价格调整在内的合适的策略变换。由于国家垄断的影响,贸易决策难以避免贸易政治化的问题,从而使苏联的国际贸易在范围上只能局限于社会主义国家之间,内容上只是简单的商品货物贸易。1950 年,苏联与发达国家的贸易量占总贸易比重仅为 15.2%,到了 20 世纪 80 年代依然只占 25%。苏联政府没有把握好在贸易开放问题上的度,贻误了本国产业结构调整和升级的大好时机,经济竞争力逐渐衰退。

面对国内条件和国际环境的巨变,苏联模式在长达 55 年的时间跨度里,始终没有脱离优先发展重工业的战略方向,没有改变计划经济的发展方式。斯大林执政后期经济效率开始降低,赫鲁晓夫时期经济发展速度放缓,轻重工业比例更加失调,勃列日涅夫时期,经济在个别年份已停滞不前,甚至出现下滑。苏联模式的全面改革迫在眉睫。经过各种条件的积累,随着苏联的解体,俄罗斯最终选择了从宪政变革开始的激进式制度改革。

三、俄罗斯的激进式改革超越了经济社会发展条件

俄罗斯实行的是激进的“休克疗法”。用其发明人萨克斯的话来说,就是“采取迅速而果断的行动,以激进的、一步到位的方式,来稳定宏观经济,同时向市场经济转轨”。

尽管普遍认同俄罗斯的改革势在必行,但对这种激进式的做法却

① 麦迪逊:《世界经济千年史》,北京大学出版社 2003 年版,第 148 页。

存在较大分歧。赫伯特·西蒙(Herbent Simon,1989)的"有限理性"决策模式认为,决策者往往并不具备有关决策的所有信息,决策者处理信息的能力是有限的,因此,制度变革如果过于追求速度,或进行简单的非此即彼的颠覆式思维,制度的正确性和稳妥性就会面临巨大风险。参与过俄罗斯改革的诺思也对激进式的市场化改革持非常审慎的态度。然而,对于激进式改革,也有不少支持的论点。理由之一是不能从短期的绩效判断渐进和激进的好坏。萨克斯和皮特认为,宪政规则改变对经济绩效的长期效应与短期影响并不总是一致。此外,波兰经济转型之父莱谢克·巴塞罗维奇(Leszek Balcerowicz,2004)等人认为不能以"中国模式"为由支持"渐进主义",反对"激进主义"模式,认为中国模式成功具有太多的特殊性,并不是渐进改革可以解释的。但这种观点如同是说不能以"苏联模式"为由支持"激进主义"一样,意义不大。不管怎样,激进主义大多要失败,这是历史的结论。

虽然从1999年起,俄罗斯经济出现转机,受卢布升值和石油经济的影响,2001～2006年的GDP年均增长率达6.25%①,这看起来使得现在对俄罗斯的改革模式进行评判变得更加困难。但不可否认,激进改革造成的损失是客观存在的。从1991年开始,俄罗斯经济连续6年负增长,整个20世纪90年代GDP下降了50%多,到1998年,GDP仅相当于美国的1/18多,不到中国的1/2。居民人均实际收入甚至下降了80%,约60%的人生活在贫困线以下。②

更重要的是,就俄罗斯目前的状况来看,通过激进式改革走向纯粹西方式的市场经济体制,超出了其经济社会发展条件,很难说是一个适宜的选择。主要表现在三个方面:

从经济发展水平来看,由于20世纪80年代以后的经济低速增长,特别是激进式改革带来的巨大冲击,俄罗斯在世界经济格局中的地位已经明显下滑。2006年,俄罗斯GDP总量为7336亿美元,人均GDP

---

① 其中石油天然气工业直接拉动GDP约1个百分点。

② 景维民、王永兴:《俄罗斯未来经济发展的障碍分析》,载《东欧中亚研究》2002年第4期。

列世界第82位，无论是总量还是人均水平都远远低于欧美发达国家。俄罗斯虽然仍在某些尖端技术，如航天领域保持着世界先进水平，但在信息技术成为当今世界科技发展的代表的情况下，其总体科技实力与发达国家相比已不占据任何优势。从这个角度讲，可以说俄罗斯已退回到发展中国家的行列。这种情况下，如果不考虑石油等资源因素影响，俄罗斯要在经济全球化和国际分工中获得更大利益，仍需要更大程度的政府干预。

从国际政治格局看，苏联曾经是世界两大霸权之一，苏联解体后，俄罗斯军事实力依然强大，但国际地位明显降低，以美国为首的北约实施"东扩"，在中亚国家支持"颜色革命"，都直接威胁到俄罗斯的国家利益。虽然大的格局与冷战时期已完全不同，但俄罗斯面临的国际环境远不是宽松和谐的。在经济实力落后一大截之后，为实现大国梦想，俄罗斯仍可能再度发挥国家高效集中调配资源的优势。

从文化传统和意识形态看，休克疗法几乎在一夜之间摧毁了苏联存在70多年的计划经济体制和社会凝聚力，但在这么长的时间内形成的意识形态、伦理道德、行为规范不可能在短期内完全改变，传统文化与价值观与追求自由、民主、法治的西方市场经济体制间难免产生碰撞，限制新体制作用的发挥。在此过程中，文化和意识形态会逐步地改变，但其过程将是漫长的，而经济制度只能与之相适应，在俄罗斯全面私有化和市场化之后，政府的干预仍有可能进一步加强。

第三节　拉美模式

一、拉美模式概述

拉美地区国家多，且国与国之间差异比较明显。广义上的拉美包括南美和加勒比地区，共有33个国家，总人口5亿多。各个国家在面积、人口、种族、资源、气候等方面存在天然的差异。但由于地理、历史、语言等众多因素的影响，拉美各国的共同特点也很突出，尤其表现在巴西、墨西哥、阿根廷、智利、哥伦比亚和秘鲁等拉美大国上。[①] 除了地理因素外，其他共同点主要表现为：一是有共同的近代历史遭遇。拉美国家都经历了近代帝国主义的殖民历史，独立之前多是殖民属地，独立之后面临相似的任务，既要消除殖民地遗留影响，而工业发展和现代化进程的推进又不能完全脱离殖民宗主国。二是有相似的社会结构，拉美国家总体上承袭了西方文明，导致拉美国家西化程度高于亚洲国家。三是有相对同步的经济发展水平。拉美主要国家早在 19 世纪上半叶就先后宣布独立[②]，比亚非各国更早走上资本主义发展道路，到 20 世纪前期，经济发展水平明显高于亚洲发展中国家，1913 年，拉美地区人均 GDP 是亚洲地区的两倍多[③]。但与此同时，拉美国家经济整体脆弱，结构单一，对欧美国家依附严重。四是发展战略上有极为相似的特点，特别是 20 世纪 30 年代以后，以进口替代工业发展战略和新自由主义思想主导下的经济改革是明显特色。

以上特点使得拉美主要国家无论从经济基础或是发展阶段看，都具有明显的共性。我们总结拉美模式，主要涵盖 20 世纪拉美各国工业化和现代化进程中实行的经济发展模式，强调这些国家经济发展战略中的基本内容和共同特征。该发展模式在一个世纪的历程中，经历了战略与制度上的几次大调整，过程主要分为三个阶段。第一是 20 世纪 30 年代之前的初级产品出口发展阶段，初级产品的大量出口加速了城市化进程，促进了制造业发展，这一阶段是拉美工业化的准备阶段。第二是 30 年代至 80 年代的进口替代工业发展阶段，拉美国家实行了以进口替代、保护本国企业为主要特点的战略，民族工业实现了令人瞩目的快速发展，但也积累起结构性失衡等一系列问题，最终以危机爆发而终结，这是拉美模式最具特色的一个阶段。第三是“华盛顿共识”下的经济改革阶段，这一阶段回归了外向型发展模式，实行了私有化、市场

① 这六个国家占拉美总人口约80％，经济总量占80％，可以大体反映拉美地区总体发展面貌。

② 墨西哥、哥伦比亚、智利于 1810 年独立，阿根廷、秘鲁、巴西分别于 1816 年、1821 年和 1822 年独立。

③ Maddison:《世界经济千年史》，2004 年，第 117 页。

化、自由化的新自由主义战略调整,经济勉强走出了此前的危机,但带来了一系列问题,并且问题大于成果的迹象明显,远未达到预期效果。

从拉美经济增长历史看,20世纪初期拉美经济增长较快,中期速度加快,后期出现剧烈波动。1913～1950年,拉美主要国家国内生产总值(GDP)年均增长率大约为3%,其中阿根廷的增长率达到4.6%(见表6—3)。第二次世界大战以后,拉美经济顺利进入工业化发展阶段。1947年,拉美各国的工业产值比1938年增长了30%至50%。整个拉美地区的对外贸易出口额也从1937年的26亿美元增加到1947年的63.9亿美元[①]。因此,相比其他发展中国家,拉美国家在战后取得了一个较高的经济发展起点。从1950年起的将近30年间,拉美各国经济出现高速增长。巴西20世纪50～60年代GDP年均增长5%以上,70年代更是取得了年均增长近9%的奇迹;墨西哥30年的年均增长率超过6%;哥伦比亚和秘鲁的年增长率也达到5%;阿根廷和智利的年均增长率在3%～4%。(见表6—3)

表6—3　20世纪拉美主要国家各阶段国内生产总值年均增长率　　(%)

	1913～1950	1950～1960	1961～1968	1969～1979	1980～1990	1991～2002
巴西	3.0	5.8	5.4	8.6	2.3	2.5
阿根廷	4.6	3.1	3.4	3.5	−0.9	2.6
墨西哥	2.6	6.1	7.2	6.2	2.5	3.0
哥伦比亚	3.7	4.6	4.9	5.9	3.6	2.4
智利	2.1	3.5	4.5	2.6	4.3	5.8
秘鲁	3.2	5.1	5.4	3.9	−0.2	3.8

数据来源:1960年之前的数据来源于Henry J. Bruton, A Reconsideration of Import Substitution, Journal of Economic Literature Vol. XXXVI (June 1998) p903—936;1960年之后的数据来源于世界银行的估算,载于联合国网站http://unstats.un.org/unsd/cdb/cdb_dict_xrxx.asp? def_code=63.

然而,进入20世纪80年代,拉美各国普遍出现危机,经济增速大幅下滑,甚至出现了十年年均负增长的现象(如阿根廷和秘鲁),成为了拉美"失去的十年"。90年代起,拉美经济有所复苏,整体走势可参见图6—4。需要指出的是,90年代以后拉美经济的复苏增长伴随着剧烈

① 数据来源:《1953年世界经济统计资料汇编》,三联书店。

波动，稳定性较差。为了说明经济减速与波动加剧，选取巴西、阿根廷、墨西哥、哥伦比亚、智利和秘鲁 6 个国家在 1961～1979 年和 1991～2002 年两大时期 GDP 增长的数据样本。通过对两个时期的数据对比，除智利以外，其他国家在后一阶段的增长速度都明显低于前一阶段，其中以巴西、墨西哥和哥伦比亚最为显著；通过对两个时期"GDP 年均增速的方差/年均增速"①这一比值的计算和对比，可以发现，巴西在两阶段的经济增长稳定性没有显著变化，但情况变差，智利的稳定性得到改善，而阿根廷、墨西哥、哥伦比亚和秘鲁在 1991～2002 年经济增速的波动幅度远远大于 1961～1979 年（见表 6—4）。这种经济表现上的明显差异与不同阶段拉美国家实行的经济战略与制度政策密切相关，后文将通过对拉美模式下制度安排的总结和比较，对此展开论述。

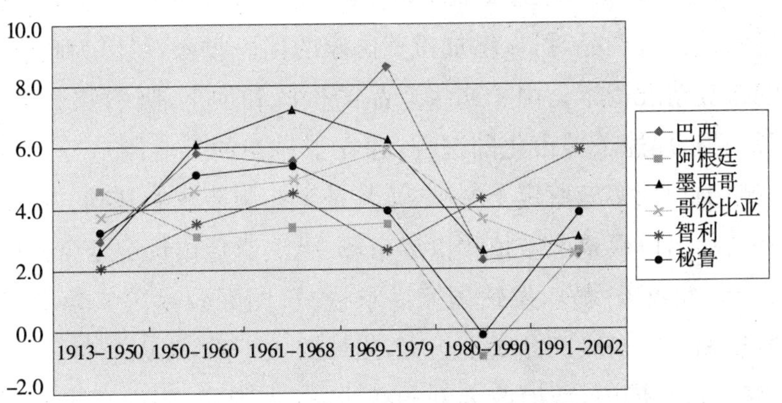

图 6—4　国内生产总值年均增长率图示

数据来源：据表 6—3 数据来源制作。

表 6—4　增长速度与波动状况在两个阶段的比较

拉美几个主要国家	1961～1979 年均增长率 (1)(%)	1991～2002 年均增长率 (2)(%)	方差 (1)	方差 (2)	方差/均值 (1)	方差/均值 (2)
巴西	7.20	2.53	13.80	4.13	1.92	1.63
阿根廷	3.37	2.63	23.80	50.72	7.06	19.32

① 一个国家在两个不同时期，如果比值变大，则稳定性变差，如果比值变小，则稳定性改善。

续表

拉美几个主要国家	1961～1979年均增长率(1)(%)	1991～2002年均增长率(2)(%)	方差(1)	方差(2)	方差/均值(1)	方差/均值(2)
墨西哥	6.58	3.00	5.52	12.82	0.84	4.27
哥伦比亚	5.45	2.41	2.72	6.85	0.50	2.85
智利	3.25	5.84	26.48	13.23	8.15	2.26
秘鲁	4.53	3.79	7.34	16.32	1.62	4.31

数据来源：各年 GDP 增长率数据来源于世界银行的估算，载于联合国网站 http://unstats.un.org/unsd/cdb/cdb_dict_xrxx.asp?def_code=63。

二、从制度适宜角度看进口替代战略

(一)现实背景与理论背景

1.进口替代工业发展模式产生的现实背景。20 世纪 30 年代之前，拉美国家经济增长主要依赖初级产品出口。通过向欧美大国出口大量农矿初级产品，可以增加拉美国家的国民收入，可以为政府积累更多的投资建设资本。由于初级产品的生产和加工，吸引和聚集了更多的劳动力，加速了城市化的进程，建立了最初的工业制造业，为日后发展战略的顺利实施奠定了基础，尤其是工业制造业的基础。但是，这种单一产品出口模式严重依赖世界市场，无法避免市场突变带来的伤害。1929 年，大萧条爆发，发达国家需求锐减，国际贸易陷入停滞，拉美国家堆积如山的初级产品卖不出去，出口收入下降，难以应付急需的工业制品的进口，同时，政府收入开始减少，开支削减，国内需求下降，经济生活陷入混乱。这一期间，拉美年均出口额从原来的 50 亿美元减为 15 亿美元，进口能力下降了近 40%，达到了灾难性的程度。

2.进口替代工业发展模式产生和发展的理论背景。经历了 20 世纪 30 年代的大萧条，拉美学术界清醒地意识到，初级产品出口型发展模式并不能带领拉美国家走上现代化道路。以阿根廷经济学家普雷维什为代表的拉美经委会，提出"外围－中心"理论为内容核心的结构主义理论，成为进口替代工业发展战略的理论基础。该理论认为，拉美落后的根源在于"中心"国家即西方工业大国和"外围"国家即发展中国家之间的不平等，要打破"外围－中心"国际经济结构。普雷维什指出，不平等主要表现为贸易价格不利于出口初级产品的“外围”国家，资本积累、技术进步和生产效率的提高主要落在了“中心”国家。拉美经委会在结构主义理论的基础上，深入分析了拉美国家经济方方面面的问题，并强调获得经济发展的主要途径就是实现工业化。起初，进口替代政策只是为了应付危机的临时性政策，但经过拉美经委会的深化和系统化，上升为一种增长理论和模式。拉美各国从20世纪50年代起，由局部实行进口替代发展为全面实行进口替代战略来发展民族经济。

（二）主要内容

虽然拉美各国在实施进口替代战略时，各自侧重点并不相同，起步和推广的时间也不尽一致，但制度安排的内容大同小异，包括致力于保护国内市场、积极扶持“幼稚工业”、建立国有企业、完善基础设施、利用外国资本和开展区域经济一体化等举措。

1. 保护国内市场。当时条件下，保护本国市场最有效的手段是提高贸易壁垒。关税方面，拉美经委会在1966年发表的一份报告中指出：阿根廷的关税水平高达90%，厄瓜多尔、巴拉圭和委内瑞拉为50%，巴西、哥伦比亚和智利为40%。这些税率大大高于联邦德国、加拿大、美国、法国、挪威和英国（10%～20%）以及丹麦和瑞典（不足10%）[①]。而进口配额等非关税壁垒则扮演了更为重要的角色。如墨西哥受进口许可证限制的产品比重1956年为25%，1965年为60%，1975年达到100%。

2. 积极扶持“幼稚工业”。为保护本国“幼稚工业”，拉美国家提供了很多刺激性优惠。包括：1）高估本国币值。货币高估条件下，资本品、中间产品、工业原料等进口商品变得相对便宜，实际上是对工业发展所需进口投入的一种补贴；2）采用双重汇率制或多重汇率制。使得最有利于进口替代工业化建设的企业，能以最优惠的汇率获得所需外汇，而出口产品中，制成品可享受优惠汇率，初级产品则不享受或享受很少优惠。3）资源配置向制造业倾斜。拉美国家的决策者认为，已经

① 拉美经委会：《拉美的工业发展进程》，1966年。

或将要成为国民经济主体的工业部门应获得更多的资源。因此在外汇收入的使用上、国内贷款的投入和利率上都更向制造业倾斜。此外，不少拉美国家还允许提供中间产品的国有企业无偿使用其他国有企业生产的钢材、电和天然气等产品。4)所得税与关税优惠。主要对本国制造业发展所需的资本品、中间产品和原料实行减免关税，并以所得税优惠鼓励国内工业企业进行再投资。

3. 建立国有企业并完善基础设施。拉美国家利用国家资本，在一些“战略性”部门和私人资本无力进入的资本密集型或技术密集型部门中直接建立国有企业。据统计，1940～1975 年间，墨西哥的公共投资在投资总额中的比重接近 40%，其中一半以上进入了工业和基础设施领域。① 在扩大国家资本投资方面，墨西哥、秘鲁、委内瑞拉、智利、哥伦比亚、阿根廷和巴西等国相继建立的投资开发公司(尽管名称各不相同)发挥了积极的推动作用。

4. 利用外资。二战以后，拉美国家并未成为重点受援助地区。随着进口替代工业化战略的全面铺开，拉美国家对资金的需求日益增加，但其出口收入却因严重依赖初级产品而呈现起伏不定和持续下降的特性。利用外部资金是必然的选择。除举借外债，为吸引外国直接投资，许多拉美国家实施了较为宽松的外资政策，包括放宽外资入股比例、为外资提供多方面国民待遇、放宽行业限制、鼓励外资进入制造业、减免税收等多种优惠措施。与此同时，拉美国家积极引进外资的努力也与外国投资者在拉美的投资战略转变不谋而合。随着进口替代工业化的展开，该地区工业部门中的投资机会大大增加，利润率也明显高于其他部门，使得外国资本的投资重点由原先的采矿业、公用事业和农业转向工业制造业。

以上制度安排表明，进口替代战略总体上反映了政府对经济的较强干预。拉美政府一方面通过大规模的公共投资以弥补私人投资的不

① M. 拉米雷斯:《1950—1980 年墨西哥的发展历程:教训与前景》，载美国《泛美研究与世界事务杂志》1985 年夏季号。

足，另一方面利用财政、税收、货币、信贷等手段调节国家资本和私人资本的关系，克服了发展前期劳动生产率低、资本积累不足及经济结构脆弱等各种不足，推动了基础设施建设，振兴了制造业部门尤其是私人资本难以进入的资本、技术密集型部门，并对宏观经济运行进行了有效规划和调控。在进口替代战略制度安排下，拉美政府执政效能得到了有效发挥。

（三）进口替代战略在特殊发展阶段的合理性

进口替代战略适应了当时的拉美经济发展阶段。尽管拉美各国已建立一定的工业基础，但由于刚刚脱离单一化的工业结构，依旧处在工业化发展初期，工业产值占国内生产总值的份额还很小。绝大多数产业，无论生产规模还是工艺技能，都远不及西方工业大国，而且拉美国家无法控制国际贸易条件。在这个发展阶段，如果完全放开本国市场，相应的本国工业产品只能在竞争中被淘汰。因此，在发展之初，拉美国家不得不实行了保护本国工业的进口替代战略。此外，与东亚多数经济体地少人多、不得不尽早向国际市场寻求弥补的状况有所不同，拉美土地辽阔，人口密度不高，自然资源非常丰富，具备实施进口替代扩大本国市场的良好基础。

进口替代战略的提出与拉美国家当时所处的国际环境相一致。20世纪初，拉美外部环境发生了巨大变化。世界经济中心开始从英国转向美国，后者逐渐确立了在拉美的主宰地位。美国的农矿产品丰富，自给性强，进口系数低，更倾向于出口，加上国际初级产品市场供应国不断增加，竞争加剧，初级产品出口模式已经失去动力。此外，拉美各国没有遭到战争的直接破坏，而且美国认为拉美的经济民族主义过于强烈，以及拉美并不是意识形态之争的焦点，使得拉美地区没有成为战后重点受援助地区。战后西方大国在经济战略上将更多的目光投向了亚洲市场，东亚成为出口导向经济体，从某种程度上削弱了拉美地区实施出口导向的优势，拉美占世界出口的份额由 1946 年的 13.5％降至 1960 年的 7.0％，拉美国家要通过出口来积累资本、发展经济的能力已经不足，进口替代战略是拉美国家在竞争激烈、关系复杂的国际环境中选择的有利于自身发展的战略模式。

从经济表现看，进口替代发展战略在一段时期内促进了拉美国家经济发展。纵向比较，1945～1980 年，拉美地区 GDP 年均增长率高达 5.6%(1925～1945 年仅为 3.5%)。同期拉美年人均 GDP 增长率也达到了 2.7%，远高于 1925～1945 年的 1%，1975 年的人均 GDP 超过 1000 美元。横向比较，1950～1980 拉美 GDP 增长率为 5.2%，高于西欧国家 4.2%，也高于世界平均水平的 4.5%①。在 20 世纪 30 年代后的约 50 年内，进口替代工业发展模式始终在拉美居于主导地位，推动了拉美国家较早跨入新兴工业国行列，巴西、墨西哥、阿根廷等国在 20 世纪 80 年代前基本建成了门类齐全的工业生产体系，并能向世界其他地区出口电机、电子通讯设备等重要制造业产品。

(四)“失去的十年”暴露出进口替代模式的缺陷

虽然拉美政府主导的进口替代模式在前期表现出良好的制度适宜性，但这一模式在拉美国家实施了将近半个世纪，也意味着拉美经济在政府干预和保护下长时间脱离了国际竞争和经济全球化的大势，没有积极参与国际分工，产品质量、经营方式、管理水平都得不到有效改善，这一模式归根到底成了与经济全球化发展不适应的制度安排，最终导致了拉美十年经济停滞。过度保护本国民族工业使得经济效益低下；片面强调进口替代、高估币值等政策阻碍了参与经济全球化的努力；工业生产依赖原材料、中间产品和资本货物的进口，随着替代工业向资本密集和技术密集型发展，进口依赖与外汇供给间的矛盾不断突出，当国际收支出现问题时，如果压缩进口就会直接影响制造业生产，但为了弥补外汇供应的不足而过度举借外债又为拉美国家日后的债务危机种下苦果。20 世纪 70 年代末世界石油危机使得拉美的非

① 拉美 1960 年之前的数据来源于 Henry J. Bruton，A Reconsideration of Import Substitution，Journal of Economic Literature Vol. XXXVI (June 1998) p. 903—936；1960 年之后的数据来源于世界银行的估算，载于联合国网站 http://unstats. un. org/unsd/cdb/cdb_dict_xrxx. asp? def_code=63.；来源同第一部分经济数据的来源，欧美数据来源于 Maddison:《世界经济千年史》，中文版，第 327 页。

石油出口国面临进口石油价格上升、初级产品出口收入下降和外债利息大幅提高等冲击，这些国家只能选择减少进口、增加出口，或者借入更多外债缓解资金压力。由于进口已被压缩到极致，短时期内增加出口也不现实，拉美国家只能诉诸更多外债，特别是为了维持生产性货物的进口。1975年，拉美地区外债总额只有784亿美元，至1982年已猛增至3083亿美元①。1979～1981年间，拉美的外债增长了85%，并最终于1982～1983年爆发了债务危机。资金匮乏使拉美国家被迫进一步削减进口，此时被削减的只能是生产必需的资本品、中间产品和工业原料，国民经济运转形成恶性循环。生产性进口投入的减少和投资的萎缩使拉美经济陷入了自20世纪30年代大萧条以来持续时间最长和最为严重的经济危机之中。1980～1990年，拉美地区GDP年均增长率仅为1.2%，地区人均GDP年均增长率为－0.9%，远远落后于世界其他地区，以至于整个20世纪80年代成了拉美“失去的十年”。至1990年，拉美的人均GDP比1980年下降了近10%。②

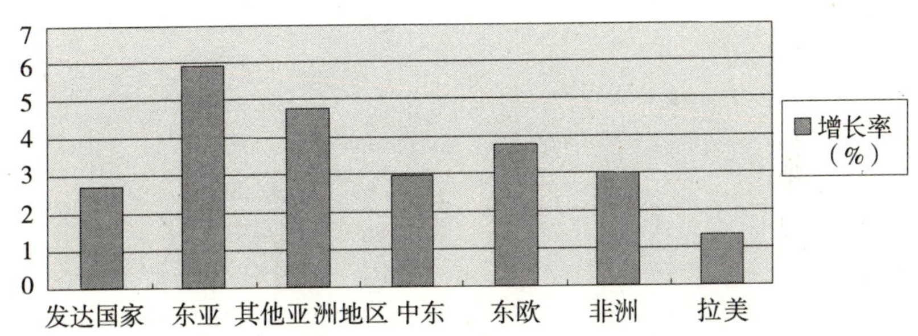

图6—5 20世纪80年代世界各地年均GDP增长率

数据来源：世界银行：《世界发展指标》，中国财经出版社，2000年，第10页。

“失去的十年”暴露出进口替代模式的根本缺陷。从制度适宜的角度看，以进口替代为主要特征的拉美模式存在以下一些突出问题：

① 数据来源：联合国拉美经济委员会：《拉丁美洲的调整政策和外债重新谈判》，转引自苏振兴：《拉丁美洲的经济发展》，经济管理出版社2000年版。

② J.拉莫斯：《增长、危机和战略性转变》，载拉美经委会《拉美经委会评论》1993年8月。

一是政府干预力度过大，且没有适时调整。考察拉美经济，东亚是一个很好的参照系。拉美国家同样是发展中经济体，在国际经济格局中也处于弱势地位，早期面临的国际经济环境也不如东亚地区，因此，通过政府干预，适当保护国内重要产业，推进工业化发展，增强内生增长能力是必要的。但拉美国家经济基础本来好于东亚，拉美文化中又有较强的自由主义意识，因此，政府干预的力度本应当比东亚地区更弱，至少不应该更强。但事实上，无论是从进口替代和出口导向的战略比较上看，还是从更宽泛的市场化程度看，拉美国家政府干预的力度都要明显大于东亚国家。按照弗雷泽的世界主要国家经济自由度指数，拉美国家的经济自由度总体上低于东亚国家，1975 年，5 个拉美国家平均得分是 4.24，比 5 个东亚国家的平均得分低 1.4。即使不考虑中国香港和新加坡，东亚政府的干预力度总体上也要明显小于拉美国家。

表 6—5　部分拉美和东亚国家经济自由度指数比较

	1970	1975	1980	1985	1990	1995	2000
阿根廷	5.55	3.06	4.16	3.66	4.70	6.37	7.20
巴西	5.45	4.45	4.14	3.38	4.13	4.53	5.78
智利	3.42	3.52	5.14	5.73	6.53	7.30	7.49
哥伦比亚	4.82	4.66	4.53	4.97	4.86	5.32	5.61
墨西哥	6.44	5.51	5.26	4.52	5.90	6.23	6.25
拉美五国平均	5.14	4.24	4.65	4.45	5.22	5.95	6.47
印度尼西亚	4.79	5.02	5.03	6.00	6.37	6.53	5.98
韩国	5.91	5.34	5.66	5.77	6.14	6.38	7.01
菲律宾	5.70	5.11	5.18	5.04	5.38	6.99	6.96
新加坡	7.17	7.09	7.43	7.78	8.19	8.70	8.61
泰国	6.06	5.69	5.92	6.01	6.64	7.06	6.64
东亚五国平均	5.92	5.65	5.85	6.12	6.54	7.13	7.04

数据来源：Frasher Institue, World Economic Freedom Index.

而且，拉美国家政府主导的进口替代工业政策安排普遍僵化，缺乏调整。经过进口替代的“黄金时期”(1940～1968 年)，拉美已具备较完整的工业体系，工业化已经由一般消费品进口替代转向耐用消费品、中间产品和部分资本品的进口替代，要求更多的资本投入和更复杂的技术，相关进口需求很高。由于实行进口替代时间过长，拉美越来越依赖外部资本和进口，内部资本积累不足，经济风险加大。

二是进口替代政策与经济全球化的方向背道而驰。拉美进口替代工业化模式带有显著的内向性。几乎所有的工业活动都面向国内市场，国家实施的发展政策歧视出口，导致本国企业产品市场规模极其有限，无法提高进口替代的效益。1964 年，普雷维什(时任联合国贸发会议秘书长)在提交贸发会议的报告中强调指出，“发展工业品出口的必要性是难以回避的……但是，由于发展中国家(拉美国家)没有采取一种将进口替代和工业品出口明智地结合起来的政策，进口替代远未充分发挥其积极作用。”①

实行进口替代，保护国内市场和民族产业，对后发国家来说是必要的。但保护本身并非目的，而是为了通过保护性制度让民族工业获得足够的竞争力，从而逐渐参与国际市场的竞争，在开放的市场环境中成长，实现国民经济的全面健康发展。20 世纪 50 年代以来，经济全球化快速发展，世界各国经济联系日益紧密，国际分工和贸易合作为世界各国提供了新的机遇和发展空间，为参与者带来巨大的利益。联合国统计数据显示，1965～1973 年，发展中国家的年均出口增长率为 8.2%。但拉美国家由于对内过度保护，对外忽视国际市场，长期实行歧视出口的制度，从 20 世纪 50 年代起，进出口贸易在世界中的占比不断下降，其中出口由 1950 年占世界出口总额的 8.6%，下降到 1960 年的 5.9% 和 1970 年的 4.6%，1970—1975 年更是出现出口年均－8.7%的衰退现象②。拉美国家在国际上鲜有知名的品牌产品，经济竞争力和创汇能力不断削弱。受此影响，进口速度由 1950 年占世界进口总额的 8.2%，下降到 1960 年的 6.8%和 1970 年的 5.2%，贸易赤字逐渐增大，加深了外汇需求与进口替代的矛盾，加大了发生债务危机的可能性。

---

① R. 普雷维什:《为发展而制定一种新的贸易政策——联合国贸发会议秘书长的报告》，纽约，联合国，1964 年。

② 陈芝芸:《拉丁美洲对外经济关系》，世界知识出版社 1991 年版，第 144 页。

进口替代发展模式中的高关税、严格进口配额、出口抑制等举措都使得拉美与发达国家之间的贸易范围大大缩小，阻碍了技术的交流和引进，更抑制了技术创新的动力。1960～1966年间，拉美的资本—产出比已经达到4:1；[①]有研究结果表明，就要素生产率[②]而言，在1950～1989年期间，东亚和OECD成员国始终在较快增长；而拉美仅在1950～1973年间出现了有限增长，1973～1980年间基本停滞，而1980年以后则呈现快速下降趋势。[③]

三是崇尚消费的文化影响了国内资本积累。发展中国家在发展初期普遍呈资金短缺型。政府干预经济的一项重要任务就是促进资本积累。但进口替代战略下的拉美国家，对外缺乏创汇能力，内部积累又受限于崇尚消费的文化，资金短缺问题始终没有解决。拉美国家受欧洲文化传统影响较深，崇尚消费，缺乏像东亚那样的节俭储蓄传统，"消费通常是无用的支出和不合理的强迫行为"，是一种"低收入消费主义"(low-income consumerism)[④]，影响了国家内部资本积累水平的提高。20世纪70～90年代，拉美国家的国民储蓄率长期保持在15%～20%之间，东亚则达到30%以上[⑤]。此外，拉美国家普遍将利率保持在极低水平上，居民储蓄倾向受到打击，且越来越多的人将财富转移至国外，不仅政府财政状况持续恶化，加重了通货膨胀压力，而且导致国内资本积累缓慢，不得不依赖外部资本。拉美国家采取进口替代工业化发展模式的初衷是通过发展国内制造业来减少制成品进口，从而改善国际收支，解决外汇短缺这一瓶颈问题。然而，尽管20世纪60年代进口替代初具规模，却没有实现贸易多样化的目标，进口额，尤其是对资本品、

① B.巴拉萨等著：《走向拉美经济复兴之路》，美国国际经济研究所，1986年。

② 要素生产率是指产量与生产要素投入之比。

③ 江时学：《拉美发展模式研究》，经济管理出版社1996年11月版。

④ Nestor Canclini, Consumers and Citizens, Translated by George Yudice, University of Minnesota Press, 2001, chapter 1.

⑤ Michael Gavin, Ricardo hausmann, Ernesto Talvi, "Saving Behavior in Latin America: Overview and Policy Issues", Inter-American Development Bank, Office of the Chief Economist, Working Paper 346, p. 6.

中间产品和工业原料的进口额，依然很大。为了弥补外汇供应不足，拉美国家过度举借外债，而外债的还本付息逐渐成为一项沉重负担。因此，文化传统导致内部积累不足，进口替代又导致外债依赖过高，不仅无法为拉美经济发展提供充足的资金来源，还埋下了极大的经济安全隐患。

三、新自由主义思想主导下的经济改革

（一）新自由主义和“华盛顿共识”

20世纪70年代，适逢资本主义世界陷入“滞胀”困境，凯恩斯主义受到质疑，新自由主义走向复兴，并随着资本主义国际垄断的发展，迅速在拉美地区和以苏联东欧为代表的发展中国家蔓延，成为国际垄断资本全球一体化理论体系的重要组成部分和西方国家全球化扩张——资本扩张、意识扩张和制度扩张——的强有力武器。新自由主义主张自由放任市场经济，其核心观点就是强调市场机制、反对国家干预，主张私有化、反对公有制。

20世纪80年代拉美地区爆发债务危机和经济危机后，各国对于恢复经济一筹莫展，不得不接受美国政府、国际货币基金组织和世界银行提出的“结构性改革”方案，该方案声称社会经济状况好转的前提是逐渐融入全球经济，要重组过于庞大、过多干预、经济上无效率的政府，这样经济才会增长，民众才能受益。

1990年，美国国际经济研究所在华盛顿召开研讨会，与会人员包括拉美政府官员、美国政府官员、企业界人士以及美国主导下的世界银行、国际货币基金组织、泛美开发银行等国际机构官员和一些高等院校、研究机构的经济学家。会议提出了拉美国家经济改革应当采用的十项措施，并将其称为“华盛顿共识”（Washington Consensus）。主要内容包括加强财政纪律、调整公共支出顺序、税制改革、实现利率自由化、实行更具竞争力的汇率制度、实施贸易自由化，开放市场、外国直接投资自由化、国有企业私有化、放松政府管制、保护私人财产权等政策主张。

(二)新自由主义并非拉美的适宜制度

新自由主义改革实施了更加开放的政策,努力让市场发挥更重要的作用,其总体方向是对的。在实施一系列制度变革后,拉美地区扭转了债务危机时的衰退局面,经济获得了较快的恢复与增长。拉美20世纪90年代的经济表现总体上要好于80年代,年均GDP增长率超过3%(见表6—3)。此外,作为欧裔移民众多的大陆,自由主义改革比较符合拉美历史传统和民众价值理念,比较容易被拉美国家接受。

但是,从20世纪90年代中期开始,拉美经济开始减速,1999年和2001年出现了零增长,2002年为负增长。而且,整个拉美经济波动加剧,危机频发。相比经济发展如火如荼的亚洲地区,拉美地区在劳动力成本、技术力量和商业环境等方面已逐渐丧失优势,90年代经济年均增长率比亚洲地区低1个百分点。

总体上,拉美国家经过华盛顿共识支配下的改革后,经济表现远低于预期。拉美经济在更大程度融入全球经济的同时,也加深了对全球经济的依赖,尤其是应对国际金融市场的波动时变得更为被动,经济地位严重下滑。从制度适宜的角度看,全面私有化和高度市场化的自由主义制度变革恐怕并不是与拉美地区国家发展水平及经济地位相适宜的制度选择。

1. 全球化背景下的高度市场化与经济金融安全

一个国家的制度选择受制于其所处的国际环境。理论上,发展中国家可以通过积极参与经济全球化,扩展与他国的贸易、投资、金融合作,承接国际产业转移和技术扩散,促进经济结构升级,发挥后发优势,缩小与发达国家的差距。但现实中,发达国家握有国际资本的绝对控制权,主导着经济全球化的进程,分享了更多的利益。发达国家不仅主导了国际货币体系,而且主导了国际规则的制定;不仅能通过跨国公司在组织上形成了"无形帝国",加强了对全球经济的控制,而且占据了国际产业链的高端,独占着信息科技知识产权优势。这种格局下,全球化使得世界经济发展更加不平衡,经济全球化的成本和收益在南北国家集团之间的分化相当严重。[1] 此外，随着经济全球化特别是金融全球化的深入发展，经济、金融波动和危机的传导性急剧增长，传导路径无所不及，传导速度令各国猝不及防，任何主要国家的内部失衡都会较快地引起其他国家甚至全世界的经济波动，给他国造成外部失衡，甚至导向危机。发展中国家经济和金融体系相对脆弱，经济和金融开放局势下的抗风险能力较弱，毫无疑问，面临着比发达国家更大的风险。

然而，拉美国家在“华盛顿共识”下实行了高度自由化的市场化改革，主要是贸易自由化和金融自由化。在进口方面，主要是降低关税，取消各类进口配额及其他非关税壁垒。据泛美开发银行提供的资料，1985～1995年间，拉美地区平均关税率从44.6%降至13%左右；非关税方面，如阿根廷在20世纪90年代初取消了除汽车及其配件等22项产品之外的所有进口许可证，在智利，除了卫生和道德标准不符的产品外，所有产品均可自由进口；各国基本取消多重汇率制。[2]

表6—6　部分拉美国家关税率变化　　（%）

	最高关税率		平均关税率	
	改革前	1992年末	改革前	1992年末
阿根廷	65	30	39	15
巴西	105	35	32	21
哥伦比亚	100	20	44	12
智利	220	10	94	10
墨西哥	100	20	24	12
秘鲁	108	25	66	18
委内瑞拉	135	20	35	10

资料来源：拉美经委会《拉美经委会评论》，1993年8月。

在出口方面，改革主要包括：取消或放松出口管制、取消或降低出口税、为出口企业提供更多的进口投入（如先进技术、资本品、中间产品和原料），以及改善出口部门的基础设施，希望一次性提高本国产品在

① 李若谷：《全球化下的中国经济金融安全——在中央外办的讲话》，2007年9月。
② 高德步：《世界经济通史》（中卷），高等教育出版社2005年6月版。

国际市场上的竞争力，从而促进经济恢复增长。

在金融领域，拉美国家为了加强中央银行的独立性，实行银行私有化，实现利率市场化，取消目标贷款制，以及降低存款准备金要求等。同时，鼓励证券市场发展，逐步对外开放金融市场。如墨西哥于1994年初颁布法令，不仅取消了对外资银行的种种限制，还规定外资可投资于墨西哥银行系统，其中北美自由贸易区成员国可拥有墨西哥银行系统资金的8%；2000年以后，这一比重可增加到15%。

在资本项目上，拉美国家实行大幅开放，目的之一就是要吸引更多的外资。拉美国家的资本项目开放主要包括以下几个方面的内容：(1)放松对外国直接投资的限制；(2)放松对利润汇出和利息支付的限制；(3)放松对举借外债的限制；(4)放松对资本流动的管制。

这些高度市场化的制度安排确实增强了拉美的经济活力，但它的致命弱点是政府过快地退出了众多核心经济领域，同时又缺乏足够的制度力量来保证经济的平稳运行。高度市场化条件下，全球资金进出拉美国家变得更加便利，资金缺乏的拉美各国在面对全球市场波动时，经济起伏明显加剧，金融危机和经济危机爆发更为频繁。1994年墨西哥爆发金融危机，1999年巴西爆发了金融危机，2001年年底阿根廷爆发了货币金融危机，2002年7月乌拉圭爆发了金融危机，同年底委内瑞拉爆发了金融危机。由此可见，由于拉美国家经济和金融体制不健全，市场经济体系有待完善，基础设施和能力薄弱，监管水平不到位，并不具备全面市场化的条件。一味地寄希望于全面开放，不但无法摆脱发展的低水平陷阱，反而可能使国内经济面临更大风险。

2. 激进的所有制改革与国民利益的平稳改进

拉美国家认识到，对机构臃肿、人浮于事和效率低下的国有企业，必须进行改革，符合国民利益改进的目标。私有化改革可以有效减少公共部门的浪费，增进效率，刺激更多投资，带来更先进的技术，推动经济发展，是可取的改革道路。然而，问题的关键不在于是否实行私有化，而是私有化的速度和幅度以及推行私有化所面临的其他配套条件的成熟度，私有化的推进应符合一国政治经济社会的发展现状，并不是任何条件、任何环境下推行私有化都是有效的。

拉美国家在“华盛顿共识”下实施了全面的所有制改革，主要是国有企业私有化。私有化主要通过以下几种方式进行：1)在资本市场上公开出售国有企业股权；2)以较为优惠的价格向本企业雇员转让股权；3)“债务资本化”；4)“再私有化”，即把一些中小型国有企业无偿地归还国有化之前的原主；5)转让经营权，如港口、码头、道路、机场的经营权等。

拉美国家私有化进程的特点是范围广、规模大、外资参与多，属于激进式的所有制改革。被私有化的对象不仅限于一般制造业部门，还包括基础设施、电信、金融、国防等所有领域的国有资产。在阿根廷，政府允许所有领域进行私有化。大型国有企业，如阿根廷国营石油公司、墨西哥电话公司等都在私有化之列；墨西哥出售国营企业累计收入200亿美元，10年间其国营企业数量从1150家下降至124家。根据泛美开发银行统计，拉美在整个20世纪90年代的私有化收入占所有不发达国家私有化收入的56%。从1990年到1994年，拉美公共部门从694家公司的出售中获得了590亿美元收入，这几乎比所有实行私有化发展中国家该项收入的1040亿美元的一半还多。在1997年和1998年，该项收入为710.58亿美元，占61.8%；1999年，该项收入为230亿美元，占54%。这些数据说明，在结构性的经济改革中，拉丁美洲是新兴市场地区中私有化和国际化比例最高的一个地区。

激进的所有制变革在处理政府和市场的关系时矫枉过正，没有综合基础、环境、方式、速度等因素，没有根据本国实际情况，有重点、分步骤地进行调整。从基础和环境看，拉美国家与英美不同，不是工业化的先行国，生产力发展水平较低，组织机构不健全，经济结构不完善，对外依赖严重，资金短缺，劳动力过剩，企业缺乏竞争力，市场力量发挥作用的条件不完备，想仅仅依靠“私有化”来实现跨越式发展是一厢情愿、不切实际的。这种情况下，原本应该适当发挥政府在经济发展中的作用，扶持具有国际竞争力的大企业成长，主导关乎民生、关乎长远的公共部门产业和设施的建设，培育成熟的市场体系，维护稳定的经济秩序等，但在拉美激进的所有制改革中，政府作用被压缩到极限。面对先行的发达国家和迅速发展的东亚地区强大的竞争压力，离开政府扶持的拉美企业几乎没有什么优势可言，也就难以从国际分工和贸易中得到应有的利益。因此，理想化的私有制改革总体上背离了国家和国民利益最大化的原则，没有成为拉美国家经济振兴的妙方。

3. 经济增长与社会发展

经济增长是社会发展的前提和基础，社会发展反过来能支持经济增长。但现实往往只重视效率积累，藐视公平正义，贫富差距不断拉大。拉美国家在新自由主义思想主导下，国家职能收缩，普遍缺乏实行社会发展政策的能力。虽然经济摆脱衰退，取得了短暂的增长，但这种增长并没有与社会发展相协调，相反造成了一系列的社会问题，如失业率攀升。拉美城市公开失业率从 20 世纪 70 年代的 4%持续攀升到 90 年代后半期的 8%，2001～2003 年平均数超过 9%，其中阿根廷在 2002 年曾高达 23%；贫困人口不减反增，贫富差距拉大，拉美地区 90 年代的贫困人口持续保持在 1.5 亿[①]，占总人口的近三分之一。1999 年，拉美地区 10%最穷的阶层占社会总收入的比重为 1.3%，而 10%最富的阶层占社会总收入的比重为 39.3%，其中巴西的基尼系数曾高达 0.6。“已经进行的实证分析一般都得出这样的结论：改革对就业创造与平等均产生了负面影响”[②]。

依照新自由主义的思路，私有化和自由化能推动经济增长，创造更多就业机会，贫困也将随着经济的增长而减少。但事实是，拉美国家实行自由市场经济，导致政府职能缺位，比如在社保制度上，除了完全积累制改革比较成功以外，整个社会福利制度改革相对滞后。拉美的社会福利制度属于支离破碎、缺乏明确的制度理念且没有选择一个“合适”的制度模式（郑秉文，2005）。因此，他们获得的只有一个阶层即中产阶层的认同和支持，但失去的却是广大社会底层的信任，并且对其政治制度的支持缺位，必将加剧社会分化，使失业率居高不下，进而导致

① 泛美开发银行：《拉美改革的得与失》，社会科学文献出版社 1999 年版，第 190 页。

② 芭芭拉·斯托林斯等：《经济增长、就业与公正》，中国社会科学出版社 2002 年版，第 84 页。

周期性的社会动荡、政治危机、政权更迭、政党轮流上台等等。巴西前财长西蒙森认为,经济增长就是要把财富相对集中,要接受收入分配两极分化的现实,并相信社会贫困的消除是经济增长的必然结果。但巴西经济的飞速发展并没有自动解决就业和公平的问题。社会发展不同于经济发展,前者虽然建立在后者的基础之上,但同样需要一系列制度和政策配套改革,政府必须在收入分配结构和体制的改革上起主导作用,绝不可相信市场万能而放任自流。没有强大的政府机构保障,没有相应的社会保障体制、税收机制、转移支付机制、监督惩罚机制等制度配套,经济增长与社会发展两条路可能越走越远。长远来看,社会发展包括人的发展是经济增长的永久目的。政府不重视社会发展,经济增长便不可持续。社会发展不仅仅是社会问题,也是重大的政治问题,本质上是经济发展问题。拉美国家新自由主义主导下的制度变革没有缓和社会贫困和两极分化的问题,相反问题有趋于严重的倾向,没有实现经济增长的根本目的,总体上是不成功的制度改革。

当然,这些发展问题由来已久,不能完全归罪于新自由主义制度,新自由主义改革是原有发展模式终结后的制度重新选择,有其一定的适宜性,至少令拉美暂时摆脱了债务危机。真正的问题在于,从拉美国家发展模式转型的过程看,每一次适宜制度的选择和实施都没有充分重视制度本身的相对性及制度适宜的动态性,忽视了对适宜制度相对性带来的负面影响的防范和解决,以及面对生产力和环境变化时不能对适宜制度做渐进的、动态的调整。制度的固守僵化和激进变革是拉美经济问题的内在根源。

经过对以上三大模式的分析,我们可以发现,尽管采取的形式不一样,但三种模式有一个非常突出的共同点,就是在经济发展初期,为了发展本国工业,东亚、苏联和拉美国家都采取了政府主导型经济发展模式。虽然不同国家之间具体制度安排的内容有所差别,力度有所不同,但都是与自身条件和需要相结合,着眼于保护本国市场,扶持国内产业,完成资本积累,取得了较好的效果。比如,东亚利用劳动力优势和良好的国际环境实行出口导向型制度安排，获得了巨大成功；苏联充分考虑了恶劣的国际环境和几乎无所不有的国内资源优势，将计划经济的优势发挥到了极致，在一个特定的阶段取得了史无前例的成就；拉美国家的进口替代战略也是充分结合了本国原材料优势和摆脱欧美控制、壮大民族工业的目的，使经济在一段时间内取得长足发展。

然而，三大模式在后期的制度调整和经济表现却迥然不同。

东亚本来就是以市场经济为基础，政府干预的力度并不比拉美大，并随着经济发展越来越多地发挥市场作用，制度调整大体与生产力水平的提高一致，其出口导向战略也与经济全球化的方向高度一致，因而最终取得了成功。

与东亚模式不同的是，苏联模式在一度辉煌之后，没有随着经济社会条件的改变而作进一步调整，反而走向日益僵化的地步，使其过去的适宜性完全消失，无法满足经济社会条件变化提出的调整需求，矛盾日积月累，问题积重难返，最终的制度变革是颠覆式的，给经济社会造成了巨大的动荡和破坏。

拉美模式的表现与苏联模式有相似之处，只是其早期的政府干预没有那么强，后期的调整方式没有那么剧烈。进口替代战略在后期与经济全球化的浪潮背道而驰，没有适时进行调整，最终导致经济停滞的“失去的十年”。但此后的新自由主义改革脱离了拉美经济社会的实际，显得超前了。因此，拉美模式和苏联模式的共同特点就是，在一定时期采取了相对适宜的制度并取得成功后，却逐渐走向僵化，不能根据环境改变而适时调整，各种矛盾日益积累，直至爆发，并演变为不顾现实的大刀阔斧式的调整，最终导致矫枉过正。

三个模式的成败得失还给我们一点启示，三大主体在早期的制度模式差别很大，却都曾取得好的成绩，说明不同的制度可能在不同的时间适用于不同的国家，收到异曲同工的效果，即适宜制度是多样性的。三个模式早期成功，但后期表现相差巨大，根本原因在于有的能灵活变化，而有的却墨守成规。这说明制度的适宜性是在变中实现的，再适宜的制度都不能僵化，必须随着条件改变而调整。

第七章　以制度创新推动中国经济持续健康发展

30年来中国经济的快速发展和社会进步主要得益于改革开放带来的制度创新。中国的制度并不是一成不变的，而是随着客观情况的变化不断做出修正，使之适应变化了的情况，这是中国经济发展、社会进步不断取得成绩的根本。制度适宜是相对而言的。一种制度的设立是为了完成某个时期、阶段的主要任务。这个任务也可以说是中国在这一时期经济发展要达到的主要目标，或是说在这一时期要解决的主要矛盾。随着主要矛盾的逐渐解决，原来一些次要矛盾可能转变为主要矛盾，因此为解决新的主要矛盾，也要做出新的制度安排。任何制度都不能一劳永逸地解决经济发展中的所有问题，随着社会经济的发展，制度也需要进行不断调整。改革开放30年来，中国经济快速增长，人民生活水平不断提高，但一些问题也日益突显，如投资率过高、消费不足，资源过度消耗、环境污染严重，地区发展不平衡、收入差距过大，民族产业安全问题，国际收支失衡等。正确认识和分析当前中国经济发展面临的问题，准确查找这些问题背后的制度原因及影响，对于及时有效地建立和完善有关制度、推进中国经济持续健康发展具有十分重要的意义。

第一节　中国经济发展中的主要问题及其制度性原因

一、中国经济发展面临的一些问题

目前，中国经济发展面临一些突出的问题和矛盾，具体包括：

投资过度扩张。投资的快速增长是中国在特定发展阶段的客观需要，也是推动中国经济发展的重要力量。但近些年来，投资呈现出过度扩张的势头，一定程度偏离了经济发展的条件和需要。2000～2006年，中国的投资率由35.3%上升到42.5%，大大高于2003年18.9%的世界平均投资率；而消费率则由62.3%下降到49.9%(2005年居民消费率仅为38.2%)，远低于2003年世界平均消费率的81.1%(世界居民消费率平均为61%)。中国居民的消费倾向也呈下降趋势，储蓄增长速度远高于消费增长速度。1990～2006年间，城镇居民平均消费倾向从0.847降至0.75，农村居民平均消费倾向从0.85降至0.78；城乡居民储蓄年均增长21.5%，而同期居民消费支出年均仅增长16.1%。① 随着经济社会不断发展，这种过于依赖投资的增长方式对资源环境的压力越来越大，越来越不利于经济的可持续发展。

资源环境问题严重。中国资源禀赋匮乏，人均耕地只有世界平均水平的1/3，水资源只有1/4，矿产资源占有量只有1/2，森林和林地面积只有1/6。近些年来，伴随着经济的快速发展，资源压力日益增加，重要资源如石油、铜、铝、铅、锌等严重依靠进口；②同时，环境污染十分严重，水土流失面积约占国土面积的37%，七大水系的26%是五类或劣五类，九大湖泊中有七个是五类和劣五类，占全国土地面积50%的西部干旱、半干旱地区森林覆盖率不足1%。资源不足和环境污染给中国经济造成了巨大的发展成本，严重制约了未来可持续发展能力。

收入差距过大。中国收入差距体现在以下几个方面：首先，居民基尼系数不断增大，由1990年的0.33增加到2005年的0.463；其次，城乡居民收入差距大，长期维持在3∶1的高位，大大高于多数国家1.5∶1的比率；第三，地区间收入差异大，2006年城镇居民人均可支配收入最高的上海比最低的新疆高出1.33倍，农村居民人均纯收入最高的上海比最低的贵州高出5.6倍。③ 收入差距过大限制了社会整体的消费水平，造

---

① 根据国家统计局《中国统计年鉴2007》数据计算。

② 罗宁：《论资源环境安全及相应的制度创新》，载《求实》2007年1月。

③ 根据国家统计局《中国统计年鉴2007》数据计算。

成生产能力闲置和产成品积压，不利于经济持续发展和产业结构的升级；同时，也不利于社会分配的公平进行，不利于社会的和谐与稳定。

就业问题严峻。中国就业问题表现在以下几个方面：首先，农村人口众多，剩余劳动力就业压力比较大，相当比例的农村劳动力处于失业或隐性失业状态；其次，大学生就业压力突出，相当数量的大学生毕业后找工作困难，不能实现充分就业。海外留学人员归国数量日益增多，而就业的难度也在不断加大；第三，各类企业下岗失业人员再就业面临诸多困难，就业压力较大。就业问题是中国政府面临的重要而紧迫的社会问题，关系着工业化和城市化进程，限制了整个社会消费能力的提高，不利于经济增长方式的转变。

民族产业安全问题。近些年来，外资并购中国企业的速度不断加快，规模不断增大。2001 年中国的外资并购占同期外商直接投资的比例为 5%，而 2004 年上半年这一比例达到 63.6%。[①] 一些跨国公司通过采用系统化、规模化并购，将中国产业纳入其全球产业链，试图实现获得行业控制权的目的。目前，中国的三资企业在医药、化纤、专用机械、通用机械、汽车、电气机械、通信计算机、仪器仪表等重要行业已经占到了 60%以上的市场份额。[②] 民族产业的发展关系着中国品牌的发展前途，关系着中国企业独立研发和技术创新能力，关系着中国经济的独立、安全和持续发展，需要高度重视。

国际收支失衡严重。近年来，中国对外贸易出现巨额顺差。2007 年贸易顺差达 2622 亿美元，经济对外依存度由 1978 年的 9.8%上升至 2007 年的 67%。[③] 中国外汇储备 2007 年底高达 1.53 万亿美元，这虽然是中国经济发展的结果，也是中国经济实力增强的体现，但由于海外“热钱”大量涌入中国，造成人民币巨大的升值压力。2005 年 7 月中

---

① 郭春丽：《外资在华并购的动向及对我国的影响》，载《经贸研究》2007 年第 3 期。

② 纪宝成、刘元春：《对我国产业安全问题的若干看法》，载《经济理论与经济管理》2006 年第 9 期。

③ 进出口总额美元值按 2007 年年均汇率（12 个月月度汇率平均值）1 美元兑 7.6071 元人民币换算成人民币。

国实施新的汇率制度以来，人民币快速升值。2008年2月底人民币兑美元汇率达到7.15:1，升值幅度超过13%，造成了国内资产价格膨胀、外汇储备价值缩水等问题，影响经济的持久健康发展。[①]

二、主要问题的制度原因

当前中国经济面临的这些问题，其原因是多方面的，其中包括制度方面的因素。这也说明，尽管中国的改革形成的制度总体上是适宜的，但这种适宜性只是相对而言的，一些制度本身仍有待改进，还有一些制度则是随着环境和条件改变而使原有的适宜性减弱了。

（一）投资过度扩张问题的制度原因

经济增长离不开资本积累，通过各种制度安排积累足够的资本是任何国家经济起飞的必要条件。改革开放初期，中国经济工业化水平很低，资本积累严重匮乏。据估计，1978年中国资本存量仅为24501亿元，人均资本存量只有2552元；1980年每百万人口固定资产形成数量不到美国和德国的5%，不到日本的2.5%[②]。资本存量少是中国经济增长的最大瓶颈，发掘资金来源、保证社会投资水平是当时经济发展面临的主要矛盾，为此，中国采取了一系列制度安排以促进投资，例如，通过下放国有企业投资权限、进行财税体制改革、建立以经济增长为导向的干部考核体系等制度安排推动地方政府、企业等各投资主体的投资积极性；同时，实施银行为主的间接融资、吸引外资以保证投资资金的来源:这些制度安排极大地促进了投资增长，推动了中国经济的发展。随着经济的发展和资本实力的增加，资本匮乏已经不再是制约中国经济增长的主要因素，投资呈现过度扩张的势头，继续强调政府作用在促进、鼓励投资中的必要性开始下降，需要适时调整政府和市场的边界，让市

① 例如，我国2007年年初外汇储备1.07万亿美元，年底外汇储备1.53万亿美元，取其均值1.3万亿美元。我国并未公布外汇储备的构成，按照一般的估算，美元储备占我国官方外汇储备的2/3，为0.87万亿美元，美元兑人民币汇率2007年1月4日7.8073，12月28日7.3046，相当于每一美元储备可兑换的人民币年末比年初减少了0.5元，这样仅2007年我国就因为人民币升值共损失了4350亿人民币。

② 根据《国际统计年鉴1989》数据计算。

场机制在投资决策和投资行为中发挥更大的作用。在影响投资的众多因素中，以下两方面的制度所起的作用比较明显，也尤为值得关注。

一是以银行为主导的融资制度安排为投资扩张提供了充足的资金来源。改革开放后，中国政府改变了传统计划经济体制下财政配置国家经济资源的方式，取而代之是建立以银行为中心的金融体系配置国家经济资源。国家通过隐性担保银行不破产来动员全民将资金储蓄到银行，然后以行政干预方式指导银行贷款，并通过信用扩张方式为企业提供发展资金，促进全社会投资的增长和经济的发展。国家中央银行制定贷款风险控制规则，银行只管把信贷额度以适合规则的方式发放给企业，获得银行贷款的企业大都是无（或低）资本金、无担保和无抵押的，贷款期限长，与资本金相仿。1995 年，中国国有银行推进商业化改革，"贷款"等同于"拨款"的情况逐步转变，银行信贷自主性逐步增大，开始要求"资产抵押"，强化风险管理体系；1997 年消费信贷启动，结束了银行只发放生产建设贷款的局面；2003 年消费信贷、城市基本建设贷款等城市化相关的贷款已经占到了整个银行贷款的 40%，银行的业务品种不断增加；2005 年开始，四大国有银行中的三家以及许多商业银行相继上市，完全走上了商业化经营的道路。

在过去 30 年的大部分时间里，中国银行体系贷款基本上属于国家为发展经济进行的"透支"或"补贴"，并且这种机制被证明是十分有效的，通过集中全社会的金融资源（储蓄）最大限度地满足了企业发展的资金需求，极大地支持了中国工业和经济的发展，促进了整个社会的投资水平和经济发展。据统计，1985～2006 年间中国金融机构各项存款余额由 3553 亿元快速增长到 32 万亿元，22 年间增长了近 90 倍；国内信贷增长率和投资增长率具有高度的同步性（张平，2007）；而 1978～2005 年间投资对中国 GDP 的平均贡献率达到 36.3%，其中 1995～2005 年甚至高达 40.2%。[①] 在资金短缺的情况下，这种银行代替财政

① 中国经济增长与宏观稳定课题组：《金融发展与经济增长：从动员型扩张向市场配置的转变》，载《经济研究》2007 年第 4 期。

功能、代替社会投资的融资制度提供了充足的资金来源，促进投资的不断攀升，但也形成了投资消费失衡问题、银行坏账问题等。截至2006年3月月末，中国境内商业银行不良贷款总额达13124.7亿元人民币，不良贷款率为8%。① 但总体权衡，这种融资体制是功远大于过。②

二是在行政考核中过于强调GDP增长导致一些地方政府有较强的投资意愿。改革开放后，中国政府对中央与地方的关系做出了重大的制度改革，中央政府逐步下放权力，地方政府的权限和职能范围逐步扩大，主要体现在人事制度和财政融资制度。在人事制度方面，确立以经济建设为中心的地方政府干部考评和晋升机制，选拔标准由单纯的政治指标引入了经济绩效指标，地方干部政绩评价和考核与所辖地区经济发展成绩直接挂钩，地方GDP的增长成为最重要考核指标。在财政融资体制方面，由于先后实行"分灶吃饭"的划分收支、分级包干型和分税制的财政体制，地方政府逐步拥有预算内和预算外的双份财权，拥有国家限额以下的各类建设项目审批权，拥有对地方国有资源(如土地、矿产、水资源等)的分配权、对地方所属企业包括中央委托地方代管企业的管理权(人事权、财务权等)，并且由于银行"所在行政区属性"等原因，对本行政区内的银行融资活动具有很强的影响力。

这种地方政府行政及绩效考核制度安排造成了地方政府旺盛的投资冲动和促进经济增长的意愿，激发了各级地方政府改善投资环境、提供公共物品的积极性，促进了投资的快速增长和经济整体发展水平的提高。在地方经济十分落后的情况下，只有高投资才能实现快增长，各级地方政府官员千方百计地利用地方财政、融资权力促进提高本地的投资水平。有研究证明(张军，2002)，中国资本积累对经济增长的变动并不敏感，地方政府在资本积累中扮演了主导角色。不过随着经济形势的发展，地方政府行政及绩效考核制度安排的适宜性在减弱，一些负面影响日益显著。首先，很大程度上形成了粗放型经济增长模式。地

① 根据中国银监会公布的2006年第一季度数据计算。

② 以上分析参考李若谷著《走向世界的中国金融》一书，第179～182页及219～221页。

方干部政绩考核主要看经济增长指标，所以地方政府官员为了本届政府的政绩考虑，积极推动那些明显提高本地GDP的大项目投资、“高税率产业”、一般性加工产品等短平快项目，而这些投资往往是高能耗、高投入、低效重复、经济效益差。其次，不利于中国自主创新的投入。自主创新投入需要较长的周期才能看到收益，这与地方政府官员5年左右的任期利益不相一致，所以地方政府更重视见得到的短期利益的粗放型投资或外商引资，不大重视自主创新的投入。另外，客观上为外资恶意并购中国企业提供了条件。一些地方政府为了完成“国企改革”、“招商引资”等政绩，争相用更优惠的条件吸引外资进行投资或参加国有企业改制，结果外资得以渔利，攫取财富。

(二)收入差距扩大问题的制度原因

改革开放初期，中国收入分配是计划经济体制下的“平均主义”模式，“干多干少一个样，干好干坏一个样”。实践证明这种“大锅饭”模式缺乏有效的激励机制和动力，劳动者积极性受到严重挫伤，影响了经济的正常发展。所以，改革开放的首要任务之一就是推动收入分配体制市场化改革，按照“效率优先，兼顾公平”的原则，通过市场竞争让一部分人和地区先富起来，形成了城乡之间、地区之间、不同行业之间收入差距的激励机制。适当的收入差距通过竞争效应、示范效应等对于调动劳动积极性是有利的。实践证明，改革初期阶段收入差距扩大有效地促进了社会整体效率的提高，使生产要素从低效率部门向较高效率部门转移，优化了资源配置；收入差距的扩大反过来也成为推动改革的一种强有力的激励，促使人们去冲破原有束缚生产力发展的各种规章制度，巩固和发展改革成果。1978～1984年间，农村实行家庭联产承包责任制改革后农产品产量大幅提升，承包责任制的推行对农业发展的贡献率高达46.89％(林毅夫，1994)；而城市实行的承包制和奖金制改革，实行企业职工收入与效益挂钩的制度，极大地激发了企业的活力，经济快速增长。

不过，当前中国社会收入分配差距过大的局面却不是改革的初衷，也是始料不及的。一方面，市场化收入分配的变动过程中，按劳分配和按要素分配必然具有扩大收入差距的内在机制，因为劳动存在复杂劳动和简单劳动之分，不同人群拥有要素的水平和要素利用率也存在差异。据统计，1990～1999 年，中国城镇居民人均财产性收入年平均增长率为 26.42%，要比其年均收入增长率 16.23%高出 10 多个百分点，充分表明了资本要素对分配差距的影响力①。然而，这些由于按要素分配导致的合法收入差距是市场机制的结果，也是合理的，并非中国当前收入差距的主要原因。

财税政策再分配调节功能的不足是收入差距不断扩大的一个重要制度因素。经济活动中收入差距拉大的趋向总是存在的，需要政府通过税收和转移支付等手段进行调节，而中国目前的财税体制有欠缺，税种和税率设置不完善，财政支出结构不尽合理，没有发挥应有的调节作用。虽然中国财税体制的形式和规定不断改变，但由于中国经济发展的资金匮乏，生产建设投资支出一直是各级政府财政支出最主要的内容，整个财税体制也一直保持生产建设型财政的特征。1978～2006 年，全国财政生产建设费支出达 83969 亿元，占全部财政支出总额 33%，其中 1997 年前这个比率每年都在 40%以上。② 生产建设型财政体制为中国经济发展提供了宝贵的资金来源，但也必然造成公共服务领域资金投入不足，削弱了财政的再分配调节功能，不利于缩小收入分配差距。长期以来，社会抚恤和社会福利（包括离退休费）支出占中国全部财政支出的比率处于 1.4%左右的低水平；财政卫生支出仅占全部卫生支出的 15%左右，远低于中等发展中国家 57%的平均水平；而义务教育、医疗等公共支出主要由地方县乡政府支付，加剧了城乡发展不平衡现象：2004 年，占总人口 60%的农村只获得全社会教育投资的 23%，高等教育改革大幅度提高收费水平进一步加重了农民负担。③个人所得税制度设计存在的缺陷也造成了逆向调节现象。以 2003 年

---

① 周振华：《中国收入分配变动的内涵、结构及趋势分析》，载《改革》2002 年第 3 期。

② 根据国家统计局《中国统计年鉴 2007》数据计算。

③ 安体富：《完善公共财政制度　逐步实现公共服务均等化》，载《财经问题研究》2007 年第 7 期。

为例，应该作为个人所得税缴纳主体的高收入阶层（包括民企老板、歌星、影星、建筑承包商等）缴纳的个人所得税只占国家个人所得税收入总额的5%左右，而工薪阶层缴纳的个人所得税却占国家所得税收入总额的46.4%。[①] 与此同时，由于体制机制等原因，在收入分配方面还存在诸多不合理、不公平的现象。例如，一些垄断行业和权力部门能够凭借某种特权获取巨额利益。特别是，由于市场体系尚不够成熟，法律法规不健全，经济活动中存在不少非法收入和腐败收入，对这些收入的打击力度不够、手段欠缺，也在一定程度上加剧了收入差距过大的现象。

（三）资源环境安全问题的制度原因

在改革开放后的一段时间里，当时中国工业化和城市化水平还很低，资源消耗和环境污染程度相对较轻，因此主要精力放在了如何提高投资水平、促进经济快速增长上，保护生态和环境资源被放到相对次要的位置。当时为了赚得外汇资金来进口先进机器设备，还大量以低廉的价格出口自然资源和原材料。然而，随着中国工业化和城市化进程的加快，经济持续保持较高投资水平和增长速度，资源消耗和环境污染问题日益突出，不仅成为制约经济发展的重要因素，也对人民群众日常生活和健康产生了越来越大的负面影响，成为当前经济发展面临的主要难题之一。

中国的资源环境问题与粗放型经济增长方式有着直接的联系，背后有其历史必然性和合理性。许多国家经济发展在工业化起步阶段都表现为粗放型增长特征；工业化历史上的资源消耗规律也表明，从低收入国家向中等收入国家转变的发展过程中，人均资源消耗迅速增长；而从中等收入国家向高收入国家转变的过程中，资源的利用效率大幅提高，但人均资源消耗量的变化不大；进入高收入国家行列以后，在资源利用效率进一步提高的同时，人均资源消耗量又呈较快增长。中国在

① 个人所得税综合与分类相结合税制研究课题组：《个人所得税综合与分类相结合税制的模式选择和管理要求研究》，2005年11月。

短短几十年的时间里完成了欧美国家经历了几百年才完成的从传统社会到工业社会过渡的艰巨任务，这必然导致西方社会工业化进程中曾经发生的各种困难、矛盾和问题在中国工业化进程中以更为集中或突出的形式表现出来。为了尽快进行资本积累、扩大生产规模，中国改革开放发展初期大量使用资源，表现为高投入、高消耗、高增长的发展特点。

中国资源环境问题也有其制度方面的原因。资源管理制度方面，国家拥有所有自然资源，中央政府和地方政府之间按规定划分资源使用权和支配权，可以根据经济发展需要降低资源的使用成本和转让成本。而资源和环境税收方面，缺乏可行的税收制度对资源使用、占有等行为进行调节。中国的资源税覆盖面窄，仅原油、天然气、煤炭、其他非金属原矿、黑色金属矿原矿、有色金属矿原矿、盐等七类资源征收资源税，而土地资源、水资源、林木资源等没有列入资源税征收范围；①中国资源税税率也很低，资源税收入占全部税收收入总额的比例常年低于0.1%，2003年这个比例只有0.04%②。这样的资源税制度下，企业使用自然资源的成本很低，环境污染成本几乎为零。资源和环境保护与破坏的奖惩制度也不健全。污染费、环境保护费长期以来是个空白，近些年虽然开始收取，但执法效果并不理想。现有的财政制度也缺乏环境友好方面的考虑。作为重要的财政收入来源，同时也是解决地方就业、收入问题的重要力量，很多高污染、高消耗的项目和企业总是能受到地方政府的保护。总的来说，现行制度下较低的资源和环境使用成本对中国经济快速发展起到了积极的推动作用，降低了中国工业化和城市化的成本，换来了外商投资资金、先进机器设备和技术等发展经济所急需的可流动要素；但也造成了严重的资源浪费和环境污染，是难以持续的，治理成本也十分惊人。据统计，2004年，中国因环境污染造成

---

① 参见《中华人民共和国资源税暂行条例》(国务院，1993年，第139号)和《中华人民共和国资源税暂行条例实施细则》(财政部，1993年，第43号)。

② 资源税制改革研究课题组：《资源税制改革研究》，载《中国税收政策前沿问题研究(第三辑)》，中国税务出版社2006年5月版。

的经济损失为5118亿元，占当年GDP的3.05%，如果在现有的治理技术水平下全部处理2004年排放到环境中的污染物，需要一次性直接投资约10800亿元，占当年GDP的6.80%左右；同时每年还需另外花费治理运行成本2874亿元，占当年GDP的1.80%。①

（四）国际收支失衡、产业安全等问题的制度原因

改革开放之初，中国是个封闭落后的经济体，资金、技术、管理经验等方面远远落后于发达国家，全球化参与程度低，1977年对外贸易总额占世界贸易总额的比重仅为0.6%。引进国外资金、先进技术和管理经验，参与国际分工合作以提高本土企业竞争力是当时中国经济对外开放的主要内容和重要任务。20世纪80年代初中国逐步开放沿海城市，从1980年的“深圳、珠海、汕头、厦门”4个经济特区逐步扩大到1990年的14个沿海开放城市；进入20世纪90年代，进一步推动实施“沿海、沿边、沿江和沿路”的对外开放战略，逐步形成了全方位、多层次、宽领域的对外开放格局；2001年11月中国正式加入世界贸易组织，迎来了全面对外开放的新阶段。中国鼓励外商直接投资和出口的对外开放进程给经济带来了巨大的发展活力，但也导致了国际收支不平衡、产业安全等问题。

外商直接投资制度。鼓励外商来华投资是中国改革开放的重要内容之一，中国政府出台了许多优惠政策：企业设立方面，允许外资企业在没有资金的情况下先行设立，后补充资金；税收优惠方面，外商投资企业可按投资项目不同享受不同的税收优惠，外资企业所得税总体上低于国内企业40%～70%，对进口设备、零部件以及为出口商品而进口的原材料等实行免税优惠；外汇管理方面，国家政策对外商投资企业给予优惠的超国民待遇，如：不用承担其所创外汇的上缴义务，保留外汇调剂中心专门为外商投资企业办理外汇买卖等；物资供应方面，一些地方性法律规定对外资企业优先满足其购买需要，优先提供

---

① 郑小兰：《政府统筹经济增长与生态环境保护的财政税收手段分析》，载《商场现代化》2007年1月。

水电，对土地使用给予优惠等。①

30 年来，外商直接投资资金已经成为中国固定资产投资中仅次于企业自筹资金和国内贷款的第三大来源，外资企业为中国提供了 2000 多万个就业岗位，外商将超过 60%的投资资金用于进口先进设备，促进了中国工业技术发展水平的上升。据统计，1985～1999 年，外商投资企业贸易额占中国贸易总额的比重由 3.4%上升到 48.4%，2006 年中国贸易顺差的 52%来自外商投资企业。目前，外商投资企业资产占中国工业总资产的 10%以上，创造全部工业部门产值和销售收入的 1/4、利润的 1/3、增值税的 1/5。② 外商直接投资给中国经济带来了巨大的好处，但同时一些负面影响也日益增大。首先，外商投资优惠政策形成了不公平竞争，影响民族企业的健康发展。外商投资企业享受税收、土地使用等方面的优惠政策，而不用承担沉重的社会责任，对国内企业形成了巨大的竞争优势；同时，由于缺乏相应有效的审批和管理制度，外商企业对中国民族企业的恶意并购事件日益增加，行业市场垄断意图日益明显，威胁了中国民族工业的安全和发展。其次，由于外资优惠政策导向造成外商投资的环保安全把关不严，许多外商投资都集中在高污染产业，给中国环境造成了很大的破坏。1995 年全国第二次工业普查资料显示，投资于污染密集产业的企业数占全部外商投资企业的 30%，污染密集产业约占外商投资额的 40%。③ 第三，对外资投入领域缺乏控制，吸引外资的税收优惠政策导致大量外资流向一般加工业等劳动密集型行业，虽然提供了大量的就业机会，但却相应减弱了资金向高、精、尖产业的流动，与中国鼓励发展农林渔落后产业、技术密集型先导产业的现代产业政策导向矛盾，不利于中国产业结构升级。

出口导向制度。改革开放以来，中国政府采取多种措施鼓励出口。

---

① 参见《关于对外商投资企业实行银行结售汇公告》（中国人民银行，1996 年）、《中外合资经营企业合营各方出资的若干问题》（国务院，1987 年）和《外商投资企业和外国企业所得税法》（国务院，1991 年，第 45 号）。

② 江小涓：《FDI 对中国工业增长和技术进步的贡献》，载《中国工业经济》2002 年第 7 期。

③ 张梅：《外商投资与我国环境保护初探》，载《绿色经济》2003 年。

在税收上，实行出口退税制度，对国内企业和单位的进口产品征税，对出口产品根据出口换汇成本的高低，视其亏损程度，在保本微利的原则下酌情给予减免税，对中央、地方外贸企业和工业主管部门及工业企业经营出口的产品（除原油和成品油外）在出口后一律退（免）产品税或增值税等；吸引外资上，根据自我平衡的规则，要求外商投资公司必须是面向出口型的，否则就不欢迎建立合资公司（余永定，2006）；外汇制度方面，人民币汇率高估阶段，实行双重汇率，允许出口企业所创外汇按一定比例留成并按较高的市场价出售获利，1994 年汇率并轨后长期实行稳定的汇率政策支持企业出口等。[①]

出口导向的政策制度有力地推动了中国对外贸易的发展，创造了大量的就业岗位，促进经济快速增长；但随着中国经济社会发展形势的变化，长期实行奖出限入政策的负面影响也越来越大。首先，造成了巨额的贸易顺差。2006 年中国的贸易顺差超过了 1000 亿美元，经济对外依存度超过了 70%，经济运行面临巨大的外部风险。其次，造成了资源紧张和浪费。中国贸易顺差中 55%是加工贸易造成，产品出口中相当大部分属技术含量低、高消耗的低端产品，这些产品的生产造成了大量的资源能源消耗和环境污染。在中国资源禀赋差、生态环境脆弱的情况下，片面地鼓励出口将难以为继。

第二节　根据形势发展需要不断推进制度改革与创新

中国的改革开放路径，总体上是根据中国经济社会发展逐步推进的，但制度的调整是阶段性的，改革开放几十年间，特别是最近一些年来，中国经济社会现实情况发生了很大的变化，制度所面临的国内国际环境也大不相同，需要根据实际情况调整和完善。

---

① 参见《关于对出口产品征、退产品税或增值税的规定》（国务院，1985 年）和《关于改革现行出口退税机制的规定》（国务院，2003 年，第 24 号）。

一、中国经济已处在一个崭新的发展阶段

首先，生产力水平大幅提高。生产力发展是决定制度的基本因素。在30年改革开放的推动下，中国经济实力和生产力水平不断提高：1978～2006年，中国城乡居民的人均可支配收入增长了5.7倍；每天创造的GDP从10亿元增长到577.7亿元；农业机械总动力增长了5.8倍；棉花、甜菜、花生等主要农产品单位面积产量不同程度地增长了2～5倍；钢铁、水泥、发电量、化纤等主要工业产品人均产量不同程度地增长了10～15倍；汽车、家电、信息技术等高科技产品产量急剧增长；公路运输线路长度增长了3.9倍，民航航线里程增长了15倍。人民生活已经从温饱阶段到迈向小康时期，经济告别了长期短缺，许多商品出现了供过于求的状况。[①]

其次，经济和社会结构发生巨大改变。改革开放以来，中国由高度集中的计划经济模式转变为机动灵活的市场经济体制，社会组织结构也逐步向工业化社会形态转变。30年来，中国产业现代化程度大幅提高，1978～2006年农业占GDP的比重从28.2%下降到11.7%，而服务业占GDP的比重则从21.6%上升到39.4%。中国经济的所有制结构也发生重大改变，1978～2006年国有企业在工业总产值中的占比由77.6%大幅下降到了9.7%，而私营企业及外资企业（含港、澳、台企业）占比则从零上升到了53%。[②] 与改革开放前简单的“干部、工人、农民”三级阶层结构不同，当代中国的社会阶层结构表现为复杂的“多元结构”形态：第一产业就业人数占全国人口的比例由1978年的70.5%下降到当前的42.6%，中间阶层人数已经占总人口的25%左右，私营企业主、个体户等新的社会阶层产生并且影响不断增大。[③]

第三，经济国际化程度日益加深。在过去30年间，中国由比较封

---

① 根据《中国国情报告1978～1996》、《中国统计年鉴2007》数据整理计算。

② 根据《中国国情报告1978～1996》、《中国统计年鉴2007》数据整理计算。

③ 福建省委党校课题组：《论中国社会阶层结构变迁对党执政基础的影响》，载《中共福建省委党校学报》2006年9月10日。

闭的经济体变成了全球经济一体化的最为重要的参与者之一。中国的进出口贸易额由 1978 的 206.38 亿美元飙升到 2007 年的 21738 亿美元，由出口初级产品和进口制成品的国家变成了世界制造业中心；2007 年中国外贸依存度达到 64.4%，出口产品中工业制成品比重高达 94.5%。① 1985 年中国吸引外商直接投资额仅为 59.32 亿美元，而 2006 年已经达到 724 亿美元，占全球总量的 7.9%，是吸收外国直接投资最多的发展中国家。同时，中国对外直接投资也快速增长，对外投资净额由 1980 年的 1.85 亿美元快速增加到 2006 年的 210 多亿美元，居全球第 13 位。2006 年中国在境外投资的近万家企业，分布在全球 172 个国家和地区，其中 23 家企业已经跻身世界 500 强。②

第四，国际环境呈现新的特点。改革开放 30 年间，整个世界格局发生了巨大变化。中国改革开放之初，国际关系中最突出的特征是美苏对峙和以美国为首的发达国家开始不遗余力地推进经济全球化。20 世纪 80 年代西方与中国的关系以合作为主，以促中国开放、改革为主。到了 90 年代，由于东欧剧变、苏联解体导致了东西对峙格局的终结，国际关系总体上由政治和军事上的对抗转向经济上的竞争，和平与发展逐渐成为世界主题。这个阶段由于中国实力还不强，西方与中国的关系是遏制与合作并举，但合作更多些。进入 21 世纪以来，中国的发展步伐明显加快，西方对中国发展的疑虑增加，虽然仍是遏制与合作并举，但遏制的力量更强些，合作仍在持续，不过合作中也掺杂了遏制。一些国家和势力不断通过新版“中国威胁论”、贸易保护等形式寻求遏制中国发展的机会。

二、新的形势对制度改革与创新提出了新的要求

30 年来，中国经济发展取得了巨大的历史性成就，但也存在上述的问题和矛盾，社会和经济状况与改革开放之初相比呈现出一系列

① 根据《中国国情报告 1978～1996》、《中国统计年鉴 2007》数据整理计算。

② 联合国贸发会议：《2006 年世界投资报告》。

全新的特征：市场经济体制已经建立，但生产力发展仍面临诸多体制性、机制性障碍；经济结构加速调整，但长期积累的结构性矛盾和粗放型经济增长方式尚未根本改变，能源、资源、环境、技术瓶颈制约日益突出；科技事业发展的同时，许多重要领域的核心技术和关键产品仍大量依靠进口，自主创新能力亟待提高；人民生活总体达到了小康水平，但收入分配、社会保障等一些关系群众切身利益的新问题有待解决等。总体来看，经过30年的改革与发展，中国已进入一个新的发展阶段。一方面，中国经济发展仍远落后于发达国家，处于并仍将长期处于社会主义初级阶段；另一方面，中国经济水平有了很大的提高，进入了人均GDP1000～3000美元阶段这一社会矛盾和问题较为突出的关键期。包括中国在内的世界各国发展实践表明，经济发展的初期往往忽视或无力注意社会事业和公平的发展。但发展到了一定阶段就必须注意经济发展与社会发展的平衡，注意发展的公平与公正性，实现可持续的发展。要实现发展的可持续性必须坚持政治、经济、文化、社会的全面协调发展。中国共产党十六届三中全会提出“坚持以人为本，树立全面、协调、可持续的发展观，促进经济社会和人的全面发展”，就是根据国内外新形势做出的科学决策。这一全新的发展理念，为中国进一步的制度改革和创新指明了方向。

（一）完善科技创新制度，增强自主创新能力

改革开放初期，中国工业化水平和技术条件十分落后，与发达国家存在很大的差距，这种情况下引进国外先进技术和设备要比自主研发收益高、见效快，更有利于推动经济快速发展。仅1990～1997年间，中国的技术贸易量累计达860亿美元，年均增长率38%，其中机器和设备进口占总体技术贸易的80%还多。不过，中国在技术和设备引进的同时却在消化吸收方面投入过少，企业用于技术引进与消化吸收的投入之比仅为1:0.078，远低于日本和韩国的1:5和1:8；[①]同时，自主创

① 戴庆华、牟永红：《承接国际产业转移与我国产业技术学习及自主创新》，载《世界经济与政治论坛》2005年第6期。

新投入不足，20 世纪 90 年代 R&D/GDP 指标一直徘徊在 0.6%～0.7%左右，2007 年虽然提高到 1.49%，但仍远低于发达国家 2.5%的平均水平。据统计，中国大中型企业中至今有 71%的企业没有技术开发机构，2/3 的企业没有技术开发活动。过于依赖国外设备引进、忽视自主创新导致中国企业普遍缺乏自主知识产权的核心技术。① 2002 年中国对外技术依存度达到了 50%，高技术产品出口中有 90%是“三资”企业实现的；几乎全部的光纤制造设备、80%的石油化工制造装备、70%的数控机床、95%的医疗装备依赖进口。②

实践证明，核心技术是一个企业获取高额垄断利润的主要来源，跨国公司严格控制专利技术和技术诀窍，绝不转移最新技术和核心技术。在中国与国外先进水平差距日益缩小的现状下，希望依靠技术和设备的引进提高竞争力已经变得越来越难，只能依靠企业自行研发。自主创新能力不足，延缓了中国产业升级的步伐，限制了工资水平的提高，制约了消费的发展空间，加剧了中国经济对粗放型增长方式的路径依赖，已经成为未来中国经济可持续发展的重要瓶颈。

为此，当前阶段中国亟须在科技创新体制层面做出调整和创新：首先，加大科研创新经费的投入，尤其是要加大对基础科学研究的资金投入，转变过去重应用不重视研发的局面，同时调整税收制度，通过税收减免鼓励企业开展研发活动；第二，培育并鼓励行业龙头企业自主创新，通过优惠政策和财政资金大力支持那些主要产品在市场上占有较大份额、研发实力雄厚、在国内外拥有较好声誉和品牌的民族企业的行业龙头企业进行技术创新，如对大企业研发中心的设立给予切实可行的财政支持等；三是高度重视人才培养和储备，造就一批具有世界前沿水平的高级专家，加大吸引留学和海外高层次人才工作力度，在制度层面予以保障；四是实施促进创新的金融政策，建立和完善创业风险投资

① 戴庆华、牟永红：《承接国际产业转移与我国产业技术学习及自主创新》，载《世界经济与政治论坛》2005 年第 6 期。

② 边丽洁、霍振芳：《不断提高自主创新能力，推进我国经济结构调整》，载《集团经济研究》2006 年第 7 期，总第 202 期。

机制，探索以政府财政资金为引导，政策性金融、商业性金融资金投入为主的融资方式，促进更多资本进入创业风险投资市场，鼓励金融机构对国家重大科技产业化项目、科技成果转化项目等给予优惠的信贷支持等。

（二）完善资源环境保护体制，保障资源环境安全

改革开放至今，中国出于降低经济发展成本、提高出口产品的国际竞争力、促进吸引外商资金等原因，一直保持很低的资源环境使用成本。1994 年前中国的资源使用成本为零，1994 年后仅对能源和矿产资源收取很低的资源税，对土地、水、林木等资源仍不征收或很少征收税费①，这为推动经济增长创造了有利的发展条件。但是，中国作为一个资源和环境条件相对匮乏的国家，30 年的高能耗、高污染的粗放型发展导致了严重的资源破坏和环境污染问题，使得低资源环境成本的制度安排不适宜性日益突出。酸雨面积已经达到了中国国土面积的 1/3，资源开发利用率大大超过国际警戒线 30%～40%（黄河、淮河、辽河达 60%，海河达 90%），《世界发展指标 2006》全球空气污染最严重的 20 个城市里有 13 个是中国城市。“中国消耗了大量的不可再生资源，承受着环境的污染，背负着‘倾销’的恶名，可是利润的大头却不在自己手里”（吴敬琏，2005）。

目前，中国经济已经达到了一定的发展水平，企业综合竞争力的大幅提高使得原来保持低资源环境成本的理由逐步减弱，资金日益充裕和经济基础设施的不断完善也使得依靠低资源成本吸引外商资金的理由不复存在。近些年中国企业的利润和财政收入不断增加，规模以上工业企业利润由 1998 年的 1458 亿元增长到 2006 年的 19504 亿元，财政总收入由 1998 年的 9876 亿元增加到 51304 亿元②，这使中国已经具备了充足的资金用于环境保护投入。

当前阶段，中国资源和环境保护应从体制层面做出调整和创新：首

① 参见《中华人民共和国资源税暂行条例》（国务院，1993 年，第 139 号）和《中华人民共和国资源税暂行条例实施细则》（财政部，1993 年，第 43 号）。

② 国家统计局：《中国统计年鉴 2008》，中国统计出版社 2008 年版。

先，完善资源价格形成机制，理顺资源价格关系。进一步减少政府对资源配置和价格形成的干预，让市场供求关系在资源配置中发挥基础性作用，使生产和消费过程中的资源成本和稀缺性在资源产品价格中得到体现。其次，完善资源管理制度，减少资源价格改革的负面效应。目前我国的资源部门大多仍是垄断经营，在这种情况下资源价格放开无疑为垄断部门制定高价、转移成本、攫取垄断利润提供了机会，可能造成资源价格上涨成本主要由下游产业和老百姓承担的情况，使改革效果大打折扣。因此，在自然资源所有权属于国家或集体的现实情况下，应该改变国有企业垄断某些资源和过度占用资源的格局，根据效率优先的原则来配置资源；建立与资源利用相关的市场激励机制和指令控制制度，确定有效的环境资源税收制度，完善排污税、燃料税、污染产品税等税制，合理调节收入分配和利益关系。再次，建立有效的国际资源合作制度，解决中国资源匮乏问题。应制订优惠政策鼓励对资源充裕国家的投资，与这些国家合作开发资源，促进这些国家经济发展的同时，也使我国发展所需资源或资源产品得到满足。另外，目前资源环境问题的根源在于经济增长过度依赖高能耗、高投资的粗放型增长模式，必须在制度上对这类产业的投资加以限制。例如，对投资金额进行下限管理，只允许大规模企业的建设，以遏制遍地开花的局面；对环保投入做出规定，提高环保标准，以抑制低水平投资；同时，将此类投资的审批权全部上收到国务院。或者将高耗能、高污染企业的环境、能源税大幅提高，用间接手段抑制此类投资的增长。

(三)发挥财政公共服务职能，实现经济社会和谐发展

经济增长在中国改革开放后较长时期里一直是国家的中心任务，财税体制因此也长期保持生产建设型特征，大量的财政资金投入到国有企业解决发展资金短缺问题，而相应地财政公共支出和收入分配调节职能较弱。2004 中国年财政预算的卫生支出仅占全部卫生支出的 15.2%(2003 年中等发展中国家平均水平为 57%)，2006 年财政教育经费支出占 GDP 的比重仅为 2.27%(其他国家基本都在 5%以上)；中国财政用于社会保障的支出占财政总支出的比重长期徘徊在 1%～

2%之间，而发达国家一般在30%～50%，发展中国家也有20%左右。[①] 近些年，财政体制公共服务功能的缺失和不足对中国经济发展的负面影响日益突出。一方面，财政公共服务投入过低抑制了居民消费需求的增长。以教育为例，2005年中国农村家庭子女教育花费占家庭收入的比例达32.6%，城市家庭占比也高达25.9%，这种状况加剧了城乡居民谨慎动机和惜购行为，影响经济的持续均衡发展；另一方面，社会保障体制缺失和不足也日益威胁着中国经济和社会和谐稳定发展。中国社会保障体制覆盖面十分有限，广大农村贫困地区的社会保障体制基本没能建立起来，这在收入差距日益扩大的情况下不利于经济持续发展和社会的和谐稳定。

实际上，中国经济和财政状况的不断改善使得财政向公共服务型体制转型的条件日益成熟。一方面，中国的市场经济体制已经建立并且日趋成熟，国有经济在工业生产总值中的占比仅为9.7%，民营经济及外资企业占比已达53%，[②]保持建设型财政体制干预经济发展的必要性在逐步减弱；另一方面，近些年中国财税收入的不断增加也使得国家有条件弥补过去在公共支出方面的欠账，也有能力调节当前收入分配差距过大的问题。

因此，应积极对财税体制做相应的调整和创新。首先，收入分配应适当向个人倾斜，要普遍提高工资水平，增加居民收入。中国的劳动力价格在世界上仍然处于偏低的水平，近几年虽然有所增长，但仍远远落后于发达国家。偏低的收入水平已经成为制约居民消费需求增长的重要因素，并且长期来看很有可能影响中国未来的经济增长。因此，改革当前的收入分配体制，留富于民，还富于民，将是中国扩大内需的重要举措。其次，要完善社会保障制度，尤其是最低生活保障制度，以保障城镇低收入者和贫困群体基本的生活需要。社会保障体系是现代经济运行的“稳定器”，完善社保制度关键要做实个人账户，可以考虑动用国

---

① 安体富：《完善公共财政制度，逐步实现公共服务均等化》，载《财经问题研究》2007年7月。

② 根据国家统计局：《中国统计年鉴2007》数据计算。

家资金充实养老保险个人账户，弥补由于历史原因造成的隐性负债；同时适时开征社会保障税，据估计，社会保障税的年收入可超过 1500 亿元。再次，要完善税收调节政策，建立收入再分配的常规机制。强化个人所得税等税收制度对居民收入分配的调节功能；开征遗产税，调节收入差距的代际传递，为社会成员保障公平的竞争起点；开征房产税并实行累进税制，对购买大面积房、高档房以及多套房的高收入者征收较高的税款，不仅可以合理调节房地产市场的供求关系，所得税收还能投入社保、医疗、教育等领域。另外，应该加大对贫困地区的财政资金投入，增加对落后地区的教育、卫生、社会保障、基础设施的资金投入，提高落后地区的发展能力；同时，减少财政转移支付的中间环节，使基层政府及时并足额地获得转移支付资金。

(四)完善行政管理制度，提高经济发展质量

改革开放后，在实际工作中，围绕着经济建设这个中心，干部考核也较多地强调经济发展实绩。中国政府对本国的行政管理制度不断做出调整，建立和完善干部考核办法，对推动经济发展起到了积极作用。受此激励，各地方政府充分利用各种资源，努力改善本地投资环境，积极发展本地经济，推动了中国经济持续快速增长。突出经济发展实绩的干部考核办法在促进中国经济发展的同时也带来了一定负面效应：一些地方政府过于追求 GDP 增长，却忽视对资源、环境的保护；一些地方由于发展资金不充裕，财政往往有加大建设性支出、降低公共支出的冲动，一定程度上加剧了高投资、低消费、收入差距扩大等问题；由于中小企业对推动地方经济发展、增加财政收入的作用远不及大企业、大项目的效果明显，一些地方政府对中小企业的发展不够重视，给自主创新和增加就业带来不利影响。

目前，中国经济面临的问题和发展任务与改革开放之初存在着质的差别，发展仍是第一要务，但必须是科学发展，是要实现均衡、和谐以及可持续的发展。围绕新时期、新任务，中国政治体制和行政管理制度也需要做出进一步的调整和改革。但这种改革显而易见绝不是要套用西方两党制或多党制的政治模式，而是要根据中国特殊的历史文化传

统和国情，坚持中国共产党领导下的多党合作的政党制度，同时不断完善有关体制和机制，逐步实现中国共产党领导、人民当家做主和依法治国的有机统一，建立中国特色的社会主义民主政治模式和行政管理制度。目前，需要进一步改进和完善干部考核办法，在考核经济发展实绩的同时，兼顾发展质量和速度，兼顾社会发展及环境保护情况。如：将各地区、各部门的创新发展列入干部考核体系。对于管理部门来说，可以考察其是否根据所管辖事务的变化不断改革、创新管理办法以促进生产力的发展，还是墨守成规、对新生事物采取不支持、不理解，甚至扼杀、拒绝的办法；对企业来说可以考察其是否不断增加科技投入、创新发展，不断创造新的技术、新的产品，以满足客户的需要、发展的需要。同时，可以利用绿色国民经济核算确定生态环境考核指标，还可以考核GDP增长率与单位产值的能源、原材料消耗降低情况等。另外，要通过制度改革和创新防范和限制利益集团对经济发展的负面影响：一方面要打破行业垄断和部门垄断，鼓励公平和透明的竞争，从经济根源上铲除利益集团生长发育的土壤；另一方面通过制度创新建立透明、公正的利益表达机制和决策参与机制，将利益集团行为纳入制度化轨道，实现决策的科学化和民主化，保障公众利益。

（五）建立外资管理制度，保障民族产业安全

外资对中国的资本积累、就业、技术进步等方面发挥了十分积极的作用。不过，由于中国长期对外资企业实施税收、外汇等优惠政策，缺乏有效的限制性制度法规，近些年民族产业安全问题开始浮现。据统计，2002年中国经济对FDI（外国直接投资）的资本依存度高达10％，对外资的产业资本依存度高达25％，外资经济的市场占有率高达30％以上（高科技产业甚至高达80％）。[①] 一些外资通过买断中国知名品牌的使用权等办法将中方品牌纳入自己旗下，达到控制知名品牌、消灭竞争对手的恶劣战略意图；还有一些外资并购中国企业后，通过限制被并

① 纪宝成、刘元春：《对我国产业安全若干问题的看法》，载《经济理论与经济管理》2006年第9期。

购企业研发活动等方式损害中国同业的技术研发能力。有资料表明，中国三资企业的平均研发费用仅占销售收入的0.4%，其中合资企业为0.08%，外资企业为0.03%，远低于中国大中型企业的1.1%。

在新的发展形势下，为防止一些外资恶意并购中国企业，威胁国内经济安全，中国应该建立系统的外资管理制度，规范市场公平竞争秩序，保障民族产业健康发展。首先，尽快制定和完善外资并购活动的相关的法律法规，着眼中国国情和市场发展程度，明确一批企业、一些敏感行业不能出现内资企业被外资控股的现象，以保护重要民族工业的合法利益。其次，设立类似美国“外国投资委员会”的管理机构，建立专家评议制度，负责对收购行为进行经济安全审查。对于收购和控制中国的制造业、金融业机构的要求，一方面严格审查，另一方面用对等的策略来考虑，即收购企业的母国对中国收购他的企业有无不合理的限制。另外，逐步实行对外资企业和中资企业同等对待的政策。即使对外资实施优惠政策也要区别对待，应该重点支持、鼓励那些不断研发、不断创新的外资企业。同时，对于国家重点行业和企业要给予政策上的优惠，扶植民族产业，保障产业安全。

更重要的是，中国应适应新的形势，建立和完善相关的制度和机制，形成一整套推动中国企业开展国际化经营的扶持政策，积极稳妥地促进中国企业进一步融入世界经济。

三、未来制度创新值得注意的几个问题

（一）未来一段时期中国经济仍需要维持相当的投资水平

中国经济将在较长一段时期内处于社会主义初级阶段，国家的基础设施建设、城市化进程等有待进一步发展，解决当前一些经济和社会问题仍需要大量的资金投入，未来保持一定的投资水平对于保障经济平稳快速发展十分必要。

首先，落后地区发展需要大量的资金投入。中国中部、西部和东北地区人口约占全国总人口的64%，土地面积占近90%，但2005年这些区域的固定资产投资只占全国的47%，其中中西部地区约占38%。未

来要充分调动各方面的力量，发挥财政、外商投资、民间资本、银行等的作用，特别是要发挥政策性金融的作用。因为我国商业银行体制已基本建立，国有银行已经或正在进行商业化改革。由于拨备要求高，按照商业化运作原则和新的监管规定，这些商业银行已很难加大对中西部地区的支持力度。而政策性银行本着保本微利的原则，既可以按一般银行的要求对投资项目进行评估、管理，保证项目的效益，又可以降低借款人的成本，给中西部地区的发展提供一定的优惠。因此发挥政策性银行对中西部发展的作用，对加速中西部地区的原始积累十分必要。估计未来 15 到 20 年至少需要再投入数十万亿到中西部地区。

其次，广大农村地区发展需要更多的投入。1990～2005 年，城镇投资增长 17 倍，而农村投资仅增长 8 倍，农村投资占全部投资的比重从 80 年代中期的 30％下降到 2005 年的 16％。未来，如果农村投资保持与城镇投资同样的增长速度，估计仅“十一五”时期农村投资就需要 15 万亿元。

另外，中国城镇化进程、农村富余劳动力转移需要大量投资。事实上，中国的城市化进程面临资金困难和就业不足的双重压力，解决这么多人的就业，新建城市的道路交通、供水排污、电力燃料供应等基础设施建设和城市管理都需要大量资金投入。

总体来看，一段时期以来，投资过度扩张的问题虽然对经济社会发展的模式和质量产生了一定影响，特别是对资源环境造成了不小的压力，但对于一个拥有 13 亿人口，还有大量的贫困地区和人口的大国来说，大幅压缩投资，改变人们的消费习惯和观念，未必是件好事，因为可能带来全世界资源的过度使用及浪费。而且，人们消费观的转变也需要时间。但是，适当的调整仍是必要的，为此要在制度上做出改变。首先，弱化政府对投资的介入力度，抑制一些地方政府的投资冲动，由投资者根据市场环境做出投资决策。第二，进一步完善财政转移支付制度，加大对中西部地区、农村地区和中小城镇的财政支持力度，缓解城乡、区域发展不平衡问题。第三，通过特殊的制度安排加大银行体系对中西部和农村地区的资金支持。对上述地区的贷款分类暂不宜严格遵照巴塞尔协议的标准，相应的风险可由政府贴息制度等予以补偿，使得银行在总体风险可控的情况下，加大资金倾斜力度。第四，改进财政管理体制，加强预算管理，推动向公共型财政的转变。完善预算编制与执行的制衡机制，对财政投资进行规模控制；同时，为推动增长方式转变，促进社会和谐发展，增加财政资金对社保、医保、教育等方面的投入，合理控制生产性投资。

（二）中国需要走新型的城市化、现代化道路

中国13亿人口有8亿生活在农村，据有关专家估计，按照当前科技和机械化水平，约有2亿左右的农村劳动力处于失业或隐性失业状态。[①] 而且，随着农业生产率的提高，未来还将不断增多，这种状况决定了中国城市化、现代化难以通过农村人口大量流入城市的西方传统模式实现：一方面，就业问题难以解决，如果按照2020年城市化率达到50%计算，中国农村每年要向城市转移约1000万的富余劳动力，这将超出城市的容纳能力；另一方面，中国资源贫乏，如按西方城市化模式去实现城市化，中国也许不具备提供必需的基础设施和解决城市管理的能力。因此，中国必须走一条符合本国国情的、有特色的城市化、现代化道路，一个可行的办法是走“农村地区城镇化”道路，即通过加大对农村地区的投入，改善农业生产条件和农村生活条件，缩小城乡差别和工农差别，努力使农业剩余劳动力由本地区经济和产业发展消化吸收，逐步实现农民市民化和农村地区的城镇化。

第一，推动农业产业结构升级。通过制度创新和政策支持，大力培育扶持农业企业，以农业企业为龙头组织农业生产和农产品深加工，提高农产品的附加值，挖掘农业生产的内部潜力，推进农业产业化建设和农村资源综合开发，促进农民向农业工人转变，逐步提高农村地区收入和就业水平，缩小工业与农业、城市与农村的差距。有条件的农村地区还应大力发展旅游业等第三产业，这将有利于优化产业结构，带动本地区经济整体的发展和就业水平的提高。

---

① 夏志强：《二元经济结构转变与农村富余劳动力就业》，农业部信息中心，2004年4月。

第二，支持乡镇企业有序发展。乡镇企业是扩大农村剩余劳动力就业的主要渠道之一，20 世纪 80 年代中国乡镇企业累计吸纳了约 1 亿的农村劳动力，但 90 年代后由于各种原因明显下降。未来，中国应采取多种措施，积极引导乡镇企业围绕农业及农村的资源和市场优势办出特色，带动城镇及周边农村地区的第二、第三产业协调发展，扩大农村地区的就业吸纳能力。这将有利于促进农村人口向城镇集中，有利于加快土地和劳动力向农业资本集中，提高农业生产效率。

第三，发展小城镇及劳动密集型产业。中国国情决定了现有的城市不可能容纳数量庞大的农村剩余劳动力，发展小城镇的第二、第三产业和劳动密集型产业将是十分经济和有效的办法。目前中国约有 6 万个小城镇，通过支持小城镇发展与农业产业升级相结合，以小城镇为基地促进劳动密集产业发展，将有利于农村地区城镇化、农村劳动力转移的共同推进，有利于安置大量农业剩余劳动力的就业。

第四，增加生态改造和基础设施建设投入。发达国家现代化建设历程表明，基础设施和生态环境建设是吸纳劳动密集型就业的重要载体，是现代化进程不可逾越的必经阶段，也是把农村劳动力转向非农领域、锻炼成长为现代化劳动大军的重要步骤。为此应制定相应的优惠政策，鼓励生态农业领域的投资；同时进一步完善基础设施中长期融资投入、回收、管理机制，改善中西部地区和农村地区的基础设施，达到扩大内需、促进就业的双重效果。

（三）中国经济发展仍需要充分发挥银行体系的货币创造功能

邓小平同志讲过，金融是现代经济的核心。中国改革开放的历史和世界各国发展的经验表明，要想实现经济发展必须保障本国金融体系的健康、有序运转，金融安全直接关系着经济安全乃至国家安全。未来，中国金融体系的制度改革与创新必须注意以下几个方面：

首先，应该在未来二十年内继续保持以间接融资为主的融资体系，逐步发展直接融资。中国改革开放以来逐步确立的发展模式，特点是国家调控与市场并存，政府政策和市场活力相结合。间接融资对于保证中国经济长期稳定的发展有着重要的作用，有利于政府通过制定合理的信贷政策，引导资金投向重点产业、重点领域和重点地区，使经济后发国家的企业迅速完成原始积累，实现经济的快速发展。未来，中国的资本积累仍不能满足经济社会发展需要，西部开发、东北振兴、中部崛起，建设社会主义新农村、支持企业“走出去”等还需要大量的资金投入，需要继续发挥银行体系的货币创造功能。以银行贷款等手段支持经济发展不失为一种可取的选择，至少利大于弊。①

其次，不要过早执行“巴塞尔协议”。“巴塞尔协议”是为发达国家国际活跃的大银行制定的，执行协议中的标准会大大束缚中国银行体系的货币创造功能。比如，按照“巴塞尔协议”，对经济发达地区的低风险企业贷款可以不提取拨备，而对高风险地区（落后地区）的企业贷款则要提取100%的拨备，这就意味着难以向落后地区提供更多贷款，加剧银行体系存贷差和中西部地区及某些领域金融压抑并存的现象。过早实行“巴塞尔协议”，可能阻碍银行体系的货币创造功能，使中国失去加快发展的有利时机。因此中国及发展中国家都不宜照搬“巴塞尔协议”，而是要借鉴它的一些风险控制原则，创新发展一套适应中国目前发展水平的监管制度。

第三，要牢牢控制货币发行权。货币发行权是经济主权的组成部分，是经济发展和经济安全的重要保障。当前，中国的货币发行权仍基本控制在中国政府手中，但也出现了尚可控的风险，主要表现在少数商业银行被外资金融机构收购、控股。由于在中央银行创造基础货币之后，商业银行通过存贷款业务也具备一定的货币创造功能，商业银行被收购和控制会削弱中国对货币创造体系的绝对控制，会削弱中国的货币发行权。为此，要严格防止大中型中资银行被收购和控制的现象发生，起码50年之内不行②。

（四）中国金融对外开放应与国家经济实力的提高相一致③

对外开放是中国的基本国策，目前中国经济的对外开放水平已经

① 以上分析参考李若谷著《全球化中的中国金融》一书，第124～126页。

② 以上分析参考李若谷著《走向世界的中国金融》一书，第169页。

③ 以上分析参考李若谷著《全球化中的中国金融》一书，第190～197页。

达到了很高的程度，对外贸易依存度超过 60%，加入 WTO 以来中国金融市场呈现加速开放态势，大批外资金融机构来华设立机构、开展业务，甚至参股控股。据统计，截至 2006 年年底，被外资参股控股的金融企业共计 67 家。应该看到对外开放确实给中国经济带来了巨大的活力，但同时必须高度重视开放所带来的潜在风险。

首先，要认识到与发达国家相比，中国的经济和金融体制不健全，市场经济体系有待完善，基础设施薄弱，监管水平不到位，很容易受到国际游资（包括对冲基金）冲击，造成金融危机。如果一味地寄希望于全面开放，不但无法摆脱发展的低水平陷阱，反而可能使国内经济面临危险。当然，根据国家的经济实力量力而行地推进经济和金融的开放，并不是阻止扩大开放，更不是退回到闭关自守，而是要注意防范在开放过程中存在的巨大风险和陷阱，从而使得开放最终能提高中国的经济实力和在世界经济中的影响力。

其次，要看清由于主权、经济和意识形态等争端，中国的经济和金融开放过程蕴涵着诸多风险。作为发展最快的大国，中国经济实力和国际地位与日俱增，其他经济大国感到自身利益、安全和地位受到威胁，发达国家优越感和热衷于输出价值观的做法受阻，对中国经济总量将超过自己的前景总是不愿接受。这些国家为了延续其对世界经济的主导地位，阻止或延缓中国经济发展，迫使中国在条件不具备的情况下全面开放经济，这实际上将破坏中国的发展。鉴于经济和金融开放的收益和风险并存，未来中国的开放程度必须与其发展阶段和经济实力相一致，必须懂得平衡的艺术，实现开放程度与自身实力相平衡。

第三，要格外注意防范金融开放的风险。金融业状况事关一国经济命脉，即使是具有强大竞争优势的美国，对于本国金融市场开放的态度也是慎之又慎的，特别不允许银行业受到外国资本的控制。发达国家鼓吹中国开放金融市场，意图是控制中国金融，进而控制中国经济的咽喉要害，实现其战略目的和国家利益。

第四，稳步推进人民币汇率制度改革。随着中国经济高速增长、规模总量不断增加，人民币升值将是一个长期趋势。但目前中国仍是最大的发展中国家，经济总量高而人均水平低，还面临着国内消费不足、产业结构低下、经济增长方式粗放、金融体系不健全等一系列现实问题。在新的比较优势尚未建立之前，对当前的出口支柱产业还应以保护为主，保持人民币有序升值(或浮动)，为科技进步和产业结构调整赢得时间，有助于新的比较优势尽快形成，符合中国国家的长远利益。在世界经济一体化程度日益加深、各国经济依存度不断增强的背景下，保持人民币汇率相对稳定，是对中国乃至全球经济持续发展的负责任的选择。在对人民币汇率制度进行改革时，要始终注意推进人民币的国际化。目前人民币在周边一些国家已被接受为交易货币，因此我们要抓住机会积极推动人民币的周边化、区域化，使人民币在周边地区成为储备货币、支付货币。要考虑清算支付体系的建立，要考虑允许周边国家通过中国境内的合格机构将手中的人民币投资于中国的国债及资本市场，应在央行之间建立货币的兑换机制等。

第三节　中国经济展望

改革开放是中国经济过去30年高速发展的重要保证。中国根据新的形势提出了科学发展观这一新的理念，将有利于中国继续推进改革，保证制度创新与经济社会发展变化相适应并推动经济持续增长。在这种情况下，未来20年中国经济仍有能力继续保持快速增长，续创世界经济史新的奇迹。

一、适宜的制度创新将保障中国经济持续快速健康发展

目前，中国经济存在许多问题和不足，但这些问题和不足却也为中国经济未来持续快速发展提供了可能和空间，解决好这些问题将为中国经济发展提供新的增长动力。

中国自主创新问题是制约经济增长的一个突出瓶颈，但同时也是中国未来经济增长重要的动力源泉之一。中国企业用于技术引进与消

化吸收的投入之比是1:0.078,日本和韩国为1:5～1:8[①]。这意味着通过科研体制、融资体制等改革,中国科技投入、技术提高的空间十分广阔,有利于经济发展模式转变和产业升级,是促进中国经济持续均衡发展的有力保障。

中国消费率过低问题是影响经济均衡持续增长的重要因素,但同时也是促进中国未来经济增长的重要的机遇和源泉。这意味着通过完善财政支出体制等改革,中国消费率的提高空间十分广阔,消费将可以成为经济增长的重要推动力,实现稳定均衡的增长。

中国的城乡发展差距和地区发展差距过大不利于经济的均衡平稳发展,但也为中国将来投资增长留下了巨大的空间。促进区域协调发展,需要加大对欠发达地区、农村地区的投入;同时中西部地区自然条件差,经济基础薄弱,基础设施落后,客观上也需要更多的投入。未来,通过财税体制、融资制度等方面改革,中西部和东北地区的投资、新农村建设的投资等将会持续增加,投资仍将是未来中国经济持续增长的重要动力。

中国剩余劳动力就业问题是重要的社会问题,更多的人就业将是中国未来经济增长的重要动力源泉之一。中国农村有约2亿农村劳动力处于失业或隐性失业状态,数百万大学生的就业存在问题。这意味着,未来通过产业制度改革、促进城镇化制度等改革,中国就业人数和层次都存在巨大的发展空间,是促进经济增长的重要动力之一。

总之,随着中国经济体制改革和对外开放的进一步深入,各项制度和机制的不断完善,未来中国经济持续快速健康发展的空间十分广阔。

二、中国经济仍有能力保持高速增长

中国未来的经济增长速度可以维持在什么水平呢?从历史趋势、需求和供给等多个方面综合分析,中国经济继续保持快速增长是完全

① 戴庆华、牟永红:《承接国际产业转移与我国产业技术学习及自主创新》,载《世界经济与政治论坛》2005年第6期。

有可能的。

从历史上看，过去30年，中国经济实现了令世人瞩目的快速增长。1978年以来，GDP年均增长率达到9.7%，其中有15个年份达到或超过了10%。迄今为止，没有任何明显迹象表明中国经济的快速增长要就此画上句号。

潜在增长速度可以对中国经济的持续较快增长形成支撑。理论上说，经济增长总是有一定波动的，波动的轴心大体在潜在增长速度附近。对中国经济的潜在增速，不同的机构和学者采用不同的方法，考虑不同的因素，得到了各自的估计。这些估计结果多数都落在9%～11%的区间。比如OECD于2005年9月发布的中国经济报告，估计目前中国的潜在增长速度在9.5%左右。而这个结果还没有考虑中国GDP历史数据调整的因素（中国国家统计局根据第一次经济普查数据对1993年以来的GDP增速作了调整，年均增速调高了大约0.5个百分点）。还有研究指出，随着资本积累的增加，劳动力转移规模的扩大，以及劳动生产率的提高，目前中国的潜在增长率可能已由9%左右上升到了11%至12%之间①。

从需求角度看，中国未来经济增长的需求是有保证的。中国过去的增长主要靠投资拉动，今后20年里投资增长也不会下降。因为中国政府的投资会向中西部和东北地区转移，东部地区的投资将主要依靠私人投资和海外投资，广大农村城镇化和新农村建设也会需要大量投资，因而投资总量只会增加，不会减少。同时随着人们生活的改善、收入的提高，消费会日益成为经济增长的主要动力，这样中国经济增长就不会只依靠投资，而是投资和消费并重，使增长更加稳定。

从供给方面看，中国完全有能力克服经济发展面临的资源和环境约束，实现高速增长。资源和环境问题通过加大科技投入、加快技术进步，是完全可以解决的。一方面，中国的节能潜力巨大。目前中国的节

① 中国社科院金融所宏观经济分析小组：《2006年上半年经济、金融形势分析（上）》，载《金融论坛》2006年第27期。

能潜力约为3亿吨标准煤，相当于2005年能源消费总量的13.5%。可以采取的节能手段很多，如锅炉改造、推广使用节能灯、电动机节能等[①]。产业结构的调整和工业内部结构的升级，也具有巨大的节能效应，据测算，如果中国第三产业增加值的比重提高一个百分点，第二产业中工业增加值比重相应地降低一个百分点，万元GDP能耗可相应降低约1个百分点；按照目前的工业结构，如果高技术产业增加值比重提高一个百分点，而冶金、建材、化工等高耗能行业比重相应地下降一个百分点，万元GDP能耗可相应降低1.3个百分点[②]。另一方面，多种能源综合利用也增加了能源的供给，如垃圾发电、在农村建设沼气池、发展核电等等。中国既往的节能业绩也使解决资源瓶颈问题充满了希望，如20世纪最后20年，中国以能源消费翻一番为代价，实现了经济总量翻两番，万元GDP能耗降低了65%，年均降低5.1%。美国现在每创造1美元经济产出消耗的能源比30年前减少了47%，这在很大程度上要归功于技术进步。[③] 中国在节能方面的投入会进一步增加，因此实现低能耗的高增长是完全可能的。[④]

三、珍惜宝贵历史机遇，推动中国经济平稳快速发展

目前，中国正处在十分珍贵的发展战略机遇期。国内经济条件十分有利于经济快速平稳发展：巨大的人口规模为经济快速发展提供了充足的劳动力保障、储蓄水平和国内需求；快速城镇化进程有利于提高收入水平、促进产业结构升级；经济正在向成熟阶段发展，产业结构升级处于加速期；长期制约国内企业发展的一些体制性和机制性障碍逐步得到消除，市场机制日趋完善；国企改革效应进一步显现，企业盈利

---

① 国家发展和改革委员会：《大力节约能源资源，加快建设节约型社会（正确认识经济形势系列谈⑤）》，载《人民日报》2006年8月4日第2版。

② 马凯：《贯彻落实国务院决定精神，确保实现“十一五”节能目标——2006年7月26日在全国节能工作会议上的讲话》。

③ 汤姆·克莱因斯：《十大方案解决美国对矿物燃料的依赖》，载美国《大众科学》月刊7月号。

④ 以上分析参考《全球化中的中国金融》（李若谷著）一书，第135～150页。

能力和效益大幅提高，有利于进一步完善公共服务设施、促进提高社会可持续发展能力，等等。国际形势也十分有利于中国经济快速发展：国际形势相对缓和，世界大国间的力量对比继续保持稳定，“一超多强”的世界格局一段时期内将不会发生很大改变，世界将会维持整体和平的发展局势，有利于经济全球化继续推进；资本、技术、劳动力等生产要素在全球范围优化配置，国际贸易不断扩大，世界市场连为一体，各国之间的利益关系交织在一起，互利合作已经成为主流；中国与邻国经济往来日益密切，并通过上海合作组织、博鳌论坛、“10＋3”峰会等多边合作组织保障了周边和平稳定的环境等。

但如此珍贵的战略机遇期持续时间终究是有限的。从国内条件来看，中国劳动年龄人口增长速度正在减缓，劳动年龄人口大约会在2015年左右停止增长，人口红利优势将会逐步减弱；随着城市化进程的不断推进，中国将在未来40年左右的时间里达到发达阶段，劳动力转移对经济发展的推动力将会减小；随着产业结构不断升级，未来二三十年内中国经济增长的后发优势也将逐步消失等。从国际形势来看，广大发展中国家经济的快速发展和综合国力的不断壮大，必然改变当前国际政治经济格局，世界形势将日益变得复杂多变；国际上贸易保护主义的影响正逐步扩大，势必会逐步削弱对外贸易对中国经济增长和经济结构调整的积极作用；具有低成本竞争优势的东南亚发展中国家快速发展，也会对中国的国际竞争力构成越来越大的挑战，影响中国对外资的吸引力。中国的发展环境是人类历史上大国发展中最差的之一。首先，资源环境差，其他大国在发展初期对资源的需求大多靠掠夺即可获得，而中国现在用市场价格购买、开发，却被西方抹黑为“掠夺”、“新殖民主义”等。其次，其他大国在早期的发展中可以不顾及环境、人权、社会责任等问题，而中国目前的发展必须充分考虑这些问题，无形中大大增加了发展的成本。最后，其他大国在早期发展中是弱肉强食，靠战争解决妨碍其发展的势力，而中国的发展要靠和平的方式，有时不得不牺牲许多自身的利益，也不得不做出许多不应做出的让步，还要过早地承担一些本应由发达国家承担的责任。当然，中国的发展环境中也有有利的一面，国际化、全球化的发展提供了更多的发展机会，科学技术的发展可以使我们直接利用其他国家累积几百年才能获得的经验，从而缩短发展的道路等。

为了抓住难能可贵的历史机遇，中国需要长期保持健康稳定的增长速度。同时，为了追赶中等发达国家乃至发达国家，中国也必须增长得更快才行，否则现代化进程将极有可能大大延缓。有研究表明，在中等发达国家（人均 GDP2000～10000 美元）GDP 增长速度保持 1990～1999 年平均水平的情况下（特殊年份除外），如果中国 GDP 年均增长速度为 12％时，追赶上大多数中等发达国家需要 20 年以上，平均需要 37.9 年；如果中国 GDP 年均增长速度为 8％时，追赶上大多数中等发达国家需要 50 年以上，其中哥伦比亚等 5 个国家中国将永远赶不上，对于所有中国能赶得上的国家来说，赶超平均需要 149 年时间（董藩，2003）。当然，如考虑汇率的变化，赶超的时间会大幅缩短。

中国经济体的特殊性决定了中国的发展道路和前景必然不同于历史上任何国家。中国经济发展速度之快、持续时间之久在历史上是没有先例的，用传统理论和国际经验人为来设定未来增长速度、持续时间是不适当的。中国是世界上人口规模最大的国家，人口总额占全球的五分之一；中国是世界国土规模最大的国家之一，工业化、城镇化进程的规模之大、速度之快史无前例；中国产业结构齐全，竞争力不断提高，升级发展空间广阔，这在经济发展史上十分罕见……所以，应该破除对传统西方经济理论的迷信，根据中国的发展经历修改原有的发展理论，创新发展理论，用以指导中国未来的发展。

第八章　制度适宜视角下的中国发展模式

中国作为一个13亿人口的大国，在长达30年的时间里保持了经济的持续高速增长，创造了人类发展史上的一个奇迹。实践表明，中国的发展道路是成功的，而这又是一条颇为与众不同的道路，对此进行认真的梳理、总结和提炼，不仅对中国今后的发展具有指导作用，对于渴望发展而仍困惑于发展道路的选择，正在摸索中的许多发展中国家来说，也不乏借鉴意义。本章试图对中国的发展模式进行总结。第一节阐述对中国成功经验进行总结的必要性和意义；第二节指出中国模式中的一些普遍性经验；第三节说明促成中国经济成功的特殊因素；第四节对中国发展模式进行总结。

第一节　中国经济发展的成功经验值得总结

一、30年来的实践表明中国的经济发展是成功的

20世纪70年代末以来中国经济的飞速发展是人类历史上规模最大、持续时间最长、受惠人口最广泛、对世界经济格局影响最深远的历史事件之一。中国作为一个拥有13亿人口的发展中大国，以世界上少有的速度持续快速发展起来，经济实力、综合国力不断增强，基础设施和城乡面貌发生巨大变化，人民生活总体上达到小康水平。从1978年到2007年，国内生产总值从3645亿元增长到约25万亿元，年均增长9.7%，远远高于同期世界经济平均3%左右的增长速度，经济总量跃升至世界第四；粮食、棉花、肉类、钢铁、煤炭、化肥、水泥等主要农产品和工业品产量居世界第一；财政收入从1978年的1132亿元增加到

2007年的约5.1万亿元，国家财力明显增强；外汇储备规模从1978年的1.67亿美元增加至2007年末的1.53万亿美元，成为世界第一大外汇储备国；城乡居民收入大幅度增长，扣除物价因素，城镇居民人均可支配收入和农村居民人均纯收入均增长了6倍多；农村贫困人口从2.5亿减少到2000多万；供求关系发生了根本改变，消除了商品普遍短缺的现象，城乡市场持续繁荣。①

30年来中国经济的快速发展是在克服重重困难的情况下取得的，也一直是在质疑声中走过来的。中国经济发展的初始条件在世界大国中是很差的，长期面临人口众多、资源相对短缺、资金严重不足、技术相当落后，发达国家长期对我实行封锁政策，至今仍然保留着高、新技术的封锁等诸多困难。在整个发展过程中，国际国内一些专家学者对中国经济的担忧、质疑几乎从未间断过。布朗（Brown，1994）发表报告称，到2030年，中国国内的粮食生产只能满足需求的42.5%，其余的需要进口，而世界上没有哪个国家能够提供如此多的粮食，于是产生了谁来养活中国的担忧。事实是，到2007年，中国粮食产量达到50150万吨，还实现了831万吨的净出口，即使2004～2006年成为粮食净进口国，净进口量占产量的比重也仅为5%左右。② 1990年，苏联解体，东欧剧变，一些西方人士预言中国也难以幸免。事实是，中国的社会主义建设取得了更加辉煌的成就。1997年，亚洲爆发金融危机，一些学者认为中国以高投入、低产出为特征的经济模式正在走入死胡同，中国保持了20年的高速增长将难以为继。事实是中国在亚洲货币竞相贬值的情况下，承担了一个负责任大国的责任，克服重重困难，顶住了压力，坚持人民币不贬值，促使亚洲乃至世界经济迅速摆脱危机，得以恢复。世界银行1997年的研究报告《中国2020》指出，2001至2010年，中国的经济增长率将从1985至1995年9.8%的平均增长率下降至6.9%。然而事实是中国

① 数据来源：国家统计局网站及相关报告。

② 国家统计局及中国海关统计数字。

2001～2007 年的年均增速高达 10%以上，而且至今没有明显的放缓迹象。

30 年来，无论从绝对还是相对角度看，中国的经济发展都取得了辉煌的成就。事实已经证明，以前关于中国经济会崩溃的一切预言都已宣告失败，中国的发展之路是成功的，因此有必要认真总结一下成功背后的根本原因到底是什么。

二、中国的发展是对世界经济的重大贡献

人类历史上有许多国家都曾在一个特定阶段取得过经济快速发展的成绩。应该说，每个国家的发展都是对人类的贡献。但在历史上也的确有一些国家，特别是欧美国家在发展初期，虽然自身的经济发展获得了成功，但也给其他一些国家和人民造成了伤害，给这些国家的经济带来了巨大损失。中国 30 年的发展，使得 13 亿人口从贫困迈向小康，这本身就是对人类发展的巨大贡献。更重要的是，中国走的是一条和平发展的道路，是一条与世界和谐共赢的发展道路，中国的发展不仅没有给其他国家造成伤害，而且增进了世界各国人民的福利是推动世界经济发展的主要力量之一。

首先，中国经济已经成为世界经济增长的重要动力。国际货币基金组织按购买力平价法测算，1980 年，美欧日在世界经济中占据绝对主导地位，中国 GDP 当时只占到全世界的 2.0%，而到了 2007 年，这一比例提高到 10.9%。从对世界经济增长的贡献看，2007 年，中国对世界经济增长的贡献高达 33.7%（图 8—1），远远超出美、欧、日 16.8%的贡献总和。即使按市场汇率折算，2007 年中国对世界经济增长的贡献率也超过了美国，达到 17.3%（图 8—2），与美、欧并列成为世界经济增长的三极。

其次，中国的发展极大地改善了世界各国的福利水平和经济形势。中国依靠丰富的劳动力资源和人民的辛勤劳动，为世界各国提供了大量物美价廉的商品，降低了世界工业品和消费品价格，减少了进口国的支出，大大提高了世界各国消费者的福利水平。资料显示，过去 10 年

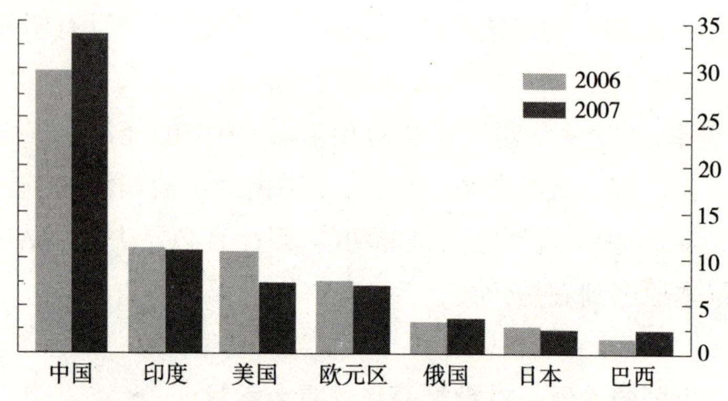

图 8—1 中国对世界经济的贡献度(PPP 折算)

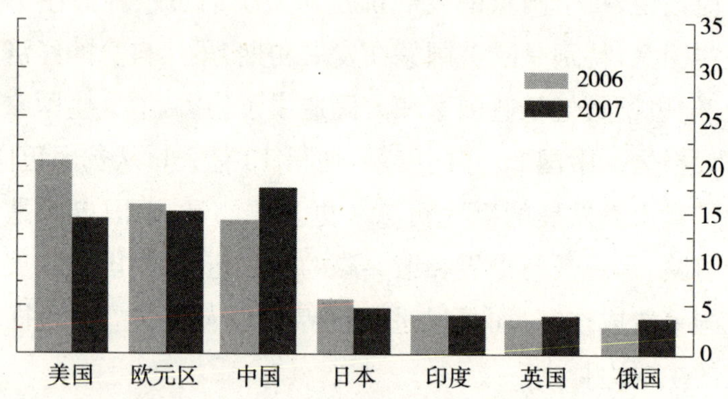

图 8—2 中国对世界经济的贡献度(市场汇率折算)

中国质优价廉的产品使美国消费者节省了 6000 多亿美元①,成为带动美国经济增长和就业增长的重要因素。中国产品不但让美国消费者得到了实惠,对全世界的消费者而言也是如此。近年来中国产品的出口价格一直在下跌,年均降幅为 2%至 4%②。中国出口产品中的衣物、玩具等大量供应欧美发达国家,由于这些商品价格走低,无形中也压低了进口国的通货膨胀率。有权威分析认为,最近 5~8 年来,中国产品的价格因素使美国的通胀率降低了 1 个百分点左右③。中国经济的发

① 商务部副部长高虎城在 2007 年 8 月 23 日新闻发布会的讲话。
② 商务部副部长高虎城在 2007 年 8 月 23 日新闻发布会的讲话。
③ 商务部副部长高虎城在 2007 年 8 月 23 日新闻发布会的讲话。

展使许多国家特别是欧美发达经济体的宏观经济长期呈现低通胀、高增长态势，使菲利普斯曲线描述的经济高增长必然伴随高通胀的预言出现了偏差，是世界经济得以持续增长的一个重要支撑。

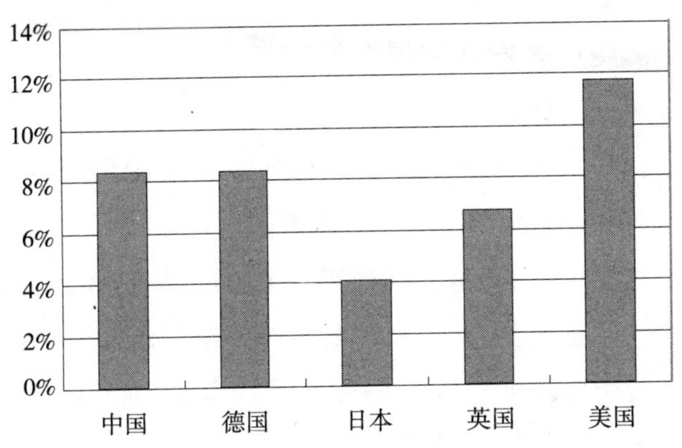

图 8—3　主要国家出口占世界出口比重

第三，中国的发展为其他国家提供了大量的贸易机会。中国成为国际贸易的重要推动力量。30 年来中国累计从其他国家和地区进口了 5.7 万亿美元的商品，2007 年中国的进口额占世界进口总额的 6.7%，对当年世界进口增长的贡献率达 9.2%①，中国已成为包括一些东南亚国家在内的许多国家的第一大出口国。中国的大量进口给其他国家创造的机会是不言而喻的。值得一提的是，如果所有国家都放弃因冷战思维而对中国实行的贸易限制，那么中国的进口规模肯定会更大，给其他国家提供的贸易机会应该更多。

第四，中国的发展为国际资本提供了大量投资机会和丰厚的投资回报。截至 2006 年年底，中国实际利用外资额累计达到 8827 亿美元②。来华投资的国家和地区已超过 180 个，全球最大的 500 家跨国公司已有 400 多家在华投资。外商投资进入到农林牧渔业、制造业、基础设施和服务贸易等各个领域。目前外商投资企业工业增加值占中国

① 数据来源：WTO Database。
② 数据来源：国家统计局网站。

工业增加值的约三分之一，2007年中国的出口额中“三资”企业出口占到57%①。外商投资企业在中国也因此获得了丰厚的回报，据不完全统计，自1998年开始，外商每年汇出的投资收益均超过200亿美元，其中尚不包括外商投资企业利润再投资部分②。

第五，中国与广大发展中国家的经济交往促进了这些国家的发展。在经济快速发展的同时，中国致力于扩大与广大发展中国家的经济合作与交往。在贸易和投资领域，中国与发展中国家保持了紧密联系。仅2000～2004年间，中国自发展中国家（非OECD国家）的进口年均增速达到29.0%，超过同时期中国的年均进口增长速度，占中国进口总额的比重逐步增加到2004年的46.7%。快速发展的贸易投资活动，既为中国企业拓宽了海外市场，为中国经济发展补充了资源，也为发展中国家提供了急需的技术、设备和物美价廉的商品，中国国内市场还为其经济发展提供了巨大空间，其结果是促进了中国和发展中国家的共同发展，为双方人民带来了实实在在的利益，实现了共赢。与此同时，中国始终在力所能及的范围内帮助发展中国家发展。中国采取资源、信贷、项目一揽子合作模式，向非洲国家提供了大量贷款，这些合作都取得了成功，连欧美等国也予以效仿。2000年以来，中国对31个非洲重债穷国和最不发达国家减免了109亿元人民币债务。在2006年中非合作论坛上，中国再次免除与中国建交的非洲重债穷国所有2005年到期的债务，并将非洲对华出口商品的零关税待遇科目由原来的190个增加到400个。截至2006年，中国已为非洲培训各类人才14600余名，通过提供资金、物资、技术等方式援助各类建设项目近900个。与直接的经济利益相比，更为重要的是，中国经济的成功增强了发展中国家的自信心，使他们看到了发展前途和希望。在与发展中国家的经济交往中，中国采取“己所不欲、勿施于人”的政策，始终坚持不干涉他国内政，不附加不合理的条

① 根据《2007国民经济和社会发展统计公报》数据计算。

② 李若谷：《走向世界的中国金融》，中国金融出版社2006年版，第97页。

件，不把自己的社会制度、发展模式、价值观和意识形态强加给别的国家。因此，中国与广大发展中国家的经贸合作不仅为他们提供了广泛的贸易机会，提高了这些国家初级产品出口的价格，增加了他们的财富，更重要的是为他们提供了可资借鉴的发展模式，开辟了新的发展空间，使得他们也可以按照自己的国情，选择自己的发展道路。

三、中国走的是一条有自己特点的发展道路

作为一个发展中大国，中国具有相对复杂和特殊的国情，也走了一条有自己特点的发展道路，其发展模式不仅与西方发达国家有着本质区别，与其他发展中国家相比也存在较大差异。

部分发展中国家以“华盛顿共识”为指导，进行的是自由市场经济的实践，中国的改革也是市场化取向的，但两者之间区别很大。“华盛顿共识”强调的是市场自由主义至上，遵循的是新自由主义经济政策，尽可能压缩政府干预，最大限度地通过市场这只看不见的手进行调节；中国则强调协调发挥政府与市场的作用。虽然两者都充分重视市场的作用，但中国在如何有效发挥政府与市场的作用方面有自己独到的做法。

中国和苏联东欧国家一样，都是从传统计划经济体制转向市场经济体制，同处于体制转轨之中，但两者的转轨路径和目的都有所不同。从转轨的路径看，苏联东欧剧变后，在欧美国家和国际金融组织的举荐下，苏联和东欧国家采取了“休克疗法”，通过激进的改革方式在短时间内迅速向市场经济过渡；而中国则选择了渐进式改革的策略，整个改革至今已持续30年，而且还在继续推进之中。从改革的最终目的看，苏联和东欧国家的改革目的是自由市场经济，而中国改革的目的则是发展经济，提高生产力水平，增强综合国力和改善人民生活，建立社会主义市场经济体制不过是实现上述目的的手段。

中国地处东亚，与以日韩为代表的东亚模式有着不少相似之处，都是采取出口导向，政府干预比较明显，都有着较高的储蓄率和投资率，因此不少人也将中国模式等同于东亚模式或是纳入到东亚模式之中，但实际上两者的区别同样是明显的。以日韩为代表，东亚模式的运行基础是自由市场经济，说东亚经济体政府干预较强，只是相对于西方发达国家的传统市场经济而言，事实上，东亚各经济体的政府干预明显小于拉美国家，与中国也不一样。中国30年来一直处于体制转轨之中，这样一个大的制度变迁是其他东亚经济体所没有的。中国的国有企业和国有银行在相关领域的主导地位也与其他东亚经济体不同。而且虽然同是外向型经济，但中国的经济规模要比其他东亚经济体大得多，面临的国际环境也不一样，对外贸易对中国经济的直接拉动作用要小得多。

综合来看，与其他发展模式相比，中国的发展道路虽然也借鉴了其他一些国家的经验，但中国有自己的国情，其发展模式从大的层面看区别已经很明显，如果深入到更细致和具体的层面，差别还要大得多。更为重要的是，以主流经济学对市场经济制度这一被视为欧美国家成功之关键的认识来看，中国的发展道路在制度上的特殊性尤为突出，集中体现在：一是中国实行的是社会主义市场经济体制，而其他国家目前几乎都是以自由市场经济为基础。二是中国的改革一直在寻找政府调节与市场调节的最佳结合点，而不像欧美国家主张的那样完全由市场去调节经济发展。三是中国对市场调节的认识是以效果或结果作为判断的标准，即如果市场调节有利于经济增长和效益提高，就让市场来调节；如果市场调节不好，就由政府进行必要的干预以纠正市场失灵。而欧美国家推崇的市场经济近乎一种"原教旨主义"的市场经济，高度迷信市场的作用甚至无视结果的好坏，这也是欧美国家始终不愿意承认中国市场经济地位的主要原因之一。因为按照西方的标准，中国经济的自由度仍然很低。例如，按照传统基金会对世界各国经济自由度的测算，中国经济的自由度指数为52.8，在全部156个经济体中居126位，这一位置低于绝大多数东亚经济体、拉美国家和转轨国家。而中国经济恰恰是在欧美国家不认可的"市场经济"条件下取得成功的。其实问题可能不在中国，而是出在"市场经济"的定义上。这一定义一直是由欧美国家做出的，是以欧美国家发展经验与实践为背景做出的。而今天广大发展中国家所处的环境与发达国家几百年前的发展初期已完全不同，也必定会走与发达国家不同的发展道路。那么今天的“市场经济”为什么不可以采取与发达国家当年所实行的“市场经济”不同的形式呢？换句话说，今天世界上的“市场经济”定义必须突破发达国家曾经给出的定义，而由发展中国家的实践来决定。否则实际上是让发展中国家走一条完全不可能实现发展的“发展之路”。

表 8—1　中国和世界主要国家和地区经济自由度的比较

国家或地区名称	世界排名	2007 经济自由度	商业自由度	贸易自由度	财政自由度	政府干预	货币自由度	投资自由度	金融自由度	产权	腐败自由度	劳动力自由度
中国	119	54	54.9	68	77.7	88.6	75.5	30	30	20	32	63.5
东亚												
新加坡	2	85.7	94.6	80	93	86.2	89.5	80	50	90	94	99.3
日本	18	73.6	94.3	75.2	80.6	67.2	92	60	50	70	73	73.4
中国台湾	26	71.1	73	76.7	84.7	89.8	81.3	70	50	70	59	56.7
韩国	36	68.6	83.1	64.2	81	81.5	79	70	50	70	50	57.7
马来西亚	48	65.8	68.6	71.8	87.8	79.8	80	40	40	50	51	89.5
泰国	50	65.6	76.1	69.2	83.2	91.2	77.6	30	50	50	38	90.4
菲律宾	97	57.4	54.2	74.8	84	91.4	73.4	30	50	30	25	60.7
印度	104	55.6	49.6	51.2	84.8	89	77.2	40	30	50	29	55.1
中东欧												
捷克	31	69.7	61.2	76.6	79.9	52.7	86.2	70	80	70	43	77.2
斯洛伐克	40	68.4	71.1	76.6	93	60.8	76.7	70	80	50	43	62.5
匈牙利	44	66.2	71.2	76.6	79.2	41.8	76.7	70	60	70	50	66.1
保加利亚	62	62.2	66.9	60.8	91.3	65.6	75.7	60	60	30	40	71.5
罗马尼亚	67	61.3	70.9	74	91.7	74.9	69.7	50	60	30	30	61.4
波兰	87	58.8	56.1	76.6	79.1	55.3	80.3	50	50	50	34	56.2
克罗地亚	109	55.3	53.8	77.8	79.9	36.5	79.3	50	60	30	34	52
俄罗斯	120	54	66.6	62.6	86.3	71.6	62.8	30	40	30	24	66.2
乌克兰	125	53.3	54	72.2	89.1	61.9	68.4	30	50	30	26	51.8
南美												
智利	11	78.3	68.9	72.4	85.7	87.6	79.9	70	70	90	73	85.3
乌拉圭	33	69.3	68.1	71.6	90.8	81.7	73.1	70	30	70	59	79
秘鲁	63	62.1	65.1	62.6	86.8	92.2	85.7	50	60	40	35	43.3

续表

国家或地区名称	世界排名	2007经济自由度	商业自由度	贸易自由度	财政自由度	政府干预	货币自由度	投资自由度	金融自由度	产权	腐败自由度	劳动力自由度
巴西	70	60.9	53.3	64.8	88.6	88.8	72.6	50	40	50	37	63.8
哥伦比亚	73	60.5	71.4	61.4	82.4	87	70.2	50	60	30	40	53
阿根廷	95	57.5	65.5	61.4	82.3	89.6	71.3	50	40	30	28	56.6
委内瑞拉	144	47.7	48.8	56.2	83.7	69.5	57.6	20	40	30	23	48

正因为中国发展模式与西方主流经济学的主张存在较大差异，因而中国经济高增长与所谓改革不彻底的事实被许多经济学家认为难以用西方主流经济学原理加以说明，不符合正统经济学的逻辑。这种不一致的情况被称为“中国之谜”(Nolan，1993)。本书就是要试图突破现有西方经济学的理论束缚，解开这个谜。

四、总结中国发展模式意义重大

中国经济在非常困难的情况下发展起来，走的是一条与既往的发展模式不同的发展道路，在发展过程中曾经饱受争议。但事实证明中国的经济发展取得了成功，而且与早期欧美国家的兴起相比，中国的发展没有采取以邻为壑的做法，没有伤害到其他国家，反而成为促进世界发展与和平的重要力量。但与此同时，中国在经济发展过程中也有很多矛盾和问题长期得不到解决，在发展中又不断遇到新的瓶颈和问题，有的问题还非常尖锐。目前国际上对中国的发展模式仍存在较大争议，既有肯定的，也有否定排斥的；有人认为这只是一个特例，没有普遍意义，也有人认为这给其他发展中国家提供了新的选择，甚至有人认为这是对西方模式和“华盛顿共识”的否定和对抗，有人也因此担心中国把自己的发展模式向外输出，造成所谓“模式威胁”。就国内来说，虽然绝大多数人对中国的成功倍感自豪，对中国的发展充满了信心，但怀疑担忧者也大有人在，对于未来的发展道路感到疑惑。在这种情况下，认真总结中国经济发展的成功经验，不仅对中国今后的发展有着指导作用，对于推动世界经济发展也具有重要意义。

首先，加强对中国发展模式的研究，有利于总结中国过去的经验及教训，有利于中国未来进一步的改革和发展。“中国发展模式”概念是伴随着中国改革开放的历程出现的，不仅集中浓缩了中国经济与社会发展得以成功的经验，也涵盖了中国如何应对经济、社会发展中的困难和问题，其中有的问题完全是中国特有的，例如巨大的就业压力。通过认真总结“中国发展模式”，既有利于认识中国的成功政策和措施，也有利于分析发现发展过程中遇到的挑战、困难和问题，对中国未来的改革和发展具有重要的指导意义。

其次，总结“中国发展模式”对经济学理论，尤其是发展经济学理论会有重大的贡献。中国发展模式最具创造性的贡献是建立并不断完善社会主义市场经济体制，这在人类历史上是前所未有的伟大尝试。中国将市场经济引入社会主义制度，使整个社会的经济、政治、文化运作机制产生一系列深刻变革，重新激发社会主义持续发展的内在活力，使人类对社会主义的认识和实践发生了根本性的变化，开创了迈向现代化的全新发展道路。“中国发展模式”既超越了传统社会主义的发展模式，也超越了西方发展理论所认可的各种模式。“中国发展模式”形成的诸多经验，不仅推动了中国经济的快速发展，而且是对世界发展理论与实践的重大贡献，是中华民族对人类发展做出的最有历史意义的贡献之一。

第三，中国发展模式对发展中国家的发展具有重要的启发和借鉴意义。中国改革开放的成功使世界上人口最多的国家在相对较短的时间里摆脱了贫穷落后的面貌，使人民走上了致富之路。中国取得的这一发展成就是在人口众多，自然资源相对不足，资金严重匮乏，科技水平不高，教育比较落后，经济中农业占比较大，以及国外封锁的情况下取得的，而这些状况与绝大多数发展中国家的情况相似，这就在客观上使得中国所走过的发展之路对广大发展中国家更具借鉴性。从实践的角度说，中国的发展模式就是告诉发展中国家在谋求自身发展时，必须遵循本国国情，通过借鉴和创新找到适合本国发展的道路，而不能盲目照搬其他国家的现有模式，包括“中国发展模式”，同样不能简单地照搬、照抄。因为每个国家的发展处于不同的国际和国内环境之中，用一种模式去套用不同情况的国家，除了失败很难有别的结果。

第四，总结“中国发展模式”可以避免歪曲和误导。由于发达国家掌握着世界的舆论工具，因此国际上对中国恶意攻击、有意歪曲，或者貌似公平地只报道那些负面“事实”，从而对许多人产生了误导。再加上能来中国亲眼看一看的普通百姓少之又少，因此西方媒体的误导和歪曲往往被当做“真实”。把中国的经验认真地加以总结，使其能客观公正地传达给全世界，有利于人们正确认识中国和中国经验。因为中国的经验并不只属于中国，它也属于世界和世界人民，因为中国的成绩也是在全世界人民的帮助下取得的，他们有权全面了解真相。

五、国内外对中国发展模式的总结

由于中国经济的快速发展，国内外讨论中国成功原因的研究从来就没有停止过。国内外的研究机构、学者和政府部门很早就开始对中国经济的成功经验进行研究和总结。而近几年这类研究呈现出一个显著的特点，就是逐步改变了过去单纯寻找中国经济高增长之谜的解释的做法，而越来越多地试图从中提炼出普遍性经验，以期对中国的未来发展和一些探寻发展之路的发展中国家提供指导和借鉴，由此形成了一股研究中国模式的热潮。

(一)雷默的“北京共识”

雷默(Ramo，2004)在英国《金融时报》上首次提出“北京共识”概念，并于同年5月11日在英国外交政策研究中心全文发表了《北京共识》报告。“北京共识”对中国20多年的经济改革成就做了理性的思考与分析，指出中国的经济发展模式不仅适合中国，也是发展中国家追求经济增长和改善人民生活可以效仿的成功范式。“北京共识”主要由三个部分组成。第一是锐意创新，创新是改革中最重要的一个组成部分，它是由改革的特性所决定的。改革能否成功完全取决于是否能够以更快的创新解决改革中产生的新问题。第二是公平发展，既然混乱不可能自己加以控制，就需要建立一种具有可持续性和平等性的发展模式，努力创造有利于持续、均衡与稳定发展的环境。第三是国家主权,“华盛顿共识”片面地考虑经济因素,而“北京共识”提高了对国家主权的重视程度,强调国防的自主,保证独立发展。

(二)托马斯·帕利的中国模式

帕利(Palley,2006)认为,中国的发展模式以减少中央计划经济的规模,并增加以市场为导向的私有部分的规模为目标。中国经济取得发展的原因在于,它在展开以市场为中心的经济活动的同时,实施了明确的内部和外部的资本积累战略。外部资本积累依赖于外国直接投资和出口导向型增长,内部的资本积累依赖于国有银行对国有企业的信贷支持和对基础设施的投资。就经济发展的主要推动力而言,托马斯·帕利认为中国到目前为止所实施的是一种出口导向型增长模式。

(三)麦金农对中国模式的评述

美国斯坦福大学教授麦金农(Ronald I. Mckinnon,1994)认为中国改革的主要特点是:通过高储蓄和国家控制银行体系,采用非通货膨胀的手段进行大规模的金融动员以弥补政府财政赤字,是中国宏观经济保持稳定的主要原因;实行双轨制是中国经济自由化过程中的必然选择;在二元结构下,乡镇企业的发展对于促进中国经济发展、防止“大城市病”功不可没;与经济体制改革的总体模式相协调,中国的对外贸易也选择了一条渐进式改革的道路,在人民币汇率相对稳定的情况下推动对外贸易快速发展,成为中国经济增长的发动机。

(四)斯蒂芬·罗奇看中国模式

斯蒂芬·罗奇(Stephen Roach,2008)认为 30 年来中国经济之所以取得骄人的成绩,很大程度上要归功于外向型的发展模式,即强烈地依赖对外贸易及其伴随的基础设施和工业化投资[①]。而且也认为中国模式的成功在于采取渐进式改革,持续推进市场化取向的改革,同时,始终坚持稳定压倒一切,任何决策都要考虑其对稳定的影响,包括经济

① 斯蒂芬·罗奇:中国模式正在面临的全球挑战,http://www.p5w.net/kuaixun/200803/t1577832.htm。

方面的稳定，社会方面的稳定，最重要的是政治方面的稳定。他在比较中印两国发展模式时提出，这两种模式各具优势：中国在制造业上所取得的成就正是印度欠缺的，而印度较为发达的服务业和较强的消费能力也是中国的不足。这两种不同的发展道路是基于不同的体制。中国制造业的发展战略是计划经济的必然结果，中国政府有比较强大的调集资源的能力，可以把国内巨额储蓄投资于基础设施建设，扩大生产能力①。

(五)郜若素对中国模式的解读

澳大利亚国立大学教授郜若素(Ross Garnaut，2004)认为中国改革开放之所以成功在于以稳定的政治秩序为基础，中国在恰当的地方、恰当的时间，采取了新的经济发展战略，采取了可以促进增长的改革措施，同时也建立了更复杂的能够维持增长动力的政策基础。中国政府从实际出发在对外贸易、外商投资以及利用外部技术和资金方面制定了完善的国家政策，在农业方面实行了家庭联产承包责任制。

(六)张维为对中国模式的解读

日内瓦大学亚洲研究中心的张维为教授(2007)认为中国的发展模式完全独立于现有的西方经济发展模式。其特点包括：首先是“以人为本”，集中全力满足人民最迫切的需求。邓小平主张中国只能“实事求是”，而不是信奉任何教条，所有改革都必须考虑中国的具体情况，并给人民带来实惠。其次是“渐进改革”，而非激进革命。中国拒绝了“休克疗法”。中国的办法是利用现有不完善的体制来运作，并在这个过程中，逐步改革这个体制本身，使之转化，为现代化服务。同时进行不断的试验，所有的变革都首先在小范围内进行试点，成功了再推广到其他地方。第三是政府的主导作用。中国的变革是由一个强有力的、致力于发展的政府所领导的。这个政府有能力凝聚全民对于实现现代化的共识，保证政治和宏观经济的稳定，并在这种环境中推进大规模的国内

---

① 斯蒂芬·罗奇：《中国在哪些方面做对了》，载《二十一世纪经济报道》2005年12月10日。

改革。第四是有选择的学习，并且由自己来决定何时、何地、以何种方式采用外国的思想。最后是"正确的优先顺序"。中国改革的顺序是先易后难；先农村改革，后城市改革；先沿海后内地；先经济后政治。这种做法的好处是，第一阶段的经验为第二阶段的改革创造了条件。

（七）国际组织对中国模式解释

以世界银行(1996)为代表的一些国际机构围绕市场和政府的关系对中国模式进行了总结。他们认为，中国的成功归因于政府对经济的主导作用，国家不但有发展本国经济的强烈愿望，把经济发展当做自己的使命，而且还有实现这个愿望的能力，能有效地推行必要的经济政策，不遗余力地推动高积累和工业化，实现经济高速增长的目标。随着经济的进一步发展，市场逐渐取代了政府成为资源配置的主导者，实现计划经济向市场经济成功转型（Naughton，1996；World Bank，1996；Woo，Parker and Sachs，eds. 1997；Tong，1997；Lardy，1998；科茨，2005）。

（八）中国一些专家学者关于"中国发展模式"的观点

刘国光认为，中国社会主义自我完善的改革，以建立社会主义市场经济体制为目标的改革，绝对不是简单的"市场化改革"。中国的改革，包括政治改革、经济改革、社会改革、文化改革、政府改革等等，不能都叫做"市场化改革"，而是社会主义制度在各领域的自我完善。就是在经济领域，也不完全是"市场化改革"，而是"建立社会主义市场经济体制"，是在国家宏观调控下让市场起资源配置的基础性作用，并不是简单的"市场化改革"所能概括的。

厉以宁认为，这30年来，中国改革开放取得的最突出的成就，是完成了三件事：第一个是农村的家庭联产承包责任制，第二个是国有企业的股份制改革以及在此基础上形成了证券市场，第三个是民营经济的兴起。

吴敬琏认为，中国经济体制改革的实质，在于以市场机制为基础的资源配置方式取代以行政命令为主的资源配置方式。在这个意义上，社会主义经济可以叫做市场经济①。他把中国改革最为成功的事情总

① 吴敬琏：《转轨中国》，四川人民出版社2002年版，第27页。

结为三件事，第一是十二届三中全会，明确了商品经济是我们改革的目标；第二是在十四届三中全会后进行的全面改革；第三就是关于基本经济制度的改革，所谓基本经济制度就是以公有制为主体，多种所有制经济共同发展的制度。

钱颖一认为，中国迄今为止取得的成功，是非常不容易的，这里面有非常复杂的因素，但基本推动力是三条并不特殊的基本经济规律：一是把激励搞对，二是让市场起作用，三是实行对外开放。

成思危认为，中国改革 30 年围绕的核心是"制度创新"，有四个突出特点：一是自上而下，二是量力而行，三是循序渐进，四是路径依存。

林毅夫(2008)认为，中国模式之所以成功，在于制定并发挥了一套行之有效的发展战略，是由于中国根据自身比较优势，从劳动密集型的产业起步，在完成了资金、人力和资本积累后，再逐渐向资本密集型产业升级。同时以渐进的方式完善市场经济体系，让价格发挥作用，使中国企业可以在竞争中形成自生能力。此外，他还指出制度是内生的，不存在一个放之四海而皆准、绝对优越的制度安排，任何制度安排的有效性都是在一定的发展阶段和特定的社会、历史条件下才成立。中国政府也正是在制度的不断演进中保持了经济的持续增长。

易纲(2004)认为，中国改革之所以成功的关键在于渐进式的改革，其基本要素包括：改革的目标和蓝图在改革过程当中一直在不断调整；改革的顺序按照从易到难进行，采用双轨制的方式；改革由政府主导，呈现很大的地区差异；中国的改革是一个"走走停停"的演进式的试验过程。

田春生(2005)从制度的视角对中国模式进行总结，认为一个国家的发展模式应该由一个主权国家独立自主地进行探索，任何由外部强加的发展模式都是要失败的；社会主义与市场经济相兼容，是经济高速增长与社会协调发展的保障；转型政策中不断调整的"人民性"特征，而不是向少数特权阶层倾斜的政策；在转型过程中，中国的传统文化与现代发展能够融合。

俞可平(2006)从成功的经验和深刻的教训两个方面来讨论"中国

发展模式”，认为成功的经验包括在全球化时代，同时推进国内的改革与对外部世界的开放；正确处理改革、发展和稳定的关系；坚持市场导向的经济改革，同时辅之以强有力的政府调控等。需要高度重视的是：经济发展必须与环境保护、生态平衡、人口增长、国民素质、社会安定、文化教育等相协调；必须把效率和公平放在同等重要的地位；在全面推行经济改革和社会改革的同时，适时进行以民主治理和善政为目标的政府自身改革和治理改革。

吴增基(2005)将“中国发展模式”的概念界定为：在强有力的中央集体领导下进行的，以经济建设为中心，经济、社会、环境协调发展的，以人民共同富裕为目标，既积极借鉴中外一切优秀的文明成果又立足于中国的具体国情，坚持独立自主的、渐进式的、和平的改革与发展道路。

李克钦等(2006)则将中国经验总结为：渐进式改革是中国改革的普遍形式；经济体制转轨与社会结构转型同步进行；社会稳定优先原则和稳步的民主化探索；长期保持低生育率水平和逐步减少贫困人口的政策；人口大国向人力资源大国的转变；对外开放、走向世界，努力扩大国际活动空间。

杨启先(1998)认为，中国的改革之所以取得巨大成功，最根本的原因在于：在“解放思想、实事求是”和“三个有利于”为标准的思想路线指导下，较好地处理了五个重要方面的关系，从而使我国的改革能够有条不紊、卓有成效地进行。具体是：一是较好地处理了经济改革与政治改革的关系；二是较好地处理了计划经济与市场经济的关系；三是较好地处理了市场发展与所有制结构调整的关系；四是较好地处理了激进改革与渐进改革的关系；五是较好地处理了借鉴外国经验与从本国国情出发的关系。

这些总结涉及到了影响中国经济发展的方方面面，这实际上也反映出，中国经济的成功本来就是多种因素共同作用的结果。我们可以将这些要素进行大体分类，一类是中国自身特有的，至少在其他国家而言不是普遍存在的因素。我们可称之为中国发展模式的特殊性。这类有较强特殊性的要素包括:中国作为一个社会主义国家,具有与其他许多国家不同的意识形态;中国实行的不是西方式的民主制,而是具有自身特点的民主集中制和共产党领导下的多党合作制;中国是一个拥有13亿人口的大国;中国既是发展中国家,又是转轨国家,经济具有特殊的双重性;中国以儒家文化为主,在文化传统上有着自己鲜明的特色;同时,中国处于东亚经济区,这种地理位置对中国经济发展有很大帮助。这样一些特殊因素对中国经济的发展起到了重要作用,但对于其他一些发展中国家来说是不一定具备的。从这个角度讲,中国经济一些成功的具体做法具有相当的不可复制性。

与此同时,中国经济的成功经验中,也有一些因素并非中国独有的,至少是可以学习借鉴的,有着一定的普遍意义。我们可称之为中国发展模式的普遍性。比如说,中国 30 年来始终坚持把发展作为第一要务,长期保持社会政治稳定,使改革、发展和稳定之间的关系得到较好处理,而在改革中,坚持从实际出发,根据客观条件和国情不断推进制度创新,并坚持走渐进式改革的道路,同时大力推进对外开放,积极参与并受惠于经济全球化,此外还充分发挥银行的货币创造功能实现资本积累。这样一些经验对于许多发展中国家来说,可能具有一定的借鉴意义。

特别值得注意的是,与一些欧美国家的主张不同,中国是把社会主义市场经济体制的建立和完善作为发展经济、提高人民生活水平的手段,而不是把它作为改革的目的。欧美国家则本末倒置,把建立市场经济、所谓的"民主制度"当做目的,而不管这样的"市场经济"与"民主制度"是否有利于一国的经济发展、国力的增强和人民生活水平的提高。这也是欧美国家的主张在发展中国家失败的根本原因。

第二节　中国发展模式的普遍性

总体上看,中国经济快速发展的原因是多方面的。其中,最为重要的经验是:始终把发展作为第一要务,并正确处理了改革、发展和稳定的关系，以发展推动改革和维护稳定，并以发展作为检验制度创新成败的根本标准；始终坚持维护社会经济稳定，稳定是压倒一切的，稳定的社会政治环境促进了经济发展，也保证了改革的持续推进；始终坚持实事求是，立足本国国情进行制度创新，通过适宜的制度安排促进经济发展；始终坚持根据生产力发展水平和经济社会条件推进改革，合理调整并有效发挥政府和市场的作用；坚持稳步推进对外开放，在互利共赢的情况下充分受惠于经济全球化；坚持立足国内实现资本积累，积极发挥银行的货币创造功能，为经济发展提供充足的金融支持。这些经验都与适宜的制度安排有关，是中国根据自身的特点和实际情况做出的合理选择。这些经验，对于其他发展中国家来说也不乏可资借鉴之处。

一、将发展置于首位

对于任何个人、国家和社会来说，用可持续的眼光来看，追求发展是他们共同的目标。第一，经济发展是人类社会活动最为重要的一个目标。人类社会是由无数的个体组成的。对于理性的人来讲，追求个人利益最大化是本性使然。对于整个社会来讲，个体对自身利益的追逐最终可导致社会利益的最大化，实现经济发展，并反过来能为个体的经济社会活动提供更大的可能和更广阔的空间，形成螺旋上升的景象，经济发展也就成为人类社会的核心。第二，经济发展是人类社会进步的体现和要求。自上古时代起，到刀耕火种的农业社会，再到日新月异的工业和科技时代，人类社会的面貌发生了翻天覆地的改变，最终都要落脚在经济的发展上。而且这种发展带有“拒下刚性”的特征，是一个不可逆的过程，只要人类社会存在一天，发展就必须延续。第三，促进经济发展也是一国政府的重要职责。政府的长期执政地位必然要与其执政绩效相联系，突出表现为经济社会发展。因而如何满足人民的要求和愿望，就成为执政者必须考虑的首要问题。作为制度的提供者，能否促进经济发展也就成为政府检验制度优劣的标准。

对于一个发展中国家来说，在一个相当长的时期内，发展经济更是其最紧迫、最重要的任务。

首先,发展经济是改变发展中国家落后状况、增进人民福祉的根本途径。社会生产是人类全部历史和全部活动的基础,生产力的发展是衡量社会进步主要的和最终标准。人类社会的发展,始终是先进生产力不断取代落后生产力的历史过程。发展经济、积累财富、提高人们生活水平,是社会进步最为直接的反映,也是人性最基本的要求。对于发展中国家来说,其最本质和最突出的问题就是生产力水平低下和贫穷落后,要改变这种面貌,唯一的途径就是发展经济。特别是,发展中国家目前还有大量人口严重缺乏基本的生活必需品,温饱问题尚未解决,这种情况下,当务之急就是要迅速发展经济,解决人们最基本的生活需要。

其次,发展经济是解决发展中国家诸多社会经济问题的关键。当前,世界上许多发展中国家面临各种各样的社会和经济问题,诸如医疗卫生条件差、教育得不到保证、环境污染问题严重、贫富差距大,以及公民权利得不到有效保障,等等。而在所有这些问题中,经济发展问题是最关键的,因为这些问题的解决从根本上说都需要建立在经济发展的基础上,必须在发展中去解决。世界银行的研究也认为,即使是民主,与其说它是经济发展的原因,不如说是经济发展的结果①。中国改革开放的总设计师邓小平在总结中国改革开放经验的基础上,鲜明地提出"发展才是硬道理"的著名论断,这已经被中国经济和社会发展取得的巨大成绩证实,对其他发展中国家来说也值得借鉴。

第三,经济发展是制度改革的有力保障。就改革与发展的关系而言,二者是相互促进的。但改革本身并不是目的,目的还是要促进发展。因此,经济发展的实绩是衡量改革成败的最为根本的标准。同时,经济发展反过来又可以推动改革的顺利进行。一个国家的制度改革要取得大多数社会成员的支持,必须通过不断发展经济,做大蛋糕,使社会大多数人能够分享改革成果,实现整个社会的"帕雷托改进"效果,提

① World Bank, "Economic Growth in the 1990s, Learning from a Decade of Reform", 2005.

高人民对改革的认同度和对生活的满足感，从而增强整个社会的凝聚力和向心力。这样，政府的改革措施才能得到贯彻，改革才能够不断推进。

中国奇迹之所以能够发生，最重要的一条经验就是始终把发展放在首位。改革开放前后，党的指导思想和基本路线发生了重大变化。1978年以前是“以阶级斗争为纲”，政治挂帅，发展经济居于次要位置，因此经济不振也就是必然的了。改革开放后，党提出了“一个中心、两个基本点”的基本路线，强调了“以经济建设为中心”。此后，“发展是硬道理”、“发展是党执政兴国的第一要务”的重大命题进一步强调了发展的重大意义。在这样的指导思想下，“发展”作为最重要的核心被贯穿到改革开放的整个过程以及各种制度安排当中，既是制度变迁的目标，也是检验制度是否适宜的最终标准。在这种情况下，受利益最大化驱动，企业和个人作为市场主体对于发展的要求无须赘言；更重要的是，以经济指标为核心的官员考核制度也对政府官员起到了类似的激励作用，使得经济发展成为全民共同的目标，制度提供者（政府）与制度需求者（企业、个人）的目标得以高度一致，为适宜制度的产生提供了保障，有力地推动了经济发展。

把经济发展放在首位，还意味着在发展过程中必须在多重目标和多种利益之间根据轻重缓急进行权衡和取舍，必然要付出一定的代价。比如，中国人口多，资源相对不足，在推进工业化、城市化的进程中，必然带来环境污染和资源消耗的问题，但在发展初期，中国经济面临的主要矛盾是供给不足，人民生活水平低，迫切需要解决的是温饱问题，在自己没有能力兼顾发展与环境双重目标的情况下，在发达国家拒绝提供或高价出售环保设备和技术的情况下，同时也因为当时许多环保技术并不具备，也不够完善，保护生态环境被放到相对次要的位置，使得经济发展确实给环境资源造成一定压力，付出了代价。再比如，为了解决外汇资金短缺问题，中国鼓励外商来华投资，为吸引投资，中国在土地出让、税收减免上做出了重大的让步，30年来给外商投资的好处数以万亿计。中国经济发展中类似的付出和代价还很多，也很大，值得在今后的发展中予以高度关注。但回过头来看，如果当初不做出这样的牺牲，中国经济也不可能取得现在这样的成就，也就没有能力来解决环境污染这一类的问题。因此，总的看，这些付出是值得的，也是必须的。其实解决这类问题也不困难，只要发达国家无偿向发展中国家提供环保技术与设备，或以发展中国家出得起的价格出售这些技术、设备，同时给予发展中国家更多的援助。这样做本来就是发达国家的责任：一是使发达国家在自己减少污染的情况下为环保做出更大贡献；二是这是发达国家偿还它们几百年发展中所欠下的环境债和掠夺债；三是这样做发达国家自己也能从中受益。

二、社会政治稳定化

稳定的社会政治环境，是制度有效运行和经济发展的必要前提。中国在改革和发展中始终坚持的一条原则，就是保持稳定，"稳定压倒一切"。没有稳定的政府、稳定的政策、稳定的社会环境，经济就不能发展。稳定的重要意义在于以下三个方面。第一，维持社会稳定具有重要的政治意义。这是执政者与民众共同的诉求，是社会和谐的必要基础。第二，社会稳定是经济发展的关键前提。动荡本身将直接造成社会福利的损失，其产生的不确定性还会影响人们的预期和行为。反之，稳定的预期能够降低交易中的成本，提高资源的可利用率和配置效率，将市场主体的行为纳入到长期利益最大化的目标下，避免短期行为。第三，社会稳定对于制度变迁过程也具有不可忽视的作用。一方面，它是观察社会对制度变迁承受力的重要途径。改革可以促进经济发展，但不应超出社会的承受范围。如果社会稳定，则表示当前的改革仍在可承受的范围内，可以在这个范围内选择最能促进经济发展的制度安排。另一方面，只有在稳定的前提下，才能不断推进改革，而不断改革又是生产力发展变化的必然要求，这也就是改革、稳定和发展之间的辩证关系。

坚持中国共产党的领导，维护强有力的政府，是确保中国政治和社会稳定的重要保障。改革开放必须有坚强、稳定的领导，政策必须稳定且一以贯之。这是建立市场信心、人民信心、投资者信心的基础。没有稳定的政府、稳定的政策，发展是不可能实现的。历史上是这样，现代社会也是如此。中国政府在大力推进经济领域改革的同时，没有盲目追求西方民主形式，而是立足于本国实际，有步骤地推进政治体制改革，保证中央政府的权威和控制力。中国经济改革发展过程发生了许多波动和争论，但我们在30年的改革开放实践中，有一条始终没有改变，就是坚持社会主义的大原则、大方向。稳定的政治体制保证了改革方向和改革政策的连续性，坚持了市场化改革方向和"以经济建设为中心"。中国政府对社会和市场具有很强的宏观控制能力，通过产业政策、投资政策、财政政策、金融政策、土地政策等对国内宏观经济实施强有力的调节，通过法律、行政等手段规范经济行为和社会行为，确保社会的总体稳定。

坚持以人为本，让广大人民群众充分受惠于经济发展的成果是维护社会稳定的基础。改革和发展的目的是为了满足人民群众的物质文化生活需要。改革通常会对现有的秩序构成冲击，只有让人民群众从中受益，才能得到群众的拥护和支持，才能在维护社会稳定的情况下向前推进。中国在改革过程中，一直坚持"效率优先，兼顾公平"的原则，由于改革和发展给广大人民群众带来了实实在在的好处，有效地维护了一个拥有13亿人口大国的稳定，从而为改革的持续推进奠定了坚实的基础。

中国渐进式改革有效避免了社会剧烈震动。中国政府十分注意控制改革的速度和力度，确保对改革局面的控制力和社会稳定，保证改革开放渐进有序进行。中国改革开放措施逐步到位，目标分步实现；先着手比较容易的领域，再进行攻坚和突破性改革；先试点，再推广等。这样一些改革措施更贴近各地的实际情况，避免对现存利益格局造成太大的冲击，容易为广大群众理解和接受，在改革中有效维护了社会稳定。

稳定是发展的前提，没有稳定就无从发展。对于发展中国家来说，一条比较实用的策略就是在稳定中求发展，以发展促稳定，以改革促发展，实现改革、发展与稳定之间的相互促进。良好的发展环境，能促进制度创新，在较短的时间内形成与经济发展战略相配套的适宜制度，降低制度创新的成本，提高制度创新的效率和收益。反之，不利的发展环境，可能使得制度创新中断或者失败，从而导致经济发展战略得不到有效实施，不利于国家的经济发展。国内的政治稳定，有利于调动企业、人民的积极性；稳定的国际关系，有利于拓展国际市场；国内政治社会稳定和国际关系和谐，有利于吸引外资，参与国际分工，从而使国内经济与国际经济快速接轨，进而促进国内的制度改革和创新。制度创新的变革促进了政治稳定的结构功能升级，而政治的稳定有序也会保障制度创新的顺利推进，两者结合起来就形成了一种互动的推动社会进步的机制。

三、制度创新本土化

一项制度本身并没有绝对的好坏之分，关键是要适应一个国家自身的需要，才能在特定的经济社会环境中发挥促进发展的作用。例如，当处于欠发达阶段时，经济利益可能是最好的激励与约束，而当经济发展到一定程度时，名誉和信誉可能上升到更重要的地位。也就是说，对于一个国家具有激励约束作用的制度，在另一个国家可能不一定有效。因此，任何制度，即使是学习和引进过来的，也必须根植于本土，切合实际。

中国在改革开放过程中，做出了一系列具有中国特色的制度安排，这些制度之所以能够有效运转，促进经济发展，关键是适应了中国国情和实际需要。比如，中国的农村家庭联产承包责任制的产生就鲜明地呈现了本土化特征。1978 年安徽凤阳小岗村农民自发签订“包产到户”的契约时，政府明确规定“不许分田单干”和“不许包产到户”；但 1979 年安徽省已经自发产生了 3.8 万个包产到户生产队，占全省生产队的 10%左右，这时候中国政府下发文件表示因地制宜，分类指导；到了 1982 年推广家庭联产承包责任制时，中国“双包”生产队占到全国的 86%。这一制度最初是由基层基于实际需要创新出来的，中国政府则根据中国国情和经济社会发展变化不断对政策进行调整，由开始的禁止和不赞成到容忍，最后是普遍推广，形成了对生产力发展起到巨大推动作用的适宜制度。

中国也广泛吸收人类文明成果，通过引进国外先进制度推进改革。在此过程中，中国并不是照搬照抄，而是本着为我所用的态度，取其精华，去其糟粕，并注意根据中国的实际情况进行调整和完善，较好地避免了国外先进制度在中国的水土不服。比如，中国的金融体制改革是参考欧美国家制度进行的，但十分注意结合中国的文化传统特点。中国的文化传统使股票、债券市场的发展缺乏应有的人文和法律环境，致使为直接金融配套的社会服务体系不够发达，限制了直接金融的发展。而中国人民生活节俭、吃苦耐劳、喜欢积累财富而不愿背负债务，加之几千年的封建君主制度和儒家思想所倡导的中央集权也让国家意识、国家观念深深扎根于社会，人们习惯于接受国家和政府主导型的经济和社会发展模式，这些为中国建立国有银行主导的金融体系奠定了社会文化基础。实践证明，国有银行主导的金融体制对中国经济发展起到了巨大的促进作用。

社会文化作为一种制度性约束，对一国制度体系的形成有着根本性和长久性的影响。发达国家或发展中国家市场经济不断演进的历程表明：一个国家社会经济制度的形成，既是自己国家和民族特色长期演绎和变革的结果，即内生性；同时，也是不断吸收其他国家文明、文化、成功的政策和制度，不断借鉴和综合世界范围内所有成功精华的结果，即移植性。这里的移植，并不是全盘的移植，而是要根据引进国本国的国情，进行必要、适当的改进，即进行“本土化”改造，只有这样才能使得移植性的制度与已有的制度、传统文化和本国国情相匹配、相吻合，这样才能有利于促进本国经济的发展。否则，不考虑本国已有的制度和现实国情，全盘移植国外整套的制度或机制，就会导致新制度与已有制度的不配套、不吻合，对经济产生不利的影响，甚至可能导致政治的不稳定和社会动乱。移植的外来制度必须是与现有的内在制度相匹配的，当移植的外来制度与内在制度不兼容时，执行成本和代价将会大大提高，而当他们与内在制度兼容时，执行的成本和代价则会大大地下降，经济就会平稳快速发展。因此，移植的外来制度要进行本土化，使其要大体上与内在制度兼容。

一些国家采取“休克疗法”进行改革的效果从反面说明了制度创新和本土化的必要性。20 世纪 90 年代初期，当时的许多社会主义国家选择了“私有化”的道路，受当时的国际国内形势的影响，这种私有化没有采取“渐进式”的方法；相反，当时的领导者接受了西方经济学家的建议采取了所谓的“休克疗法”，希望通过快刀斩乱麻的方式迅速实现所有制形式的变革，从而完成向市场经济的转型。然而事实证明，这种激进式的改革方案不但没有起到预想的作用，甚至还激化了旧有的一系列社会矛盾，把这些国家的人民拖入了苦难的深渊。一般都认为“渐进式”与“休克疗法”只是改革时间长短问题，其实，二者的本质区别是“渐进式”考虑了改革国家的国情，而“休克疗法”忽视了国情，“渐进式”是把发展作为改革的目标，而“休克疗法”把改革本身作为目标。

四、政府与市场边界动态化

政府与市场是经济发展过程中两种最重要的制度结构。政府制度和市场制度都能解答生产什么、怎样生产、生产多少和为谁生产的基本经济问题，而解答的方式各有特色。政府的特点是具有权威性和强制力，极端的情况是计划模式，虽然能发挥集中的优势，但容易产生资源配置低效率的问题；市场是以价格机制和分散决策为基础的，虽然弥补了政府计划的不足，但也可能产生无序等问题。因此，政府和市场各自有各自的优势和作用，同时也都存在失灵，没有绝对的优劣之分，需要合理把握政府与市场的关系，形成优势互补。而政府和市场各自的优劣又强烈依赖于制度环境，因而需要根据形势变化动态地调整政府与市场作用的边界。这是制度适宜相对性和动态性的内在要求和重要体现。

中国自 1978 年以来波澜壮阔的改革总体上是市场化取向的，通过放权让利、引入竞争机制、完善产权制度等等，市场在资源配置中的基础作用得到越来越充分的发挥，极大地调动了市场参与者的积极性和创造性，更加充分有效地利用要素资源，有力地推动了中国的经济发展。改革的总体方向是明确的，就是市场化；改革的步伐是坚定的，但改革的路径是渐进的而非一步到位式的。市场化的进程总体上是与经济发展水平的逐步提高和经济社会条件的逐步成熟相一致的，是在充分考虑到经济发展的需要和社会承受能力的基础上逐步推进的，既没有过于超前，也没有明显滞后。

国家调控与市场调节并存、政府政策与市场活力相结合是中国制度改革的重要特征。中国的改革过程突破了把计划经济等同于社会主义、把市场经济等同于资本主义的传统观念，认识到社会主义与市场经济之间不存在根本矛盾，计划与市场都是经济发展的手段，从而确立了发展社会主义市场经济的指导思想。通过不断的制度创新，政府的宏观政策和市场机制有机结合，共同促进经济发展，成为中国经济发展的显著特点。中国的发展模式不同于“纯”市场的模式和“纯”计划的模式，而是在充分发挥市场经济活力的同时，重视政府调控作用，这使中国能够防止混乱和无序，稳定地发展经济。

中国工业体制改革采取了两条腿走路的办法，没有实行以私有化为中心的改革模式：一方面实行国营企业的改革，以市场化为导向，沿着“放权让利—企业承包制—建立现代企业制度”的改革路径不断推进国企改革，国有企业逐步脱离了传统的计划经济体制，市场化的经营理念和行为模式逐步确立起来，提高了生产效率，增加了商品供给；另一方面支持非公企业发展，促进不同所有制形式的企业之间的竞争，逐步实现计划经济向市场经济的转移，增加市场在经济资源配置中的作用，提高经济效益。逐渐形成了以公有制为主体、多种所有制经济并存的经济布局。

在发展的过程中注意发挥政府作用，对于促进发展中国家经济发展具有重要意义。但政府干预的一个重要任务是要培育和完善市场，形成内生经济增长能力，并随着经济条件变化动态调整与市场的边界。经济发展既不能完全依靠市场，也不能完全依靠政府，因为既存在“市场失灵”,也存在“政府失灵”。“市场失灵”使政府的积极干预成为必要,“政府失灵”又决定了政府干预必须适度和有效。市场和政府之间关系是互补的、动态变化的,要根据具体情况的不同,在坚持市场调节基础上,针对发展目标发挥政府宏观调控职能,进行适度有效的干预。市场经济不必然排斥政府干预,问题不在于干预的强与弱,而在于符合实际需求。实践表明,发展中国家往往更容易出现“市场失灵”情况,发展过程中保持一个强有力的政府是十分必要的,这样可以发挥公共部门在资源合理配置方面的重要作用,克服“市场失灵”问题。

五、充分受惠于经济全球化

全球化已经成为当今世界经济发展的一个主要趋势,任何国家发展国内经济的约束和条件都已经大大扩展,远远超出了本国的范围,各国面临的机遇和挑战都前所未有。特别地,对于发展中国家来说,把握机遇,积极参与并受惠于经济全球化,是实现经济跨越式发展的必由之路。首先,发展对外贸易有利于发挥比较优势,从国际分工合作中获取利益。其次,通过引进技术,可将后发劣势转化为后发优势,用更短的时间缩小与发达国家的差距。第三,在对外交往的过程中,人才的交流将产生技术、知识的外溢效应,可促进本国人力资本积累。第四,在开放的过程中,不仅先进的技术、经验可供借鉴,还可以学习借鉴他国先进的制度,在修正和改造的基础上以较低的成本形成适宜的制度。第五,融入全球化有利于形成更具包容性和开放性的思想意识,可以更好地学习先进的技术和经验。

中国的改革开放在时间上与全球化的加速时期基本吻合。自1978年开始,中国政府采取了种种优惠措施吸引海外投资,扩大进出口贸易。为了吸引较高水平的海外直接投资、促进技术转让和吸纳现代管理经验,1979年,中国在对广东、福建两省实行特殊政策的基础上,正式批准在深圳、珠海、汕头、厦门成立经济特区,实行优惠的经济政策,进行对外开放的试点。1984年,将开放地区扩大到大连等14个沿海城市,1985年进一步向长江沿岸城市和内陆省区、内地沿边城市推进，开放长江三角洲、珠江三角洲和辽东半岛、胶东半岛等地区。20世纪90年代，以上海浦东开放和开发为标志，中国对外开放进入一个新的时期。2001年中国加入世贸组织，标志着中国进入全方位的对外开放，以全新的姿态投入国际经济合作与竞争。

开放政策为中国经济带来了巨大的发展动力，外国直接投资带来先进的技术和管理经验，直接参与改造中国产业，使中国企业完成脱胎换骨式的升级改造。全球产业结构大调整和国际产业大转移推动和加速了中国的产业结构调整。20世纪80年代，中国抓住了国际上以轻纺产品为代表的劳动密集型产业向发展中国家转移的历史性机遇，大力发展加工工业，形成了中国自身的比较优势；20世纪90年代，中国抓住国际产业结构调整和转移的难得机遇，极大地促进了机电产业的发展；21世纪以来，中国又面临着向以信息产业为代表的高科技生产制造环节的转移。

实践表明，全球化是当今世界经济发展的必然趋势，生产社会化和国际分工使生产打破了地域和国界限制，市场经济的进一步发展要求在全球范围内优化配置资源，世界各国更多地成为世界生产链条中的一个环节；由于比较优势的发挥和生产专业化程度提高，世界各国都被卷入国际商品交换之中，世界贸易的增长速度大大超过世界经济增长速度，跨国并购活动大规模进行，全球直接投资不断增长，国际金融市场和资本流动急剧扩张。在这样的历史潮流下，世界上任何国家如果脱离全球化都难以实现发展。积极参与经济全球化，最大限度发挥本国比较优势，扩展与他国的贸易、投资、金融合作，是实现资源优化配置，促进经济发展的有效途径。

结合本国国情来适应全球化，根据当地需求来融入全球化，是像中国这样的发展中国家实现现代化的必然选择。中国发展模式阐释了发展中国家在全球化过程中大有可为。通过利用外资和对外贸易可以带动本国经济的发展，有利于增加本国的资本积累，促进经济发展；同时，外资带来的不仅仅是资金，而且带来了先进的管理经验和技术，通过示范效应、外溢效应和扩散效应，也将促进管理水平和技术水平的提高，以及人力资本的形成，有利于经济发展。另外，通过进口贸易，获取国内生产急需的原材料、先进的技术，缓解国内的资源短缺；通过出口发挥本国的比较优势，出口本国有竞争力的产品，为本国商品提供更大的市场，有利于增加就业、提高技术水平，以及调整产业结构等。

中国在实行对外开放的速度和程度上充分考虑了与自身能力相适应的问题。与发达国家相比，中国经济和金融体制不健全，市场经济体系不完善，基础设施薄弱，监管不到位，如果不顾一切地全面开放，将使中国经济被外国所控制。因此，中国采取的是循序渐进，有计划、有步骤地逐渐开放。中国是先开放加工贸易领域和建立经济特区，并对国内产业采取了必要的保护措施。例如，限制外资进入一些重要的产业和行业，使进口主要向发展所需的技术设备等资本品倾斜，对一般消费品进口有所限制，对外国投资也保持了有选择的接纳，以便保护民族企业和关键行业。后来逐渐降低了门槛，由个别领域、一般领域的开放过渡到各个行业，包括关键领域（特别是金融领域）的普遍开放。最后在加入 WTO 后才实现比较全面的开放。这些措施维护了国家经济安全，促进了国内重要产业的发展，增强了消化吸收和自我创新能力，从而促进经济内生增长能力的提高。这些经验发展中国家可以参考。

在对外开放中，还应正确看待利益分配问题，要接受和允许外国投资的获利行为。如果不能获得超过平均水平的利润，投资者到发展中国家投资的意愿一般不会太强，因为发展中国家的生活、工作、休闲等条件都比较差，来发展中国家投资在精神上、生活上以及其他许多方面会有一些损失。如果没有超额的回报，外国投资者就不一定愿意来发展中国家投资，而可能选择条件更好的地方去投资。中国在改革开放过程中也曾有类似的问题，当时被称之为“红眼病”，即一看到国内外投资者赚钱，就产生一种嫉妒心理，就要改变政策，想多占一些好处。结果会把投资者都吓跑。看似保护了国内的资源和经济利益，而实际上并没有获得最大的好处，没有充分受惠于全球化。所以暂时让出一些好处是为了今后获得更大的好处，即所谓“将欲取之，必先予之”的道理。中国也是在实践中逐步认识这一点的，后来邓小平同志说：“对投资者，包括港澳同胞、海外侨胞、正确的态度应该是：一要让他们赚钱，二才是爱国，不能要求人家第一是爱国，第二才是赚钱。办特区应该让投资者赚钱，他们有钱赚，才会大批来，只有他们赚到钱，特区也才能赚到钱，这是相辅相成的辩证关系。”①中国实际上是在不断寻找保护自己正当利益及吸引投资之间的平衡。一味让利，使自己的利益过度受损并不可取，而一点利不让，想以绝对平均的办法与投资者分享利益，则可能会赶走投资者。因此要权衡利弊，把握发展的机会，以获得发展为最终目标。

六、发挥银行的间接融资功能促进资本积累

资本积累对于经济发展具有重要作用，特别是在发展中国家的发展初期，资本积累是走上工业化和现代化道路的必然要求。从历史看，欧美等国在发展早期主要通过比较血腥的方式完成了资本的原始积累，实现了经济发展。当今发展中国家不可能走同样的道路，因此，缺乏资金完成资本积累是各发展中国家普遍面临的难题。在这种情况下，吸引外部资金是必要的，但过于依赖外资则潜藏较大的经济和金融风险，一些拉美国家就是因此引发了金融危机。资本积累根本上还是要立足国内，需要鼓励国内储蓄和投资，努力提高储蓄水平。而尤为重要的是，应积极发挥银行的间接融资功能，将有限的资金剩余集中起来，用于支持投资和经济增长。

中国在经济发展过程中，没有经历像欧美国家那样的原始积累，经济得以迅速发展的一个重要原因，就是利用了银行系统的间接融资功能。中国长期实行国有银行主导的金融制度安排。改革开放以来，中国金融制度改革不断向前推进，金融体系日趋完善，但在整个改革过程中，有两个基本特征始终没有发生根本改变：一是在整个金融体系中，银行占据主导地位；二是在银行体系中，国有银行占据主导地位。中国以国有银行为主导的金融制度安排使政府有效地调控了金融资源——

① 陈宏：《中国经济特区建立内幕》，载《书摘》2007年。

这在中国发展初期是十分稀缺的资源，并且弥补了转型时期由于金融机构自律性差、能力不足和监管弱而产生的金融风险控制不力的缺点，从而保证多年来经济高速增长所需的资金支持，使金融为实体经济服务成为可能。

过去 30 年，中国共完成 60 多万亿元的固定资产投资，其中国家预算内支持仅占 5%左右，银行体系融资发挥了重要作用。尽管形成了 4.5 万亿左右的不良贷款，但取得了经济总量世界第四、对外贸易世界第三、外汇储备世界第一的成绩，收益远远超出这 4.5 万亿。正是利用银行体系的货币创造功能，我们解决了绝大多数发展中国家发展资金严重匮乏，无法完成原始积累这一难题，从而使经济从开始发展就具有比较充分的金融支持。当然，要充分利用国内银行体系为发展融资，还必须有一个清廉、一心为公的政府。只有这样，发展中国家才能通过银行体系的货币创造为自己解决资金不足的问题。

第三节　中国发展模式的特殊因素

由于不同国家具有不同的文化背景，发展所处的历史环境和阶段也不一样，所以任何一种发展模式在不同国家和地区必然会表现出一些特殊形态。中国国情决定了中国发展模式有其自身的特点，中国改革开放过程中形成了一系列特殊的制度安排，其他国家不一定可以效仿。中国经济具有独特性，中国经济的强劲增长屡屡超出世界众多著名专家学者的预测，也使得传统理论和发展经验难以合理解释中国的发展奇迹。

一、不同的政治体系

中国之所以能够选择独特的改革开放道路，是与中国有稳定的政府分不开的，也与中国坚持社会主义的大方向分不开。中国共产党及其领导的政府是坚定地为人民服务、为人民谋利益的政党和政府。中国共产党根据人民的意愿和要求不断修正自己的政策，中国坚持的社会主义是不断完善自己的社会主义，不是一个一成不变的、僵化的、教条的社会主义，是以造福广大人民群众为目标的社会制度。因此中国共产党和中国政府制定的措施切合实际，经济发展的政策可以保持必要的连续性，各项改革措施的出台时机、步骤的设计和过程的调控以及各方利益的平衡等基本都在政府可控的范围内。另一方面，社会主义的本质决定了中国不能实行以私有化为中心的改革模式，这就避免了其他一些国家在私有化过程中出现的不公平现象及由此产生的社会冲突问题，从而使每一个社会集团或个人都可以从改革中获益，使改革成为大多数人的共识并得到大多数人的支持和参与。同时，正是由于坚持了党的领导，政府才能够在推进各项改革的过程中，不断推进转变自身职能的改革。党和政府的领导方式也在改革中不断改进和完善。在改革开放和应对全球化挑战过程中，中国共产党在坚持马克思主义基本原则的前提下，结合不同时代的特征和本国的国情，使马克思主义与时俱进并不断进行理论创新，推进意识形态的建设和向更高层次发展，进一步发挥其指导实践的作用。

二、不同的决策机制

对于一个国家来说，拥有适宜的制度十分重要，但是拥有制定和实施适宜制度的决策机制和能力也很重要。许多国家和地区经济发展落后或改革不成功，不仅是因为缺乏适宜的制度，更重要的是缺乏能够产生适宜制度的决策机制。每个国家的决策机制未必相同，好的决策机制有利于创造出更适宜的制度，而适宜制度也会有利于决策机制的不断科学化、高效化。

中国以民主集中制为主要特征的决策机制，在中国适宜制度的产生过程中起到了积极作用。民主集中制是马克思主义认识论和群众路线在党的生活和组织建设中的运用，是民主基础上的集中和集中指导下的民主相结合的制度。这一决策机制不同于西方式的竞争性民主，不是简单的“少数服从多数”。安格尔(2005)认为，民主集中制之所以是民主的，“是因为它对所有参与者的意见给予同等的重视。但是，作为‘集中制’，它要求从决策过程中得出一个所有参与者都要遵守的惟一决定”。民主集中制运行的一个重要程序是协商，通过协商，“大量的、常常是不同的信息得以整合或集中为一个单一的政策结果”，这种政策会得到两种结果，或者是适应了当地的状况，或者是受到指责后进行调整。自由民主制和合宜民主制各有特点，很难说孰优孰劣，而可能“共享‘组织良好的人民’的称号，自由主义者和民主集中制者都立足于同样的基础上，谁也不比谁更组织良好”。

冷战结束之后，欧美国家（及其主导的国际机构）把发展中国家实行以西方“民主”理念为基础的“多党执政”和“票选民主”政治作为获得其援助的前提条件。因此多数发展中国家目前实行所谓的“选举民主制度”。这一制度是否适合发展中国家的实际呢？这要用事实来说话。

世界银行2005年发布的一份全面回顾总结20世纪90年代改革情况的报告显示，许多国家在实行所谓“民主”制度后，其经济表现均出现大幅下降①。20世纪60、70年代南部非洲国家人均GDP年均增长2.6％和0.8％，而在进入改革后的80年代和90年代均为负增长，分别为－1.1％和－0.4％；拉美和加勒比国家20世纪60年代和70年代年均增长分别为2.5％和3.4％，80年代和90年代分别为－0.8％和1.6％②。苏联东欧国家在90年代更是总体上陷入经济停滞和衰退。该报告同时指出，整个90年代世界上一个突出的现象是越来越多的国家转向自由竞争式选举，特别是相对贫困的国家，采取竞争式民主选举的国家数量增加了2倍。但不幸的是，民主化并未带来经济的发展。民主化既没能使一些国家建立起基本的法律和秩序，也没能阻止寻租和腐败。国际实证分析表明，在考虑收入影响后，竞争式民主选举与政府的好坏几乎没有联系。与之相应，大量的文献发现民主对经济增长没有显著影响。比如，Przeworski等（2000）发现采取竞争式民主选举的国家和不采取竞争式民主选举的国家经济增长没有差异。世界银行

---

① World Bank，“Economic Growth in the 1990s，Learning from a Decade of Reform”，2005.

② 根据世界银行world development index（WDI）数据计算。

(2005)也指出,竞争式民主选举之所以没能带来经济发展,一个重要原因是,在两极分化严重等情形下,民选政府倾向于牺牲多数人的利益以取悦于少数人群①。事实上,我们认为,这并不是说民主制度不好,关键在于,首先,把民主制度作为目的是本末倒置,民主只是手段,不是目的。其次,把民主制度僵化为选举议会和总统是对民主的歪曲,是典型的教条主义,因此是不会成功的。再次,实施民主的时机不对。经济处于落后的发展中国家,首要的任务是发展经济,提高人民的生活水平,凡是能实现这样目标的制度都应该是允许实行的制度。不能先入为主地认为"议会民主"是最适合发展中国家的民主形式。事实胜于雄辩。许多没有实行西方式民主制度的发展中国家,其经济增长却好于那些实行了所谓"民主"的国家。欧洲及北美不让发展中国家自己选择适合他们的发展道路,一定要坚持西方的发展理念,在发展中国家强制推行西方式民主制度,其用意好坏姑且不论,至少客观上的结果是阻碍了发展中国家的发展,使一些发展中国家始终处于动乱与不稳定之中。

对于中国来说,中国是基于自身的国情和历史选择了民主集中制。正如安格尔(2005)所说,"当代中国各种各样的特点或许使真正的民主集中制成为一种具有吸引力和较为可行的选择,或许是一种吸引力和可行性在中国得到最佳结合的选择"。② 中国共产党按照民主集中制的原则把党组织成为一个行为一致、具有战斗力的整体,保证了在每一次新政策的制定以及实施时,在每一次经济发展面临紧急问题时,都能给予很好的解决。通过民主集中制,中国的改革得到大多数社会集团的支持和大多数人民的信任,能够在改革和发展过程中把握住速度和稳定的平衡,正确地处理好中央与地方、集体与个人之间的利益关系,促进经济的协调发展。1978 年中国从封闭经济走向开放经济,以及后来各种经济政策、区域发展战略的变化和调整,都是与民主集中制分不

① World Bank, "Economic Growth in the 1990s, Learning from a Decade of Reform", 2005.

② Stephen C. Angle, "Decent Democratic Centralism", Political Theory, Vol. 33 No. 4, 2005. 转引自《合宜的民主集中制》,刘智利、吕增奎编译,载《经济社会体制比较》2006 年第 4 期。

开的。民主集中制有利于调动各种积极因素,发挥了中国共产党和中国人民的主动性和创造力,激起了人民群众的市场参与意识和竞争意识,有利于市场经济的建立;同时,民主集中制保证了中国政府的民主科学决策,有利于及时正确地进行宏观调控和干预,维护了市场经济的有序运行,使经济避免了大起大落,保证了稳定持续发展。但这并不是说中国实行的民主集中制就完美无缺,现行的制度肯定有许多不完善的地方,还要不断改进。中国之所以不放弃这一制度,不是因为它完美,而是因为它适合中国发展的需要,只能在发展的过程中不断完善这一制度。

三、大国优势

人口多、劳动力丰富是中国的基本国情,这既增加了经济发展的难度,也是大国优势所在。在已经实现工业化的大国中,英、法、德、意等国,人口至今仍未能上亿,日本人口有1亿多,美国人口是3亿多,而中国拥有13亿多人口。由于中国政府和国民重视教育,大多数人都受到良好的教育;中国人吃苦耐劳;中国的劳动力素质差别呈现多层次性,既有大量简单劳动者,也有素质较高的技术工人,还有大量高素质的工程师和研究人员等。中国劳动力资源因素弥补了中国在市场体制发育不足方面的缺陷,拉动了经济增长。丰富、廉价、优质的劳动力吸引外商投资于劳动密集型产业和生产环节,特别是加工、组装等行业,促进了加工贸易的发展;受过良好教育的人才储备又是吸引资本及技术密集型直接投资的重要原因。中国改革开放充分地利用劳动力优势,大力吸引外资,融入国际分工,取得了巨大的成功。

人口众多的国情有利于形成完备的产业结构。中国不仅在劳动密集型的低端产业上有较强的竞争力,在高科技产品和高端产业上也有竞争优势,这在迄今为止的世界经济发展史上是不多见的。中国是世界上第三个成功发射和回收载人宇宙飞船的国家,在航天、通讯、计算机等高尖端领域掌握了世界领先的技术。从改革开放开始到20世纪80年代中期为止,中国经济增长主要依赖轻工、纺织等行业。从20世纪 90 年代开始，中国经济增长的主要动力转为基础产业、新一代家电产品和房地产等。自 1995 至 2001 年，中国高新技术产业一直保持着年均 20%以上的高速增长。21 世纪，汽车、机械、建材、电子等高科技行业又逐渐成为中国带动经济发展的主要力量。

中国的市场规模居于世界前列，且开放程度不断扩大。庞大的市场规模不但是中国发展内需经济的重要保证，也是中国与国际接轨、融入全球化大趋势的重要渠道，日益成为中国经济发展中越来越重要的因素。2003 年中国消耗钢材相当于全球产量的四分之一，消费水泥占全球产量的 40%；手机用户超过固定电话用户，两者相加共 5 亿多部，居世界第一位；互联网上网人数 5190 万，居世界第二位。1998～2003 年 6 年间，中国货物进口总额超过了 15000 亿美元。中国作为一个市场不但对来自欧美的寻求高端市场的直接投资有相当的吸引力，也为来自发展中国家针对中低端产品的直接投资提供了市场。巨大的市场规模和消费潜力是中国可以成为主要经济力量的基础，也是中国经济未来发展的保证。这是中国经济与日本、韩国、新加坡等亚洲出口导向型经济发展模式的重要区别。

中国劳动力丰富、产业结构齐全、市场潜力巨大等大国优势，吸引了大量外资，促进本国经济的快速发展，形成了良性循环机制，即劳动力丰富、产业结构齐全、市场规模大→→吸引大量外资进入→→优化劳动力结构、产业结构，扩大市场规模→→吸引更高级别的外资进入……所以，与小国相比，中国为外资配套的能力更强，更有利于提升外资对本国经济的外溢效应。目前，中国有近 60%的进出口贸易来自跨国公司在华企业，大大地加速了中国的产业升级换代。特殊的大国优势使中国发展模式对世界的影响远大于历史上任何其他的发展模式。

四、经济双重性

中国既是发展中国家，又是转轨国家，经济具有特殊的双重性，这使得中国发展模式具有鲜明的特点。

一方面，中国是发展中国家，经济具有“后发优势”。中国作为发展中大国经济相对落后，为加快经济发展、缩小与发达国家之间的经济差距提供了可能性。中国的“后发优势”相当程度上表现在承接亚洲地区的产业转移，通过技术模仿、技术引进、外资企业示范效应、外溢效应等多种途径，实现经济结构和劳动力结构不断优化，以达到整体技术水平不断提高。通过多年努力，中国承接产业转移的能力日益提高，欧美等发达国家对中国的直接产业转移逐渐增多，不仅规模逐渐扩大，而且技术含量日益提升，目前跨国公司 500 强有 400 多家都已经在中国设立研发中心。实践中，中国的工业化并没有跟在别国后面按照技术发展的自然阶段逐步发展，而是借助发达国家的先进技术，结合中国国情，跳过某些技术发展阶段，使国民经济整体质量提高。中国在保持重工业发展的同时，大力发展轻工业，特别在民营经济和个体经济领域；并不断跟踪世界工业发展的最新进展，及时发展信息产业，并使信息产业及信息技术与整个国民经济紧密结合，用现代信息技术改造传统产业，实现信息化与工业化的结合，走出了一条跨越式的工业化道路。

另一方面，中国是转轨国家，经济体制的转变也是经济发展的重要动力。中国经济从计划经济向社会主义市场经济转变，实现了经济体制和经济增长方式的双重转变。经济体制转轨是生产关系层面的改革，经济增长方式转轨则是生产力层面的改革，两种转变共同为经济发展注入了新的活力，促进了经济发展。中国转轨采取渐进方式，维持了原有组织资源和法律体系的连续性，保持了改革中制度安排的相对稳定和有效衔接，避免了经济滑坡和宏观经济混乱。中国渐进转轨逐步化解了生产力和生产关系之间的矛盾，使得技术和制度成为经济发展的新源泉，保证了经济稳定可持续性的发展。

五、不同的文化传统

文化是各国各民族在其长期历史发展过程中形成的民族习惯、风土人情和社会风尚，是各国各民族的道德规范、价值理念、意识形态和社会理想的集合，带有鲜明的民族性、地域性、时代性。文化因素在制度变迁过程中具有十分重要的作用，影响制度变迁的路径选择。不同的文化会产生不同的制度变迁路径和适宜制度。与文化相适宜的制度安排，是促使正式制度安排发挥作用的不可缺少的保障，也是经济发展强大的动力。

在中国经济的发展过程中，文化是影响制度变迁和经济运行的重要因素。中国历史悠久，文化绵延，是儒家文化发源地。儒家文化在中华几千年的历史中发挥着巨大作用。尽管中国文化多次受到西方文化的影响和冲击，但儒家伦理一直处于中华文化的核心地位，通过教育和传统影响着中国人的价值观、行为方式。儒家文化对中国发展模式的形成和成功起到了特殊的积极作用。

中国传统文化具有很强的包容性和同化力，在改革过程中同样能够接受不同的经济理论和发展模式，对于先进文明和外来经验能够博采众家之长、为我所用，兼容并蓄地形成有自己特色的发展模式。中国传统上尊师重教，即使在改革开放前，人均教育水平也居发展中国家前列，改革开放后更加重视教育，促进了人力资本的积累，为中国经济快速增长提供了源源动力。中国儒家经济伦理提倡"黜奢崇俭"的消费道德观，居民的高储蓄为投资提供了较丰富的资金来源，对于积累物质财富与扩大生产、发展经济起着重要作用，等等。这样一些因素，都对中国的改革和发展起到了积极作用，构成了中国发展模式中有自身特色的内容。

六、有利的地理位置和世界华人圈

中国能迅速获得成功与特殊的地理位置有着很大的关系。中国内地与港、澳、台地区本属一国。改革初期，第一批进入内地的外资主要来自港、澳地区。香港与内地(特别是深圳)形成了前店后厂的经济发展模式，发挥了香港国际经营优势和内地的劳动力优势，有力地促进了内地经济发展。2007 年，我国内地对我国香港地区的出口达到 1844 亿美元，为第三大出口地，对我国台湾的出口也达到 235 亿美元，对港澳台地区的出口占到出口总额的 17.3%。亚洲四小龙承接欧美等发达国家的产业转移经过二三十年的发展以后，开始寻求把低端产业向外转移，中国就是得益于良好的工业基础、劳动力优势以及地理位置，成为这些产业转移的主要目的地，有力地促进了经济发展。目前中国东部沿海地区的经济发展远远的高于中西部地区，也与中国东部沿海地区与港澳台在地理位置上接近有关。

世界各地的华人为外资进入中国起了带头和桥梁作用。海外华侨华人是世界经济中的一支重要力量。改革开放以来，华人对中国内地的投资十分活跃，占到中国吸收外资的相当比重。傅利平(2001)估算，华人投资占中国吸收外资的比重，在80年代大体处于60%～70%的水平，1992年达到80.2%，此后虽有所降低，但总体上都高于50%①。欧美发达国家的外资企业进入中国，相当一部分也与欧美的华人有关。海外华人比较了解中国国情，他们到内地的投资不仅给内地带来了资金，也带来了相对先进的技术及管理经验，对促进中国经济发展起到了重要作用。

第四节　制度适宜视角下的中国发展模式

一、中国发展模式的总结

中国的发展模式就是坚持把经济发展作为最主要的目标，只要是能使经济不断发展的做法就支持。而发展的环境必须是稳定的，没有稳定的政治经济环境，经济发展就无法实现。要发展就不能墨守成规，就必须敢于冲破原有制度的束缚，敢于创新。而改革也好，创新也好，检验的标准只有一个，即是否能促进经济发展。不能促进发展的改革和创新是错误的，反之就是正确的。中国发展的经验就是要有适宜的制度，适宜的制度就是能够促进发展的制度。因此，制度的选择应该与特定国家的经济发展水平、文化传统、意识形态和所处的国际环境相适应；同时，是要随着条件和环境的改变，特别是随着生产力水平的改变而不断调整制度，在变与不变之中达成适宜制度。因此，制度适宜实际

① 傅利平：《华人直接投资与中国经济增长的效应分析》，载《社会科学战线》2001年第3期。

上是变与不变的哲学，环境是变的，制度是变的，而制度必须适宜发展的需要这一原则是不变的。

胡锦涛同志在党的十七大报告中将中国改革开放以来的经验总结为“十个结合”，即把坚持马克思主义基本原理同推进马克思主义中国化结合起来，把坚持四项基本原则同坚持改革开放结合起来，把尊重人民首创精神同加强和改善党的领导结合起来，把坚持社会主义基本制度同发展市场经济结合起来，把推动经济基础变革同推动上层建筑改革结合起来，把发展社会生产力同提高全民族文明素质结合起来，把提高效率同促进社会公平结合起来，把坚持独立自主同参与经济全球化结合起来，把促进改革发展同保持社会稳定结合起来，把推进中国特色社会主义伟大事业同推进党的建设新的伟大工程结合起来。这个系统而全面的总结，贯穿始终的一个最本质的结合，就是马克思主义的基本原理同中国的具体实践相结合。从这个意义上说，“十个结合”的经验，也将中国改革开放以来的成就从深层次上归因到中国根据本国国情和需要做出的适宜制度安排，这个制度就是中国特色社会主义。

二、中国发展模式的普适性

中国30年来的发展道路，具有鲜明的中国特色。因此，任何机械教条地照搬照抄中国发展模式的做法都是错误的。而中国改革开放30年的实践所昭示的最有价值和意义的就是制度适宜这样一个核心理念。从这个角度讲，所谓中国模式，其实就是一种制度模式，是一种适宜制度模式，是在变与不变之中达成适宜的动态模式。也许这才是中国成功之谜的谜底。但它并非钥匙，更不是一把解万把锁的钥匙，而是可以帮助寻找和制造钥匙的方法。也就是说，制度适宜作为中国发展模式的核心，实际上是一种理念和哲学思想，是方法论而非工具。

由此，我们试图就中国的发展模式提出如下几点结论：

1. 中国发展模式的核心是制度适宜。即根据本国的具体国情和需要做出适宜的制度安排，并根据条件变化特别是生产力水平的变化不断创新，适时改变，在变与不变中达成适宜制度，以促进经济发展。就中国来说，这种制度安排的具体形式就是中国特色社会主义。这也是中国在今后的发展中必须坚持的。

2. 我们强调制度的重要性，并非盲目地认为制度好了，一切都好了。提出制度对经济增长的作用并不是要说有了好的制度，经济就一定会发展起来。我们的制度适宜理论与西方的制度经济学的关键区别在于两点：一是制度是在变的，制度要适应生产力发展的需要，要随着条件的改变而变化，在变化中体现适宜性。二是制度是根据不同国家和地区的不同情况进行修正的，要适应不同的国情，在多元化中体现适宜性。相反，用固定单一的制度套用一切国家注定要失败。

3. 具体的普适性模式是不存在的。无论是市场经济模式还是计划经济模式，无论是“华盛顿共识”还是“北京共识”，都不可能在所有发展阶段适用于所有国家。对于各个国家来说，绝对最好的制度是不存在的，而只有适合自己的制度。

4. 中国发展模式，就其具体形式而言只是适合于中国国情的，同样不可能原封不动地移植到其他国家。

5. 中国发展模式，就其制度适宜的核心理念来说，最大的价值是表明任何一个国家都可以根据本国国情和实际需要选择自己的发展道路，制定适宜的制度，并最终取得成功。

6. 中国发展模式的核心，即制度适宜，从根本上说并非某种特定的模式，而是一种方法、理念和哲学思想，它强调变是永恒的。因此，中国发展模式不是任何其他发展模式的替代品，也不是任何其他模式的对立面。它不否定任何一种特定的发展模式，否定的只是把发展模式单一化和僵化的做法。

7. 中国发展模式的核心思想适用于所有国家。由于生产力是经济活动中最具活力的因素，且发展变化最快，任何希望发展的国家都必须建立适应生产力发展的制度。无论是发达国家还是发展中国家，那些认为自己的制度最好、勿需改变的，必然会走向僵化和落后，只能带来失败。从中国发展道路中提炼出来的制度适宜应该适用于所有国家。用适宜的制度促进经济的增长就是基于中国实践的发展经济学。

参考文献

Aart, K. (2000) 'Household Saving in China'. *World Bank Economic Review*, 14(3), 545～570.

Aghion, and Howitt, A. (1992). 'Model of Growth through Creative Destruction'. *Econometrica*, 60(2), 233～351.

Aron, and Janine. (2006). *Growth and Institutions: A Review of the Evidence*. Oxford University Press.

Arrow, K. J. (1962). 'The Economic Implications of Learning by Doing', *The Review of Economic Studies*, 29 (3), 155～173.

Balassa. (1978). 'Exports and Economic Growth: Further Evidence'. *Journal of Development Economicsm*, 5(2), 181～189.

Barro, R. U. (1991). 'Economic Growth in a Cross Section of Countries'. *Quarterly Journal of Economics*, 106, 407～443.

Barro, R. J. and Sala-I-Martin, X. (1995). *Economic Growth*. New York: McGraw Hill.

Bauer, P. T. (1972). *Dissent on Development*. Weidenfeld and nicolson, 24.

Bernanke, B. S., and Blinder, A. S. (1992). 'The Federal Funds Rate and the Channels of Monetary Transmission'. *The American Economic Review*, 82(4), 901～921.

Bruton, H. J. (1998). 'A Reconsideration of Import Substitution'. *Journal of Economic Literature*, Vol. XXXVI, 903～936.

Burton, C. (1987). 'China's Post-Mao Transition: The Role of the Party and Ideology in the New Period'. *Pacific Affairs*, Vol.

60, No. 3. 431～446.

Carkovic, and Levine, R. (2002). 'Does Foreign Direct Investment Accelerate Economic Growth?'. *University of Minnesota*, *Working Paper*.

Chen, S. and Ravallion, M. (2007). 'Absolute Poverty Measures for the Developing World, 1981～2004'. *World Bank Policy Research Working Paper 4211*, April.

Chenery, H. , and Strout, A. 'Foreign Assistance and Economic Development'. *American Economic Review*, 8, 679～733.

Chenery, H. B. , and Strout, A. M. (1966). 'Foreign Assistance and Economic Development'. *The American Economic Review*, 56(4), 679～733.

Chow, G. , and Li K. W. (2002), 'China's Economic Growth: 1952～2010', *Economic Development and Cultural Change*, Vol. 51, 247～256.

Chow. (1993). 'Capital Formation and Economic Growth in China'. *Quarterly Journal of Economics*, 108, 809～867.

Chow. (1997). 'Challenges of China's Economic System for Economic Theory'. *The American Economic*, 87(2), 321～327.

Chun, C. and Wang, Y. (1994). 'The Nature of the Township—Village Enterprise'. *Journal of Comparative Economics*.

Claessens, S. , Djankov, S. , and Larry H. P. Lang, (1999). 'Who Control East Asia Corporations?'. World Bank Working Paper.

Daron, A. (2002). 'Reversal of Fortune: Geography and Institutions in the Making of the Modern World Income Distribution'. *NBER Working Paper*, No. 8460.

Daron, A. , Johnson, S. , and Robinson, J. A. (2001). 'The Colonial Origins of Comparative Development: An Empirical Investigation'. *American Economic Review*, 91(5), 1369～1401.

Daron, A. , Johnson, S. , and Robinson, J. A. (2005). 'Institutions as the Fundamental Cause of Long-Run Growth'. In: P. Aghion, and S. Durlauf, eds. *Handbook of Economic Growth*, North Holland.

David, L. , and Jeffrey, S. (1990). 'Privatization in Eastern Europe: The case of Poland'. *Brookings papers of Economic Activities*, 2,293～341.

Dewatripont, M. and Roland, G. (1995). 'The Design of Reform Packages under Uncertainty'. *The American Economic Review*, 85 (5), 1207～1223.

Dewatripont, Mathias, and Roland G. (1995). 'The Design of Reform Packages under Uncertainty'. *American Economic Review*, Vol. 85,Iss. 5, 1207～1223.

Dipak, D. (1997). 'China 2020: China Engaged — Integration with the Global Economy'. The *World Bank Working Paper*, Vol. 1.

Domar, E. (1946). 'Capital Expansion, Rate of Growth, and Employment'. *Econometrica*, 14(Apr), 137～147.

Doucouliagos, C. , and Ulubasoglu, M. (2008). 'Institutions and Economic Growth: A Systems Approach' . http://repec. org/esAUSM04/up. 29323. 1076501864. pdf.

Douglass, N. (2003). 'Understanding the Process of Economic Change'. *Forum Series on the Role of Institutions in Promoting Economic Growth*.

Durlauf, N. , Johnson, A. , and Temple, W. (2005). 'Growth Econometrics'. *Handbook of Economic Growth*, *chapter* 8.

Eduardo, B. , and Ostry, J. D. (1996). 'Accounting for China's Growth Performance'. *American Economic Review*, 86 (2), 224～228.

Edwards, S. , and Vegh, C. (1997). 'Banks and Macroeconomic

Disturbances under Predetermined Exchange Rates'. *Journal of Monetary Economics*.

Euh, D., and Rhee, H. (2007). 'Lessons from the Korean Crisis: Policy and Managerial Implications'. *Long Range Planning*, 40, 431～445.

Faye, Mcarthur, and Sachs. (2004). 'The Challenges Facing Landlocked Developing Countries'. *Journal of Human Development*, 5(1).

Feldstein, M. (1974). 'Social Security, Induced Retirement, and Aggregate Capital Accumulation'. *Journal of Political Economy*, 82 (5), 905～926.

Feldstein, M. (1996). 'Social Security and Saving. New Time Series Evidence', *National Tax Journal*, 49 (2), 151～164.

Ffrench-Davis, R. (2007). *Growth Challenges for Latin America Reforms, What has Happened, Why and How to Reform Them*.

Figueiredo, D., and Weingast. (2005). 'Self-Enforcing Federalism'. *The Journal of Law Economics and Organization*, 21 (1), 103～135.

Fukuchi, T., and Kagami, M. (1990). 'Perspectives on the Pacific Basin Economy: A Comparison of Asia and Latin America'. *The Asian Club Foundation and Institute of Developing Economies*.

Fung, K. C. (2006). 'Foreign Direct Investment in China: Policy, Trend and Impact'. *Working Paper for the International Conference on"China's Economy in the 21st Century"*, Hong Kong 24～25 June 2002.

Fan, G. (1994). 'Incremental Changes and Dual-Track Transition: Understanding the Case of China'. *Economic Policy*, Vol. 9.

Goldstein, S. M. (1995). 'China in Transition: The Political Foundations of Incremental Reform'. *The China Quarterly*, *Special*

Issue: *China's Transitional Economy*, 144, 1105～1131.

Chang, G. (2001). *The Coming Collapse of China*. Random House Inc.

Grossman, M. and Helpman. (1991). *Innovation and Growth in the Global Economy*, MIT Press.

Harrod, F. (1948). *Towards a Dynamic Economics*: *Some Recent Developments of Economic Theory and Their Application to Policy*. London: Macmillan.

Harrod, F. (1948) 'An Essay in Dynamic Theory'. *Economic Journal*, 49, 14～33.

Haveman. (2001), 'International Integration and Growth: A Survey and Empirical Investigation'. *Review of Development Economics*, 5 (2), 289～311.

Holton, R. H., and Sicular, T. (1991). 'Economic Reform of the Distribution Sector in China'. *The American Economic Review*, 81 (2), 212～217.

Huber, E. (1998～1999). 'Models of Capitalism and Latin American Development'. *University of North Carolina and Institute for Advanced Study*, Princeton.

Huber, E. (2005). 'Inequality and the State in Latin America'. *University of North Carolina*, April,22～23.

Jefferson, G., and Singh. (1993). 'Can Communist Economies Transform Incrementally? The Experience of China'. *NBER Macroeconomics Annual*, 8, 87～133.

John, M., and Barry, N. (1992). 'How to Reform a Planned Economy: Lessons from China'. *Oxford Review of Economic Policy*, 8, 130～143.

Jorgenson, D. W. (1995). *Productivity Volume* (1) *Postwar U.S. Economic Growth*. *Volume* (2): *International Comparisons of*

Economic Growth. MIT Press.

Jorgenson, D. W. (2001). *Information Technology and the G7 Economies*, Harvard University.

Jorgenson, D. W., and Griliches, Z. (1967). 'The Explanation of Productivity Change'. *Review of Economic Studies*, 34, 249～283.

Kashyap, A. K., Stein, J. C., and Wilcox, D. W. (1993) 'Monetary Policy and Credit Condition: Evidence from the Composition of External Finance'. *The American Economic Review*, 78～98.

Kevin, M., Shleifer A., and Vishny, R. W. (1992). 'The Transition to a Market Economic: Pitfalls of Partial Reform'. *Quarterly Journal of Economics*, CVII, 889～906.

Knowles, S., and Garces, A. (2000). *Measuring Government Intervention and Estimating its Effect on Output: With Reference to the High Performing Asian Economies*.

Kokko, A. (1994). 'Technology, Market Characteristics, and Spillovers'. *Journal of Development Economics*, 43, 279～293.

Korzeniewicz, R. P. and Smith, W. C. (2000). 'Poverty, Inequality, and Growth in Latin America: Searching for the High Road to Globalization'. *Latin American Research Review*, 35 (3). 7～54.

Krugman, P. (1994). 'The Myth of Asia's Miracle'. *Foreign Affairs*, 73 (6).

Kuznets, S. (1966). *Modern Economic Growth: Rate, Structure and Spread*, New Haven: Yale University Press.

Lau, L. J. (2003). 'The Impact of Economic Development of East Asia, including China', *Keio-RIETI Conference on Japanese economy*, Japan.

Lau, L. J., Qian, Y., and Roland, G. (2000). 'Reform Without Losers: An Interpretation of China's Dual-Track Approach to Transition'. *The Journal of Political Economy*, 108 (1), 120～143.

Lawrence, H. (1985). *Underdevelopment Is a State of Mind—The Latin American Case*. Cambridge: Harvard Center for International Affairs.

Leibeinstein, H. (1957). *Economic Backwardness and Economic Growth*. New York: Wiley.

Leibenstein, H. (1954). *A Theory of Economic-Demographic Development*, Princeton: Princeton University Press.

Lensink, R. and Morrissey, O. (2002). 'The Volatility of FDI, not the Level, Affects Growth in Developing Countries'. *CDS Research Report 13*, *Groningen*, The Netherlands: University of Groningen, Centre for Development Studies.

Li, K. W. (2003). 'China's Capital and Productivity Measurement Using Financial Resources'. *Center Discussion Paper*.

Li, W. (1999). 'A Tale of Two Reforms'. *The Rand Journal of Economics*, 30 (1), 120～136.

Lucas, R. E. Jr. (1988). 'On the Mechanics of Economic Development'. *Journal of Monetary Economics*, 22, 3～42.

Maddison, A, (2001). '*The World Economy*: *A Millennial Perspective*'. OECD Development Centre. Paris.

Maddison, A. (1970). *Economic Progress and Policy in Developing Countries*. London: Allen & Unwin.

Maddison, A. (1995). *Monitoring the World Economy* 1820～1992. OECD Development Centre. Paris.

Maddison, A. (1998). *Chinese Economic Performance in the Long Run*. OECD Development Centre. Paris.

Maddison, A. (1987). 'Growth and Slowdown in Advanced Capitalist Economics: Techniques of Quantitative Assessment'. *Journal of Economic Literature*, 25(2).

McClelland, D. C. (1961). *The Achieving Society*, Princeton,

NJ: Van Nostrand.

McKinnon, R. (1994). 'Gradual versus Rapid Liberalization in Socialist Economies: The Problem of Macroeconomic Control'. *Proceedings of the World Bank Annual Conference on Development Economics* 1993, The World Bank.

Mckinnon. (1994). 'Gradual versus Rapid Liberalization in Socialist Economies: The Problem of Macro-economic Control'. *Proceedings of the World Bank Annual Conference on Development Economics.*

Myrdal. (1957). *Economic Theory and Under-Developed Regions*, London: Duckworth.

Nadiri, M . I. (1972). 'International Studies of Factor Inputs and Total Factor Productivity: A Brief Survey'. *Review of Income and Wealth*, 18 (2), 129～154.

Nancy, B. , and Frederick, J. (1997). 'Pathways to Growth: Comparing East Asia and Latin America'. *Inter-American Development Bank*, 63.

Naughton, B. (1995). 'China's Macroeconomy in Transition'. *The China Quarterly*, 144,1083～1104.

Naughton, B. (1994). 'Reforming Planned Economy: Is China Unique?', In: C. Lee, and H. Reisen, eds. *From Reform to Growth: China and Other Countries in Transition*, OECD. Paris.

Nelson, R. R. (1956). 'A Theory of the Low Level Equilibrium Trap'. *American Economic Review*, 46, 894～908.

Nolan, P. (1993). 'China's Post-Mao Political Economy: a Puzzle'. *Contributions to Political Economy*, 12, 71～87.

Nolan, Peter, and Dipak, A. (1993), 'China 2020: China Engaged—Integration with the Global Economy'.

North, D. C. (1990). *Institutions, Institutional Change and E-*

conomic Performance. Cambridge Univ. Press.

Nurkse, R. (1953). *Problems of Capital Formation in Underdeveloped Countries*. Oxford University Press.

OECD. (2005). *OECD Economic Surveys-China*. Paris.

Ogasahara, H. (1999). 'Changes in the Sources of Modern Economic Growth: Japan Compared with the U. S.' *Journal of Japanese and International Economics*, 13, 1～21.

Porta A., Lopez-de-Silanes, F., Shleifer, A., and Vishny, R. W. (1998). 'Law and Finance'. *Journal of Political Economy*, 06 (6), 1113～1155.

Puga, D., and Anthony, V. (1997). 'Agglomeration and Economic Development: Import Substitution vs. Trade Liberalisation'. *Center for Economic Performance Discussion Paper* , 377.

Qian, Y., and Xu, C. (1993). 'Why China's Economic Reforms Differ: The M-Form Hierarchy and Entry/Expansion of the Non-State Sector'. *Economics of Transition*, 1(2), 135～170.

Qian, Y. (1994). 'A Theory of Shortage in Socialist Economies Based on the Soft Budget Constraint', *The American Economic Review*, 84 (1), 145～156.

Qian, Y. (1999). 'Why is China Different from Eastern Europe? Perspectives from Organization Theory', *European Economic Review*, *Papers and Proceedings*, 43, 1085～1094.

Qian, Y. and Roland, G. (1998). 'Federalism and the Soft Budget Constraint'. *American Economic Review*, 77, 265～284.

Qian, Y., Jin, H., and Weingast, B. R. (2005). 'Regional Decentralization and Fiscal Incentives: Federalism, Chinese Style', *Journal of Public Economics*, 89(9～10), 1719～1742.

Ragnar, N. (1953). *Problems of Capital Formation in Underdeveloped Countries*, Oxford University Press.

Rawski, T. (2001). 'What's Happening to China's GDP Statistics?'. *China Economic Review*, 12, 347～354.

Rivera-Batiz, L. A., and Romer, P. M. (1991a). 'International Trade with Endogenous Technological Change'. *NBER Working Papers*, No. 3594.

Rivera-Batiz, L. A., and Romer, P. M. (1991b). 'Economic integration and Endogenous Growth'. *Quarterly Journal of Economics*.

Rodric. (2001). 'Trade Policy and Economic Growth: A Skeptic's Guide to the Cross-National Evidence'. *Macroeconomics Annual* 2000, eds. Bernanke, B. and Rogoff, K. S. Cambridge: MIT Press for NBER.

Rodric. D. (2006). '*What's So Special About China's Exports?*'. *NBER Working Paper*, No. 11947.

Rodrik, (2002). *Institutions Rule: The Primacy of Institutions over Geography and Integration in Economic Development*. Available from: http://ksghome.harvard.edu/～drodrik/papers.html.

Romer, P. M. (1986). 'Increasing Returns and Long-Run Growth'. *Journal of Political Economy*, 94 (5), 1002～1037.

Romer, P. M. (1990). 'Endogenous Technological Change'. *Journal of Political Economy*, 98 (5), 71～102.

Rosenstein-Rodan, P. N. (1943). 'Problems of Industrialization of Eastern and South-Eastern Europe'. *Economic Journal*.

Rostow, W. W. (1960). *The Stages of Economic Growth*. UK: Cambridge University Press.

Sachs and Lipton, (1990). 'Poland's Economic Reform'. *Foreign Affairs*, 69(3), 47～66.

Sachs and Woo, W. T. (1994). 'Reform in China and Russia'. *Economic Policy*, 18, 101～145.

Sachs and Woo, W. T. (1994). 'Structure Factors in the Economic Reform of China, Easter Europe and Former Soviet Union'. *Economic Policy*, 18 (1), 102～145.

Sachs, (2001). 'Tropical Underdevelopment'. *NBER working Papers*, No. 8819.

Sachs, J. and Woo, W. T. (1997). *Understanding China's Economic Performance*. Mimeo: Harvard University.

Sachs, J. D. (2004). 'Understanding China's Development Performance". *NBER Working Paper*, No. 5935.

Sachs, Woo and Yang, (2001). 'Economic Reforms and Constitutional Transition'. *HCID Working Paper*.

Sapelli, C. (2002). 'The Political Economics of Import Substitution Industrialization: Some Reflections on the Political Economics of Liberalization, the Role of External Shocks and of Donor Agencies'. *Instituto de Economía Pontificia Universidad Católica de Chile*.

Schumpeter, J. A. (1934). *The Theory of Economic Development*. Cambridge: Harvard University Press.

Segerstom, P. S. (1991). 'Innovation, Imitation and Economic Growth'. *Journal of Political Economy*, 99 (4), 807～827.

Simeon, D., Glaeser, E., Porta, R., Lopez-De-Silanes, F., and Shleifer, A. (2003) 'The New Comparative Economics'. *Journal of Comparative Economics*, 31(4), 595～619.

Singh, A. (2006). *Macroeconomic Volatility: The Policy Lessons from Latin America*. IMF.

Solow, R. M. (1956). 'A Contribution to the Theory of Economic Growth'. *Quarterly Journal of Economics*, 70, 65～94.

Solow, R. M. (1957). 'Technical Change and the Aggregate Production Function'. *Revies of Economics and Statistics*, 39, 312～320.

Sun,L. X. (1998). 'Estimating Investment Functions Based on Cointegration: the Case of China'. *Journal of Comparative Economies*, 26, 175～191.

Swan, T. W. (1956). 'Economic Growth and Capital Accumulation'. *Economic Record*, 32 (2), 334～61.

United Nations. (1999). *United Nations Conference On Trade And Development*: *World Investment Report* 1999. New York and Geneva.

United Nations. (2007). *Trade and Development Report*.

Uzawa and Hirofumi. (1965). 'Optimum Technical Change in an Aggregative Model of Economic Growth', *International Economic Review*, 6, 18～31.

World Bank. (1996). *World Development Report* 1996: *From Plan to Market*, Oxford University Press.

World Bank. (1997). *World Development Report* 1997.

World Bank. (2003). *Global Economic Prospects and the Development Countries*.

World Bank. (2005). *Economic Growth in the* 1990*s*, *Learning from a Decade of Reform*.

World Bank. (2007). 'The International Bank for Reconstruction and Development', *An East Asian Renaissance*, 2007.

World Bank. (2007). *World Development Report* 2008.

Young, A. (2000). 'The Razor's Edge: Distortions and Incremental Reform in the People's Republic of China'. *The Quarterly Journal of Economic*, 115 (4).

Manu Bhaskaran,《中国崛起对亚洲其他国家的影响》,国研网,2003年。

《毛泽东选集》,人民出版社,1991年版。

《邓小平文选》第二卷,人民出版社,1994年版。

《邓小平文选》第三卷，人民出版社，1993年版。

《马克思恩格斯全集》，人民出版社，1979年版。

《伟大的实践，光辉的篇章》，载《人民日报》1992年10月24日。

H. D. 约翰逊:《巴基斯坦发展研究》，1958年版。

J. 拉莫斯:《增长、危机和战略性转变》，载《拉美经委会评论》1993年8月。

阿尔弗雷多·萨德-费洛、戴博拉·约翰斯顿:《新自由主义批判读本》，江苏人民出版社，2006年版。

阿兰·佩雷菲特:《论经济"奇迹"》，中国发展出版社，2001年版。

阿列克斯·英科尔斯、戴维·H. 史密斯:《从传统人到现代人——六个发展中国家中的个人变化》，中国人民大学出版社，1992年版。

阿列克斯·英科尔斯:《人的现代化》，四川人民出版社，1985年版。

阿马蒂亚·森:《伦理学与经济学》，商务印书馆，2001年版。

阿瑟·刘易斯:《经济增长理论》，商务印书馆，1983年版。

安体富:《完善公共财政制度，逐步实现公共服务均等化》，载《财经问题研究》2007年7月。

奥尔森:《国家的兴衰》，商务印书馆，1999年版。

奥斯卡·阿尔蒂米尔:《发展、危机和公平》，载《拉美经委会评论》1990年4月。

巴罗:《经济增长的决定因素:跨国经验研究》，中国人民大学，2004年版。

包群:《贸易开放度与中国经济增长》，载《世界经济》2003年第2期。

包群:《中国外商直接投资于技术进步的实证研究》，载《经济评论》2002年第6期。

保罗·克鲁格曼:《萧条经济学的回归》，中国人民大学出版社，1999年版。

薄一波:《若干重大决策与事件的回顾》，中共中央党校出版社，

1993 年版。

布罗姆利:《经济利益与经济制度——公共政策的理论和基础》,上海人民出版社,1996 年版。

蔡跃洲、郭梅军:《金融结构与货币传导机制——我国转型时期的分析与实证检验》载《经济科学》2004 年第 3 期。

曹洪、何代忠:《加快我国农村社区城镇化进程应充分发挥政府主导作用》载《农村经济》2007 年第 3 期。

陈波等:《传统文化与中国现代化之路》,河南人民出版社,2004 年版。

陈道富:《中国金融业对外开放的现状分析》,国研报告,2007 年 1 月。

陈飞、赵昕东、高铁梅:《我国货币政策工具变量效应的实证分析》,载《金融研究》2002 年第 10 期。

陈弘:《对我国收入分配差距的理论思考》,载《生产力研究》2007 年第 1 期。

陈杰:《日本经济增长过程中的技术创新体系研究》,复旦大学博士学位论文,2004 年。

陈乐一:《收入分配与消费不足》,载《经济问题探索》2005 年第 4 期。

陈荣荣等:《中国经济增长:制度因素分析》,社会科学文献出版社,2005 年版。

陈锡文:《中国农村改革:回顾与展望》,天津人民出版社,1993 年版。

陈真:《中国近代工业史资料》,三联书店, 1961 年版。

陈芝芸:《拉丁美洲对外经济关系》,世界知识出版社,1991 年版。

程伟礼:《从"儒家资本主义"看中西体用之争》,载《断裂与继承》(论文集),上海人民出版社,1987 年版。

程又中:《苏联模式的形成、僵化及其教训》,华中师范大学博士论文,2000 年。

程振源:《西方腐败经济学综述》,载《国外社会科学》2006 年第 5 期。

崔新健、李睿:《外资并购我国上市公司的现状、特征及成因》,IEC,2006 年 2 月。

大卫·李嘉图:《政治经济学及赋税原理》,华夏出版社,2005 年版。

戴隆斌:《俄罗斯腐败的特点及其原因》,载《社会主义研究》2007 年第 2 期。

戴维·S. 兰德斯:《国富国穷》,新华出版社,2002 年版。

丁煌:《林德布罗姆的渐进决策理论》,载《国际技术经济研究》1999 年第 8 期。

丁树桁:《技术进步路径选择:理论及中国的经验研究》,载《工业技术经济》2005 年第 8 期。

董辅礽:《中华人民共和国经济史》,经济科学出版社,1999 年版。

董建军:《财税分权对地方政府行为的影响分析》,载《吉林财税高等专科学校学报》2007 年第 2 期。

董向荣:《韩国起飞的外部动力:美国对韩国发展的影响(1945～1965)》,中国财政经济出版社,2005 年版。

樊纲:《崩溃论与中国经济》,载《财经问题研究》2002 年第 10 期。

樊纲:《中国渐进改革的政治经济学》,上海远东出版社,1996 年版。

弗鲁博顿、芮切特:《新制度经济学:一个交易费用分析范式》,上海人民出版社,2006 年版。

福建省委党校课题组:《论中国社会阶层结构变迁对党执政基础的影响》,载《中共福建省委党校学报》2006 年 9 月 10 日。

付敏:《产业安全问题讨论综述》,载《经济理论与经济管理》2007 年第 2 期。

傅允生:《试论邓小平的分配思想》,载《财经论丛》2000 年第 1 期。

高波、张志鹏:《文化与经济增长:一个文献评述》,载《江海学刊》

2004年第1期。

高德步:《世界经济通史》(中卷),高等教育出版社,2005年版。

高兰根、王晓中:《中国金融制度演进的逻辑与困境——兼论民营经济融资困境的制度根源》,载《金融研究》2006年第6期。

个人所得税综合与分类相结合税制研究课题组:《个人所得税综合与分类相结合税制的模式选择和管理要求研究》,2005年11月。

关志雄:《中国作为经济大国的崛起及其对亚洲的影响》,载《国际经济评论》2001年。

郭春丽:《外资并购给我国产业安全带来的隐患透析》,载《宏观经济管理》2007年第4期。

郭春丽:《外资在华并购的动向及对我国的影响》,载《宏观经济管理》,2007年第3期。

郭连成、米军:《经济转轨国家金融体制转换及其效应分析——以中国和俄罗斯为例》,载《国外社会科学》2006年第5期。

郭庆旺:《中国全要素生产率的估算:1979～2004》,载《经济研究》2005年第6期。

国家统计局:《伟大的十年》,人民出版社,1959年版。

国家统计局:《新中国五十年》,中国统计出版社,1999年版。

国家统计局:《中国统计年鉴2007》,中国统计出版社,2007年版。

国务院发展研究中心"完善社会主义市场经济改革"课题组:《财税体制改革的成就、存在的问题及进一步改革的建议》,载《税务研究》2003年第9期。

国研网金融研究部:《解析我国国际收支平衡表》,载国研网《金融中国》月度分析报告,2006年10月。

过勇:《经济转轨滋生腐败机会的微观机制研究——从594个腐败要案中得出的结论》,载《经济社会体制比较》2006年第5期。

哈耶克:《法律、立法与自由》,中国大百科全书出版社,2000年版。

哈耶克:《个人主义与经济秩序》,三联书店,2003年版。

韩霞等:《中国服务业发展报告》,社会科学文献出版社,2007年版。

何秉孟:《新自由主义评析》,社会科学文献出版社,2004年版。

何平:《官场腐败及所引发的冲突在中西社会中的差异——从〈甲申三百年祭〉和〈潜规则〉谈起》,载《学术研究》2006年第12期。

何显明:《世界现代化进程中的中国发展模式》,中国期刊网。

贺菊煌:《我国资产的估算》,载《数量经济与技术经济研究》1992年第8期。

赫伯特·西蒙:《现代决策理论的基石》,杨栎、徐立译,北京经济学院出版社,1989年版。

亨廷顿等:《现代化理论与历史经验的再探讨》,上海译文出版社,1993年版。

胡鞍钢:《如何看待中国崛起》,载《开发研究》2005年3月。

胡鞍钢:《中国崛起五大效应深刻改变世界》,载《中国财经报》,2006年。

胡鞍钢:《绿色GDP重估国民财富》,载《石油观察》2001年第8期。

胡鞍钢:《中国国情分析框架:五大资本及动态变化(1980～2003)》,载《管理世界》2005年第11期。

胡鞍钢:《中国经济增长与减少贫困》,载《清华大学学报(哲学社会科学版)》2006年第5期。

胡春力:《提高我国自主创新能力的产业重点与主要对策》,载《宏观经济研究》2006年第11期。

胡祖六、李山:《中国经济持续增长的源泉与极限》,载《改革》1997年第4期。

黄如宝、王挺:《我国城市基础设施建设投融资模式现状及创新研究》,载《建筑经济》2006年10月。

黄先海:《蛙跳型经济增长》,经济科学出版社,2005年版。

纪宝成、刘元春:《对我国产业安全若干问题的看法》,载《经济理论与经济管理》2006 年第 9 期。

家永三郎:《日本历史》第八卷,贺奴浦出版社,1987 年版。

贾康:《我国财政转移支付制度的概况与政策建议》,载《中国审计》2006 年第 18 期。

贾康:《中国财税体制改革十年回顾》,载《经济研究参考》2004 年第 2 期。

江锦凡:《外国直接投资在中国经济增长中的作用机制》,载《世界经济》2004 年第 1 期。

江景:《突破财税体制改革的障碍》,载《财经理论与实践》2001 年 12 月。

江其务:《中国金融制度的改革回顾与创新思考》,载《当代经济科学》2002 年第 1 期。

江时学:《金融全球化与发展中国家的经济安全——拉美国家的经验教训》,社会科学文献出版社,2004 年版。

江时学:《拉美发展模式研究》,经济管理出版社,1996 年版。

江时学:《拉美进口替代工业化发展模式的演变》,载《拉丁美洲研究》1996 年第 4 期。

江时学等:《辛勤耕耘 硕果累累——拉美所 45 年科研成果巡礼》,载《拉丁美洲研究》2006 年第 4 期。

江小涓:《中国的外资经济:对增长、结构升级和竞争力的贡献》,中国人民大学出版社,2002 年版。

江永红、段若鹏:《工业化、市场化与城乡收入差距研究》,载《中共中央党校学报》2007 年 2 月。

姜长斌、徐葵、李静杰:《苏联兴亡史论》,人民出版社,2004 年版。

姜琳:《我国信贷总量与经济增长的实证研究》,载《统计与决策》2006 年 10 月。

金计初等:《拉丁美洲现代化》,四川人民出版社,1992 年版。

金明华、刘文革:《中小企业融资难的制度经济学分析》,载《经济管理》2006 年第 19 期。

景维民、王永兴:《俄罗斯未来经济发展的障碍分析》,载《东欧中亚研究》2002年第4期。

景玉琴、宋梅秋:《美国维护产业安全的政策及其借鉴意义》,载《当代经济研究》2006年第5期。

卡尔·马克思:《资本论》第2卷,人民出版社,1975年版。

康芒斯:《制度经济学》,商务印书馆,1962年版。

柯次:《资本主义的模式》,江苏人民出版社,2001年版。

柯武刚、史漫飞:《制度经济学——社会秩序与公共政策》,商务印书馆,2000年版。

科斯:《企业、市场与法律》,上海三联书店,1990年版。

克鲁格曼:《地理在经济发展中的作用》,载《比较》2007年第1期。

肯尼迪:《大国的兴衰》,中国经济出版社,1989年版。

孔有利:《农村集体经济组织产权结构分析》,载《财经问题研究》2004年第4期。

库兹涅茨:《各国的经济增长》,商务印书馆,1999年版。

库兹涅茨:《现代经济增长》,北京经济学院出版社,1986年版。

莱斯特·布朗:《谁来养活中国?》,载《世界观察》1994年10月。

莱谢克·巴塞罗维奇:《中东欧经济转轨争论中的谬误》,载《经济社会体制比较》2004年6月。

郎咸平、张信东等:《家族股——中外家族控股上市公司比较》,载《新财富》2002年第8期。

青木昌彦:《政府在东亚经济发展中的作用》,中国经济出版社,1998年版。

李成瑞:《十年动乱期间我国经济情况分析》,载《经济研究》1984年第1期。

李德洙:《切实加强对新时期民族问题和民族工作的研究》,载《中央民族大学学报》2005年第1期。

李盾:《外资控股并购国有企业的状况、问题和前景》,载《管理世界》2005年第11期。

李宏谨:《房地产市场、银行信贷与经济增长》,载《国际金融研究》2005年第7期。

李建德:《经济制度演进大纲》,中国财政经济出版社,2000年版。

李京文、龚飞鸿、明安书:《生产率和中国经济增长》,载《数量经济技术经济研究》1996年第12期。

李俊详:《对建立我国社会保障体制的思考》,载《中国税务报》2002年6月。

李路曲:《东亚模式与价值重构》,人民出版社,2002年版。

李若谷:《走向世界的中国金融》,中国金融出版社,2006年版。

李若谷:《全球化中的中国金融》,社会科学文献出版社,2008年版。

李实:《收入分配体制改革:现实背景与思考建议》,载《2006年中国改革评估报告》,中国经济出版社,2006年版。

李实、赵人伟:《中国居民收入分配再研究》,载《经济研究》1999年第4期。

李晓:《东亚奇迹与"强政府"》,经济科学出版社,1996年版。

李昱、曹丽华:《民营企业融资困境的金融制度分析》,载《经济纵横》2006年第6期。

联合国:《2006世界贸易和发展报告》,2007年。

梁中堂、翟胜明:《经济增长理论史研究》,载《经济问题》2004年第3期。

列利丘克(苏):《苏联的工业化:历史、经验、问题》,商务印书馆,2004年版。

林秉贤:《社会心理学》,群众出版社,1985年版。

林毅夫、蔡昉、李周:《对赶超战略的反思》,载《战略与管理》1994年第6期。

林毅夫:《关于制度变迁的经学济理论:诱致性变迁和强制性变迁》,载《财产权利与制度变迁——产权学派与新制度经济学派译文集》,上海人民出版社,1994年版。

林毅夫、蔡昉、李周:《论中国经济改革的渐进式道路》,载《经济研究》1993年第9期。

林毅夫、蔡昉、李周:《中国的奇迹:发展战略与经济改革》,上海人民出版社,2003年版。

林毅夫:《制度、技术与中国农业的发展》,上海人民出版社、上海三联书店,1994年版。

林毅夫:《李约瑟之谜、韦伯疑问和中国的奇迹》,载《北京大学学报(哲学社会科学版)》2007年第4期。

刘德芳:《苏联经济手册》,中国金融出版社,1988年版。

刘杰、赫郑飞:《行政管理体制改革的思路和措施——"落实科学发展观推进行政管理体制改革"研讨会》,载《中国行政管理》2006年第10期。

刘力臻:《市场经济"现代体制"与"东亚模式"》,商务印书馆,2000年版。

刘世锦:《我国经济"低成本竞争"模式形成的背景和特征》,国研网,2005年。

刘易斯:《经济增长理论》,商务印书馆,1983年版。

卢现祥:《西方新制度经济学》,中国发展出版社,2003年版。

罗德里克:《新全球经济与发展中国家:让开放起作用》,世界知识出版社,2004年版。

罗洪洋:《腐败何以不为罪——对中国传统社会官员贪贿横行的法文化解释》,载《法制与社会发展》2007年第1期。

罗纳德·英格尔哈特:《文化与民主》,载塞缪尔·亨廷顿、劳伦斯·哈里森:《文化的重要作用——价值观如何影响人类进步》,新华出版社,2002年版。

罗宁、任保平:《论资源安全及相应的制度创新》,载《求实》2007年1月。

罗荣渠:《东亚跨世纪的变革与重新崛起——深入探讨东亚现代化进程中的历史经验》,载《北京大学学报(哲学社会科学版)》1995年第

1期。

罗荣渠:《现代化新论——世界与中国的现代化进程》,商务印书馆,2006年版。

骆莉:《东南亚国家威权主义政治模式形成的原因分析》,载《当代亚太》2000年第1期。

马德伦、张显球:《中国国有银行制度演进的逻辑及其当代经济学论证》,载《金融研究》2000年第6期。

马洪:《现代中国经济事典》,中国社会科学出版社,1982年版。

马克斯·韦伯:《儒教与道教》,洪天富译,江苏人民出版社,1995年版。

马克斯·韦伯:《新教伦理与资本主义精神》,于晓、陈维纲译,三联书店,1987年版。

马鸣川、曹宇青:《利用外资引进技术政策的演进与影响》,载《国际经济合作》2006年第7期。

麦迪逊:《发展中国家的经济进步和政策》,1970年。

莽景石:《经济增长、制度变迁与收入分配——日本百年工业化过程的经验观察》,载《日本学刊》2006年第4期。

缪尔达尔:《亚洲的戏剧: 南亚国家贫困问题研究》,方福前译,首都经济贸易大学出版社,2001年版。

莫里斯·博恩斯坦:《比较经济体制》,中国财政经济出版社,1988年版。

纳迪里:《要素投入和全部生产率的国际研究》,1971年。

倪红日:《财税体制中的主要问题》,载《中国经济时报》2003年7月。

倪红日:《未来十年财税体制改革与完善宏观调节的建议》,载《中国经济时报》2003年7月。

聂锦芳、刘秀萍:《超越"后发展"困境》,北京大学出版社,2002年版。

聂名华:《关于外资并购中的垄断倾向与法制建设的完善》,载《社会科学》2005 年第 9 期。

诺思:《西方世界的兴起》,华夏出版社,1989 年版。

诺思:《经济史上的结构和变革》,商务印书馆,1999 年版。

诺思:《制度、意识形态和经济绩效》,载詹姆斯·A.道等《发展经济学的革命》,上海三联书店,2000 年版。

诺思:《制度、制度变迁与经济绩效》,上海三联书店,1994 年版。

潘士远、林毅夫:《中国的就业问题及其对策》,载《经济学家》2006 年 1 月。

潘忠岐:《非传统安全问题的理论冲击与困惑》,载《世界经济与政治》2004 年第 3 期。

皮埃尔·古鲁:《非洲》,商务印书馆,1984 年版。

齐世荣等:《世界史·近代史·下卷》,高等教育出版社,2005 年版。

钱颖一、许成钢:《中国非国有经济出现和成长的制度背景》,载《中国改革的政治经济学》,牛津大学出版社,1997 年版。

青木昌彦:《比较制度分析》,上海远东出版社,2001 年版。

青木昌彦等:《政府在东亚经济发展中的作用》,中国经济出版社,1998 年版。

青木昌彦等:《经济体制的比较制度分析》,中国发展出版社,1999 年版。

丘京南:《城乡收入差距对经济发展的影响》,载《中国统计》2007 年 7 月。

全毅:《略论东亚的文化创新与经济发展》,载《经济评论》2001 年第 5 期。

权衡:《非均等化分配与均等化分配的经济增长效应比较》,载《学术月刊》2005 年 11 月。

权元七:《韩国模式的制度研究》,中国社会科学院研究生院,2001 年博士学位论文。

饶毅:《中国科技需要的根本转变》,载《自然》2004 年 11 月。

任建明、王冠:《我国干部选拔任用腐败行为原因的研究》,载《学术界》2006年第5期。

萨缪尔森、诺德豪斯:《经济学》(第12版),高鸿业等译,中国发展出版社,1992年版。

萨伊:《政治经济学概论:财富的生产、分配和消费》,商务印书馆,1963年(1997年重印)。

桑秀国:《利用外资与经济增长——一个基于新增长理论的模型及对中国的数据验证》,载《管理世界》2002年第9期。

森岛通夫:《日本为什么"成功"》,四川人民出版社,1986年版。

沈燕:《从固定资产投资中"自筹资金和其他"来源科目看现行统计制度存在的问题》,载《武汉金融》2006年第2期。

史蒂芬·罗奇:《中国模式正在面临的全球挑战》,http://www.p5w.net/kuaixun/200803/t1577832.htm.

史蒂芬·罗奇:《中国在哪些方面做对了》,载《21世纪经济报道》2005年12月10日。

史蒂芬·安格尔:"Decent Democratic Centralism",Political Theory, Vol.33 No.4,2005,转引自《合宜的民主集中制》,刘智利、吕增奎编译,载《经济社会体制比较》2006年第4期。

世界银行:《1986年世界发展报告》,中国财政经济出版社,1986年版。

世界银行:《2020年的中国:新世纪的发展挑战》,中国财政经济出版社,1997年版。

世界银行:《中国:战胜农村贫困》,中国财政经济出版社,2000年版。

世界银行:《中国宏观经济稳定与工业增长》,中国财政经济出版社,1990年版。

舒元:《中国经济增长分析》,复旦大学出版社,1993年版。

斯蒂格利茨:《政府为什么干预经济——政府在市场经济中的作用》,中国物资出版社,1998年版。

斯蒂格利茨:《全球化及其不满》,机械工业出版社,2004年版。

斯蒂格利茨:《改革向何处去?——论十年转轨》,载《中国国情分析研究报告》1999年第44期。

斯蒂格利茨等:《东亚奇迹的反思》,中国人民大学出版社,2003年版。

宋建邦、刘新年:《日本宏观调控中的微观参与机制及启示》,载《外国经济和管理》,1996年。

宋林飞:《"中国模式"的成功与未来》,载《社会科学战线》2006年第2期。

苏保忠等:《行政管理体制改革思路总述》,载《中国行政管理》2006年第4期。

苏振兴:《拉美初级产品出口模式及影响》,载《拉丁美洲研究》1994年第6期。

苏振兴:《拉美国家工业化模式转型的经验教训》,载《中国改革》2003年第12期。

苏振兴:《拉美国家现代化进程研究》,社会科学文献出版社,2006年版。

苏振兴、徐文渊主编:《拉丁美洲国家经济发展战略研究》,经济管理出版社,2007年版。

速水佑次郎:《发展经济学——从贫困到富裕》,社会科学文献出版社,2003年版。

孙波:《我国个人收入差距扩大的成因探析》,载《改革与战略》2007年第5期。

孙明化:《我国货币政策传导机制的实证分析》,载《财经研究》2004年第3期。

孙焱林:《我国出口与增长的实证分析》,载《国际贸易问题研究》2000年第2期。

孙执中:《荣衰论——战后日本经济史》,人民出版社,2006年版。

谈世中、王耀媛、江时学等:《经济全球化与发展中国家》,社会科学文献出版社,2002年版。

谭松涛:《银行业开放与金融主权》,载《集团经济研究》2006年7月。

唐晓玲:《我国企业"走出去"的现状及发展对策分析》,载《市场透视》2007年1月。

唐朱昌:《缩小经济转型期收入差距悬殊的财政制度安排》,载《学习与探索》2007年第1期。

陶纪坤:《国内城乡收入差距研究观点综述》,载《经济纵横》2007年第6期。

田春生:《"中国模式":如何理解——从制度转型的视角》。

田春生:《中国模式与"北京共识",超越"华盛顿共识"》,社会科学文献出版社,2006年版。

田玉敏、张雅光:《试论调节收入分配差距的税收对策》,载《工业技术经济》2006年9月。

托马斯·帕利:《中国发展模式的外部矛盾》,2006年版。

汪丁丁:《回家的路:经济学家的思想轨迹》,中国社会科学出版社,1998年版。

王长仁:《关于我国科技体制改革的几个问题》,载《宏观经济研究》2004年11月。

王健:《当前税制改革的问题和对策》,载《学习与探索》2001年第3期。

王珏:《世界经济通史(中卷)》,高等教育出版社,2005年版。

王树恩等:《试析战后日本技术创新政策演变的特点及启示》,载《科学管理研究》2007年第2期。

王小鲁:《中国经济增长的可持续性与制度变革》,载《经济研究》2000年第7期。

王银凤、刘和平:《美国外资并购规则及其借鉴》,载《证券市场导报》2006年7月。

王玉海:《诺斯"适应性效率"理论述评》,载《政治经济学评论》2005

年第1辑。

王玉海:《平滑转型推进的动力机制》,社会科学文献出版社,2007年版。

王玉民:《国家创新体系建设是科技体制改革深化的基本方向》,载《科学对社会的影响》2005年第2期。

韦森:《比较制度分析》讲义第六讲,“语言、道德与制度”,复旦经院,2004年。

韦森:《个人主义与社群主义——东西方社会秩序历史演进路径差异的文化原因》,载《复旦学报(社会科学版)》2003年。

韦森:《经济学与伦理学——探寻市场经济的伦理维度与道德基础》,上海人民出版社,2002年版。

韦森:《文化与制序》,上海人民出版社,2003年版。

韦森:《文化精神、制度变迁与经济增长——中国—印度经济比较的理论反思》,载《国际经济评论》第3～4期,2004年。

维克托·布尔默—托马斯:《独立以来拉丁美洲的经济发展》,中国经济出版社,2000年版。

魏加宁:《促进转变经济增长方式的财税体制改革》,载《2007中国改革评估报告》,中国经济出版社。

魏军:《关于行业收入差距与垄断的思考》,载《集团经济研究》2007年4月。

魏军、徐燕:《全面、客观地看待我国的行业收入差距》,载《中国物价》2007年5月。

魏泽焕:《学习列宁开展反腐败斗争的宝贵经验》,载《中国党政干部论坛》2007年第2期。

翁东玲:《东亚模式的基本特征及产生的历史背景》,载《亚太经济》2000年第3期。

沃尔夫:《市场,还是政府——不完善的可选择事物间的抉择》,重庆出版社,2007年版。

巫光烈:《中国财税体制改革的思路》,载《工作探讨》2004年4月。

吴基增:《论“中国模式”可持续的条件》,载《理论与探讨》2005 年。

吴建华:《东亚现代化与中国》,中央编译出版社,2004 年版。

吴敬琏:《转轨中国》,四川人民出版社,2002 年版。

吴敬琏:《当代中国经济改革》,上海远东出版社,2004 年版。

吴敬琏:《制度重于技术》,中国发展出版社,2002 年版。

吴群刚:《变革和繁荣:中国经济崛起的制度视角》,清华大学出版社,2006 年版。

吴晓求、赵锡军、瞿强:《市场主导与银行主导——金融体系在中国的一种比较研究》,中国人民大学出版社,2006 年版。

吴振坤:《关于调整收入分配格局的政策建议》,载《理论前沿》2007 年第 10 期。

武剑:《货币政策与经济增长》,上海三联出版社,2000 年版。

习哲馨、庾丽娜、张文韬:《社会保障制度变迁对居民储蓄的影响》,载《经济问题探索》2007 年第 5 期。

夏斌等:《中国银行体系贷款供给的决定及其对经济波动的影响》,载《金融研究》2003 年第 8 期。

夏长杰:《地方政府:推动经济过热的重要因素》,载《宏观经济》2004 年第 5 期。

夏振坤:《论权威主义与中国现代化》,载《当代世界与社会主义》2005 年第 1 期。

小川雄平:《南朝鲜经济分析》,中国展望出版社,1989 年版。

肖特:《社会制度的经济理论》,上海财经大学出版社,2003 年版。

谢岸龙:《经济体制转轨时期我国地方政府投资行为的制度分析》,载《湘潭大学社会科学学报》2000 年 4 月。

熊吉峰:《我国农村城镇化实现策略研究观点综述》,载《经济纵横》2007 年 3 月。

熊俊:《消费需求:我国需求不足的主导方面》,载《商业研究》2005 年 2 月。

徐风华:《“十一五”规划指标体系更新与地方政府绩效考核改进》,

载《中国工业经济》2006 年 7 月。

徐强:《"走出去"配套金融机构的国际借鉴》,载《国际经济合作》2007 年第 3 期。

薛暮桥:《薛暮桥回忆录》,天津人民出版社,1996 年版。

亚当·斯密:《国民财富的性质和原因的研究》,商务印书馆,2005 年版。

颜如春:《对加强我国地方政府绩效评估机制建设的思考》,载《探索》2007 年第 1 期。

杨启先:《论中国经济改革的成功经验》,载《理论前沿》,1998 年。

杨庆媛等:《我国城镇化对土地资源安全的影响》,载《安徽农业科学》2006 年。

杨瑞龙:《阶梯式的渐进制度变迁模型——再论地方政府在我国制度变迁中的作用》,载《经济研究》2000 年第 3 期。

杨瑞龙:《我国制度变迁方式转换的三阶段论》,载《经济研究》1998 年第 1 期。

杨旭:《外资并购"解谜"》,载《中国改革》2006 年第 12 期。

杨哲英、关宇:《比较制度经济学》,清华大学出版社,2004 年版。

杨中侠:《继往开来——"十五"期间中国企业"走出去"比较分析》,载《国际贸易》2006 年第 4 期。

耶金、斯坦尼斯罗:《制高点:重建现代世界的政府与市场之争》,外文出版社,2000 年版。

叶飞文:《要素投入与中国经济增长》,北京大学出版社,2004 年版。

叶静怡:《发展经济学》,北京大学出版社,2003 年版。

易纲:《中国的货币化进程》,商务印书馆,2004 年版。

尹晓亮、张杰军:《日本科技行政管理体制改革与成效分析》,载《科技政策与管理》2006 年 7 月。

余永定:《全球不平衡条件下中国经济增长模式的调整》,载《国际经济评论》2007 年第 1～2 期。

俞可平:《关于"北京共识"与中国发展模式的对话》,载《当代世界与社会主义》2004 年第 5 期。

俞雅乖:《我国城镇化进程中农村人口对社会保障依赖程度分析》,载《农村经济》2007 年第 3 期。

原熏:《日本战败后的通货膨胀》,法政大学出版局,1986 年版。

袁东振:《对拉美国家经济与社会不协调发展的理论分析》,载《拉丁美洲研究》2005 年第 3 期。

约翰·希恩:《拉丁美洲发展模式:贫困、压制和经济战略》,普林斯顿大学出版社,1987 年版。

臧月茹:《"外资并购国内企业相关政策研究"专家座谈会综述》,载《中国经贸导报》2005 年第 24 期。

曾国安:《论工业化过程中导致城乡居民收入差距扩大的自然因素与制度因素》,载《经济评论》2007 年第 3 期。

翟凡:《改革开放二十年来中国经济增长的因素分析》,载《国务院发展研究中心调查研究报告》第 197 期,1998 年。

张耿庆:《我国技术创新与经济增长的实证研究》,载《经济纵横》2007 年第 8 期。

张红岩:《中国当前消费需求不足的原因及对策》,载《商场现代化》2006 年 12 月。

张季风:《挣脱萧条:1990～2006 年的日本经济》,社会科学文献出版社,2006 年版。

张杰:《何种金融制度安排更有利于转轨中的储蓄动员与金融支持?》,载《金融研究》1998 年第 12 期。

张杰:《渐进改革中的金融支持》,载《经济研究》1998 年第 10 期。

张杰:《经济变迁中的金融中介与国有银行》,中国人民大学出版社,2003 年版。

张杰:《中国的货币化进程、金融控制及改革困境》,载《经济研究》1997 年第 8 期。

张洁颖、周煊:《"走出去"战略背景下中国对外直接投资政策体系的思考》,载《国际贸易》2004 年第 4 期。

张晶:《日本技术创新的管理机制》,载《国际技术经济研究》2005 年第 3 期。

张军:《对中国资本存量 K 的再估计》,载《经济研究》2003 年第 7 期。

张军:《双轨制经济学:中国的经济改革(1978—1992)》,上海三联书店,1997 年版。

张军:《中国经济发展:为增长而竞争》,载《世界经济文汇》2005 年第 4 期。

张军:《中国的渐进改革为什么能成功》,载《经济学家》1996 年第 3 期。

张曙光主编:《中国制度变迁的案例研究(第一集)》,上海人民出版社,1996 年版。

张维为:《关于中国发展模式的思考》,载《国际先驱论坛报》2007 年 11 月 2 日。

张维迎、栗树和:《地区间竞争与中国国有企业的民营化》,载《经济研究》1998 年第 12 期。

张新光:《论中国政府层级改革与农村行政管理体制新架构》,载《当代财经》2006 年第 3 期。

张勇:《农村劳动力转移就业现状、问题及对策》,载《当代财经》2006 年 7 月。

张幼军:《中国发展对世界经济体系的影响》,载《世界经济研究》2006 年第 10 期。

张宇:《中国的渐进式改革为什么能获得成功》,载《中国人民大学学报》1996 年第 3 期。

张震:《国家创新体系中的政府推动机制及其启示》,载《世界经济与政治论坛》2006 年第 6 期。

章奇、刘明兴:《意识形态与政府干预》,载《经济学(季刊)》2005 年第 1 季。

赵定东:《中俄社会转型模式比较研究与"中国经验"分析》,载《社会科学辑刊》2007 年第 4 期。

赵爽:《略论失业失地农民就业保障问题的制度障碍与途径——兼论构建以促进就业为重心的一体化就业保障制度》,载《乡镇经济》2007 年 4 月。

赵一红:《东亚模式中的政府主导作用分析》,中国社会科学出版社,2004 年版。

郑秉文:《构建和谐社会,完善社保制度,谨防"拉美化"》,中国社会科学院拉美所,2005 年 2 月。

郑功成:《中国社会保障制度变迁与评估》,中国人民大学出版社,2002 年版。

郑先炳:《利率导论》,中国金融出版社, 1991 年版。

郑小兰、李晓靖:《政府统筹经济增长与生态环境保护的财政税收手段分析》。

郑新立:《中国金融市场的对外开放与风险防范》,载《中国金融》2006 年第 23 期。

中共中央党史研究室:《中国共产党的七十年》,中国党史出版社,1991 年版。

中国改革年度评估报告(十三),第四篇,《社会改革:着力构建和谐社会的体制机制》,国研网,2007 年 3 月。

中国企业联合会课题组:《提高自主创新能力,再造企业竞争优势——我国企业科技自主创新的现状、问题和建议》,载《上海企业》2006 年第 3 期。

中国人民大学政治经济学系:《中国近代经济史(下册)》,人民出版社, 1978 年版。

中国社会科学院、中央档案馆:《中华人民共和国经济档案资料选编 1949~1952 [M]》,中国物资出版社,1996 年版。

中国社会科学院经济研究所经济增长前沿课题组:《经济增长、结构调整的累积效应与资本形成》,载《经济研究》2003 年第 8 期。

中国社会科学院拉丁美洲研究所:《拉美研究:追寻历史的轨迹》,世界知识出版社,2006 年版。

周冰、马宁:《中国平滑式转轨启动的经济学原理——20 世纪 80 年代城镇民营经济重新崛起的契机》,载《南开学报》2006 年第 2 期。

周立:《改革期间中国金融业的"第二财政"与金融分割》,载《世界经济》2003 年第 6 期。

周艳辉:《近期国外学者关于中国经济发展模式的研究》,载《国外理论动态》2007 年第 9 期。

周振华:《中国收入分配变动的内涵、结构及趋势分析》,载《改革》2002 年第 3 期。

周忠明:《不良贷款与经济增长关系分析》,载《中国金融》2005 年第 6 期。

朱根:《东亚模式的文化倾向及其前景——以近年日韩经济发展为中心》,载《日本学刊》2003 年第 5 期。

朱佳木:《毛泽东对计划经济的探索及其对社会主义市场经济的意义》,载《中共党史研究》2007 年第 2 期。

朱建中:《论保障我国产业安全的政府规制建设》,载《江汉论坛》2006 年 10 月。

朱荣等:《当代中国的农业》,当代中国出版社,1992 年版。

朱勇:《新增长理论》,商务印书馆,1999 年版。

资源税制改革研究课题组:《资源税制改革研究》,载《中国税收政策前沿问题研究(第三辑)》,中国税务出版社,2006 年版。

左彩梅、郭慧敏:《我国城乡收入差距的贫困经济学研究》,载《统计与决策》2007 年 4 月。

左大培:《转向进口替代的发展战略》,中国社会科学院,2003 年 1 月。

策划编辑:李春生
装帧设计:曹　春

图书在版编目(CIP)数据

制度适宜与经济发展/李若谷著. -北京:人民出版社,2008.8
ISBN 978-7-01-007230-2

Ⅰ.制…　Ⅱ.李…　Ⅲ.经济制度-研究　Ⅳ.F014.1

中国版本图书馆CIP数据核字(2008)第122829号

制度适宜与经济发展
ZHIDU SHIYI YU JINGJI FAZHAN

李若谷　著

人民出版社 出版发行
(100706　北京朝阳门内大街166号)

北京瑞古冠中印刷厂印刷　新华书店经销

2008年8月第1版　2008年8月北京第1次印刷
开本:710毫米×1000毫米 1/16　印张:25
字数:372千字　印数:0,001-5,000册

ISBN 978-7-01-007230-2　定价:45.00元

邮购地址 100706　北京朝阳门内大街166号
人民东方图书销售中心　电话 (010)65250042　65289539